景行天皇と巡る
西海道歴史紀行

わが国の起源を求めて九州を歩こう

榊原英夫

海鳥社

発刊に寄せて

このほど、榊原君が『景行天皇と巡る西海道歴史紀行』と題する一冊の本を上梓した。長年勤務した福岡県（関連を含む）を退職するに際して取り組んだ処女出版であるという。

榊原君と私とは、私が福岡県教育長であった最終盤の一期間、榊原君が教育次長として共に教育行政に携わった間柄である。知事部局から教育委員会へ出向された榊原君は、県立高校の再編を始めとする諸課題に取り組みつつ、当時急浮上した福岡県立射撃場の鉛公害問題に関し、環境行政の経験を活かした極めて適切な指揮により、万全な措置を速やかに講じられた。

このような榊原君の行政手腕は十分承知しているものの、歴史に関する書物の出版は私の予想外であった。しかも、A5判で四〇〇ページに及ぶ堂々たる大作である。ゲラ刷りの段階で一読したが、第一部の「景行天皇と巡る西海道歴史紀行――わが国の起源を求めて九州を歩こう」は、景行天皇の九州巡幸を通して、わが国が統一国家として形成される過程の一端を具《つぶさ》に考えさせられ、併せて九州旅行を楽しむ一つの切り口が提供されている。第二部の「大和王権に先行する筑紫王権――その曙光から終焉まで」は、わが国の基本的根幹が、朝鮮半島や中国大陸に生起する国々との相克の中で、九州において発祥し熟成したことを明らかにしている。現在におけるわが国外交の主柱の一つが「アジア近隣諸国との互恵共存」であることは言うまでもないが、これが二〇〇〇年以上も昔からわが国における最重要課題であったことを改めて認識させられ、国家に与えられた地勢の関係を含め「アジア問題」を考える上で多くの示唆を与えてくれる。

また、榊原君の執筆スタンスは、一つに『古事記』『日本書紀』『風土記』などわが国に伝わる古典を真摯に受け継ぎ、地域に残る「伝承」や古社などの「遺産」を正当に評価しようとするものであり、更なる一つは、歴史離れが進んでいるかに見える若者たちに、「歴史」という手法を用いて人間や人間社会が辿った道程《みちのり》を検証し、その英知を現在に活かし、将来に希望を託す便《よすが》にして欲しいと提起していることである。そういえば、榊原君が「歴史は哲学でもある」と言っていたことを思い出す。歴史の学習は、単に歴史事象を憶えることのみではなく、歴史事象について自ら思考し、自らの日々を検証し、自らの進むべき道を探る一連の作業であると考えているからであろう。

さて、東京・京都・奈良に次ぐわが国四番目の国立博物館として福岡県太宰府市に開館した「九州国立博物館」は、岡倉天心《おかくらてんしん》の提唱から実に一世紀を超える長年の思いが実現したものであるが、当館のコンセプトは「日本文化の形成をアジア史的観点から捉える」ことであり、また、来館者など一般市民と共に日本文化の深遠に触れ、心豊かな未来を共に創造しようとする彼此《ひし》の距離の近さである。九州に展開する歴史事象を捉えての検証（第一部）や、当館とも共通するコンセプトを持っての古代九州の役割の見直し（第二部）を主題とする本書の発刊は、開館一周年を迎えた当館にとっても時宜《じぎ》を得たものと思う。

歴史の面白さに触れることにより、歴史を形成する貴い一人として生を受けた自分自身はもちろんのこと、家族や友人を愛《いつく》しみ、地域社会や国を大切に思い、全ての人々が心豊かな人生を送って欲しいと心から願いつつ、本書が一人でも多くの人々に読まれることを期待する。

平成十八年十一月

九州国立博物館副館長　**光安　常喜**

はじめに

数年前の晩秋。私と妻は、熊本県の阿蘇温泉で行われた近親者のみの気楽な集いに参加し、そのまま鹿児島県の霧島温泉まで足を延ばすことにした。二泊三日の日程は、九州の福岡に住む私たちにとって十分すぎるほどの時間である。そこで、一日目の昼は「ラムネ温泉」で有名な大分県竹田市直入町の長湯温泉を体験することにした。歴史を感じさせる公共の湯は、旅人の疲れをプツプツとした炭酸ガスの泡でゆったりと癒してくれる。

県道三〇号線（庄内－久住線）を使っての長湯温泉から阿蘇への道すがら、「宮処野《みやこの》神社入口」という何とも由緒ありげな名前を持つ神社への小さな道案内が目に留まり、車のハンドルは自然にその方向に向いていた。県道から一㎞ほど北に入った鬱蒼とした森の中に鎮座する宮処野神社の説明板には、「景行《けいこう》天皇の行在所《あんざいしょ》跡(1)」に創建されたとある。こんな山奥にまで景行天皇は実際に来たのだろうか。その目的は何だったのだろうか。そもそも景行天皇は実在したのだろうか。率直な疑問が次々と湧いてくる。宮処野神社が所在する旧久住町役場に立ち寄って当面の史料を求めたが、必ずしも十分な説明は得られない。

二日目には鹿児島県まで一気に南下し、瀟洒な割烹ホテルで硫黄の香りも懐かしい霧島温泉を堪能し、三日目の早朝に霧島市霧島町に鎮座する霧島神宮に参拝した。天孫瓊々芸命《ににぎのみこと》（神名は『古事記』による。ただし『日本書紀』からの引用の場合はそれによる）を祭神とし、広大な神域を有する古社で、何度訪れてもその都度新鮮な息吹を感じさせてくれる。瓊々芸命が天降《あまくだ》ったとされる高千穂峰も秀麗な姿を車窓の右や左に見せている。近くには瓊々芸命の子である穂々手見命《ほほでみのみこと》を祭神とする鹿児島神宮があり、隣の宮崎県には穂々出見命の子である鵜《う》草葺不合命《がやふきあえずのみこと》を祭神とする鵜戸《うと》神宮もある。日向三代の神々が辺境の南九州で祭られるのはなぜだろうか。各神社の由緒書きを見ても十分な説明は得られない。

これらの疑問に答えようと、私は自ら古代史の旅への小さな一歩を踏み出すことにした。しかし、こうして分け入ろうとしたわが国の古代史であるが、これまでに多くの学者や先人が様々な観点から研究を重ね、多くの研究書を世に送り出しているものの、難解であったり仔細に過ぎたりで、私にはどこから手を付けたらよいのか、何とも先が読めない状況である。そう言えば、歴史小説の題材として用いられることもほとんどないわが国の古代史は、一般国民を惹きつける糸口を失っているようにも見える。わが国の古代史に距離を置く傾向は殊に若い人たちに顕著のようだし、彼らにとっては歴史そのものが興味の対象ではなくなりつつあるのではないかとさえ感ずる。

歴史は人類の歩いてきた道筋を照らし出し、人々に有用な指針を与えるものであろう。もちろん、歴史を学ぶ者が自らの生き様の中で歴史を活かさなければならないことは言うまでもない。歴史に学びつつ現在を生き抜くことが重要であり、歴史を学ぶことで未来に夢を託すことができるのではないだろうか。人が存在する場所には必ず歴史があり、地球上のすべての国々にはそれぞれの歴史があり、日本には日本の歴史がある。日本人である以上、日本の歴史に興味を持って学ぶことが必要であると思う。いかに過酷な歴史であってもそれを変えることはできないし逃れることもできはしない。しかし、歴史から得られる英知を現在に活かし未来に託すことはできるのである。

私の個人的な興味と経緯で取り組むこととなった第一部「景行天皇と巡る西海道《さいかいどう》歴史紀行——わが国の起源を求めて九州を歩こう」及び、付帯的に踏み込むこととなった第二部「大和王権に先行する筑紫王権——その曙光から終焉まで」は、若い人たちに向けて、わが国の歴史に今一度「興味」という熱い視線を送っていただきたいとの思いも込めて書き進めることにした。

第一部は九州一円を巡幸した「景行天皇」を切り取っての旅行記であり、『古事記』[2]『日本書紀』[3]『風土記』[4]（以下、『日本書紀』は『書紀』と略記し、『古事記』『書紀』の両書を一括して『記紀』という）などのわが国に伝わる古典にも直接触れながら、景行天皇と一緒に楽しく九州を旅していただきたい。

第二部はおよそ専門的な見地からは遠く対極にある小論ではあるが、推理小説の感覚で読み進めていただき、わが国が国家として形成される歴史の一端を一緒に考えていただくことによって、更なる歴史の扉をたたいていただきたいと思う。

（1）天皇が外出した時の仮の御所。行宮《あんぐう》。岩波文庫『日本書紀』は「かりみや」と訓ずる。

（2）神話・伝承を集めた歴史書。全三巻。元明天皇の和銅五（七一二）年成立。天武天皇が稗田阿礼に誦習させた帝記・旧辞を、元明天皇の命を受けて太安万侶が撰録したもの。上巻は神代の物語、中巻は神武天皇から応神天皇までの記事、下巻は仁徳天皇から推古天皇までの記事を収める。現存するわが国最古の歴史書で、天皇統治の由来と王権による国家発展の歴史を記す。

（3）中国正史に倣って編集されたわが国最初の勅撰歴史書で、六国史《りっこくし》（『日本書紀』『続日本紀』『日本後紀』『続日本後紀』『日本文徳天皇実録』『日本三代実録』）の第一書。全三十巻。元正天皇の養老四（七二〇）年成立。舎人《とねり》親王らの撰で、神代から持統天皇までの歴史を帝記・旧辞のほか朝鮮の史料、諸氏の系譜、寺院の縁起、廷臣の日記などを利用して編年体・漢文体（歌謡を除く）で記述する。作為や潤色が多いとされるが、わが国古代史の最重要史料である。もとは『日本紀《にほんぎ》』といった。

（4）元明天皇の和銅六（七一三）年、諸国に命じて編纂させたわが国最古の地誌。各国庁は、郡名の由来・伝承・産物・土地の状況などを解文《げぶみ》（下級官司が上級官司または太政官に提出する律令制での上申文書）として撰進した。常陸《ひたち》・播《はり》磨《ま》・出雲《いずも》・豊後《ぶんご》・肥前《ひぜん》の五風土記が現存するが、完本は『出雲国風土記』のみ。ほかに三十余国の逸文が伝存する。平安朝以降に『風土記』と通称された。

目次

五、神話と伝説の国々　95

六、装飾古墳と肥の国々　140

第二部　大和王権に先行する筑紫王権――その曙光から終焉まで

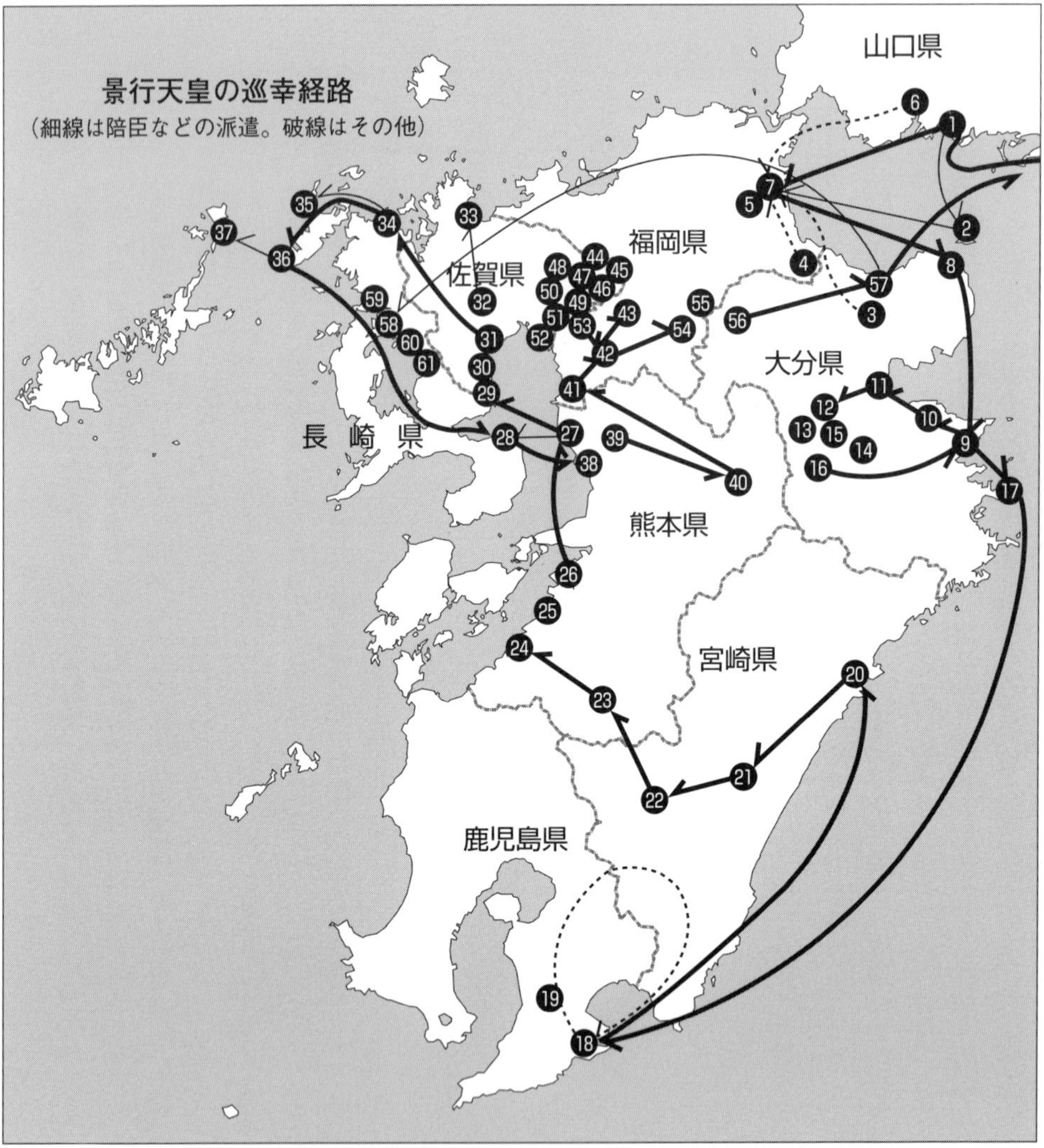

1 娑麼（防府市）　2 姫島（姫島村）　3 菟狭川上（宇佐市）　4 御木川上（上毛町）　5 高羽川上（香春町）
6 緑野川上（山口市）　7 長峡県（行橋市）　8 伊美郷（国東市）　9 宮浦（大分市）　10碩田国（大分市）
11速見邑（別府市）　12来田見邑（竹田市）　13柏峡大野（竹田市）　14血田（豊後大野市）　15城原（竹田市）
16禰疑野（竹田市）　17穂門（津久見市）　18高屋宮（肝付町）　19笠野原（鹿屋市）　20丹裳小野（日向市）
21児湯県（西都市）　22夷守（小林市）　23熊県（あさぎり町）　24葦北（芦北町）　25水嶋（八代市）
26豊村（氷川町）　27長渚浜（長洲町）　28高来県（雲仙市）　29託羅郷（太良町）　30能美郷（鹿島市）
31磐田杵村（武雄市）　32嬢子山（多久市）　33賀周里（唐津市）　34志佐郷（松浦市）　35大屋島（平戸市）
36志式島（平戸市）　37値嘉郷（小値賀町）　38玉杵名（玉名市）　39高天山（山鹿市）　40阿蘇国（阿蘇市）
41御木（大牟田市）　42八女県（八女市）　43高羅（久留米市）　44酒殿泉（鳥栖市）　45曰理郷（鳥栖市）
46狭山郷（鳥栖市）　47米多郷（上峰町）　48三根郷（神埼市）　49船帆郷（神埼市）　50蒲田郷（佐賀市）
51琴木岡（神埼市）　52宮処郷（神埼市）　53高三潴（久留米市）　54藤山（上陽町）　55的邑（うきは市）
56日田郡（日田市）　57宇佐浜（宇佐市）　58速来村（佐世保市）　59健村里（佐世保市）　60川岸村（佐世保市）
61浮穴郷（川棚町）

景行天皇と巡る西海道歴史紀行

わが国の起源を求めて九州を歩こう

第一部

一、わが国の黎明と謎の四世紀

日本列島に生まれ住みついてきた人々が、最初に大陸から文明社会を衝撃的に受け入れたのは、今から二千数百年前の縄文最晩期から弥生時代のことであったとされる。紀元前五〇〇年頃から紀元三〇〇年頃までのおおむね八百年間が「弥生時代」と言われる。この時代に大陸の文明に接触した日本列島の人々は、金属器の製作と水田稲作を学び、日本列島に住む私たちの歴史の中で最も劇的であったと思われる社会変革を経験したのである。

文明の導入は、社会の生産性を高めると同時に人々の定着化を進めることになり、貧富の差の少ない縄文的世界から、財産を私有する支配者とその支配を受け入れる人々とで構成される分化された社会へと進む。さらに、財産の拡大とその私有の発展は、日本列島内に小さな国々を形作り、紀元前後には、中国との接触を始める国々が登場するまでになる。

(1)　倭国から邪馬台国へ

紀元前三世紀に「倭」は存在した

中国に現存する最古の地理書『山海経《せんがいきょう》』によれば、朝鮮半島にあった蓋国《がいこく》は、「燕《えん》の南、倭《わ》の北にあり、倭は燕に属す」とある。「倭」は日本列島に住む人々を指しているとされ、「燕」は紀元前二二一年に秦《しん》が中国を統一するまでの春秋時代から戦国時代にかけて、中国東北部にあった国であるから、この記事によれば遅くとも紀元前三世紀には「倭」が「燕」に従っていたことになる。この「倭は燕に属す」を含む記事をすべてそのまま信頼することはできないまでも、中国では早くから「倭」の存在を認識していたことが分かる。秦の始皇帝《しこうてい》の時代に方士《ほうし》・徐福《じょふく》が各分野の専門家を含む五五四人を八十五艘の船に分乗させて東の大海に漕ぎ出したという『史記《しき》』の記事、徐福が童男女数千人を将《ひき》いて夷《い》洲や澶《せん》洲に留まったとする『後漢《ごかん》書』東夷《とうい》伝・倭の条（以下、『後漢書倭伝』という）の入海求仙の記事、徐福が日本に来たという後周代の『義楚六帖《ぎそろくじょう》』の記事も歴史的な事実であったろうと思われる。

（紀元前一世紀頃）夫《そ》れ楽浪《らくろう》海中に倭人《わじん》あり。分れて百餘国となる。歳時《さいじ》を以て来り献見《けんけん》すと云う。
（『漢書』地理志・燕地の条、以下『漢書地理志』という）

元始《げんし》（前漢平帝の年号）五（西暦五）年東夷《とうい》の王、大海を度《わた》りて国珍《こくちん》を奉《ほう》ず。（『漢書』王莽《おうもう》伝）

建武中元《けんむちゅうげん》（後漢光武帝の年号）二（五七）年、倭奴国《わのなこく》、奉貢朝賀す。使人自《みずか》ら大夫《たいふ》と称す。倭国の極南界なり。光武《こうぶ》賜うに印綬を以てす。（『後漢書倭伝』）

玄界灘に開ける福岡平野に展開したとされる倭《わ》の奴《な》国は、紀元一世紀のころ日本列島に存在した数多くの小国家のひとつであるが、単独で遠く大陸にまで使者を派遣することを可能にする能力をすでに備えていた。江戸時代の天明四（一七八四）年、百姓・甚兵衛が福岡市東区志賀島《しかのしま》の叶崎《かなのさき》で偶然地中から発見した「漢委奴国王《かんのわのなのこくおう》」の金印（国宝）は、西暦五七年（以下「西暦」を省略する）に倭の奴国王が後漢（二二一―二二〇年）の光武《こうぶ》帝から授与されたものに違いないであろう。

ただしこの金印は、一般に「漢《かん》の委《わ》の奴《な》の国王」と読まれ「奴国王」に授与されたものとされているが、授与者「漢」と被授与者「奴」の間に第三者「委《わ》」が介在することは有り得ないとする中国印璽に関する諸研究などから「漢の委奴《いと》の国王」と読み、光武帝が北九州の糸島平野に展開する「伊都《いと》国王」に授与したものであるとする有力な見解がある。福岡黒田藩で収蔵していた、台の一辺二・三五㎝、重さ一〇八・七二九ｇの金印は、昭和五十三（一九七八）年に黒田家から福岡市へ寄贈され、現在は百道浜の福岡市博物館で常設展示されている。金印がなぜ志賀島から発見されたかについては諸説があり謎につつまれたままである。

わが国は「倭国」に始まる

紀元二世紀（以下「紀元」を省略する）に入ると日本列島に生起した小国家構成員間の社会経済的格差はさらに広がり、小国家間での権力抗争が戦争へと発展する。社会経済的分化と度重なる戦争による勝者と敗者の関係は、より強力な支配者を生むと同時に、その対極として最も弱い社会層である生口《せいこう》(1)（奴隷）を生むことになった。

安帝《あんてい》（後漢六代の天子）の永初《えいしょ》元（一〇七）年、倭《わ》の国王帥升《すいしょう》等、生口《せいこう》百六十人を献じ、請見を願う。

（『後漢書倭伝』）

倭の奴国が後漢に遣使してちょうど五十年後の一〇七年、倭の国王・帥升《すいしょう》が同じく後漢に遣使している。しかし今回は「倭の国王」であり、「倭の奴国王」のような倭の国々のなかの一国の王ではない。このことは、この五十年間に飛躍的に国家間の再編・収斂が進んだことを物語っていると言えよう。

武光誠（敬称略。以下、研究者などの氏名についても同様とする）は、考古学的成果も踏まえた上で、この倭の国王・帥升を対馬《とま》国、一支《いき》国、末盧《まつろ》国、奴《な》国およびその周辺の二、三の小国を率いて玄界灘沿岸諸国の盟主に成長した伊都《いと》国王であろうとし、引き続く時代に生起するいわゆる「倭国大乱」は、伊都国を中心とする玄界灘沿岸の小国群と邪馬台国《やまだいこく》に指導された筑紫平野の小国群との争いであったとしている(2)。

倭国と邪馬台国

そして、二世紀の終盤から三世紀の中葉にかけてのおよそ八十年間が、「倭国大乱」を収拾した「邪馬台国」の時代で、女王・卑弥呼《ひみこ》はこの国の最盛期におよそ六十年の長きにわたって君臨し、さらに宗女・台与《とよ》は卑弥呼からこの国の終晩期を引き継いだのである。

倭人は帯方《たいほう》の東南大海の中に在り、山島に依りて国邑《こくゆう》を為す。舊《もと》百餘国。漢の時朝見する者有り、今（魏の時代）、使譯《しやく》通ずる所三十国。

（『三国志《さんごくし》』魏書《ぎしょ》・東夷伝《とういでん》・倭人《わじん》の条、以下『魏志倭人伝《ぎしわじんでん》』という）

桓《かん》・霊《れい》（後漢桓帝《かんてい》及び霊帝《れいてい》）の間（一四七－一八八年）、倭国《わこく》大いに乱れ、更相《こもごも》攻伐し、歴年《れきねん》主《あるじ》無し。一女子有り、名を卑弥呼《ひみこ》という。年長じて嫁《か》せず、鬼神《きしん》の道につかえ、能《よ》く妖《よう》を以って衆《しゅう》を惑《まど》わす。是に於いて、共に立てて王と為す。侍婢《じひ》千人。見る有る者少なし。唯男子一人有り、衣食を給し、辞語《じご》を伝え、居処《きょしょ》・宮室《きゅうしつ》・楼観《ろうかん》・城柵《じょうさく》、皆兵を持して守衛し、法俗厳峻《ほうぞくげんしゅん》なり。

（『後漢書倭伝』）

漢の霊帝《れいてい》の光和《こうわ》中（一七八－一八四年）、倭国《わこく》乱れ、相攻伐すること歴年なり。乃《すなは》ち共に一女子卑弥呼《ひみこ》を立てて王と為す。

（『梁書』東夷伝・倭条）

其の国、本亦男子を以て王と為し、住《とど》まること七、八十年。倭国乱れ、相攻伐すること歴年、乃《すなは》ち共に一女子を立てて王と為す。名づけて卑弥呼《ひみこ》と曰《い》う。（略）

倭の女王卑弥呼、狗奴《くぬ》国の男王卑弥弓呼《ひみくこ》と素《もと》より和せず。倭の載斯《さいし》・烏越《うおち》等を遣わして郡に詣《いた》り、相攻撃する状を説く。

（『魏志倭人伝』）

『三国志』の撰者は、『魏志倭人伝』において、いわゆる「邪馬台国」を三十カ国のうちの一国である「卑弥呼の女王国」（狭義の邪馬台国）として捉えると同時に、旧百余国《もと》であった国々が三十カ国に淘汰され、これらの国が連合してより広域な国家となったものを「倭国」として捉え、これを「邪馬台国」（広義の邪馬台国）として理解しているようである。つまり「倭国＝邪馬台国」である。「倭国大乱」の最終晩は、玄界灘沿岸の海洋漁労国家群と福岡平野の農業国家群という、いずれも連合共同体を形成する倭国内における二大派閥間の主導権争いになっていたのである。

しかし、筑紫平野で覇権を誇っていた隣国・狗奴《くぬ》国との地域紛争に苦しんでいた福岡平野の農業国家群は、玄界灘沿岸の海洋漁労国家群の盟主・伊都国王に協力を求め、当時すでに巷間に知られた巫女・卑弥呼を王に共立することで二大派閥の激突を回避し、長年続いた倭国内の「大乱」を収めたのである。海洋漁労国家群と農業国家群という双頭権力構造の拮抗緊張型の連合国家である「邪馬台（大）国」の誕生である。つまり、「邪馬台国」とは玄界灘と福岡平野を共有する政治・文化連合共同体である倭国の歴史の最終盤に現れた一つの特殊な政治指導形態であったと考えられる。

邪馬台国については、『魏志倭人伝』に詳しく叙述されており、年次を明記し時代を特定できる日魏交渉記事も景初（魏明帝の年号）三（二三九）年六月から正始（魏少帝の年号）八（二四七）年までの六回にわたっている。邪馬台国と女王・卑弥呼が最も華やかに歴史に登場するこの足掛け九年間は、敵対する隣国・狗奴国との関係だけでなく倭国内にあっても脆弱な統治基盤しか持たない邪馬台国が最後の力を振り絞って超大国・魏の後ろ盾を得ながら勢力挽回に努めた時期なのである。

「邪馬台国はどこにあったか」「邪馬台国はどのような国であったか」「邪馬台国が大和朝廷の国家へと発展したのか」などの命題に、「倭国と邪馬台国との関係」「倭国と日本国との関係」「日本国の成立とその過程」などの古くて新しい命題を加えた瞠目すべき研究が、第二次世界大戦後三十年を経過した昭和五十年頃から着実に世に問われてきている。なかでも『「邪馬台国」はなかった』『邪馬一国の証明』『失われた九州王朝』『盗まれた神話』などをはじめとする数々の著作の中でこれまでの歴史学に新しい息吹を吹き込もうとする古田武彦の努力は、古代史を再点検しようとする機運を広く醸成しつつあると言えよう。

二世紀から三世紀にかけての邪馬台国の時代は、近畿大和地方に巨大古墳をもたらす「謎の四世紀」を先導する興味深い時代であるとともに、日本に統一国家・大和朝廷が成立する直前における多元的政治権力の拡大発展とその収斂の過程を如実に検証できる極めて重要な時代なのである。

(2) 中国正史から抜け落ちた一五〇年

「謎の四世紀」とは？

「空白の四世紀」とも言われ、邪馬台国の三世紀中葉から「倭の五王」の五世紀までのおよそ一五〇年間、わが国に関する記事が中国の史書に見えなくなる。

> 卑弥呼《ひみこ》以って死す。（略）更に男王を立てしも、国中服せず。（略）復た卑弥呼の宗女台与《とよ》年十三なるを立てて王と為し、国中遂に定まる。因って臺に詣《いた》り、男女生口三十人を献上し、白珠《しらたま》五千孔・青大勾珠《せいだいくしゅ》二枚、異文雑錦《いもんざつきん》二十匹を貢す。
> （『魏志倭人伝』）

中国の史書に見える三世紀のわが国の記事は、魏の帯方郡太守王頎《おうき》の正始八（二四七）年の赴任記事に続く、倭王・台与が魏へ遣使する『魏志倭人伝』の記事を以って実質的に終わっている。わが国のその後の動向は、晋の武帝泰始二（二六六）年に「倭人来りて方物を献ず」（『晋《しん》書』武帝紀）と伝え、同じ記事を「泰始の初め、使を遣わし、訳を重ねて入貢す」（『晋書』東夷伝・倭人条）、「晋の起居注[4]に云はく、武帝の泰初（始）二年の十月に、倭の女王、訳を重ねて貢献せしむといふ」（『書紀』神功皇后摂政六十六年）とわずかに伝えるのみである。

再びわが国の記事が中国の史書に見えるのは、東晋の安帝義熙《ぎき》九（四一三）年のことで、『晋書』安帝紀に「高句麗、倭国及び西南夷の銅頭大子《どうとうたいし》、並びて方物を献ず」とあり、『梁書』によれば、このときの倭王は「讃《さん》」（一般には仁徳天皇に比定される）であったことが記されている。すでに五世紀であり、中国正史における「倭」に係る記事の登場は実に一五〇年振りなのだ。その後は、宋高祖武帝の永初二（四二一）年の倭王・讃から宋順帝の昇明二（四七八）年の倭王・武《ぶ》（一般には雄略天皇に比定される）まで、いわゆる「倭の五王」の記事が『宋書』、とくに夷蛮伝・倭国の条（以下、『宋書倭国伝』という）に続々と登場する。

二六六年から四一二年までの間、まさに四世紀のわが国の記事が中国の史書からすっぽり抜け落ちているのである。しかし、「邪馬台国が大和朝廷の国家へと発展したのか」などが問われるわが国の成り立ちに関する最も重要な時期の情報が恃みの中国の史書から得られず、しかも五世紀になって忽然と登場する「倭の五王」が果たして大和朝廷の大王であるか否かも必ずしも定かではない。わが国の四世紀は、まさに謎が謎を呼ぶ「空白の世紀」なのである。

五胡十六国の時代

この「空白の四世紀」の中国は、強力な統一王朝である秦や漢の時代から同じく強力な統一王朝である隋《ずい》や唐《とう》の時代へと移り代わる狭間にあって、極めて不安定で混乱した政治情勢が続いた時代であった。二六三年に蜀《しょく》を滅ぼした魏の将軍・司馬炎《しばえん》は、二六五年に魏から帝位を得て晋（西晋）を建国し、二八〇年には呉《ご》を滅ぼして一度は中国全土を統一するのであるが、司馬氏一族の諸王が周辺の異民族の力を利用して内部抗争を繰り返したことから異民族の侵入を招くことになり、晋は三一六年に南匈奴《みなみきょうど》（北漢）に滅ぼされてしまう。この結果、華北では匈奴《きょうど》、鮮卑《せんぴ》、羯《けつ》、氐《てい》、羌《きょう》の異民族（五胡《ごこ》）が十三カ国を建て、漢族の建てた三カ国とあわせて十六カ国が興亡する「五胡十六国《ごこじゅうろくこく》」の時代になり、華南では東晋へと変遷するなど混乱が続いていたのである。

倭の奴国が後漢へ朝貢した紀元前後から、菅原道真の建議によって遣唐使船が廃止される九世紀の終りまで、わが国は断続的ではあっても中国への朝貢を続けている。その理由は、①先進文化の吸収や先進技術の導入であったことは当然として、②巨大国家の力を恃んで周辺国を威圧し心服させること、または、③巨大国家の形式的支配下に入ることで、当該巨大国家はもとより他国からの侵略を抑止する目的があったと考えられる。時代が下がって天智二（六六三）年、わが国は百済《くだら》救援のために朝鮮半島に出兵し、白村江《はくすきのえ》の戦いで唐と新羅《しらぎ》の連合軍に未曾有の大敗を喫するのであるが、それから以後の遣唐使・遣新羅使派遣の経緯には、①の意味に加えて③の意味が強く含まれていたと思われる。それに比して白村江の敗戦以前における中国への朝貢は、①及び②の要素が主体をなしていたと考えられよう。

このような観点から「空白の四世紀」を眺めると、当時のわが国としては、混乱と弱体化の中で文化的な活力を失い、国際的な影響力をも著しく喪失していた中国に、荒波を越え危険を冒してまで遣使しなければならない必然性が見出せなかったのであろうと思われる。やや安定している華南の東晋に遣使するにしても、より安全な陸路を採る場合、五胡十六国の政情不安定な華北を通過しなければならない。五世紀に至って宋へ遣使する場合にあってさえ、わが国の使節は高句麗《こうくり》の道案内を請わねばならない状況だったのである。

大和朝廷の勃興

翻って、わが国の国内事情も中国に遣使するゆとりがなかったと考えられる。中国や朝鮮半島諸国との外交・通交を一手に引き受けてきた倭国（邪馬台国）においては、長く続いた「倭国大乱」や「狗奴国との紛争」で疲弊していたことに加え、畿内大和からの新たな脅威に対応しなければならなかったからである。この三世紀後半のわが国においては、畿内大和に崇神《すじん》天皇を中心とする新王朝（以下、「大和朝廷」という）が勃興し、北陸・東海・西道・丹波に四道将軍を派遣するなど侵略拡大政策を採用する大和朝廷による版図拡大のための緊張感が広く漲っていたのであり、北部九州にあった倭国（邪馬台国）や狗奴国においても大和朝廷への対応を急ぐ必要があったのである。

特に、大和朝廷は余勢を駆って鹽乗津彦《しおのりつひこ》を任那《みまな》の鎮守として派遣するなど朝鮮半島にも乗り出すほどであったから、海洋国家としてわが国のみでなく中国や朝鮮半島諸国からも認められていた「倭国」としては、まさに危急存亡の時であったといえよう。このような情勢の中で、倭国（邪馬台国）と狗奴国とは、大和朝廷の脅威に備えることを目的として、積年の恩讐を越えて大同団結したと考えられる。この三世紀終末期（二八八－二九〇頃）に誕生した倭国（邪馬台国）と狗奴国との筑紫連合政権を「大倭国《だいわこく》」と呼ぶことにする。（第二部三章(2)「筑紫連合政権『大倭国』の成立」で詳述）

さらに、「国」の支配領域が拡大するに伴い、その支配・被支配の形態も変質していた。二、三世紀までのような、中国からの先進的な賜物を有力豪族に分け与えることで権力を維持・拡大するという家父長的な権力構造での対応が効果を挙げていた時代はすでに去り、三世紀後葉から四世紀にかけては、武力を背景にした新しい政治力で他の豪族を従属させなければならない時代となっていたのである。

順帝《じゅんてい》の昇明《しょうみょう》二（四七八）年、使を遣わして表を上《たてまつ》る。曰《いわ》く、「封国《ほうこく》は偏遠《へんえん》にして、藩《ばん》を外に作《な》す。昔より祖禰《そでい》躬《みずか》ら甲冑《かっちゅう》を擐《つらぬ》き、山川を跋渉《ばっしょう》し、寧処《ねいしょ》に遑《いとま》あらず。東は毛人《もうじん》を征すること五十五国、西は衆夷《しゅうい》を服すること六十六国、渡りて海北《かいほく》を平らげること九十五国（略）」と。詔して武《ぶ》を使持節都督《しじせつととく》倭・新羅《しらぎ》・任那《みまな》・加羅《から》・秦韓《しんかん》・慕韓《ぼかん》六国諸軍事・安東《あんとう》大将軍・倭王に除す。

（『宋書倭国伝』）

この宋順帝への上表文を奉呈した倭王・武の時代はすでに五世紀であるが、景行天皇や日本武尊《やまとたけるのみこと》によるわが国各地への親征説話、仲哀《ちゅうあい》天皇や神功《じんぐう》皇后による筑紫および朝鮮半島への親征説話、千熊長彦《ちくまながひこ》や葛城襲津彦《かつらぎのそつひこ》による朝鮮半島への遠征説話などは、まさにこの上表文に記される倭王・武の祖禰《そでい》（先祖）が大活躍した四世紀の時代描写と重なる説話群である。この倭王・武の上表文には、倭王・武の先祖となる大王たちの活躍が生き生きと躍動的に描写されており、その大王たちを誇りにしている倭王・武の姿が浮かび上がってくる。「謎の四世紀」は「実力の四世紀」であり「拡大の四世紀」でもあって、冒険とロマンに満ちた時代ではあったものの、より強力で制度化された「国家」を生み出すための苦しみの時代でもあったのである。

(3) 古代の扉を開く『記紀』

『記紀』は信頼できるのか?

四世紀はなぜ「謎の世紀」なのか。歴史を紐解くには歴史史料が必要不可欠である。なかでも記述史料・文献は、情報の緻密性ゆえに極めて重要であり、これまでも歴史研究の中心を占めてきた。しかし文献の信頼性には、時間軸としての「同時性」と距離軸としての「現地性」という重要な要素に照らして検証されねばならない宿命が負わされている[5]。それを記録し叙述した人々の誠意と努力を疑わないとしても、記録や叙述する対象が遙かな昔のことや遠く離れた地域のことであった場合には、その信頼性はその程度に応じて低下することになろう。間接情報が採り込まれている場合には、その間接情報の信頼性をも検証されなければならない。遠い昔のことを長い時間の経過後に記したものは、伝えられた物語としては大切なものであっても歴史史料としての信頼性は減少せざるを得ない。遙かに離れた地域のことを直接見聞することなく記したものは、伝聞や推定が重なり歴史史料としての信頼性はやはり減ぜられることはやむを得ない。

わが国における歴史文献の古典である『古事記』と『書紀』は、右の基準に照らして検証するとどういう位置にあるのだろうか。『記紀』の成ったのはようやく八世紀の初頭であり、私たちが訪ねようとしている景行天皇の時代・四世紀からでもすでに四百年の歳月が経過している。『古事記』を編纂するに当たっては『帝記』や『旧辞』があり、『書紀』の編纂に当たっても、聖徳太子が関わったとされる『天皇記《すめらみことのふみ》』『国記《くにつふみ》』『本記《もとつふみ》』など

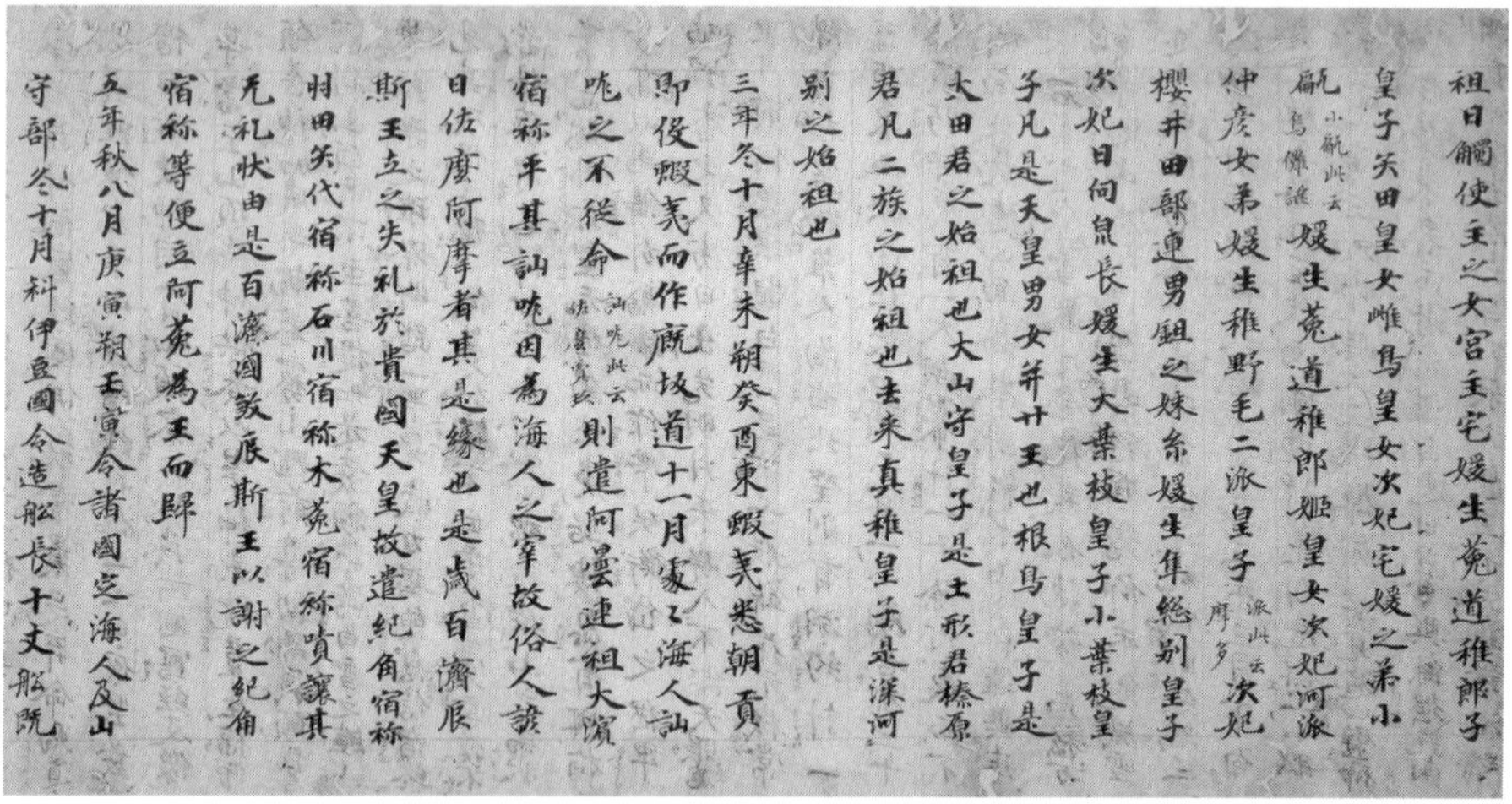
祖日觸使主之女宮主宅媛生菟道稚郎子
皇子矢田皇女雌鳥皇女次妃宅媛之弟小
甂小甂此云烏儺謎媛生菟道稚郎姫皇女次妃河派
仲彦女弟媛生稚野毛二派皇子派此云摩多次妃
櫻井田部連男鉏之妹糸媛生隼總別皇子
次妃日向泉長媛生大葉枝皇子小葉枝皇
子凡是天皇男女并廿王也根鳥皇子是
大田君之始祖也大山守皇子是土形君榛原
君凡二族之始祖也去來真稚皇子是深河
別之始祖也
三年冬十月辛未朔癸酉東蝦夷悉朝貢
即役蝦夷而作廐坂道十一月處々海人訕
哤之不從命訕哤此云佐麼賣玖則遣阿曇連祖大濱
宿禰平其訕哤因為海人之宰故俗人諺
曰佐麼阿摩者其是緣也是歳百濟辰
斯王立之失禮於貴國天皇故遣紀角宿禰
羽田矢代宿禰石川宿禰木菟宿禰嘖讓其
无禮狀由是百濟國殺辰斯王以謝之紀角
宿禰等便立阿花為王而歸
五年秋八月庚寅朔壬寅令諸國定海人及山
守部冬十月科伊豆國令造船長十丈船既

日本初の勅撰歴史書『日本書紀』（巻第十残巻。国宝。奈良国立博物館蔵）

の先発史料が編纂された事実もある（大化の改新の際に焼失したという）。しかし、これらの史料すら七世紀ごろにまとめられたものである。『記紀』は、わが国で編纂された文献であるから、「現地性」は確保されるものの、時代を遡れば遡るほどその時代との「同時性」については信頼度が低下する史料である。しかも更に困ったことには、『記紀』は、政治的な理由から意図的・組織的に改変・創作された部分が多々あるとの指摘が多くの研究者から提起されているのである。

ただ、『記紀』が編纂された当時の諸般の状況の中にあって、撰者たちは当時現存した史料に基づき、時間と距離の座標軸の中で可能な限り信頼性の高い歴史書を作成すべく努力したことが窺える。これを『書紀』で見ると、神代の巻では、十一段あるすべての段に「一書《あるふみ》に曰はく」として他史料からの引用があり、最多の五段では十一種類もの「一書」所載の記事を併記しており、神武天皇紀以降では注釈の中に「一《ある》に云はく」「或本《あるふみ》に云はく」として他史料から引用して併記した部分が随所に見える。なかには『日本旧記《にほんくき》』（雄略天皇紀二十一年）などと具体的な参考文献の書名も見えるし、「伊吉連博徳書《いきのむらじはかとこがふみ》」「難波吉士男人書《なにはのきしおひとがふみ》」（斉明天皇紀五年）などと私的史料からの引用を記す場合もある。さらに、現在では散逸している百済の文献からの引用も多数ある。神功紀四十七年から欽明紀十七年までに『百済記』から五回、『百済新撰』から三回、『百済本記』から十七回の引用が見られるのである。これら多くの史料の活用は、『書紀』編纂時に数多くの文献史料が存在していたことの証であり、『書紀』の撰者が当時の現存史料を広く求めた証拠でもあろう。史料間で矛盾する天皇崩御年について、『書紀』本文への採択理由を明かし「後《のち》に勘校《かむが》へむ者《ひと》、知《し》らむ」として後世に真実の確定を託した継体天皇紀最後の注釈からはその真摯な編纂態度を見ることもできる。また、履中天皇紀に「始めて諸国に国史《ふみひと》を置き、言事《ことわざ》を記して四方《よも》の志《ふみ》を達《いた》した」とあるので、『風土記』的な記録も相当以前から採録されていたと考えられる。

結局、『記紀』はわが国の歴史書として最重要な文献であり、『書紀』のように組織的な改変・創作があるとしても、当時の撰者は真面目に対処しているのであって、これを始めから排除したり無視する態度はいかがなものかと思う。『記紀』は大いに活用されるべきであり、『記紀』を活用する者が撰者の心境を想いながら歴史的真実を見出さねばならないのである。

外国文献史料の活用

日本の歴史文献の不備を補うものとして古来重要視されてきたのが外国史料である。中国では史書の編纂は国家事業であり、次代を引き継いだ国がその威信にかけて前代の国の歴史を記すこととされており、これが連綿として受け継がれている。中国の正史二十五のうち十五にわが国の伝が載せられていることから、史料に乏しい時代のわが国の歴史を紐解くためには、これらの中国文献を参考にしない理由はない。

九世紀以前（九〇六年、唐に代わり後梁及び遼が興る）の中国の正史で、わが国の伝を載せるものは次頁のとおりである。

中国の正史は、比較的近い時間軸の中で先の王朝の歴史的事象について撰修・編纂されているので「同時性」という点から文献の信頼性はかなり高いと言えよう。特に『三国志』と『宋書』は、記録対象時代と撰者の生存時期が近接しており、「同時性」に優れた文献であると言える。

しかし、日本の歴史を中国の正史から導き出す場合には、もう一つの「現地性」に十分斟酌する必要がある。

日本についての記述がある中国の正史（九世紀以前）

書名	編纂朝	撰者	伝	呼称
後漢書	南朝宋	范曄（—四四五）	東夷	倭
三国志	晋	陳壽（—二九七）	東夷	倭人
晋書	唐	房玄齢（—六四八）	東夷	倭人
宋書	梁	沈約（—五一三）	夷蛮	倭国
南斉書	梁	蕭子顕（—五三七）	東南夷	倭国
梁書	唐	姚思廉（—六三七）	東夷	倭
南史	唐	李延壽（？）	夷貊下	倭国
北史	唐	李延壽（？）	四夷	倭
隋書	唐	魏徴（—六四三）	東夷	俀国
旧唐書	五代晋	劉昫（—九四六）	東夷	倭国・日本
新唐書	宋	宋祁（—一〇六一）	東夷	日本

撰者は日本に渡ってきて直接見聞したのではない。最も信頼性が高いとされる『魏志倭人伝』においても、伝聞や推定によって書かれていると疑われる部分が数多くあると指摘されているのである。

また、中国の正史の多くは編纂の目的から紀年がはっきり記録されているので、双方の事象を比較検証することによってわが国の歴史の紀年を構成する基準とすることができる。『書紀』は、紀年を干支《かんし》で示しているので、六十年以内のことであれば前後関係は明らかであろうが、六十年を超え連続しない事象については、この干支だけでは前後が判然としないことになる。ここに中国の正史を活用すれば『書紀』の紀年を比較的正確に読み取ることが出来るのである。

外国史料としては、中国の正史の他に朝鮮関係の文献や金石文を追加することができよう。百済の歴史書編纂のことは、『三国史記』(6) 百済本紀の近肖《きんしょう》古王《こおう》（三四六—三七五年）紀に「百済は開国以来まだ文字を用いて事柄を記述することができなかった。この王代になって、博士の高興《こうこう》を得て、はじめて文字を書き、事を記すようになった」とあり、先に触れたように、『書紀』に百済の三種類の逸史である『百済記』『百済新撰』『百済本記』がその片鱗をとどめている。『百済記』は神功皇后四十七年、同六十二年、応神天皇八年、同二十五年、雄略天皇二十年に、『百済新撰』は雄略天皇二年、同五年、武烈天皇四年にそれぞれ見え、『百済本記』にあっては継体天皇三年から欽明天皇十七年まで十七回にわたって引用されている。また、高句麗の広開土王《こうかいどおう》（好太王《こうたいおう》）碑に、日本の関連事績が記録されていることはあまりにも有名である。

『日本書紀』の作為

『書紀』の撰者は、「辛酉《しんゆう》」の年に革命があるとする古代中国の讖緯説《しんいせつ》に基づき、神武天皇を推古天皇九（六〇一）年の「辛酉」から、大変革があるとされる二十一運《うん》（これを「一蔀《ぼう》」という。「一運」は干支の組み合わせで六十年である）、一二六〇年遡らせて即位させ(7)（紀元前六六〇年）、また、神功皇后を邪馬台国女王・卑弥呼に擬したため、『書紀』の紀年を大胆に改作せざるをえなかったようだ。『書紀』の編纂方針として紀年を明らかにしようとしたものの、すでに八世紀初頭には過去の紀年が不明確であったのかもしれない。また、編纂にあたって参考にした諸記録も紀年が不確実であったか、年を追った記録そのものがなかったのかもしれない。撰者は、わが国に伝わる事績と中国の正史や百済国史（『百済記』『百済新撰』『百済本記』）に記されたわが国関係事績との整合を図るため、『魏志倭人伝』の「卑弥呼」を「神功皇后」に比定せざるをえなかったのであろう。このように『書紀』は、外国の文献との整合を図るという作業のなかで、撰者が構想した紀年により構成されることになったのである。『書紀』には、『百済記』の事象を干支二運繰り上げて転載している部分があるが、これらの改作は、『書紀』自らが記す百済の「王薨」記事などと『三国史記』の同一記事を比較することにより明確にすることができよう。

ともかく、前述のように中国の正史にわが国のことが取り上げられていない一五〇年の空白期間があるのである。そして、この時代の『書紀』の紀年はそのままでは信頼できないことから、研究者からも種々多様な見解が提供されることになり、「謎の世紀」として混迷を深めている。『書紀』の紀年については、新井白石、本居宣長、伴信友、久米邦武、那珂通世、水野祐をはじめ多くの研究者がその解明に取り組んできたが、未だに明確で完全に満足できる関係年表を得たとは聞き及んでいない。この『記紀』の時代背景を解明するためには、考古学や考古史料はいうに及ばず、民俗学や民俗伝承史料、歴史天文学や歴史気象学などを含めた総合的な取り組みにより、文献による史料不足を補う必要があろう。

ここで注意を喚起しておきたいことがある。縷々述べたように『記紀』にはいわゆる神話であったり、時代が求めた創作や撰者による思い込みなどが含まれており、歴史資料として活用するには史料批判など十分な注意を必要とするが、これほど優れた古記録としての歴史資料を持っている国はほとんどないのである。中国は文字の国であり記録の国であって、他例のない極めて特別な国である。中国の正史と比較すれば雲泥の差があるわが国の『記紀』も、世界の他の国々に目を転ずれば、これほどの文献史料を持つ国は稀なのである。『記紀』がわが国の誇るべき文献史料であることが理解できよう。私たちは、遠い先祖から伝えられた『記紀』『風土記』が読めることに感謝し、いま少し自信と誇りを持ってこれらの歴史資料を積極的に活用したいものである。

中国・朝鮮の史料を参考にして筆者なりに構成した書紀紀年の修正年表（以下、修正年表による紀年を「修正紀年」という）を巻末に掲げている。本書を読み進める過程で、随時参考にしていただきたい。なお、神武天皇即位の紀元前六六〇年を元年とする書紀紀年（皇紀）及び修正前の書紀和年号は各事項の末尾に（　）で示している。

おって、本書で使用する紀年は、和年号は『書紀』記載の通りとし、西暦年号は「修正紀年」とする。

（1）上野武は「生口」について、第一次高地性集落の構築事由から、寺沢薫の「北部九州勢力の脅威」説、生田滋の「北九州から来襲する米と人間の略奪隊からの守備」説、吉田孝の「生口の対外的交易の対価」説を紹介しながら、ツクシ倭国の略奪隊が船に乗って瀬戸内海地域に来襲して獲得したとする（上野武『女王卑弥呼の「都する所」』日本放送出版協会、平成十六年）。

（2）武光誠『中国と日本の歴史地図』ベストセラーズ、平成十五年

(3)『魏志倭人伝』には、帯方郡《たいほうぐん》から倭国への経路となる狗邪韓《くやかん》国・対馬《ついま》国・一大《いちだい》国・末盧《まつろ》国・伊都《いと》国・奴《ぬ》国・不彌《ふみ》国・投《とう》馬《ま》国・邪馬台《やまだい》国の「其の戸数・道里は略載す可き」九カ国と、「其の餘の旁国は遠絶にして得て詳らかにす可からず」とする斯馬《しま》国・己百支《いひやくし》国・伊邪《いや》国・都《と》(郡)支《し》国・彌奴《みぬ》国・好古都《こうこと》国・不呼《ふこ》国・姐奴《しゃぬ》国・対蘇《ついそ》国・蘇奴《そぬ》国・呼邑《こおう》国・華奴《かぬ》蘇奴《そぬ》国・鬼《き》国・為吾《いご》国・鬼奴《きぬ》国・邪馬《やま》国・躬臣《くじん》国・巴利《はり》国・支惟《しゅい》国・烏奴《うぬ》国・奴《ぬ》国の二十一カ国までが「此れ女王の境界の盡くる所」としている。これらが広義の邪馬台国を構成する三十カ国である。なお、『魏志倭人伝』には邪馬台国と対立する狗奴《くぬ》国の記述があり、邪馬台国の渡海東方に存在する侏儒《しゅじゅ》国・裸《ら》国・黒歯《こくし》国の記述も見える。

(4)中国の歴史書の一つで、皇帝の日々の言行や勲功を記した日記体の政治記録。後漢時代には存在しており、晋代以降盛んに作られた。『書紀』神功皇后六十六年条は「是年《ことし》、晋の武帝の泰初(『晋書』は「泰始」とする)の二年なり」とするが、神功皇后の崩御年(神功六十九年)の三年前は『書紀』修正紀年の三八六年であり、『書紀』神功皇后紀の六十六(三八六)年は泰始二(二六六)年まで丁度二運(一二〇年)繰り上げられている。

(5)歴史史料の「同時性」と「現地性」については、林家辰三郎が「ヤマタイ国以後」で喚起している(『日本史探訪2』(角川書店、昭和五十八年)所収)

(6)高麗(九一八—一三九二)の宰相・金富軾が仁宗(一一二二—一一四五)の命を受けて、新羅・高句麗・百済の歴史を紀伝体で編纂した現存最古の朝鮮の正史。一一四五年成立。五十巻(新羅・高句麗・百済の各本紀、年表、雑志、列伝)からなる。固有の史料のほか中国史書から多くの朝鮮関係記事を借用している。

(7)梅原猛は、「推古九(六〇一)年を期して、聖徳太子は彼の政治を始めた」とし、「聖徳太子が讖緯思想に大きく影響され」ており、「これは百済の僧観勒の影響ではないか」とする。また、『書紀』は、讖緯思想による紀年法が用いられたであろう『天皇記』『国記』『本記』があって初めて出来た歴史書であるとする(梅原猛『海人と天皇』朝日新聞社、平成三年)。

二、西海道歴史紀行への旅立ち

(1) 旅の案内人は景行天皇

景行天皇の出自

今回の旅で私たちを案内いただく景行《けいこう》天皇を紹介しよう。景行天皇は、初代の神武天皇から数えて第十二代の天皇である。この当時、まだ「天皇《てんのう》」「スメラミコト」という呼称はなく、「大王《おおきみ》」と呼称されていたであろう。「天皇」号の成立は、古代国家制度が確立した七世紀後半以降であると考えられるが、本書では『記紀』の記述に合わせて便宜的に「天皇」の呼称を使うこととする。景行天皇は『古事記』では大帯日子淤斯呂和気天皇《おおたらしひこおしろわけのすめらみこと》、『書紀』では大足彦忍代別天皇《おおたらしひこおしろわけのすめらみこと》と称され、他に大足日子天皇、大帯日子天皇、大帯比古天皇、大帯日古天皇とも記されている。十一代垂仁《すいにん》天皇の第三皇子で、母は丹波道主王《たにはのちぬしのおおきみ》の娘の日葉洲媛《ひばすひめ》である。垂仁天皇が十代崇神《すじん》天皇の第三皇子であるから、景行天皇は『記紀』の皇統譜では崇神天皇の孫ということになる。しかしながら、景行天皇には崇神天皇や垂仁天皇との血統の連続性は疑わしく、景行天皇は朝廷内において自らの実力によって垂仁天皇の後継者となったと考えられる。この点は第二部三章(3)「景行天皇の筑紫巡行」で詳述する。

景行天皇は三一一年（修正紀年、太歳辛未《たいさいかのとひつじ》、書紀紀年七一年。四五三年までの西暦紀年は巻末に掲げる「修正紀年」を使用する。安康天皇即位の四五四年以降は書紀紀年と西暦紀年が一致する）に即位し、播磨稲日大郎姫《はりまのいなびのおおいらつめ》を皇后とする。景行天皇には、名前が記録されている者だけでも七名の妃と二十三名の皇子・皇女があり、その他を合せて八十名の子供があったとされる。「八十」には多数の意味もあるが、子沢山であったことは確かであろう。

今回の旅との関係から、九州地方に関連する景行天皇の皇子を『書紀』によって挙げておこう。

・小碓《おうす》の尊　皇后播磨稲日大郎姫の二子。日本童男《やまとおぐな》。日本武尊。十四歳（景行二十七年）で熊襲を討伐。二十七歳（同四十年）で東国の平定を命ぜられ、東国からの帰途、能褒野《のぼの》で崩御（三十歳）。仲哀《ちゅうあい》天皇は小碓の尊の二子。

・日向襲津彦《ひむかのそつびこ》皇子　日向髪長大田根《ひむかのかみながのおおたね》の一子。阿牟《あむ》の君《きみ》の祖。

・国乳別《くにちわけ》皇子　襲武媛《そのたけひめ》の一子。水沼別《みぬまのわけ》の始祖。

・国背別《くにそわけ》皇子　襲武媛の二子。水間君《みずまのきみ》の祖。

・豊戸別《とよとわけ》皇子　襲武媛の三子。火国別《ひのくにのわけ》の始祖。

・豊国別《とよくにわけ》皇子　御刀媛《みはかしひめ》の一子。日向国造《ひむかのくにのみやつこ》の始祖。

タラシヒコ・オシロワケとは？

景行天皇の名前に含まれる「タラシヒコ（ヒメ）」は、孝安天皇（六代。日本足彦国押人天皇《やまとたらしひこくにおしひとのすめらみこと》）、成務《せいむ》天皇（十三代。稚足彦天皇《わかたらしひこのすめらみこと》）、仲哀天皇（十四代。足仲津彦天皇《たらしなかつひこのすめらみこと》）、神功皇后（気長足姫尊《おきながたらしひめのみこと》）と景行天皇を含めて前後に五名の天皇・皇后名（和風諡号《わふうしごう》）に使われており、時代が下がって七世紀には、舒明《じょめい》天皇（三十五代。息長足日広額天皇《おきながたらしひひろぬかのすめらみこと》）と皇極《こうぎょく》・斉明《さいめい》天皇（三十六代・三十八代。天豊財重日足姫天皇《あめのとよたからしげひたらしひめのすめらみこと》）の二名の天皇名として使われている。「タラシヒコ（ヒメ）」は、十分に与えるということから「統治者」の意味であり、また、名前の後段に含まれる「オシロワケ」は、力の源泉である統治権を分け与える、あるいは、権力の源泉である土地を分け与えるという意味で、景行天皇が地方制度を整備し、多くの皇子を地方支配者「別《わけ》」として派遣したことを顕彰した名前であろうと考えられる。

開皇《かいこう》（隋《ずい》・高祖文帝《こうそぶんてい》の年号）二十（推古《すいこ》八・六〇〇）年倭王あり、姓は阿毎《あめ》、字《あざな》は多利思北孤《たりしほこ》、阿輩鶏弥《おほきみ》と号す。

大業《たいぎょう》（隋・煬帝《ようだい》の年号）三（推古十五・六〇七）年其の王多利思北孤《たりしほこ》、使いを遣わして朝貢する。（略）日出ずる処の天子、書を日没する処の天子に致す、恙《つつが》無きや、云云。

（『隋書《ずいしょ》』東夷伝《とういでん》・俀《たい》（倭）国《こく》条、以下『隋書俀国伝』という）

ところで「タラシヒコ」に類似する称号に、『隋書俀国伝』に見える「タリシホコ」がある。両者の関係や対隋外交関係の実態は第二部四章(5)「中国が見たわが国最大の王朝交代劇」で詳述するが、『隋書俀国伝』の「タリシホコ」は「矛《ほこ》を十分持っている」ことを意味し、軍事権の掌握者を指す称号であると考えられるので、考古学的な知見から銅剣・銅矛圏の中心地である北部九州に覇を唱える政治権力（第二部ではこの政治権力を「筑紫《ちくし》王朝《おうちょう》」と呼ぶ）の王（同じく「筑紫君《ちくしのきみ》」と呼ぶ）を指していると思われる。

大和朝廷（第十代崇神天皇によって創始されたと考えられる畿内大和の政治権力）における推古《すいこ》天皇の時代は、皇太子である聖徳太子が摂政として活躍し、『天皇記』『国記』『本記』など国史の編纂にとどまらず、世襲的な氏姓《しせい》政治を抑えて人材登用を図るための「冠位十二階」を制定し、豪族間の融和と為政者の心構えを「十七条の憲法」として定めるなど、中央集権国家への道を劇的に採り始めた時期に当たる。また、外交面においても「日《ひ》出《い》ずる処《ところ》の天子《てんし》、書を日没する処の天子に致《いた》す、恙《つつが》無きや」とする対隋国書を作成するなど、積極的に国威高揚を図っている。しかし、当時のわが国における実質的な外交実務は筑紫王朝が握っていたのであり、隋もわが国の外交交渉の当事者を筑紫王朝と見ていたのである。

後世において各天皇に和風諡号《わふうしごう》を奉呈するにあたり、和風諡号の選定者は九州に関係の深い各天皇（皇后）に対して筑紫王朝の「タリシホコ」に代えて「十分に与えられる統治者」という意味の「タラシヒコ（ヒメ）」を案出して奉呈したものと考えられる。「タラシ」は後程見るように「垂（タリ・タレ・タラシ）」として、九州各地の服ろわざる豪族（賊《あた》・土蜘蛛《つちぐも》）の名前として多用されており、「タラシ」は九州地方の首長に広く用いられた美称であったと考えられる。推古天皇につづく舒明と皇極（斉明）の夫妻天皇においても、斉明天皇の九州における劇的な印象（白村江《はくすきのえ》の出兵に関して筑紫朝倉宮に行幸しており、朝鮮出兵という意味で神功皇后を想起させる）から「タラシ」を含む和風諡号がそれぞれ奉呈されたものであろう。

山辺道に沿う景行天皇の纏向日代宮跡（天理市穴師）

景行天皇の権力基盤

景行天皇は、即位三年の春二月、まだ即位に伴う不測の事態が心配される「紀伊《きい》」への行幸を取り止め、紀伊へは屋主忍男武雄心命《やぬしおしおたけおごころのみこと》を派遣する。屋主忍男武雄心の命は、紀直《きのあたい》の祖となる菟道彦《うじひこ》の娘・影媛《かげひめ》を娶って武内宿禰《たけしうちのすくね》を生ませる（『古事記』では、「建内宿禰」とし、孝元天皇の皇子・比古布都押之信命《ひこふつおしのまことのみこと》が紀の国造の祖・宇豆比古《うづひこ》の妹・山下影日売《やましたかげひめ》を娶って生んだとする）など、紀伊に九年にわたって居住しつつ紀伊地方を景行天皇の版図に組み込むことに成功する。

これとは別に景行天皇は、即位四年春二月に「美濃《みの》」へ行幸する。美濃では若干の抵抗を受けるものの、尾張《おわり》から美濃地方を比較的容易に自らの版図に組み込むことができたようだ。景行天皇は崇神天皇と尾張《おわりの》大海媛《おおしあまひめ》との間に生まれた八坂入彦《やさかいりひこ》皇子の二人の娘を得ようとするのであるが、妹媛からは断られたものの姉媛・八坂入媛《やさかいりひめ》を妃にすることができたからである。八坂入媛は、景行天皇との間に成務天皇や五百城入彦《いおきいりびこ》皇子をはじめとして七皇子・六皇女を成している。景行天皇の母・日葉《ひば》洲媛《すひめ》は丹波道主王《たにはのちぬしのおおきみ》の娘であり、皇后・播磨稲日大郎姫《はりまのいなびのおおいらつめ》は吉備《きび》の臣などの祖である若建吉備津日子《わかたけきびつひこ》（『古事記』）の娘である。『播磨国風土記』によると、景行天皇は播磨稲日大郎姫（同『風土記』では印南《いなみ》の別嬢《わきいらつめ》）を娶るにあたって相当な忍耐と努力を強いられている(3)。明石海峡を抑える吉備・播磨の大勢力を取り込むためには必ず越えなければならない道だったのであろう。ともかく丹波、吉備、播磨、美濃、尾張、そして紀伊が版図に入り、ようやく前任者・垂仁天皇が宮を置いていた大和の国「纏向《まきむく》」に「日《ひ》代宮《しろのみや》」を創設することができたのである。

なぜ、景行天皇は大和の「纏向の日代宮」を即位後直ちに創設することができなかったのか、そして「纏向」の地にそれほどこだわるのはなぜなのかという疑問は、第二部三章で明らかにできることを期待し、いよいよ西海道《さいかいどう》（九州）巡幸《じゅんこう》に出発する景行天皇に随行して、私たちも九州一周の旅にでかけることにしよう。

(2) 熊襲の叛旗

景行天皇十二（三一五）年の陰暦七月に、大和朝廷に朝貢するはずの熊襲が再三の督促にもかかわらず怠ったことから天皇の筑紫《つくし》（九州）親征が始まる。

景行十二年の秋七月《あきふみつき》に、熊襲反《くまそそむ》きて朝貢《みつきたてまつ》らず。八月《はつき》の乙未《きのとひつじ》の朔《ついたち》己酉《つちのとのとりのひ》に、筑紫《つくし》に幸《いでま》す。

（『書紀』景行十二年秋七―八月）

エリアの異なる二つの筑紫

「筑紫《つくし》」は『古事記』の国生み神話の中で「次に筑紫島《つくしのしま》を生みたまいき。この島も身一つにして面《おも》四つあり。面ごとに名あり。かれ筑紫国を白日別《しらひわけ》といい、豊国《とよのくに》を豊日別《とよひわけ》といい、肥国《ひのくに》を建日向日豊久士比泥別《たけひむかひとよくじひねわけ》といい、熊曾国《くまそのくに》を建日別《たけひわけ》という」とあるように九州は古く「筑紫の島」と呼ばれていた。そして、現在の東部地域（豊前国に

国号「筑紫」の起源となった筑紫神社（筑紫野市筑紫）

含まれた地域）を除く大部分の福岡県の範囲も「筑紫《ちくし》の国」と呼ばれていた。地名の起源は『釈日本紀《しゃくにほんぎ》』所収の『筑後国風土記《ちくごのくにふどき》』逸文に、「昔、二つの国（筑前国と筑後国）の間の山には険しくて狭い坂があって、往来する人の馬の鞍韉《したくら》（鞍の下に敷く蓆《むしろ》）が摩《す》り尽《つ》くされてしまった。それで土地の人は鞍韉《したくら》尽くしの坂といった」という説、「昔この堺の上に麁猛神《あらぶるかみ》があった。往来の人は半数が助かり、半数が死んだ。その数は大変多かった。それで『人の命尽くしの神』といった。そのとき、筑紫君《つくしのきみ》と肥君《ひのきみ》が占って、筑紫君らの祖甕依姫《みかよりひめ》を巫祝《ふしゅく》として祭らせた。それから以後は、路を行く人は神に害されなくなった。このことによって筑紫《つくし》の神という」という説、さらに「その死者を葬るためにこの山の木を伐《き》って棺《ひつぎ》を作った。このため山の木が尽きようとした。それで筑紫《つくし》の国という」という説を併記して紹介している。

　この説話の舞台は、筑前と筑後の国境となる狭い地峡地域である。福岡県の中西部・筑紫野市と小郡市の市境「原田《はるだ》」の辺りは、北東から南西へ若杉山－砥石山《といし》－三郡山－宝満山－宮地岳と続く山塊が一旦途切れて緩やかな丘陵地帯となっており、これが再び南西へ基《き》山－九千部山《くせんぶ》への山塊となって続いている。この地峡地域こそ「筑紫」発祥の地である。現在では、九州自動車道、国道三号線、鳥栖筑紫野道路、ＪＲ鹿児島本線、西日本鉄道大牟田線などの幹線交通路線が犇《ひしめ》いているが、筑後国または肥前国から基肄《きい》城の麓を通って大宰府へ向かう古代の幹線「城《き》の山道」は、八世紀の天平《てんぴょう》の頃でさえ寂しい山道だったようだ。筑後守葛井《ふじいの》連《むらじ》大成《おおなり》が大宰帥大伴旅人《だざいのそちおおとものたびと》の帰京に際し、別れを惜しんで詠《うた》んだ詩がある。

今よりは　城《き》の山道《やまみち》は　さぶしけむ　我《わ》が通《かよ》はむと　思《おも》ひしものを　（『万葉集』巻第四・五七六）

「筑紫」は古い文献に「竹斯《ちくし》」と表記される場合もあり、「ツクシ」よりも「チクシ」が古い呼称であるとされる。現在でも地元では、「筑紫」を「チクシ」と呼称している。「筑紫《ちくし》」という国号の発祥も筑紫野《ちくしの》市筑紫《ちくし》だといわれ、JR鹿児島本線原田駅の北二〇〇mの小高い丘の上（筑紫野市大字原田字森本）に式内社の筑紫《ちくし》神社が鎮座している。筑紫神社の由緒には、「筑紫の名は当社の神号から起こり、筑紫の国魂《くにたま》とされ朝廷でも崇拝された」と記される。

『古事記』の国生み神話で四つの面《おも》を持っていた九州島は、筑紫《つくし》の国、豊《とよ》の国、肥《ひ》の国、日向《ひむか》の国となり、持《じ》統《とう》天皇のころ、国郡制が整備されるなかで筑紫の国が筑前・筑後、豊の国が豊前・豊後、肥の国が肥前・肥後に分かれ、日向の国が日向《ひゅうが》・大隅《おおすみ》・薩摩《さつま》となって九カ国（九州）が形成されている。なお、畿内《きない》・七道《しちどう》が大宝《たいほう》元（七〇一年）年に制度化され、九州は「西海道《さいかいどう》」と呼ばれるようになった。

熊襲は球磨贈於

人民に科す課《か》（調《ちょう》）・役《えき》（庸《よう》や雑徭《ぞうよう》）は、崇神天皇十二（二八八）年春三月の詔に基づき、同年秋九月に初めて男の弭調《ゆはずのみつぎ》（獣肉や皮革などの狩猟生産物）・女の手末調《たなすえのみつぎ》（絹や布などの手工業生産物）として賦課されるが、それから二十七年経過した景行天皇十二（三一五）年の時点においても天皇の権威に服さず、課役に応じない多くの人々が存在していた。これらの未服従の人々が大和朝廷から土蜘蛛《つちくも》などと呼ばれて討伐の対象になったのであり、その最大の勢力が筑紫（九州）の南部地域に広く蟠踞《ばんきょ》する「熊襲」と呼ばれる集団であった。熊襲は、『古事記』では「熊曾」と書き、九州南部の日向・大隅・薩摩地方を指していると推測される。ただし、律令《りつりょう》時代の地方区画では、「クマ」にあたる地名として肥後国球磨《くま》郡（現在、熊本県球磨郡・人吉市）があり、「ソ」にあたる地名として大隅国贈於《そお》郡（現在、鹿児島県曽於市・霧島市）がある。また、西海道（九州）の諸『風土記』には「クマソ」を「球磨贈於《くまそお》」と四字で記しているものが見える。これらは、『風土記』を撰進した奈良時代の人々が熊襲の範囲を肥後国の球磨地域と大隅国の贈於地域であると理解していたからであろう。なお、『書紀』における景行天皇の筑紫（九州）巡幸記事にあっては、熊襲を地名とともに集団名・族名として使っている場合が見受けられる。

筑紫への巡幸は八月の乙未《きのとひつじ》の朔《ついたち》己酉《つちのととり》の日（十五日）をもって出発している。ちょうど満月の日である。暑さを凌ぐために夜の進軍を選択したものであろうが、戦勝を願って満月の日を出陣の日と定めたのかも知れない。

（1）畿内を中心に銅鐸の祭りが盛んに行われていたころ、弥生文化のもう一つの中心である北九州地方では、武器形の青銅器を祭器とする祭りがあった。武器形祭器は、矛・剣・戈の三種があるが、矛は北九州を中心に広域な分布圏をもち、剣は主として瀬戸内沿岸一帯に分布する（上田正昭・田辺昭三責任編集『日本歴史展望1　埋もれた邪馬台国の謎』旺文社、昭和五十六年）。

（2）日本古代の族制的な身分制度に基づく政治。中央や地方の豪族に、国家機構における役割や社会的な地位に応じて、朝廷から大伴《おおとも》・中臣《なかとみ》・葛城《かつらぎ》などの「氏《うじ》」並びに臣《おみ》・連《むらじ》・直《あたい》などの「姓《かばね》」を与え、豪族はそれを世襲した。七世紀初めには臣・連・伴造《とものみやつこ》・国造《くにのみやつこ》・百八十部《ももあまりやそとものお》と呼ばれる身分体系が形成され、天武十三（六八四）年には真人《まひと》・朝臣《あそん》・宿禰《すくね》・忌寸《いみき》・道師《みちのし》・臣《おみ》・連《むらじ》・稲置《いなぎ》の姓（八色《やくさ》の姓《かばね》）が新設され、皇親を中心とする氏姓秩序の形成が図られた。

（3）『播磨国風土記』賀古《かこ》郡の段には、景行天皇が印南の別嬢（播磨稲日大姫）への求婚の途次、渡ろうとした摂津国高瀬の渡船場の渡し守が「我は天皇の贄人《にえびと》たらめや（わたしは天皇に奉仕する者ではない）」と一旦断り、天皇の再度の懇願に「遂に度《わた》らむと欲《おもほ》さば、度《わたり》の賃《て》を賜へ（どうしても渡りたいなら渡り賃をくれ）」という説話や印南の別嬢が天皇の求婚の話を聞いて南毘都麻《なびつま》の島に遁《に》げ渡るが、天皇は犬（人ではない）から情報を得たうえ様々な祭事を執り行ってようやく島へ渡ることができたという説話がある。

三、周防灘を囲む国々

景行天皇が筑紫《つくし》（九州）を巡幸した四世紀初頭（三一五―三三二年）は、邪馬台国の女王・台与《とよ》が晋《しん》に貢献したとする最後の記録（『晋書』二六六年）からわずかに半世紀しか経過していない。邪馬台国は三十カ国から構成されていたとされるが、当時の日本列島には現在の市・郡程度あるいは更に狭い範囲を版図にする国々が各地に成立していたと考えられている。後の筑紫（九州）や周防《すおう》・長門《ながと》においても、大小強弱の差はあるにしても、多くの国々が相互に覇権を競い合っていたに違いない。

なお、本章が扱う「周防灘を囲む国々」とは、周防灘を取り囲む地域で、①周防の国の佐波《さば》郡と吉敷《よしき》郡、②長門の国の豊浦《とゆら》郡と厚狭《あさ》郡、③豊前の国全域、④豊後の国のうち国埼《くにさき》郡の国々とする。

(1) 筑紫（九州）巡幸への第一歩

景行天皇は、筑紫（九州）巡幸の前線基地として『和名類聚抄《わみょうるいじゅうしょう》』(1)（以下『和名抄《わみょうしょう》』という）に周防国佐波郡佐波郷と見える現在の山口県防府《ほうふ》市佐波に行宮《あんぐう》を営んでいる。佐波への到着が九月五日であるから、大和の日代宮《ひしろのみや》を出発して二十日目となる。『書紀』を含めて諸史料に山陽道地域の行軍記事が全く見えないので、後の仲哀天皇（浮海《みふね》）・神功皇后（船上《みふね》）の場合と同様に海路を採ったと思われる。天皇軍は、瀬戸内海から周防灘を経て大海《おおみ》湾へ入り、佐波川を少し遡った玉祖《たまのおや》神社（防府市大崎）への参道口の辺りで船を下りたであろう。

九月《ながつき》の甲子《きのえね》の朔《ついたち》戊 辰《つちのえたつのひ》（五日）に、周芳《すはのくに》の娑麼《さば》に到りたまふ。時に天皇、南に望みて、群 卿《まえつきみたち》に詔《みことのり》して曰《のたま》はく、「南の方に烟気《けぶり》多く起《た》つ。必《ふくつ》に賊《あた》在らむ」とのたまふ。則ち留《とど》まりて、先《ま》づ多臣《おほのおみ》の祖武諸木《おやたけもろき》・国前《くにさき》臣《のおみ》の祖《おや》莵名手《うなで》・物 部君《もののべのきみ》の祖夏花《おやなつはな》を遣《つかは》して、其の状《かたち》を察《み》しめたまふ。

（『書紀』景行十二年九月）

周防の佐波川

佐波川は、山口県と島根県との県境・仏峠付近の中国山地を水源とし、山口市徳地《とくぢ》町八坂地区を貫き、島地川を合流して防府市の防府新大橋をくぐったところで大海湾に注いでいる。佐波川下流域の玉祖神社一帯は、南から向山、恵良、東谷、大日、片山、塚原の各地区に古墳が群集しており、なかでも大日《だいにち》古墳（国史跡。前方後円墳）を擁する山寄《やまよせ》古墳群がその中核をなしている。古墳そのものは、七世紀代の古墳時代終末期のものと考えられるが、佐波川下流域が弥生時代から古墳時代にかけて地域の中核的存在であったことを髣髴とさせる。佐波川中流域には、大国主 命《おおくにぬしのみこと》と事代主 命《ことしろぬしのみこと》を祭神とする出雲《いずも》神社（周防国二の宮）と三坂神社があり、島地川沿いには応神天皇や神功皇后を祭神とする花尾八幡宮も鎮座している。古くから文明の大動脈であった佐波川を巡って文明の消長があったに違いない。

また、平安時代の末に源平の兵火で炎上した奈良・東大寺の再建を進めるための造営料国として周防国が東大寺に与えられたが、資材の調達現場となった佐波川流域には、国司 上人《しょうにん》として周防国に赴任した俊 乗 坊 重 源《しゅんじょうぼうちょうげん》に関する史跡が数多い。恩顧を受けた後白河法皇の後生安穏を祈るための周防阿弥陀寺（防府市牟礼）、用材を求めて杣《そま》山に分け入った重源が活動拠点とした月輪《がちりん》寺（山口市徳地町上村）や法光寺（同鯖河内）などがあり、野谷や岸見の石風呂は病気療養と保養を目的として重源が佐波川沿いにつくらせた多数の石風呂のひとつである。

周防国一の宮

景行天皇が周防国での第一歩を踏みしめたであろう玉祖神社は、玉 作《たまつくり》氏の祖神である玉 祖 命《たまのおやのみこと》を祭神とする

景行天皇奉納の宝剣が伝わる玉祖神社（防府市大崎）

周防国一の宮である。玉祖の命は別名を玉屋命《たまのやのみこと》、櫛明玉命《くしあきたまのみこと》といい、八《や》坂瓊勾玉《さかにのまがたま》を作った神とされ、瓊々芸命《ににぎのみこと》（天津彦彦火瓊々杵尊《あまつひこひこほのににぎのみこと》）が降臨する際に従えてきた五部神《いつとものかみ》すなわち中臣《なかとみ》、忌部《いんべ》、猿女《さるめ》、鏡作《かがみつくり》、玉作《たまつくり》の一神である。「正倉院《しょうそういん》文書」に、天平十（七三八）年に神税稲三八三四束をもって社殿修造料として寄進したという記録があり、大同元（八〇六）年には神封十戸が寄せられ、貞観九（八六七）年に従三位、康保元（九六四）年に従一位の神階を授けられている。

景行天皇は、当時すでに営まれていた玉祖神社に筑紫（九州）親征の成功を祈願して剣を奉納しており、玉祖神社の北三〇〇ｍの「宮城《みやぎ》の森」は天皇の行在所が置かれた場所だと伝えられている。さらに宮城の森から二〇〇ｍ北には玉祖の命の墓といわれる玉岩窟《たまのいわや》が現存する。天皇は、玉祖神社と玉祖の命の墓地との間に営まれていた玉作氏の屋敷を行在所に充てたものとも考えられ、玉作氏の勢力の強大さとこれを利用しようとする天皇との関係が垣間見えよう。

九州に関係の深い三将軍

景行天皇は、佐波の南方方面へ武諸木《たけもろき》・菟名手《うなで》・夏花《なつはな》という三名の将軍を先遣隊として派遣する。武諸木を祖とする多臣《おおのおみ》は、神武天皇の皇子神八井耳命《かむやいみみのみこと》を始祖とし、大和国十市《といち》郡飫富《おふ》（奈良県磯城《しき》郡田原本町多）を本拠とする。天武十三年十一月に朝臣《あそん》姓を賜わり、『古事記』の撰者・太朝臣安萬侶《おおのあそんやすまろ》もこの系譜に連なっている。『古事記』によると、神八井耳命は火君《ひのきみ》、大分君《おおきたのきみ》、阿蘇君《あそのきみ》、筑紫三家連《つくしのみけのむらじ》など、九州に本拠を持つ諸氏族の祖とも伝えられている。

菟名手を祖とする国前臣《くにさきのおみ》は、豊後国国埼郡国前郷《くにさき》（大分県国東半島《くにさき》）を本拠とし、天平九年の豊後国正税帳に、球珠《くす》郡領国前臣竜麿《たつまろ》の名が見える。また、『豊後国風土記』の総記の部分に、天皇が豊国を治めるために菟名手を派遣し、「豊国直《あたい》」の姓を賜ったという説話がある。

夏花を祖とする物部君《もののべのきみ》は、九州北部に勢力を張った氏族で、『和名抄』では筑後国生葉《いくは》郡と肥前国三根《みね》郡に物部郷があり、大宝二年の筑前国川辺里《かわべのさと》・豊前国塔里《とうのさと》・同丁里《かのとのさと》の戸籍に物部・物部首《もののべのおびと》を見ることができる。また、『書紀』雄略《ゆうりゃく》十八年八月条の伊勢《いせ》の朝日郎《あさけのいらつこ》討伐戦では、総大将の物部菟代宿禰《もののべのうしろのすくね》が強敵に臆するなか、筑紫聞《つくしのきく》（豊前国企球《きく》郡）物部大斧手《おおおのて》が物部目連《めのむらじ》の配下で大活躍している。

武諸木、菟名手、夏花の三将は、いずれも九州に深い関わりを持つ豪族である。景行天皇の筑紫（九州）巡幸の成功後に九州との関わりが生じたとも考えられるが、今回の親征に当たり、景行天皇は地方豪族を服属させる手法に、配下の武将による説得や懐柔を多用していることを考慮すると、これらの三将はすでに九州に根を下ろし、九州各地に強い人脈を持つ豪族であったと思われる。天皇の信頼が篤い武諸木、菟名手、夏花を将とする天皇軍の先遣隊により、いよいよ筑紫（九州）征討作戦が開始されることになる。

(2) 姫島と神夏磯媛

豊前の国は、現在では福岡県の北九州市東部、田川市、田川郡、行橋市、京都《みやこ》郡、豊前市、築上《ちくじょう》郡、大分県の中津市、宇佐市の地域で、古くは豊後の国とともに「豊国《とよのくに》」を形づくっていた。瀬戸内海を利用できる交通至便な北部九州にあって、気候温和で農業・水産業の恵みが豊かなことから早くから人々が住み、高度な文明が開けた地域である。このことは、弥生前期末（紀元前二〇〇年頃）から弥生後期末（二三〇年頃）まで長期にわたって広く分布する弥生遺跡群が証明しており、石塚山古墳（福岡県京都郡苅田町）・赤塚古墳（大分県宇佐市・宇佐風土記の丘）などの九州最古級とされる古墳の存在や、続いて出現をみる御所山古墳（福岡県京都郡苅田町）などの大型古墳、広く分布する装飾古墳、さらには数多く見られる横穴墳墓群などが明らかにしている。『中臣祓気吹鈔』所収の『豊前国風土記』逸文には「宮処《みやこ》の郡《こほり》。むかし天孫がここから出発して日向《ひむか》の旧都に天《あま》降《くだ》った。おそらく天照大神《あまてらすおほみかみ》の神京《みやこ》である」として豊前国京都郡を天孫系の故地であるとさえ記している。

また、邪馬台国の中心地が豊前国内にあったとする研究者もいる。富来隆は「魏志『邪馬台』の位置に関する考察」(2)において邪馬台国を豊前宇佐に比定しているし、斬新な角度から古代史を検証する安藤輝国は、宇佐神宮における大神《おおが》氏と宇佐氏との六百年にわたる抗争を紐解く『消された邪馬台国』のなかで、『書紀』にいう「豊《とよ》葦原《あしはら》の千五百秋《ちいほあき》の瑞穂《みつほ》の国」（神代第四段第十一書）、『古事記』にいう「豊葦原之千秋長五百秋之水穂国《とよあしはらのちあきのながいほあきのみづほのくに》」は、日本国全体を指すのではなく特定の国土を美化した表現であって、その中心は「豊」の名を継承した豊国であるとし、卑弥呼が活躍した邪馬台国の中心地も豊前国の宇佐であるとの結論を導いている。

神夏磯媛の帰順

景行天皇の命を受けた武諸木《たけもろき》、菟名手《うなで》、夏花《なつはな》の三将は、軍を率いて周防の佐波の港から船出する。南にわずか三〇㎞の豊後国姫島に向けて天皇軍は穏やかな周防灘をすべるように進んだに違いない。三将は、途中海上において神夏磯媛《かむなつそひめ》の出迎えを受ける。神夏磯媛は、船団の先頭を走る指令船の舳先に三種の神器、すなわち八握剣《やつかのつるぎ》・八咫鏡《やたのかがみ》・八尺瓊《やさかに》を懸けた榊《さかき》を立て、白旗を立てて「一族を挙げて逆らうことはない」と天皇軍への帰順を申し出ている。あらかじめ計画された合流だったとも考えられる。榊に神宝を掛けての合流の有り様は、下って仲哀天皇の八（三四五）年、筑紫に御幸《みゆき》する天皇を迎えた岡　県主《おかのあがたぬし》の祖熊鰐《わに》および伊都県主《いとのあがたぬし》の祖・五十迹手《いとで》の儀式にも見える。その時、伊都県主は三種神器を奉った理由を、「天皇、八尺瓊《やさかに》の勾《まが》れるが如くにして曲妙《たへ》に御宇《あめのしたしろしめ》せ、且、白銅鏡《ますみのかがみ》の如くにして分明《あきらか》に山川海原を看行《みそなは》せ、乃ち是の十握剣《とつかのつるぎ》を提げて天下《あめのした》を平《む》けたまへ」と言っている。白旗を立てて降伏の標識とすることは、中国でも古くから見られるもので、神功摂政前紀十月の条には新羅が神功皇后軍に降伏する際、「素旆《しろきはた》あげて自ら服《まつろ》ひぬ」とあるのも同様である。三種の神器を懸けた榊を立て白旗を立てることは、降伏や強力《ごうりき》の標識であると同時に、司祭者的な地方豪族がその祭祀権を献上するための服属儀式であり、軍事指揮権の奉呈儀式でもあろう。

爰《ここ》に女人《をみな》有り。神夏磯媛《かむなつそひめ》と曰《い》ふ。其の徒衆《やから》甚多《にへさ》なり。一国《ひとくに》の魁帥《ひとごのかみ》なり。天皇の使者《つかい》の至《まうく》ることを聆《き》きて、則ち磯津山《しつのやま》の賢木《さかき》を抜《こじと》りて、上枝《かみつえ》には八握剣《やつかのつるぎ》を挂《とりか》け、中枝《なかつえ》には八咫鏡《やたのかがみ》を挂《とりか》け、下枝《したつえ》には八尺瓊《やさかに》を挂《とりか》け、亦素幡《またしらはた》を船の舳《へ》に樹《た》てて、参向《まうでき》て啓《まう》して曰《まう》さく、「願はくは兵《いくさ》をな下《つかわ》しそ。我が属類《やつこともがら》、必《ふつく》に違《そむ》きたてまつる者有らじ。今将《まさ》に帰徳《したが》ひなむ。唯《ただ》残《あ》しき賊者《やつこはべ》有り。一《ひとり》をば鼻垂《はなたり》と曰《い》ふ。妄《みだり》に名号《な》を仮《か》りて、山谷に響《おとな》ひ聚《あつま》りて、菟狭《うさ》の川上に屯結《いは》めり。二《ふたり》をば耳垂《みみたり》と曰ふ。残《そこな》ひ賊《やぶ》り、貪《むさぼ》り婪《おほ》きて、屢《しばしば》人民《おほみたから》を略《かす》む。是御木《みけ》木、此をば開《け》と云ふ。の川上に居《はべ》り。三《みたり》をば麻剝《あさはぎ》と曰ふ。潜《ひそか》に徒党《ともがら》を聚《あつ》めて、高羽《たかは》の川上に居《はべ》り。四《よたり》をば土折《つちおり》猪折《いおり》と曰ふ。緑野《みどりの》の川上に隠《かく》れ住《お》りて、独《ひとり》山川の険《さが》しきを恃《たの》みて、多《さわ》に人民《おほみたから》を掠《かす》む。是の四人《よたり》は、其の拠《を》る所並に要害《ぬみ》の地《ところ》なり。故《かれ》、各《おのおの》眷属《やから》を領《つか》ひて、一処《ひとところ》の長《ひとごのかみ》と為《な》る。皆曰はく、『皇命《おほみこと》に従《したが》はじ』といふ。願はくは急《すみやか》に撃《う》ちたまへ。な失《うしな》ひたまいそ」とまうす。

（『書紀』景行十二年九月）

天皇軍に合流した神夏磯媛は、周防灘沿岸地域には鼻垂《はなたり》・耳垂《みみたり》・麻剝《あさはぎ》・土折猪折《つちおりいおり》という四人の賊が蟠踞し、皇命に従わないと言っているので速やかに討伐すべきであると訴えるのである。

姫島と祝島

日本列島に金属器が伝わっていない縄文以前の時代では、武器や農具となる刃物として石器（利器）が重宝されており、重要な交易品として広く取り扱われていた。特に黒曜石（火山活動によって生まれた天然のガラス）は、割れ口が鋭く加工しやすいことから長期間にわたって広く使用された石器のひとつである。火山列島の日本には、北は北海道から南は九州まで広く分布するが、現在知られている四十カ所以上の産地のうちよく用いられたのが十勝（北海道）、箱根（神奈川県）、神津島《こうづしま》（東京都）、和田峠（長野県）、隠岐島《おきのしま》（島根県）、姫島（大分県）、腰岳《こしだけ》（佐賀県）などのものである。

姫島は、腰岳とともに九州における黒曜石の代表的な生産地で、それが利用された地域は九州の大半を占めるとともに、その一部は瀬戸内海を渡って中国・四国地方の西部地域まで広がっている。姫島は、弥生時代の遙か以前の石器・縄文の時代から、黒曜石による刃物の移出地として注目すべき文化的求心力を発揮していたのである。なお、腰岳産の黒曜石は、韓国釜山《プサン》広域市東三洞《トンサムドン》貝塚からも発見されていることを付記しておこう。

海運の発達は同時に強い水軍を育てる。玄界灘から瀬戸内海や豊後水道方面へ向かう船は、関門海峡を過ぎると必ず周防灘から伊予灘へと進まなくてはならない。陸地伝いの進路を必ずしも保証されない多くの船は、姫島と山口県上関《かみのせき》町の祝島との間を航行することになるのである。しかし、両島間はわずか三〇㎞弱の距離なので、航行する船にとってはそれなりに緊張する海域だったに違いない。この海峡を管理する姫島の水軍は、極めて強力な軍事力を保有していたものと推測されるのである。

> 比売嶋《ひめしま》の松原。右は、軽嶋豊阿伎羅《かるしまとよあきら》の宮に御宇《あめのしたをさめたま》ひし天皇《すめらみこと》（応神天皇）の世、新羅《しらぎ》の国に女神《ひめがみ》ませり。その夫《せ》ゆ遁《に》げ来《きた》りて、暫《しまし》、筑紫の国なる伊波比乃比売嶋《いはひのひめしま》地《ところ》の名なり。に住みたまひき。乃《すなは》ち曰《の》りたまはく「この嶋は、猶《なほ》し是遠《とほ》くはあらじ、若しこの嶋に居《す》まば、男神《ひこがみ》尋《と》め来《き》なむ」とのりたまふ。乃《すなは》ちまた遷《うつ》り来《き》まして、遂《つい》にこの嶋に停《とど》まりましき。故《かれ》もとつ所《ところのな》を取り、住みし地《ところ》の名とし、以《も》ちて嶋の号《な》とせり。
>
> （『万葉集注釈』所引『摂津国風土記』逸文）

『万葉集注釈』所引の『摂津国風土記』逸文では、豊後国の姫島を「伊波比乃比売嶋《いはひのひめしま》」としている。「伊波比」は海峡を挟んだ山口県の祝《いわい》島であると考えられ、『風土記』が撰進された八世紀にあっては、姫島と祝島の二つの島が一括して認識されており、多くの航海者によって斎祭《いはいまつ》られる島になっている。この海域における長年にわたる安全航行への願いが、これから関門海峡を経て九州西岸や朝鮮半島方面へと旅程を進める人々にとって、航海の安全を祈願する島へと変遷したものであろう。

なお、同逸文は女神の渡来を応神天皇の時代とするが、『古事記』応神天皇段に見える天之日矛の渡来記事に依拠したものであろう。『古事記』の同記事は、神功皇后（応神天皇の母）の出自を明示するためのものであり、神功皇后は天之日矛の六代の子孫とされている。

家人《いへびと》は　帰《かへ》りはや来《こ》と　伊波比島《いはひしま》　斎《いは》ひ待《ま》つらむ　旅行く我を
（『万葉集』[3]　巻第十五・三六三六）

草枕《くさまくら》　旅行く人を　伊波比島　幾代経《ふ》るまで　斎《いは》ひ来《き》にけむ
（『万葉集』巻第十五・三六三七）

「海上渡御神事」が伝わる伊美別宮社（国東市国見町伊美）

国東半島の北端、姫島への渡船場「伊美《いみ》港」から二〇〇m程のところに伊美別宮社が鎮座する。ここは、平安時代末葉以来、石清水《いわしみず》八幡宮を本所《ほんじょ》とする宇佐弥勒寺《みろくじ》領伊美庄の総鎮守とされたところで、この神社に祝島への「海上渡御神事」という地域交流神事が現在まで伝承されている。伊美別宮社の御神体が祝島からの迎え船で海上四〇㎞を渡り、祝島で神舞《かみまい》（神楽）を奉納するもので、仁和二（八八六）年から四年ごとに行われているという。この神事は、石清水八幡宮の御分霊を捧持して海路下向中であった伊美の人々が嵐に遭い、これを助けた祝島の人々への感謝の交流が始まりだという。このような伝統神事の中にも伊美と一体である姫島、そして姫島と祝島との古くからの密接な関係を窺うことができよう。

姫島は、『古事記』の国生み神話の中に「次に女島《ひめしま》を生みき。亦の名を天一根《あめひとつね》といふ」とあり、隠伎之三子島《おきのみつごのしま》（天之忍許呂別《あめのおしころわけ》）＝島根県隠岐諸島、伊岐島《いきのしま》（天比登都柱《あめひとつばしら》）＝長崎県壱岐島、津島《つしま》（天之狭手依比売《あめのさでよりひめ》）＝長崎県対馬、知訶島《ちかのしま》（天之忍男《あめのおしを》）＝長崎県五島列島、両児島《ふたごのしま》（天両屋《あめふたや》）＝福岡県沖ノ島とともに「亦の名（　）書き」に「天《あめ》」をいただく島々の一つで、唯一内海（瀬戸内海・周防灘）にある島として古くから注目されてきた。祭祀を共有し、海に活躍の場を求めてきたであろう海の集団の中にあって、姫島はやはりひときわ特異な存在なのである。

神夏磯媛の実像

神夏磯媛に関する記録は、『書紀』の景行十二（三二五）年の記事の他には全く見えず詳細は分からない。神夏磯媛が天皇軍に参向するに際して榊を採った磯津山《しつのやま》が福岡県北九州市と京都郡《みやこ》にまたがる貫山《ぬきさん》（芝津山《しっさん》）ではないかと考えられることから、豊前国の企救郡《きく》（北九州市門司区及び小倉北区・南区の一部）から京都郡辺りにいた女酋ではないかとの見方が広く採用されているようである。

しかし、天皇が周防の佐波から先遣軍を派遣したのは南へ向かってであり、この方向は明らかに大分県の国東半島なのだ。そして天皇軍が最も早く到達するところは豊後国の姫島である。豊前国の企救郡や京都郡方面であれば、天皇軍はほとんど西へ軍船を進めることになるし、途中まで陸伝いに進んで宇部市辺りから渡海すればより効率的であろう。

神夏磯媛は、他の「賊」に先んじて逸早く天皇軍南下の情報を得たうえで天皇軍に参向していることから、神夏磯媛の率いる集団は、常々近辺海域を哨戒しながら情報収集をしている海の一族であろうと考えられ、天皇軍とは事前に連絡が取れていたとも思われる。天皇軍の将たちが当然のように神夏磯媛の参向を受け入れ、神夏磯媛が周防灘沿岸に広がる地域の「賊」討伐の手引きをするなど、神夏磯媛の思惑で天皇軍が動いているような感じすら受けるからである。天皇軍に対して「今将帰徳《いままさにしたが》ひなむ」と初めて帰順したように見えるが、その行動は深い信頼関係の上に行われており、重要な情報を持った援軍としての位置づけがなされているのである。姫島の人々は小集団ながらも、日々生業の漁業や周辺との交易に従事しながら情報を収集し、一旦事有る時には日ごろからの信頼の絆で強力に結束した水軍として活躍することができたのである。

天皇軍の将の一人である国前《くにさき》臣の祖・菟名手《うなで》は国東半島を本拠とする氏族である。景行天皇が豊後国碩田《おおきた》へ向かう途次において国埼郡伊美郷にことさら足を踏み入れた（『豊後国風土記』国埼郡）理由は、姫島とは目と鼻の先にある伊美郷こそ菟名手の本拠地であったからであろうと考えられる。国埼郡伊美を根拠にする菟名手と対岸に浮かぶ姫島を根拠にする神夏磯媛が協力関係にあったと考えることに無理はないであろう。

さらに将の一人である物部君の祖・夏花の一字が神夏磯媛の名前にあり、また、志賀《しか》（磯鹿）海《のうみ》神社の祭神になっている安曇《あずみ》の「磯良《しら》」の一字も見えるので、物部及び安曇と関係の深い人物であったとも考えられる。九州「物部」は北部九州を地盤にしてしっかり九州一円に根づいている氏族であり、「安曇」は同じく北部九州を地盤にしながら全国的に活躍する海人族である。しかも神夏磯媛は名前に「神」を戴いている。神夏磯媛は、やはり瀬戸内海西端の海上交通の要衝を押さえてきた実力者であり、九州や西日本各地の有力な豪族と幅広い協力関係を持つ特異な存在であったことが窺えるのである。

比売語曾神と神夏磯媛

ここにきて、神夏磯媛と姫島の東部に鎮座する「比売語《ひめご》（碁）曾《そ》」の神との関連が想起される。比売語曾の説話は、『古事記』『書紀』『肥前国風土記』や前述の『万葉集注釈』所引の『摂津国風土記』逸文に見え、『古事記』は天之日矛《あめのひぼこ》の渡来説話として、『書紀』は都怒我阿羅斯等《つぬがあらしと》の渡来説話としてそれぞれ語られている。

『古事記』によれば、「新羅《しらぎ》の国の阿具沼《あぐぬま》の辺りで或る女が昼寝をしていると、光が虹のように輝いてその陰部《ほと》をさし、女は妊娠して赤玉を生んだ。その状況を見ていた牛飼の夫《をとこ》が玉を乞い取り、さらに夫から玉を得た新羅

渡海伝説の女神を祀る比売語曾神社（国東郡姫島村）

の王子・天之日矛《あめのひぼこ》がその玉を床辺に置くと美麗《うるわ》しい嬢子《おとめ》になったので妻にした。妻はいつも美味《おい》しいものを用意したが、奢った天之日矛が妻を罵《ののし》ったので『祖《おや》の国へ行く』といって小船に乗って逃げ、難波に至った。これが難波の比売碁曾《ひめこそ》社に坐《いま》す阿加流比売《あかるひめ》という神である」とある。

『書紀』では、「加羅《から》国の王子・都怒我阿羅斯等《つぬがあらしと》が郡公《むらつかさ》から取られた黄牛《あめうし》の代価として得た郡の祭神・白石を寝《ねや》の中に置くと美麗《うるわ》しい童女《おとめ》になった。阿羅斯等は歓《よろこ》んで合《まぐはい》をしようとするが目を離している隙に童女はたちまちいなくなった。阿羅斯等は童女が東に向かったと聞き、追いかけて日本国《やまとのくに》に入る。童女は難波に至って比売語曾《ひめごそ》の神となり、また豊国の国前《くにさき》郡に至って比売語曾社の神となった」としている。

『肥前国風土記』の姫社郷《ひめこそのさと》の説話は内容が異なっており、「昔、荒ぶる神がいて、路《みち》行く人の多くが殺された。そこでこの神が祟《たた》る理由を占うと、『筑前国宗像郡のひと珂是古《かぜこ》に私の社を祭らせなさい。そうすれば凶暴な心はおこすまい』と告げられたので、珂是古を探して祭らせた。珂是古は幡《はた》を捧げて祈禱し荒ぶる神のいる場所をつきとめた。その夜、臥機《くつびき》（織機）と絡垜《たたり》（糸繰り道具）が舞い遊んで身体を押さえつけられる夢をみたので、この荒ぶる神が女神であると分かり、さっそく社を建てて祭った。それから後は路行く人も殺されなくなった」とされている。

これらの説話からいくつかのことが示唆されよう。

① 朝鮮半島と日本との人的往来は古くから頻繁に行われており、王族・貴族のほかに多くの一般人が両地域を往来していたことである。通婚も行われており、比売語曾も日本から朝鮮半島に渡った人の子として生まれ、

祖先の国・日本へ帰ってきたのである。

②　北部九州を中心に一国が形成されており、同様の国が近畿地方にも存在していたことである。先に掲げた『摂津国風土記』逸文「比売《ひめ》嶋の松原」の中に、比売語曾が豊後国での居住に不安を感じて摂津国へ遷る話があり、逆に『書紀』では難波から豊後国へ遷ったように語られている。日本列島の中でどの国が自分を庇護してくれるか、比売語曾も随分逡巡したのではないか。『書紀』によれば、都怒我阿羅斯等《つぬがあらしと》がわが国の穴門《あなと》（長門国西南部の古称）に来たとき、伊都都比古《いとつひこ》から「吾は是の国の王《きみ》なり。吾を除きて復二《またふたり》の王無《きみあらず》。故、他処《あたしところ》にな往《い》にそ」と引き止められるが、阿羅斯等はこれに疑いをもち日本海を回って越国《こしのくに》の笥飯浦《けひのうら》（福井県敦賀市気比《けひ》神社の付近）へ行ったとされる。この当時（邪馬台国の終盤）、関門海峡地域は伊都都比古を王とする国が支配していたのである。王の名前から、伊都地域（福岡県前原市・糸島郡）を含む博多湾岸地域を本拠とする伊都国が支配領域拡大の過程で、この頃、前線基地を関門地域の「穴門」に置くまでに成長していたと考えられよう。姫島に拠った比売語曾も「倭国」即ち伊都都比古の集団・九州の海人族に護られているかのように見える。

③　『魏志倭人伝』は「其の地（邪馬台国）には牛・馬・虎・豹・羊・鵲《かささぎ》無し」と記している。三世紀の日本に存在しないとされた牛が、その後、朝鮮半島から招来されるにあたり、天之日矛、都怒我阿羅斯等、比売語曾と何らかの関わりがあったと思える。三人（天之日矛＝都怒我阿羅斯等とすれば二人）は牛が絡む縁で結ばれており、ツヌガアラシトは「頭《ぬか》に角有《つのお》ひたる人」で牛を連想させ、ヒメコソのコソは「黄牛《こうそ》」（朝鮮語で黄牛は「ファンソ」、牛は「ソ」）で都怒我阿羅斯等が郡公《むらつかさ》に取られた黄牛《あめうし》と関連していると考える。また、天之日矛が男から赤玉を得る際、牛を食べるのであろうと脅したり（『古事記』応神天皇段）、牛を食べた郡公《むらつかさ》たちも郡の神宝をもってこれを贖《あがな》っている（『書紀』垂仁二年十月一云）ことから、当時の朝鮮では、牛は主として農耕用であって、食用に対する社会的タブーがあったのではなかろうか。

④　『肥前国風土記』の説話は、基肄《きい》の郡《こおり》・姫社《ひめこそ》の郷《さと》の地名起源譚であるが、姫社は比売語曾であり、福岡県小

郡市に鎮座する、地元で「七夕《たなばた》神社」と通称されている媛社《ひめこそ》神社がこれに当る（当地域には、他にも関連の神社数社が存在する）。宗像郡の珂是古《かぜこ》は『旧事紀』天神本紀に物部《もののべの》阿遅古連公《あじこのむらじきみ》（水間君《みずまのきみ》などの祖）とある福岡県宗像市鐘の岬に鎮座する織幡《おりはた》神社の祭主に比定される。鐘の岬の沖は、潮が早くて暗礁も多く、早くから船舶通行の難所として知られた場所である。

　ちはやぶる　金《かね》の岬を　過ぎぬとも　我は忘れじ　志賀《しが》の皇神《すめかみ》　（『万葉集』巻第七・一二三〇）

比売語曾の神は、機織《はたおり》の神など幾つかの神格を持ちながらも海路を管理する神であったものが、陸路を含めて通行全般を管理する神となったものであろう。またこの説話は、綿津見《わたつみ》神（阿曇海人族）の配下にあった比売語曾神が、凋落する綿津見神に見切りをつけ、新興の宗像《むなかた》神（宗像海人族）の影響下へと転ずる話でもあろう。姫島は、海上交通を管理する点から極めて重要な位置にあって、比売語曾の神が鎮座する島となったのも当然であろう。

神夏磯媛は、姫島を拠点に西瀬戸内の海域を掌理する阿曇海人族（後に宗像海人族へ転ずる）の一派だと考えられるが、比売語曾神と神夏磯媛との関係を明らかにする史料は見当たらない。しかし、姫島が瀬戸内海から玄界灘へと通じる海上航路の要衝にあって、「神」の名を戴きながら周辺の有力豪族と協調関係を保ちつつ、島内においても揺るぎない勢力を維持できる神夏磯媛は、かつて姫島に新しい文化をもたらした比売語曾の神の関係者であったのではないだろうか。

また、神夏磯媛は、筑紫（北部九州）の政治権力「倭国」が東に勢力を拡大するための前線を受け持っていたのであり、他勢力からの侵略には武力で対抗しなければならないことも多々あったであろう。そこで日ごろ周防灘をめぐって利害関係が対立し敵対関係にある菟狭《うさ》の川上の鼻垂《はなたり》、御木《みけ》の川上の耳垂《みみたり》、高羽《たかは》の川上の麻剥《あさはぎ》、緑《みどり》野《の》の川上の土折猪折《つちおりいおり》の四勢力の討伐を景行天皇の征西軍に訴えるのである。最も身近な敵から順次、周防灘の沿岸に沿って南から北へ時計回りに列挙しているのであろう。

なお、神夏磯媛の行動は、事前に倭国の盟主・伊都都比古《いとつひこ》（邪馬台国の女王・台与の時代であろうが、当時は海を生活基盤とする地域のみでなく倭国全般を伊都国王が実質的に掌握していたであろう）の承諾を受けており、また先述のように将軍・菟名手の仲介で天皇軍とも連絡が取れていたかに見える。四半世紀後の仲哀天皇の筑紫（北部九州）巡幸に際し、伊都国王が逸早く恭順し、直ちに大和朝廷の官職（伊都県主）を得て邪馬台国の残影とも言える「羽白熊鷲《はしろくまわし》」討伐（第二部三章(4)「神功皇后の筑紫巡幸」で叙述する）に協力するのも、すでにこの時代からの経緯があったのではなかろうか。

(3) 豊前の賊者

菟狭の賊「鼻垂」

神夏磯媛から賊の一人として名指しされた鼻垂《はなたり》は菟狭《うさ》の川上を根拠地とする。菟狭は「宇佐」で、現在の大分県宇佐市の地域である。北は周防灘に開けており、西瀬戸内海の最も奥まった位置を占めている。海岸線に沿って、JR日豊本線や国道一〇号線が走っており、地域最大の河川・駅館川《やっかん》を遡り内陸部の安心院《あじむ》盆地へ向かうと、豊かでのどかな田園風景が広がりを見せる。

駅館川は、宇佐市と玖珠《くす》郡との市郡境の山々を水源として南から北へ、津房川、深見川、恵良川などの流れを集め、宇佐市の安心院町や院内町から旧宇佐市に入る辺りで一つの大きな水流となって周防灘へ注いでいる。津房川と深見川が合流するあたりが安心院町の中心地である。安心院とは珍しい地名である。古い時代に湖が陸化する過程で干潟となり、そこに葦が生えて「芦生《あしう》」と呼ばれ「あじむ」に転化したと云われる。『扶桑略記《ふそうりゃくき》』(4)によると、養老四（七二〇）年に宇佐公比古《うさきみひこ》が隼人《はやと》の乱の平定に尽力し、安心して住めるようになったので「安

一柱騰宮跡と伝えられる妻垣神社（宇佐市安心院町）

心」の字が充てられるようになったとされ、また、豊前と豊後を結ぶ駅路に置かれた「安西覆《あしぶ》」の駅名が「あじむ」に転化したとも言われる。安心院盆地は宇佐山郷の中心地で、肥沃な沖積土が堆積して米どころとして知られており、盆地の東南部には条里の跡も残っている。

旧安心院町役場から一・五㎞ほど南に妻垣《つまがき》神社があり、旧役場から西へ五〇〇ｍほどの津房川沿いに三女《さんみよう》神社が鎮座している。妻垣神社の祭神は、宇佐八幡宮と同じく誉田別尊（応神天皇）・比売大神（多記理《たきり》姫命《ひめのみこと》・多岐津姫命《たきつひめのみこと》・市杵島姫命《いちきしまひめのみこと》）・息長帯姫命（神功皇后）の諸神で、社伝によると『書紀』神代第六段第三の一書に見える宗像三女神が天降《あまくだ》った宇佐嶋はこの地であるとしており、神武天皇が東征するとき菟狭津《うさつ》彦《ひこ》と菟狭津媛《うさつひめ》が一柱騰宮《あしひとつあがりのみや》を建てて食事を奉ったのもこの地であるとの説がある。妻垣という地名も、神武天皇が天種子命《あまのたねのみこと》と菟狭津媛を結婚させた時に垣根を廻らせたことに由来するとの伝承もある。

三女神社の祭神は、天照大神と素戔嗚尊の誓約《うけひ》によって生まれた三前《みまえ》の大神で、筑前の宗像一族が斎《いつ》く田心姫《たこりひめ》・湍津姫《たぎつひめ》・市杵嶋姫《いちきしまひめ》の三女神である。この三女神はのちに宇佐神宮の南に横たわる御許山《おもとやま》（大元山）に移って一人称の比売大神として山頂の大元《おおもと》神社に祭られ、さらに聖武天皇の天平六（七三四）年に宇佐神宮の現在地・亀山《かめやま》において、八幡神と一緒に合祀されたとされる。

しかし、三女神社の境内には男根を象徴する立石が林立しているし、御許山頂上のご神体は三個の巨石を組み合わせて女陰を象徴するものであることから、比売神信仰は元来原始的な女性崇拝・再生祈願であったと考えられる。三女神社の北東五㎞にお椀を伏せたように美しい姿を見せる米神山《こめかみ》（四七五ｍ）では、環状列石をはじめとする古い時代の巨石遺跡を数多く見ることができる。つまり、天孫系の宗像三女神を奉ずる宇佐氏一族が安心院を中心とする宇佐山郷地域に入って現地の原始宗教と融合して三女神社の信仰を形づくり、後に比売大神信仰として昇華したものが、新羅系・秦氏系の新興勢力である八幡信仰と妥協・合体して宇佐八幡宮の信仰が成立したのであろう。

このような古い伝承が伝わる安心院を中心とする駅館川の上流地域こそ、鼻垂が根拠とする菟狭の川上であったと考えられる。

史跡公園「宇佐風土記の丘」の赤塚古墳（宇佐市高森）

また、鼻垂が根拠とする菟狭の川上は、旧宇佐市を中心とする駅館川中流域一帯であったとも考えられる。駅館川の東岸（右岸）、国道一〇号線を北に少し入った東上田遺跡や四日市の台の原遺跡は、弥生文化が早くからこの地域に根づいていたことを示しているし、朝鮮製の銅鐸が発見された法鏡寺バス停近くの別府《びゅう》遺跡は一世紀から三世紀頃にかけての宇佐地域の状況を垣間見せてくれる。

さらに、ＪＲ日豊本線と国道一〇号線の中間（宇佐市高森）に、川部・高森古墳群の中にあって古墳公園として整備されている大分県立宇佐風土記の丘がある。風土記の丘には、前方後円墳をはじめ円墳・方形周溝墓など多数の古墳があるが、主な前方後円墳として四世紀中頃から六世紀中頃までの六基がある。しかもこの六基の古墳は、箱式石棺で五面の三角縁神獣鏡・管玉・刀・斧などを副葬する九州最古級の赤塚古墳（四世紀中頃）から、横穴式石室を持ち、馬具・須恵器・銅釧などを副葬する鶴見古墳（六世紀中頃）まで、免ケ平《めんがひら》古墳（四世紀後半）・車坂古墳（五世紀初頭）・福勝寺古墳（五世紀前半）・角房《かくぼう》古墳（五世紀後半）

と一定の規則性のある期間を置いて築造されている。このように古墳群が同一地域に長期間にわたって営まれていることから、菟狭津彦や菟狭津媛、さらには宇佐国造に連なる一族の墳墓の地であったのではないかとされるのである。

▼宇佐神宮と六郷満山

安心院から駅館川を少し下った宇佐には全国八幡宮の総本宮である「宇佐神宮」が鎮座する。宇佐神宮の創建には、菟狭津彦《うさつひこ》・菟狭津媛《うさつひめ》など宇佐国造《うさのくにのみやつこ》につながる古代の氏族が関係していることは疑えないが、神社の発生や祭神には多くの謎があり、古来多くの異説がある。豊前国は帰化人秦《はた》氏の一大勢力圏であり、その氏神を弥秦《いやはた》の神といったのが八幡《やわた》の神になったという説があり、八幡《はちまん》神は『書紀』（神代第六段第三の一書）が記す宇佐嶋（大元山《おおもとさん》）に天降った三女神で、瀬戸内海航行の海神であるという説もある。

『宇佐宮託宣集』によると、欽明天皇二十九（五六八）年に豊前国宇佐郡菱形《ひしがた》池の辺り小倉《おぐら》山の麓に鍛冶《かじ》の翁《おきな》がおり、甚だ奇異な存在なので大神比義《おおがのひぎ》が金色の鷹と化している翁に問うと金色の鳩になった。比義はこの鳩が神変であると知り五穀を絶って籠居精進三年にして神の顕現を祈ると、その鳩は三歳の童子として現れ、「辛国《からくに》の城に始まって八流の幡《はた》を天降《あまくだり》して我は日本の神となった。我は誉田天皇広幡八幡麿《ほむたのすめらみことひろはたのやわたまろ》（応神天皇）である」と言ったとされる。また、『八幡宇佐宮弥勒寺《みろくじ》建立縁起』によると、八幡神は欽明天皇二十九（五六八）年に豊前国宇佐郡馬城峰（御許山・大元山）に降臨し、三年後に大神比義が現在の小椋《おぐら》山（亀山）に移し永住させたとする。

大神比義については、大神氏系図ですら「五百歳とも八百歳とも云われ何処の誰とも分からない」と記すが、後に東大寺大仏殿の落成供養で京入りした八幡宇佐宮禰宜《ねぎ》・大神杜女《おおがのもりめ》は比義から四代目とされ、大宮司

全国八幡宮の総本社・宇佐神宮本殿（宇佐市南宇佐）

となった大神田麻呂《おおがのたまろ》は杜女の甥とされるので、大神氏の始祖（大神比義）は、宇佐氏の始祖（弥生期）と比べて随分時代が下がることが分かる。

これらのことから、宇佐地方は天孫系の宇佐氏が比売《ひめ》大神（田心《たごり》姫・湍津《たぎつ》姫・市杵嶋《いちきしま》姫の宗像三女神）を奉じて経営していたところに、大神氏が秦氏系の冶金・精銅の神である八幡《やわた》大神を奉じて参入を図り、この八幡神の信仰に大神比義が応神天皇信仰を取り込んだのであろうと考えられる。中野幡能『八幡信仰史の研究』（吉川弘文館、昭和四十二年）によると、大神比義は六世紀末に大和朝廷の蘇我馬子の後盾で宇佐に来ており、八幡神を応神天皇としたのは、仏教と融合した原始八幡と豊前の帰化人勢力を対朝鮮政策に利用するためだったと説明している。

八幡宇佐宮は、養老四（七二〇）年の隼人の反乱に際して八幡神を奉持した宇佐神軍を参戦させるなどして急速に頭角を現し、聖武天皇はそれらの功績によって現在地の亀山（小椋山、小倉山、菱形山）に国家事業として社殿を造営するのである。顕現以来、宇佐周辺を転々としていた八幡神は、百五十余年後の聖武天皇の神亀二（七二五）年にしてようやく安心して鎮座する場所を得たことになる。放生会《ほうじょうえ》（生魚・生鳥などを放つ仏教的行事）とともに宇佐神宮の二大神事とされている行幸会《ぎょうこうえ》において、三基の神輿《みこし》が巡る八摂社（豊後高田市堺の田笛《たぶえ》社・宇佐市上田の鷹居《たかい》社・同市樋田の瀬《せ》社・同市辛島の泉《いずみ》社・同市下乙女の乙咩《おとめ》社・同市佐野の大根川《おおねがわ》社・同市安心院町下垣の妻《つま》垣《がき》社・同市北宇佐の小山田《おやまだ》社）は、亀山に落ち着くまで八幡神が転々とした地であると伝承される。そして比売大神は、聖武天皇の天平六（七三四）年に大元神社から現在地の亀山に移って八幡神と合祀され、さらに大帯姫命（神功皇后）が弘仁十四（八二三）年に合祀されるのである。

なお、放生会では、香春《かわら》神社（田川郡香春町）の北三kmの長光《ながみつ》に鎮座し豊前国最古の神社と言われる古宮《ふるみや》八幡宮で製作された神鏡が豊日別《とよひわけ》神社（行橋市草場）など各社を巡って最後に宇佐神宮に奉納されるし、行幸会では、宇佐八幡宮の元宮である薦《こも》神社（中津市大貞）の三角《みすみ》池から刈り取った真薦《まこも》で作った薦枕《こもまくら》（御験《みしるし》）が八摂社を回って宇佐本宮に調進されると、古い御験は奈多《なた》八幡宮（杵築市）へ迎えられ、順次古い御験は伊予矢野山八幡宮（愛媛県八幡浜市）を経て三机《みつくえ》から海へ放流されたとされる。

その後も宇佐八幡宮は、奈良・東大寺の大仏造立に全面的な協力を行っている。聖武天皇が大仏造立を発願した天平十五（七四三）年には悲願達成の誓いを請け、鋳造開始の同十九（七四七）年には工事の無事進行祈願を請けており、宇佐神領地・香春採銅所（福岡県田川郡）からは大量の銅を提供し、天平二十一（七四九）年には「黄金貢進」を託宣し実現させている。宇佐八幡宮は、聖武天皇の国家事業を通じて単なる地方神から国家神へとその性格を移行させ、伊勢神宮とともに「二所宗廟《にしょそうびょう》」と呼ばれるようになるのである。

宇佐神宮は『延喜式神名帳《えんぎしきじんみょうちょう》』[1]（以下『神名帳』という）で名神大社とされ、一の御殿に八幡大菩薩（応神天皇）、二の御殿に比売大神、三の御殿に大帯姫（神功皇后）がそれぞれ祭られている。全国に二万五千社（四万余社ともいう）と言われるすべての八幡社の主祭神は応神天皇であるが、相殿神には少しずつ違いが見られるようだ。例えば、石清水《いわしみず》八幡宮（京都府八幡市）と鶴岡《つるがおか》八幡宮（神奈川県鎌倉市）は宇佐神宮と全く同じだが、筥崎《はこざき》八幡宮（福岡市東区）は神功皇后と玉依姫命《たまよりひめのみこと》、千栗《ちりく》八幡宮（佐賀県三養基郡みやき町北茂安）と柞原《ゆすはら》八幡宮（大分市）は仲哀天皇と神功皇后、藤崎八幡宮（熊本市）は神功皇后と住吉神というようになる。石清水は宇佐から、鶴岡は石清水からそれぞれ直接勧請しているので祭神が一致することは当然として、一般に八幡信仰は一部祭神が異なるものでも地域的な事情を配慮しつつ主祭神が同一であれば由として広く取り込んでいる。いずれにしても八幡神の積極性には目を見張るものがある。

また、宇佐八幡宮の影響を受けて豊後国国埼郡の六郷（来縄《くなわ》・伊美《いみ》・国前《くにさき》・安岐《あき》・武蔵《むさし》・田染《たしぶ》）に根付いた天台宗系の山岳寺院が展開した仏教文化を「六郷満山《ろくごうまんざん》」文化と言う。六郷の寺々は、本山《もとやま》（本寺八カ寺）・中山《なかやま》（同十カ寺）・末山《すえやま》（同十カ寺）に編成され、二十八の本寺と三十七の末寺が執行《しぎょう》によって統括されており、各寺院には幾つかの坊が付属し各村落をも包括したといわれる。富貴《ふき》寺（阿弥陀堂は平安期の建造で九州最古。国宝。豊後高田市蕗）・真木《まき》大堂（同市平野）・熊野磨崖仏（同）・椿堂（同市真玉）・天念寺（同）・両子《ふたご》寺（国東市安岐）・瑠璃光寺（同）・文殊仙《もんじゅせん》寺（同市国東）・岩戸寺（同）・泉福寺（同）などの他、大小の磨崖仏・国東塔などが遺されている。

六郷満山・熊野磨崖仏（豊後高田市田染平野）

なお、宇佐神宮は神領地である六郷に別宮社を配置した。来縄の若宮八幡（豊後高田市来縄）・伊美の別宮八幡（国東市国見）・国東の桜八幡（同市国東）・安岐の奈多八幡（同市安岐）・武蔵の椿八幡（同市武蔵）・田染の田染八幡（豊後高田市真中）がそれで、他に香々地《かがち》庄に香々地八幡（豊後高田市香々地）・都甲《とごう》庄に都甲八幡（同市築地）・真玉《またま》庄に真玉八幡（同市真玉）・田原《たはら》庄に永松八幡（杵築市大田）・姫島に大帯《おおたらし》八幡を配している。

（1）『延喜式』（延喜五〔九〇五〕年、醍醐天皇の命により編纂が開始され、延長五〔九二七〕年撰進、康保四〔九六七〕年に施行された律令法の施行細則を集大成した法典）巻一に「祈年祭神三一三二座（中略）並びに神名帳に見ゆ」とあるが、この三一三二座の祭神など詳細を記した『延喜式』巻九「神名上」及び巻十「神名下」を一般に『延喜式神名帳』という。なお、『延喜式神名帳』に登載されている神社が「式内社《しきないしゃ》」とされ、名神祭にあずかる大社（三〇六座）が「名神大社《みょうじんたいしゃ》」である。

御木の賊「耳垂」

神夏磯媛は、二人目の賊として耳垂《みみたり》を名指しし、御木《みけ》の川上に居《はべ》ると訴える。耳垂が根拠とする御木の川上は、現在の山国川の中・下流地域であろう。御木は三毛《みけ》で、福岡県側の上毛《こうげ》郡は上三毛《かみつみけ》の郡《こおり》（太宰府・観世音寺梵鐘銘）、大分県側の下毛《しもげ》郡は下三毛《しもつみけ》の郡《こおり》とされていたのである。山国川は、英彦山の水を東麓に集めていったん南東に下り、大分県中津市山国町の中心街付近から北北東に周防灘へと向っており、下流域は福岡・大分の県境をなしている。山国川の河口から八kmほど遡ると国道一〇号線バイパスの新山国大橋があり、この辺りの北岸（左岸）が福岡県築上郡上毛《こうげ》町大平《たいへい》村の唐原《とうばる》地区である。

唐原地区は、山国川によって形成された河岸段丘の上にあって、古代の遺跡が集中している地域である。平成十六（二〇〇四）年一月には、上唐原から下唐原にまたがる「唐原遺跡群」から弥生時代後期（三世紀）の国の中心地であったと考えられる環濠集落跡が発見された。環濠の内側の広さは、一二・四haで、九州では佐賀県の吉野ケ里《よしのがり》遺跡や長崎県壱岐の原《はら》の辻《つじ》遺跡に次ぐ規模である。環濠の総延長は約一・四kmで三重構造になっている。最後期に形成されたと見られる最も内側の環濠の延長は約六〇〇m、広さは約一・六haで、ここから約百の竪穴住居跡や祭祀の場と考えられる六カ所の方形周溝及び祭祀用の小型土器や多数の鉄器が見つかっている。東九州において邪馬台国時代の国の存在が初めて確認されたことになる。

また、唐原の穴ケ葉山《あながばやま》古墳群には十一基の古墳が認められ、隣接する同町新吉富村にも巨石塚や山田古墳などの遺跡が点在している。穴ケ葉山一号墳と同三号墳には木の葉（一号墳、三号墳）、鳥、旗、人物、魚、樹木（一号墳）などの線刻文様が施されている。

さらに、平成十四（二〇〇二）年十二月に水門跡が見つかった古代の山城「唐原神籠石《とうばるこうごいし》」からは、同十六年三月、同種の遺跡の中で最大級の列石と暗渠が新しく見つかった。列石の花崗岩は最大で長さ二・五m、高さと奥行きが各々一mに達するなど類例のない大きさである。石材の大きさなどから地元豪族の並々ならぬ勢力を窺い知ることができよう。

このように連綿と続く古代遺跡の集積地域が、大宝二（七〇二）年の奈良・東大寺の「正倉院文書」上三毛《かみつみけの》郡《こおり》塔里《とうのさと》の一二九人の戸籍に繋がるものであると考えられることから、この唐原地区を中心とした上三毛郡一帯が耳垂の支配した御木の川上であると思われる。

高羽の賊「麻剝」

神夏磯媛が訴えた三人目の賊は、高羽《たかは》の川上の麻剝《あさはぎ》である。高羽は豊前国田河《たがわ》郡で、現在の福岡県田川市・田川郡の地域である。周防灘沿岸の行橋市からは国道二〇一号線を南西に仲哀《ちゅうあい》峠を越えて一〇㎞ほどの距離である。田川は内陸盆地で、ここには福岡県と大分県の県境をなす英彦《ひこ》山を水源にして福岡県遠賀郡芦屋町で響灘に開口する遠賀川の支流・彦山川が貫流している。現在では、直方、飯塚、田川の地域を総称して「筑豊（筑前と豊前）地域」と呼んで遠賀川流域としてのまとまりのなかで理解されるが、藩政時代までは飯塚地域と田川地域の間の烏尾《からすお》峠が国境であり、政治的・経済的・文化的な境界であった。ただ、古代では様子が若干異なっており、周防灘沿岸の苅田《かんだ》・行橋《ゆくはし》から仲哀峠や味見峠を越えて香春《かわら》・田川へ入り、烏尾峠から飯塚を経て、さらに米《こめ》の山峠を越えて筑紫・大宰府へと向かう道は、多くの人々が往来する最も重要な官道であり、文化往来の大動脈であった。

抜気大首《ぬきけのおおびと》という官人が筑紫の大宰府に赴任する時、豊前の香春で娘子紐子《おとめひものこ》という女性を娶って作った歌がある。

神功皇后伝説の鏡山。山陵の左端には
河内王陵がある（田川郡香春町鏡山）

豊国《とよくに》の　香春《かはる》は我家《わぎへ》　紐子《ひものこ》に　いつがり居《お》れば　香春《かはる》は我家《わぎへ》

（『万葉集』巻第九・一七六七）

また、鞍作村主益人《くらつくりのすぐりますひと》が豊前国から京に上がる時、香春の鏡山を見て歌を作っている。

梓弓《あずさゆみ》　引豊国《ひきとよくに》の　鏡山《かがみやま》　見《み》ず久《ひさ》ならば　恋《こい》しけむかも

（『万葉集』巻第三・三一一）

万葉時代の人々にとっての香春の鏡山は、「その昔、気長足姫尊（神功皇后）が香春の鏡山から遙かに国状をご覧になり『天神も地祇も私の（新羅征討の）ために福《さきはい》を与え給え』と祈られた。そして安置した鏡は石となって山中にある」（『万葉集注釈』所引『豊前国風土記』逸文）という故事もあってすでに十分知れ渡っており、地方赴任中に薨じた河内王《かわちのおおきみ》が香春の鏡山に葬られるに及んで、いっそう旅人の涙を誘ったものと思われる。

持統三（六八九）年閏八月に大宰帥《だざいのそち》として下向した河内王が、同八年四月頃、田河郡香春の地で生涯を終えている。当地に縁故があって滞在していたのか、あるいは旅の途中で急な病を得たのか、香春の人々と京人《みやこびと》との深い関係が垣間見える。河内王を鏡山に葬った時、妻であろう手持女王《てもちのおおきみ》が作った歌が伝えられている。

大君《おほきみ》の　和魂《にきたま》あへや　豊国《とよくに》の　鏡《かがみ》の山《やま》を　宮《みや》と定《さだ》むる

（『万葉集』巻第三・四一七）

豊国《とよくに》の　鏡《かがみ》の山《やま》の　岩戸立《いわとた》て　隠《かく》りにけらし　待《ま》てど来《き》まさず　（『万葉集』巻第三・四一八）

田川は、水利もよく、もともと農業生産に恵まれた地域であったが、近代に至って一世を席巻した石炭採掘が農業主体の産業社会を根底から崩壊させた。そして石炭から石油へのエネルギー革命で石炭産業が撤退した今日にあって、容易にその疲弊から脱却できていない状況が続いているのである。

高羽《たかは》川は『大日本地名辞書』(5)（以下『地名辞書』という）では「遠賀川の支流。英彦山から発して北流する彦山川か」としている。しかし、神夏磯媛が征西軍の武諸木たちに訴えた賊は、神夏磯媛と周防灘での利害が競合する集団であろうと考えられることから、高羽川は英彦山の北辺を水源として田川郡赤村の油須原《ゆすばる》まで北流し、さらに転じて北東に流れて行橋市で周防灘に開口する今川であろうと考えられる。行橋から田川へは、この今川沿いが最も平坦なコースで、旧国鉄田川線の平成筑豊鉄道も、行橋から油須原までは今川に沿って走っている。さらに、油須原から西へ小さな丘を一つ越えればわずか二kmで水量豊かな彦山川に達することができるのである。

田川郡香春町に、北九州市の皿倉山から尾根の連なる香春岳三峰がある。ここに鎮座する香春《かわら》神社が『神名帳』に「辛国息長大姫大目命《からくにおきながおおひめおおめのみこと》神社・忍骨命《おしほねのみこと》神社・豊比咩命《とよひめのみこと》神社」とされる三座である。豊前国では宇佐神宮（三座）と香春神社（三座）のみが式内社《しきないしゃ》として登録されている。香春神社は、和銅二（七〇九）年に香春岳三峰のうち南の一の岳に営まれた新宮で、豊比咩命《とよひめのみこと》を祭る三の岳の古宮《ふるみや》八幡宮がさらに古く本宮であったとされている。古宮八幡宮は旧採銅所村に鎮座しているが、ここは地名の通りかつては銅の産地で、古来宇佐八幡宮に納める神鏡を清祀殿《せいしでん》で鋳造していたし、奈良東大寺の大仏建立に当って寄進された大量の銅はこの香春から奈良へ運ばれたとされる。『延喜式』の記録から、十世紀ごろの国産銅の半分以上がここ香春岳から産出されたことが分かっており、和同開珎《わどうかいちん》をはじめとする皇朝十二銭(6)も香春岳の銅で鋳造されていたのである。

『八幡宇佐宮御託宣集』所引の『豊前国風土記』逸文に「昔者《むかし》、新羅の国の神、自ら度《わた》り到来《きた》りてこの河原《かはら》

上：新羅系三座を祭神とする香春神社（田川郡香春町香春）
下：古宮八幡社清祀殿は神鏡鋳造の古址（田川郡香春町採銅所）

（鹿春の郷）に住みき。便即《すなは》ち名《なづ》けて鹿春《かはる》の神と曰《い》ひき。また郷《さと》の北に峰あり。（略）第二の峰には銅《あかがね》（略）どもあり」とある。新羅系の人々が渡ってきて香春岳の銅山開発に携わり、その技術をここに伝えたことが分かる。

　また、奈良・東大寺正倉院《しょうそういん》に伝わる大宝二（七〇二）年の戸籍は、わが国に現存する最古のものであるが、幸いにも一部が残った豊前国の戸籍帳から当時のことを知ることができる。

仲津郡の丁里《ひのとのさと》、上三毛《かみつみけ》郡加目久也里、上三毛郡塔里《とうのさと》のものである。この戸籍には合わせて六八〇名を超える人々の姓名が記載されており、そのうち八割を超える人々が「秦《はた》」部か「勝《すぐり》」姓である。「秦」は秦氏であり「勝」は村主《すぐり》である。「秦」は朝鮮語で「ジン」と発音するが、同音の「陣」は「一群の集団」という意味である。「勝」は朝鮮語の「スグレ」で、「洞窟などに蹲《うずく》まって開ける発破口」という鉱山用語なのだ。これらの人々は新羅系の渡来人であり、銅の採掘と精錬技術を持った人々だったのである。

　豊前国の戸籍帳は、仲津（行橋市および京都郡南部）、上三毛《かみつみけ》（豊前市および築上郡南部）両郡のものが一部現存するのみだが、これらの秦部・勝姓の新羅系帰化人が田河郡をはじめ豊前国一帯に勢力を張っていたことが推測できよう。

明年（大業《たいぎょう》四年、推古天皇十六〔六〇八〕年）上《かみ》（隋煬帝《ようだい》）、文林郎裴《ぶんりんろうはい》（世《せい》）清《せい》を遣わして倭国に使せしむ。百済《くだら》を度《わた》り、行きて竹島に至り、南に𨈭羅《たんら》国（済州島《チェジュ》）を望み、都斯麻《つしま》国を経、迥《はる》かに大海の中に在り。又東して一支《いき》国に至り、又竹斯《ちくし》国に至り、又東して秦《しん》王国に至る。（略）又十余国を経て海岸に達す。竹斯国より以東は皆倭に附庸す。

（『隋書俀国伝』）

辛国息長大姫大目命の「辛国《からくに》」は「韓国《からくに》」であり、香春神社の祠官赤染《あかぞめ》氏は新羅系帰化人とされるので、田川郡香春の三座は彼ら帰化人の斎祭る氏神であったことは間違いないであろう。豊比咩命の「豊」も、豊国そのものの発祥が香春であり、田川地域であることを示しているようだ。「豊」は農業や漁業生産物の恵みが多いという印象を強く受けるが、あわせて鉱業生産物の恵みも多かったのである。『隋書俀国伝』の大業四（六〇八）年の項にみえる「秦《しん》王国」は筑豊一円に根づいた国であり、その中心地は弥生時代から繁栄を続ける飯塚地域と「香春」を中心とする新興の田川地域が二分していたと考えられる。

麻剝についての詳細は分からない。しかし、豊前国一帯は新羅からの帰化人が多く、秦氏などの豪族が強力な力を持っており、田川地域はその中心地であると考えられることから、麻剝はこれら新羅系中心勢力の系譜に関係する田川地域の支配者であり、後に現れる「秦王国」に繋がる指導者でもあったと考えられよう。

緑野の賊「土折猪折」

最後に神夏磯媛から賊と名指しされた土折《つちおり》猪折《いおり》は、緑野《みどりの》の川上に隠れ住んでいると告げられる。『地名辞書』は緑野川を「北九州市南部の福知山に発して北流し、同市小倉区を貫流して海に入る紫川（蒲生川）か」としており、緑野川を紫川に比定する論が一般的であるように見受けられる。しかし、周防灘（豊前海）から見る紫川の河口は、関門海峡を経て響灘まで大きく迂回した北九州市小倉北区に開口している。神夏磯媛が日常の活動範囲とし、武諸木などに征討を頼まなければならない海域からは大きく外れているように思われる。景行天皇の時代には、博多湾岸を権力の中心域とする筑紫勢力が響灘海域まで自らの圏域内に組み込んでおり、関門海峡の通行は「伊都都比古《いとつひこ》」によって厳重に管理されていたと思われる。それは『書紀』垂仁紀における任那人・都怒我《つぬが》阿羅斯等《あらしと》の日本への入国譚のなかでも語られている。

御間城天　皇《みまきのすめらみこと》（第十代崇神天皇）の世に、額《ぬか》に角有《お》ひたる人、一《ひとつの》の船に乗りて、越国《こしのくに》の笥飯浦《けひのうら》に泊れり。故《かれ》、其処《そこ》を号けて角鹿《つぬが》と曰ふ。問ひて曰《い》はく、「何《いづれ》の国の人ぞ」といふ。対《こた》へて曰さく、「意富加羅国《おほからくに》の王の子で名は都怒我阿羅斯等《つぬがあらしと》、亦の名は于斯岐阿利叱智干岐《うしきありしちかんき》と曰ふ。伝に日　本《やまとのくに》に聖　皇《ひじりのきみ》有すと聞《うけたまは》りて帰化《まうおもぶ》く。穴門《あなと》に到る時、その国に人有り。名は伊都都比古《いつつひこ》。臣《やつかれ》に謂《かた》りて曰はく、『吾《われ》は是の国の王《きみ》なり。吾を除《お》きて復二《またふたり》の王無《きみあらず》。故《かれ》、他処《あたしところ》にな往《い》にそ』といふ。然れども臣、究《つらつら》其の為人《ひととなり》を見るに、必ず王《きみ》に非《あら》じといふことを知りぬ。即ち更還《またまか》りぬ。道路《みち》を知らずして、嶋　浦《しまじまうらうら》に留連《つたよ》ひつつ、北海《きたつうみ》より廻《めぐ》りて、出雲国《いずものくに》を経て此《こ》間《こ》に至れり」とまうす。

（『書紀』垂仁二年是年一云）

都怒我阿羅斯等がわが国への入国を果たそうと穴門《あなと》（長門国の西南部・下関市付近）まで来たが、国王を名のる伊都都比古《いとつひこ》に関門海峡の通行を拒否され、日本海経由での畿内入部を余儀なくされたというのである。伊都都比古は紛れもなくかつての伊都国王であり、筑紫勢力圏の実質的支配者（形式的には邪馬台国女王・台与が支配する）として君臨していたものと考えられる。しかもこの時代には、筑紫勢力の圏域が少なくとも関門海峡まで拡大しており、効果的な王国の拡張と支配を確保するため、伊都国王である伊都都比古も博多湾岸を離れて穴門に常駐していたものと思われる。

景行天皇の征西軍が筑紫の伊都都比古に対して筑紫（関門海峡以西・筑後川以北の北部九州）への不可侵を約束し、または双方が緊密な関係にあり友好関係にあったならば、天皇軍は筑紫勢力が掌握し支配する紫川流域を討伐の範囲に含めることはないであろう。逆に天皇軍が筑紫勢力と敵対する関係にあったならば、天皇軍による紫川流域の討伐は、筑紫勢力との間で熾烈な戦闘となることは避けられないであろう。しかし、史書にそのような痕跡を見つけることはできない。

神夏磯媛は、菟狭の鼻垂・御木の耳垂・高羽の麻剝につづいて緑野の土折猪折を皇命に従わない者として「急《すみやか》に撃ちたまえ。な失ひたまひそ」と武諸木などに早期討伐を勧めている。神夏磯媛は、周防灘という自らの活動海域において競合する他集団を討伐依頼の対象にしていると考えられるので、大きな川が周防灘に注ぎ豊かな生産能力を持ちうる地域として、周防国吉敷郡の椹野《ふしの》川流域が緑野の川上に最も相応しい地域として浮上する。椹野川は山口市の北東端を水源として、同市を貫流して周防灘に開口しており、山口市の湯田温泉とJR小郡駅の椹野川西岸（右岸）にはいずれも「緑町」という地区を従えている。また、「椹」は檜科の常緑喬木「さわら」であり「緑」に通じるので、「緑野川」は「椹野川」であろう。

椹野《ふしの》川の中流域両岸には、古くからの史跡が点在している。山口市の維新百年記念公園の西五〇〇m、国道九号線バイパスのトンネルの真上が史跡公園として開放されている。朝田墳墓群（国史跡）と言われるもので、弥生時代末期に築造されたものを中心に約四十基の古墳が山口盆地を見下ろせる丘陵上に集中している（実際の古墳と全く同様に復元したもので、実物は地下に保存している）。また、史跡公園の近くには弥生時代の環濠住居遺跡が確認されており、さらに東約三㎞の平川・神郷付近でも、山口大学の移設や中国自動車道の建設に伴う調査で弥生時代を含む居住遺跡が発見されており、湯田温泉を中心とする地域は近年の発掘調査によって早くから人々が住みついた場所であることが明らかになっている。

時代は少し下るが、山口市陶《すえ》に陶陶窯《すえとうよう》跡（国史跡）がある。須恵器《すえき》は古墳時代に朝鮮半島からの技術を受け入れて作られるようになったものであるが、この辺りの西陶地区から糸根地区にかけて広く須恵器の製作が行われていたことが明らかにされている。また、陶陶窯跡の東約三㎞の国道二号線沿いに和銅開弥を始めとする皇朝十二銭を一五〇年にわたって鋳銭し続けた周防鋳銭司跡《すおうずぜんじ》（国史跡）がある。これらの朝鮮系技術集団の存在を推測させる史跡は、周防国吉敷郡と郡境を接する長門国美祢郡嘉万地区（秋芳町）の国秀遺跡（金属生産）、国内最古の産銅遺跡である同郡長登地区（美東町）の長登銅山跡、江戸時代に和銅開弥の鋳型が発見された下関市長府安養寺の長門《ながと》鋳銭司跡などがあり、これらの史跡と相俟って、周防国や長門国、なかんずく周防国吉敷郡と豊前国とは、豊前国に蟠踞する新羅系の技術集団・秦氏を介しての強い関連性を見ることができるのである。「土折猪折」は「土居鋳居」で、まさに陶（土）器と金属鋳造に関わる人々で構成された集団の居住する地域ということであろうか。

(4) 京とされる長峡県

天皇軍の計略

天皇軍の武諸木《たけもろき》・菟名手《うなで》・夏花《なつはな》の三将は、神夏磯媛《かむなつそひめ》を友軍に引き入れ、神夏磯媛が申し立てた四人の賊を一カ月ほどで征討する。まず高羽の川上（豊前国田河郡）に拠る麻剝《あさはぎ》に珍しい品々を与えて誘惑し、麻剝をして他の三人の賊、すなわち菟狭の川上（豊前国宇佐郡）に拠る鼻垂、御木の川上（豊前国三毛郡）に拠る耳垂、緑野の川上（周防国吉敷郡）に拠る土折猪折を呼び寄せて誅殺する計画である。

是に、武諸木《たけもろき》等、先づ麻剝《あさはぎ》が徒《ともがら》を誘《をこつ》る。仍《よ》りて赤き衣《きぬ》・褌《はかま》及び種種《くさぐさ》の奇《めずら》しき物を賜ひて、兼ねて服《まつろ》はざる三人《みたり》を擒《め》さしむ。乃《すなは》ち己《おの》が衆《ともがら》を率《い》て参来《まうけ》り。悉《ふつく》に捕へて誅しつ。天皇、遂に筑紫《つくし》に幸《いでま》して、豊前《とよのくにのみちのくち》国《くに》の長峡県《ながをのあがた》に到りて、行宮《かりみや》を興《た》てて居《ま》します。故、其の処《ころ》を号《なづ》けて京《みやこ》と曰ふ。（『書紀』景行十二年九月）

麻剝に与えた赤く染め抜いた上着や裾の短い袴などは地方の小豪族にとって充分に魅力的であろうし、他にも色々な品物が用意されたに違いない。田川地域を支配する麻剝がすでに天皇軍に帰順し、その麻剝から天皇軍への帰順を誘われた鼻垂・耳垂・土折猪折の三名は、衆族を率いて参集し悉く天皇軍に捕らえられて殺されるのである。誅殺された三人は、高羽の麻剝と共に遠く離れた新羅からの渡来人であるという同様な出自を持ち、金属精錬・土師器や織物の製作などで同じ技術集団として協力してきた仲間であったろう。何よりも同一の渡来神を深く敬していた高羽の麻剝からの呼び出しには少しの疑いも持たずに参集したに違いない。天皇軍の戦略は、周防灘沿岸の地域特性を十分周知した上で検討されており、それらの情報が具体的に効を奏して初めて成し得る戦術だったのである。作戦は見事に成功し、周防灘を囲む豊前の国一帯は大和朝廷の支配する地域に取り込まれることになったのである。

景行天皇の筑紫入り

周防灘沿岸地域の征討が終わって、天皇はようやく筑紫（九州）入りし、豊前国の長峡県《ながおのあがた》に行宮を営んでいる。長峡県は現在の行橋市および京都《みやこ》郡の一帯であると考えられ、京都郡みやこ町勝山の北西部を源とし、上流域に綾塚《あやつか》古墳（国史跡）や橘塚《たちばなつか》古墳（国史跡）の巨石古墳、扇八幡《おうぎはちまん》古墳や庄屋塚《しょうやつか》古墳の大型前方後円墳などを従えて行橋市で周防灘に注ぐ長峡川にその名を留めており、行橋市椿市《つばきち》辺りに長尾の地名が遺されている。[7] この辺りは今川水系により高羽（田河）の麻剝の勢力が及ぶ範囲であったと思われるが、誅殺を免れたであろう麻剝が本拠地の高羽で恭順の意を表しているため、天皇が行宮を営むには最適の地であったと思われる。

行橋市を中心とする京都平野には、古代の遺跡が数多く遺されている。京都郡苅田町の石塚山古墳（国史跡）は、宇佐市の赤塚古墳と並んで四世紀中頃の築造で九州最古級の前方後円墳とされ、当時の畿内との密接な関係を示すもので、九州歴史資料館に寄託されている出土品のうち三角縁神獣鏡《さんかくぶちしんじゅうきょう》七面、銅製鏃《やじり》一本、鉄製素環頭《そかんとう》

九州最古級の高塚古墳・石塚山古墳（京都郡苅田町）

太刀片などはいずれも国の重要文化財である。このほか苅田町には九州屈指の墳丘を持つ御所山《ごしょやま》古墳（国史跡）や番塚《ばんつか》古墳、恩塚《おんつか》古墳、山口南古墳などの巨石古墳があり、行橋市津積には門跡・列石・土塁が約三kmわたって続く御所ケ谷《ごしょがだに》神籠石（国史跡）が雄大な姿を見せており、ここには景行神社も祀られている。

豊後《とよくにのみちのしり》の国は、本《もと》、豊前《とよくにのみちのくち》の国と合せて一つの国為《た》りき。昔者《むかし》、纏向《まきむく》の日代《ひしろ》の宮に御宇《あめのしたしろしめ》しし大足彦《おおたらしひこ》の天皇《すめらみこと》（景行天皇）、豊国《とよくに》の直《あたい》等が祖菟名手《うなで》に詔したまひて、豊の国を治めしめたまひしに、豊前の国の仲津《なかつ》の郡中臣《こほりなかとみ》の村に往《い》き到りき。時に、日《ひ》晩《く》れて僑《や》宿《ど》りき。明くる日の昧爽《あけぼの》に、忽《たちま》ちに白き鳥あり、北より飛び来りて、この村に翔《かけ》り集《つど》ひき。菟名手、すなはち僕者《やつこ》に勒《おほ》せてその鳥を看《み》しむるに、鳥、餅《もちひ》と化為《な》る。片時《しまし》の間に、更《また》、芋草《いへついも》数千許株《いくちもと》と化《な》りて花葉《はなは》尽《ことごと》に栄えき。菟名手、見て異《あや》しと為《おも》ひ、歓喜《よろこ》びて云ひしく、「化生《なりかは》れる芋《いも》は、曾《むかし》より見しことあらず。実《まこと》に、至徳《みめぐみ》の盛《さかり》、乾坤《あめつち》の瑞《しるし》なり」といひき。既にして朝庭《みかど》に参上《まいのぼ》りて状《ことのさま》を挙《あ》げて奏聞《まを》しき。天皇《すめらみこと》、茲《ここ》に、歓喜《よろこ》びたまひ、すなはち菟名手に勅云《の》りたまひしく、「天《あめ》の瑞物《みづもの》、地《つち》の豊草《とよくさ》なり。汝《いまし》の治《をさ》むる国は、豊国《とよくに》と謂《い》ふべし」とのりたまふ。重ねて姓《な》を賜ひて、豊国《とよくに》の直《あたい》と曰《い》ひき。因《よ》りて豊国《とよくに》と曰《い》ふ。

（『豊後国風土記』総記）

豊前国長峡の行宮に入った天皇は、早速論功行賞を行ったことであろう。第一の功労者は国前臣の祖菟名手《うなで》である。国前臣は大分県国東半島に本拠を持つ氏族で、『和名抄』には豊後国国埼郡国前郷がみえる。国東半島には有名な安国寺遺跡がある。国東市の田深川沿いにあって「西の登呂《とろ》」として注目された弥生後期の集落跡で、現在「安国寺史跡公園」として整備されている。国東市には、他にも北江に番所ケ鼻古墳、浜崎に狐塚古墳という古式の前方後円墳があり、同市国見町には、伊美港の三kmほど南の新涯《しんがい》隧道の上に弥生土器・土師器・須恵器が発見される環状列石があり、そこから二kmほど北西に玄室壁面に船・人物・鳥などの線刻画を持つ小円墳・鬼塚古墳がある。また、豊後高田市香々地《かかじ》町・真玉町地域にも四世紀後半から五世紀中頃までの古墳を数多く見ることができるのである。

国東半島に拠点を置く菟名手《うなで》は、逸早く大和朝廷の配下となり景行天皇の筑紫（九州）巡幸では将軍の一人として活躍している。国東半島とその北に浮かぶ姫島とは指呼の間であり、両者は早くから同盟関係にあったものと思われる。今回の周防灘沿岸地域の征討作戦を完全な勝利に導いたのは姫島の女酋・神夏磯媛の情報と働きであり、神夏磯媛を友軍に引き入れるに当たって尽力したであろう国前臣祖《くにさきのおみのおや》・菟名手《うなで》を第一の功労者としたのも当然のことであろう。

天皇は、現に行宮を設けたこの地域一帯を菟名手に賜い、豊国直《あたい》という姓《かばね》を授与している。『豊後国風土記』の総記よれば「豊国」はこの時に始まったとされ、その発祥の地である「中臣《なかとみ》」地区は、豊日別神社が鎮座する行橋市南部から後に豊前の国府や国分寺が置かれるみやこ町豊津地域であろうと推定される。奈良・東大寺の正倉院戸籍が伝える豊前国仲津郡丁里《ひのとのさと》もこの辺りであろう。特に、三世紀の銅鏡、勾玉、銅剣や鉄製大型釣針など弥生時代の遺物を含む多彩で特異な出土品を有するみやこ町徳永の「川の上遺跡」は、縄文時代から鎌倉時代までの複合遺跡として注目されているのである。

（1）承平年間（九三一－九三八年）に源順《みなもとのしたごう》が撰した日本最古の漢和辞典・百科事典。意義によって部類をたて、漢語を掲げて漢文による注記をし、和訓を万葉仮名で付記する。伝本には十巻本系と二十巻本系があり、二十巻本は歳時・音楽・職官・国郡など三二部二四九門からなる。国郡部の郷名は九－十世紀前半の史料として極めて貴重である。

（2）三品彰英編著『邪馬台国研究総覧』（創元社、昭和四十五年）所収。

（3）現存最古の歌集。二十巻。長歌二六四首、施頭歌六十三首、短歌四二〇八首など、計四五三六首の歌と漢詩四首、文章一編ほかを収める。巻一・巻二の原型が文武朝前後（七世紀終盤－八世紀初頭）に成立し、以後順次増補され、宝亀年間あるいは延暦初年（八世紀後半）に全巻が成ったとされる。最終的な編纂に大伴家持が関わったことは疑いないが、詳細は不明。訓点は梨壺の五人に始まり（古点）、鎌倉時代の仙覚によって全歌に訓が付された（新点）。

（4）延暦寺の皇円・阿闍梨が著した仏教に重点を置いた編年体歴史書。三十巻。神武天皇から堀川天皇の嘉保元（一〇九四）年までを記す。ただし、現存するものは計十六巻及び抄本のみである。

（5）吉田東伍が著した日本の地誌七巻。明治時代末期に刊行され、九州（沖縄を除く）は第三巻に集録される。国郡・都市を大綱とし、大小・新旧の地名を挙げ、関係史料・出典を示して考証している。

（6）律令《りつりょう》国家が発行した十二種類の銅銭の総称である。和同開珎《わどうかいちん》（銀・銅）・万年《まんねん》通宝・神功《じんごう》開宝・隆平《りゅうへい》永宝・富寿《ふじゅ》神宝・承和《じょうわ》昌宝・長年《ちょうねん》大宝・饒益《にょうやく》神宝・貞観《じょうがん》永宝・寛平《かんぴょう》大宝・延喜《えんぎ》通宝・乾元《かんげん》大宝である。乾元大宝の発行を最後に国家の貨幣鋳造が断絶し、平安末になって宋銭が流入する。他に銀銭の太平《たいへい》元宝・金銭の開基《かいき》勝宝が皇朝十二銭と並行して鋳造されている。

（7）河村哲夫は長峡の行宮の所在地を「長峡川中流域にかけての一帯、とりわけ長尾（行橋市）あたりを第一候補すべきであろう」とする（河村哲夫『九州を制覇した大王』海鳥社、平成十八年）。

四、豊後水道に向かう国々

八世紀における地方の地誌であり当時の社会を知る上で貴重な記録である『風土記』は、和銅六（七一三）年に国家的事業として各国に産物や地味、地名の由来、古老の伝える昔話などの提出を求めたもので、常陸《ひたち》・播磨《はりま》・出雲《いずも》・肥前《ひぜん》・豊後《ぶんご》の五カ国のものが現存する。この中で『豊後国風土記』は、郡郷里制に基づいて記述されているので、官命発令後早い時期に成立したとされる常陸・播磨両国の『風土記』より遅く、里《さと》を郷《さと》・里《こざと》に改めた霊亀《れいき》元（七一五）年以降に成立したと考えられ、節度使《せつどし》(1)の派遣など地域支配の諸状況から天平五（七三三）年前後であろうとされる。

『風土記』が撰進された奈良時代の豊後の国は、国埼《くにさき》・速見《はやみ》・大分《おおきだ》・海部《あまべ》・大野《おおの》・直入《なほり》・玖珠《くす》・日田《ひた》の八郡から構成されている（国埼郡は便宜上前章で取り扱った）。

(1)　碩田の国

周防灘沿岸地域を平定し論功行賞を行った景行天皇は、天皇軍を豊前の国・長峡県から豊後の国へと進めることとなる。

> 昔者《むかし》、纏向《まきむく》の日代《ひしろ》の宮に御宇《あめのしたしろしめ》しし天皇《すめらみこと》（景行天皇）の御船《みふね》、周防《すはう》の国佐波津《さばつ》より発《た》ちて、度《わた》りたまひしに、遙かにこの国（国埼《こくさき》の郡《こほり》）を覧《みそな》はして、勅曰《の》りたまひしく、「彼《そ》の見ゆるは、若《けだ》し国の埼か」とのり

たまひき。因《よ》りて国埼《くにさき》の郡《こほり》と曰《い》ふ。（略）
同じき天皇、この村（伊美《いみ》の郷《さと》）に在《いま》して、勅曰《の》りたまひしく、「この国は、道路《みち》遙かに遠く、山谷阻《やまたにさが》しく深くして、往還《ゆきき》疎稀《まれ》なり。すなはち国を見ること得たり」とのりたまひき。因《よ》りて国見《くにみ》の村と曰《い》ふ。今、伊美《いみ》の郷《さと》と謂《い》ふは、その訛《よこなま》れるなり。

（『豊前国風土記』国埼郡）

『豊後国風土記』によると、天皇が周防国佐波津から豊前国長峡県への渡海時に「あそこに見えるのはもしかすると国の埼ではなかろうか」と遙か遠くに見た豊後国国前郡の伊美の里に立ち寄り、「今やここに国を見ることができた」と感激しながら軍船を進めている。心から信頼する将軍・菟名手《うなで》の本拠地で、しばしの安息を得たのであろう。

豊予海峡を護る速津媛

『豊後国風土記』によれば、天皇の軍船が向かったのは豊後国海部《あまべ》郡宮浦であったとされる。宮浦については、佐伯市米水津《よのうづ》の宮野浦説や大分市佐賀関町の上浦《うわうら》説などがあるが、これからの豊後国内陸部への巡幸を視野に入れるとき、佐伯市米水津では南に離れ過ぎており、天皇軍の前進基地であることを考慮すると大分市佐賀関町上浦であったと考えざるをえない。佐賀関町には、神武天皇の東征にあたって速吸之門《はやすいのと》（豊予《ほうよ》海峡）を乗り切るために功績のあった黒砂《いさご》・真砂《まさご》の海女《あま》姉妹を祀る「早吸日女《はやすいひめ》神社」と、同じ時に水先案内を務めて神武天皇に随行した国神《くにつかみ》・椎根津彦《しいねつひこ》（珍彦《うづひこ》）を祀る「椎根津彦《しいねつひこ》神社」が鎮座しており、また、佐賀関半島に集中する古式古墳が大きな地域勢力の存在を証明している。因みに、佐賀関半島の古墳群には、北部佐加《さか》郷に猫塚古墳・馬場古墳・築山古墳など、北西部丹生《にゅう》川下流の佐尉《さい》郷に大蔵古墳・上ノ坊《うえのぼう》古墳・亀塚古墳など、西部丹生川上流の丹生郷に野間一号墳・三号墳を含む野間古墳群などがあり、これらの古墳群は四世紀前葉に発生し四世紀末から五世紀前葉に発展期を迎えたと位置づけられている。

女人《をみな》有《はべ》り。速津媛《はやつひめ》と曰《い》ふ。一処《ひとところ》の長《ひとごのかみ》たり。其《そ》れ天皇《すめらみこと》（景行天皇）車駕《おはしま》すと聞《うけたまは》りて、自《みづか》ら迎へ奉《たてまつ》りて諮《まう》して言《まう》さく、「茲《こ》の山に大きなる石窟《いはや》有《あ》り。鼠《ねずみ》の石窟と曰ふ。二《ふたり》の土蜘蛛《つちぐも》有り。其の石窟に住む。一《ひとり》をば青《あを》と曰ふ。二《ふたり》をば白《しろ》と曰ふ。又直入県《なほりのあがた》の禰疑野《ねぎの》に、三《みたり》の土蜘蛛有り。一《ひとり》をば打猨《うちさる》と曰ふ。二《ふたり》をば八田《やた》と曰ふ。三《みたり》をば国摩侶《くにまろ》と曰ふ。この五人《いつとり》は、並《ならび》に其の為人《ひととなり》強力《ちからつよ》くして、亦衆類《またともがら》多し。皆曰はく、『皇命《おほみこと》に従はじ』といふ。若《も》し強《あながち》に喚《め》さば、兵《いくさ》を興《おこ》して距《ふせ》かむ」とまうす。

（『書紀』景行十二年冬十月）

茲《ここ》に、天皇《すめらみこと》（景行天皇）兵《つはもの》を遣《や》りて、その要害《ぬみ》を遮《さ》へて（速津媛が奏言した五人の土蜘蛛を）悉《ことごと》に誅《つみな》ひ滅《ほろぼ》したまひき。斯《こ》れに因《よ》りて名を速津媛《はやつひめ》の国と曰《い》ふ。後の人改めて速見《はやみ》の郡《こほり》と曰《い》ふ。

（『豊後国風土記』速見郡）

『豊後国風土記』によれば、海部郡宮浦には地域の長《おさ》である速津媛《はやつひめ》という女人が居て、姫島の神夏磯媛《かむなつそひめ》と同様に天皇軍を「親自《みづか》ら迎え」た上に、土蜘蛛《つちくも》（賊）の情報を提供している。神夏磯媛の場合のような「願《ねが》はくは兵《いくさ》をな下《つかは》しそ」「今将《いままさ》に帰徳《したが》ひなむ」という緊迫感はない。これらのことから速津媛はすでに天皇軍にとって十分に信頼できる同盟勢力であったと考えられる。天皇軍はこれから一カ月弱にわたって豊後国の内陸部を転戦することになるが、軍船を長期間安心して繋留するには速津媛が支配する佐賀関町上浦の港は最良の立地条件であったに違いない。菊田徹は、海部地域は宇佐地域とともに「前方後円墳のあり方からみて、最も早い段階からヤマト王権と結び、その秩序体系の中に組み入れられた地域とみられる」としている[2]。

また、速津媛は、海部郡の大野川南岸（右岸）から佐賀関半島一帯に勢力を持っていた海人《あま》の一族の長であり、天皇軍の豊後国平定に重要かつ決定的な働きをなし、その論功として、新たに創設された速見郡の支配を委ねられたものであろうと考える。つまり「速見」郡は速津媛から派生した地域名であり、速見郡を委ねられたことか

景行天皇の軍船を繋留した上浦港（大分市佐賀関町上浦）

ら「速津」媛とされたのではないであろう。速津媛という名称は、潮の流れが速い「早吸《はやすい》の瀬戸」を制する一族の長の名前として最も相応しいものであり、鼠の石窟《いわや》に住む青・白、禰疑野《ねぎの》に住む打猨《うちさる》・八田《やた》・国摩侶《くにまろ》という、大野川の水利・水運に関係し、大野川を下って伊予灘（別府湾）への進出を目論む五人の土蜘蛛を、自らの敵対者として天皇に報告し誅殺せしめた速津媛が、大野川下流域を支配し豊予海峡一帯を支配する海人一族の統率者である限り、その理由も理解することができよう。

大分の地名起源

天皇は、海部《あまべ》郡宮浦で船を降り、陸路をとって碩田《おおきた》国の中心地域へと軍を進めている。旧大分市と大分川上流の大分市野津原《のつはる》町、由布市挾間《はさま》町、同市庄内町の地域は、古くは大分郡と呼ばれていた。『豊後国風土記』によると、景行天皇がこの地を巡幸したとき「広く大きなる哉《かも》、この郡《くに》は。碩田《おおきた》の国と名づくべし」といい、碩田《おおきた》から大分《おおいた》に転化したと伝えられる。

昔者《むかし》、纏向《まきむく》の日代《ひしろ》の宮に御宇《あめのしたしろしめ》しし天皇《すめらみこと》（景行天皇）、豊前の国の京都《みやこ》の行宮《かりみや》より、この郡《こほり》（大分《おほきだ》の郡《こほり》）に幸《いでま》して、地形《くにがた》を遊覧《め》して、嘆《たん》じて曰《の》りたまひしく、「広く大きなる哉《かも》、この郡《くに》は。碩田《おほきだ》の国 碩田をば大分《おほきた》と謂ふ。と名づくべし」とのりたまひき。今、大分《おほきだ》と謂ふ、斯《そ》れその縁《ことのもと》なり。（『豊後国風土記』大分郡）

大分川下流域南岸（右岸）に点在する下郡《しもごおり》遺跡群の弥生遺跡からは、水田遺構や鍬《くわ》・鋤《すき》・杵《きね》などの木製農耕具が多量に出土しているし、大分川流域では大分市街の後背地となる丘陵沿いに弥生時代以降の遺跡が多く、特に古墳時代前期から終末期にいたる代表的な古墳が集中している。例えば、前期古墳と位置づけられている大分市新春日町の亀甲山古墳《きっこうざん》（三角縁神獣鏡・重圏文鏡・鉄剣・玉類・土師器などを出土するが、墳丘は開発により現存せず）や同市庄ノ原台地の蓬莱山古墳《ほうらいさん》・田崎古墳群（六基）などから、中期古墳とされる同市元町丘陵の大臣塚古墳や同市木ノ上台地の御陵古墳《ごりょう》（開発により現存せず）などを経て、終末期古墳とされる同市椎迫丘陵の古宮古墳《ふるみや》（国史跡。天武元〔六七二〕年の壬申《じんしん》の乱において、大海人皇子《おおあまのおうじ》の配下で活躍した大分君恵尺《えさか》または同稚臣《わかみ》の墳墓に比定される）まで広く分布しているのである。

しかし、律令時代には豊後国府や国分寺などが甍をならべ、豊後国の政治・文化の中心をなしたこの地域も、五世紀前半までは大野川南岸（右岸）から佐賀関にかけての海部地域に活躍の主たる地位を譲っていたのであり、大分地域が継続性をもって脚光を浴びるようになるのは、海部地域に前方後円墳の新規築造が認められなくなり、大分君一族が台頭する五世紀中頃からのように見受けられる。

(2) 豊後の土蜘蛛

天皇軍の豊後国入りに当たって、その経路とこれを迎える速津媛《はやつひめ》に関する記述が、『書紀』と『豊後国風土記』とで若干異なっている。『書紀』の記述では、天皇軍は豊前国から陸路で豊後国に入り、碩田国《おおきた》から速見《はやみ》邑へ回り、そこで速津媛に迎えられたように見える。碩田国が現在の大分市・由布市挟間町・同市庄内町に当たり、速見邑が別府市・杵築《きつき》市・速見郡であることから巡幸の順路としては逆になる。一方、『豊後国風土記』では豊前国から海路で豊後国へ入り、海部《あまべ》郡の佐賀関半島の宮浦《みやうら》（上浦《うわうら》）へ回り、そこで速津媛に迎えられている。碩田国へは海部郡から陸路を進んだものと考えられる。

冬十月に、碩田国《おほきだのくに》に到りたまふ。其の地形《くにかた》広《ひろ》く大《おほ》きにして亦麗し。因《よ》りて碩田《おほきだ》と名《なづ》く。碩田、此をば於保《おほ》岐陀《きだ》と云ふ。速見邑《はやみのむら》に到りたまふ。女人《をみな》有《はべ》り。速津媛《はやつひめ》と曰ふ。一処《ひとところ》の長《ひとごのかみ》たり。

（『書紀』景行十二年冬十月）

昔者《むかし》、纒向《まきむく》の日代《ひしろ》の宮に御宇《あめのしたしろしめ》しし天皇《すめらみこと》（景行天皇）、球磨贈於《くまそ》を誅《つみな》はむと欲《おもほ》して、筑紫《つくし》に幸《いでま》し、周防《すおう》の国佐波津《さばつ》より発船《ふなだち》して渡りまして、海部《あま》の郡宮浦《こほりみやうら》に泊《は》てたまひき。時に、この村に女人《をみな》あり、名を速津媛《はやつひめ》と曰《い》ひ、その処《ところ》の長《をさ》たりき。

（『豊後国風土記』速見郡）

この点を理解するためには、八世紀の地方制度から離れて、景行天皇の時代（四世紀）に立ち返って考慮しなければならない。大分地域は『書紀』では「碩田国」と表記され、『風土記』では「大分郡」の地名説話の中で「広く大きなる哉、この郡は。碩田国と名づくべし」と国と郡が不明瞭な使われ方をしている。また、『風土記』では速見は「郡」であり海部郡宮浦が「村」であるが、『書紀』では速見は「邑《むら》」で宮浦と速見が同格となっている。『地名辞書』によれば、「碩田国は速見郡・大分郡・海部郡から大野郡・直入郡の高原をも総摂したものか」としているし、西別府元日によれば、「（書紀が）碩田を国と記し、速見を国よりも小さな地域ないしは集団を意味する邑としていることは、五世紀後半に大分と速見の両地域が一つの政治勢力に統一されていたことを表現している」のであり、速見邑で景行軍に会見したはずの速津媛（書紀）が、海部郡まで出迎えている（風土記）のは、「おそらく海部までが一つの政治勢力に統合されていた事実の反映であろう」としている[3]。

つまり、『書紀』による場合、天皇軍は碩田国から碩田国外の速見邑へと進んだのではなく、まず碩田国の地域内（海部郡宮浦）に入り更に同国内の速見邑へ移動したと理解すべきなのだ。このことから『豊後国風土記』は、天皇軍の豊後国入りを『書紀』に比べてより具体的に記しているものと言えよう。

稲葉の土蜘蛛「青と白」

景行天皇は、速津媛から大野川上・中流域の軍事情勢について詳細な報告を受けた結果、直ちに討伐を行うことを控えている。天皇軍は、現在の国道四四二号線から県道四一二号線（久住高原－野津原線）へと豊後街道沿いに進軍したか、あるいは大分川流域を遡り大分郡庄内町から芹川沿いに進軍したか、いずれにしても進軍途次で大量の友軍を得ながら徐々に南西へ軍を進め、北側背後から慎重に大野川流域の土蜘蛛に対峙したものと推測される。これらは後に述べるように、景行天皇による大分川支流域から大野川北岸（左岸）地域に鎮座する神々への戦勝祈願からも推測することができる。

球覃《くたみ》の郷《さと》。郡《こほり》（直入）の北に在り。この村に泉あり。同じき天皇《すめらみこと》（景行天皇）、行幸《いでま》しし時に、奉膳《かしはで》の人、御飲《みもひ》に擬《せ》むとして泉の水を汲ましむるに、すなはち蛇龍《おかみ》於箇美《おかみ》と謂ふ。ありき。茲《ここ》に、天皇《すめらみこと》勅云《の》りたまひしく、「必ず臭くあらむ。な汲み用ゐしめそ」とのりたまひき。斯《こ》れに因《よ》りて名を臭泉《くさいずみ》と曰《い》ひ、因《よ》りて村の名と為《な》す。今、球覃《くたみ》の郷《さと》と謂《い》ふは、訛《よこなま》れるなり。宮処野《みやこの》。朽網《くたみ》の郷《さと》に在る野なり。同じき天皇《すめらみこと》（景行天皇）、土蜘蛛《つちぐも》を征伐《う》たむと為《し》たまひし時に、行宮《かりみや》をこの野に起《た》てたまひき。是《ここ》を以て、名を宮処野《みやこの》と曰《い》ふ。

（『豊後国風土記』直入郡）

天皇《すめらみこと》悪《あしみ》したまひて、進行《いでま》すこと得ず。即ち来田見邑《くたみのむら》に留《とどま》りて、権《かり》に宮室《みや》を興《た》てて居《ま》します。仍《よ》りて群臣《まへつきみたち》と議《はか》りて曰《のたま》はく、「今多《さは》に兵衆《つはもの》を動《うごか》して、土蜘蛛《つちぐも》を討《う》たむ。若《も》し其れ我《わ》が兵《つはもの》の勢《いきほい》に畏《おそ》りて、山野に隠《かく》れてば、必《ふつく》に後《のち》の愁《うれへ》を為《な》さむ」とのたまふ。則《すなは》ち海石榴樹《つばきのき》を採《と》りて、椎《つち》に作り兵《つはもの》（武器）にしたまふ。因《よ》りて猛《たけ》き卒《いくさ》を簡《えら》びて、兵《つはもの》の椎を授《さず》けて、山を穿《うが》ち草を排《はら》ひて、石室《いはむろ》の土蜘蛛を襲《おそ》ひて、稲葉《いなば》の川上に破りて、悉《ふつく》に其の党《ともがら》を殺す。血流れて踝《つぶなき》に至る。故《かれ》、時人《ときのひと》、其の海石榴《つばき》の椎を作りし処を、海石榴市《つばきち》と曰ふ。亦《また》血の流れし処を血田《ちた》と曰ふ。

（『書紀』景行十二年冬十月）

景行天皇の行宮跡とされる宮処野神社（竹田市久住町市）

まず、天皇は直入郡来田見邑《くたみむら》に行宮を営んでいる。『豊後国風土記』によると、球覃郷《くたみ》は直入郡の北部にあるとされ、飲料水として不適であるとする水の記述も、現存する清水堤近くの毒水と思われることから、来田見邑に営んだとされる行在所の所在地は同『風土記』に記される朽網郷《くたみ》の宮処野《みやこの》で、現在の竹田市久住町市《いち》の宮処野神社が鎮座するところであろうと考えられる。因みに、朽網山とは久住山のことである。

朽網山《くたみやま》　夕居《ゆふゐ》る雲《くも》の　薄《うす》れ去《い》なば　我《あれ》は恋《こ》ひむな　君《きみ》が目《め》を欲《ほ》り

（『万葉集』巻第十一・二六七四）

続いて鼠の石窟《いわや》に住むという青と白の二人の土蜘蛛の討伐になるが、この鼠の石窟がどこにあったかということは『書紀』の記述からだけでは判然としない。しかし、石窟に住む土蜘蛛を襲撃して全滅させた場所が大野川の中流に当たる稲葉《いなば》の川上の「血田《ちた》」であり、天皇軍の発進地は直入郡の来田見邑《くたみむら》であって、武器を調達した「海石榴市《つばきち》」も血田《ちた》と同じ大野郡内であることが、『豊後国風土記』に「海石榴市・血田 並《とも》に郡の南に在り。」と明らかにされている。[4] 一般には大野川南岸（右岸）の豊後大野市緒方町《おがた》知田《ちた》地区が血田に充てられているし、豊後大野市内には、阿蘇火山の凝灰岩からなる石窟が無数に存在し、南から大野川へ合流する緒方川・奥嶽川《おくたけ》・中津無礼川《なかつむれ》の流域なども鼠の石窟に比定される可能性を持っている。土蜘蛛・白の石窟は、白山・白山川・白山渓谷・大白谷・白谷・白山神社・白泉寺など「白」が目に付く中津無礼川の流域にあったのではないか。現在、中津無礼川上流の白山渓谷入口では稲積《いなづみ》鍾乳洞が観光客を集めている。

なお、土蜘蛛・青についての関連地名は見当たらない。

時代は平安から鎌倉へと下るものの、国東半島の六郷満山に匹敵する文化が、この地域に広がる多くの石窟を活用して大野川満山の石仏文化として花開いている。いずれにしても、大野川の南北両岸に両陣営が向かい合い、土蜘蛛青・白と北から迫った天皇軍が知田地区を中心に戦闘を行ったのであり、この状況を考慮すると、土蜘蛛青・白の本拠地である鼠の石窟は、大野川の南岸（右岸）地域に在ったと推測できよう。

このような青と白の土蜘蛛が住む鼠の石窟が大野郡にあったとする考えに対して、天皇は速見邑において速津媛から土蜘蛛情報を入手したのであり、鼠の石窟は速見郡内に存在するとして別府市北石垣の鬼の岩屋などを充てる意見がある。しかし、鬼の岩屋が五―六世紀の古墳（国史跡）であることから全くの的外れであり、また、海石榴市（椿市）という類似地名が近くに存在することを理由に豊前国平尾台の鼠石窟《そせっくつ》（青竜窟）とする説もあるが、説得力に乏しいと言わざるを得ない。

禰疑野の土蜘蛛「打猨・八田・国摩侶」

景行天皇十二年条から十九年条にかけて『書紀』が記す天皇の筑紫（九州）巡幸について、岩波文庫『日本書紀』補注（巻七）は「津田左右吉は『行幸経路には地理上の錯誤が多く認められるが、それは地理的知識が明確でない遠方の地名を机上で繋ぎ合わせたことによる』ものであり、『物語を構成する種々の説話は主として地名説明のためのもので、事実とみなすことは困難であり、この種の説話を除けば物語の大部分は空虚なものとなる』などの理由から『決して事実の記録ではない』としている」とするが、この筑紫（九州）巡幸記事の中で、最も現実性に欠けると思われる山間の僻地・禰疑野《ねぎの》における土蜘蛛の討伐が、考古学的成果から見えるその歴史的背景や現実の地形状況を見るとき、紛れもない歴史的事実であることを髣髴とさせ、景行天皇の筑紫（九州）巡幸そのものを現実のものとする最も信頼性の高い記事として浮上してくるのである。

景行天皇が再起を図った城原八幡神社（竹田市城原米納）

復《また》、打猨《うちさる》を討《う》たむとして、徑《ただ》に禰疑山《ねぎのやま》を度《わた》る。時に賊虜《あた》の矢、横《よこしま》に山より射る。官軍《みいくさ》の前に流《きた》ること雨《ふるあめ》の如し。天皇《すめらみこと》、更《さら》に城原《きはら》に返《かへ》りまして、水上《かはのほとり》に卜《ましま》す。便《すなは》ち兵《いくさ》を勒《ととの》へて、先づ八田《やた》を禰疑野《ねぎの》に撃《う》ちて破りつ。爰《ここ》に打猨《うちさる》え勝つまじと謂《おも》ひて、「服《まつろ》はむ」と請《まう》す。然《しか》れども聴《ゆる》したまはず。皆自《みずか》ら澗谷《たに》に投《おち》りて死ぬ。

（『書紀』景行十二年冬十月）

　青・白の土蜘蛛を滅ぼした天皇軍は、禰疑野《ねぎの》に住む打猨《うちさる》・八田《やた》・国摩《くにま》侶《ろ》という三人の土蜘蛛を討伐することになる。禰疑野は、国道五七号線が通る竹田市菅生《すごう》の今《いま》・戸上《とうえ》の辺りで、禰疑野神社を中心とする地域であろう。三人の土蜘蛛が住む禰疑野地域と天皇軍が集結する来田見地域とは、直線距離にすればわずかな距離で、例えば禰疑野神社と天皇軍が友軍と軍議を行ったとする宮処野《みやこの》神社間は一二km、禰疑野神社と一度退却した天皇軍が建て直しを図った城原《きばる》八幡神社間は六kmしか離れていない。しかし、この両者の間には、想像を絶する自然の要害が立ち塞っており、打猨などは天嶮の要塞に護られていたのである。北から稲葉川、米山川、玉来《たまらい》川があり、それぞれが阿蘇外輪山の東麓を西から東へ、動物さえも寄せ付けない程の比高五〇－一〇〇mにも達する険しい浸食崖をもって併走しているのである。

　天皇軍は、打猨《うちさる》を討とうとして禰疑山《ねぎのやま》の辺りを進軍する時、敵陣から雨が降るように沢山の矢を横から射られて退却を余儀なくされている。天皇軍が打猨などの本拠地である禰疑野近くまで進軍していたことを推定させるし、天皇軍が深い谷川を渡ろうとジグザグに谷へ下りる時、対岸のより高い場所から射る敵の攻撃を真横から受けた様子がよく表現されている。禰疑山を明確には特定できないが、天皇軍が宮処野《みやこの》の本営から禰疑野へ向け最短コースを取って進軍したとすれば、天皇軍に退却を迫った場所は、大野川の支流である玉来川《たまらい》の久保・菅生間辺りであろうと考えられる。この辺りは切り立った左右の断崖が弓矢の届くほどの距離にまで迫っているのである。

天皇軍は、退却と次の攻撃に適した場所として城原《きばる》の地を選んで第二の本営としている。現在城原八幡社の鎮座するところで、神社の北寄りに景行天皇の行在所跡が綺麗に整備されている。天皇軍にとって再度の失敗は許されない。城原の本営からの攻撃に当っては、まず下流域へ進路を取り、断崖が途切れる市用《いちもち》辺りから禰疑野をのせる菅生台地に取り付き、現在の国道五七号線に沿って台地上を西進したものと思われる。打猴よりやや東寄りに本拠地を持っていた八田を撃破し、さらに余勢を駆って打猴の本拠地へと迫り来たったことから、打猴と国摩侶は共に自ら死を選ばざるを得なかったのであろう。

菅生台地の繁栄を物語る七ツ森古墳群のＢ号墳（竹田市戸上）

景行天皇がわざわざ自ら軍を率いて討伐に向かう程の大勢力が、四世紀の大野川上流域に存在したという事実は極めて重要である。豊後竹田市の中心部から国道五七号線を西に一〇km程の戸上地区に七ツ森古墳群がある。七基の古墳があったので付けられた名前であろうが、現在は前方後円墳二基と円墳二基が並んでいる。前方後円墳は柄鏡型の古い形式で、四世紀中頃のものだという。前方後円墳の一基と円墳の一基が調査されており、前方後円墳からは鏡二面・大刀・剣・勾玉・石釧《いしくしろ》などが出土している。直入地域唯一の前方後円墳を持つ七ツ森古墳群をはじめ多くの方形周溝墓や中小規模古墳群の存在は、この地域がいち早く大和王権に組み込まれたことを意味するが、その前段において、常畑農耕を基礎とする極めて高い畑作文化が成立していたことが確認されている。

昭和四十九（一九七四）年からこの地域の環境を生かした畑作地帯総合開発が行われることとなり、これに伴う発掘調査が開始されると、弥生時代から古墳時代前期の集落遺跡が続々と発見され、それも山村的小規模集落が散在するといったものではなく、弥生時代後期には、各台地群を埋め尽すと言っても過言ではないほどに大・小の集落が林立する状況が確認されており、これが玉永光洋により詳しく報告されている[5]。同氏によると、弥生中期末から後期前葉頃（一〇〇年頃）に小規模集落が出来始め、後期中葉段階（二〇〇年頃）では菅生台地の戸上・菅生・今・平井の四地区に中規模程度の集落が並び立つようになり、後期後葉から弥生終末期（三〇〇年頃）には菅生台地のみならず周辺のすべての台地に集落が展開するようになるとしている。続いて同氏は、菅生台地と周辺台地にみる集落の変遷とその背景の意味について、「集落規模の拡大や分村、それに伴う畑地開発のなかで、集落域や畑地域の設定等々各集落間に生じる諸問題を解決する調整機関の組織化や伐採、開墾、効率的な収穫に威力を発揮する鉄製工具・農具の確保を通して、しだいに顕在化した大規模集落を中心とする社会構成体が成立した。そして、大和政権が地方支配を進めるにあたって無視することのできない勢力となった」とされ、さらに時代が下がって古墳時代中葉以降には、大和政権の強力な後ろ盾を得て前方後円墳を築造した勢力も「次第に本地域固有の文化との矛盾をきたし、火山活動の活発化に伴う畑作のゆきづまりともあいまって、数百年もの間維持されたユニークな畑作社会は解体していった」としている。

このようにまさに景行天皇の時代、大野川上流の禰疑野地域には大和朝廷が無視することの出来ない大勢力が存在したのであり、天皇自ら出陣した戦闘で筑紫（九州）巡幸中唯一の敗戦を喫し、城原の行宮に退却して再度の攻撃準備を余儀なくされたのである。

これらの記事は、先にも述べたように新しい考古学的知見と地理的状況から景行天皇の筑紫（九州）巡幸が史実であることを裏付けており、天皇軍の唯一の敗戦を取り上げるなど『書紀』の真摯な編集態度の一端をも示しているであろう。

柏峡の大野

景行天皇が大野川の上流・中流域に勢力を持っている五人の土蜘蛛、鼠の石窟に住む青・白、禰疑野に住む打猨・八田・国摩侶を討伐するに当たって、天皇軍は地域豪族から広く援軍を求めたに違いない。海部郡から大分郡を経て直入郡へと、大野川沿いを避けて大分川沿いに進軍するその要所要所で、五人の土蜘蛛と敵対関係にあった勢力や速津媛と同盟関係にあった勢力が続々と集まったことであろう。

天皇《すめらみこと》、初め、賊《あた》を討《う》たむとして、柏峡《かしわを》の大野《おほの》に次《やど》りませり。其の野に石有り。長さ六尺《むさか》、広さ三尺《みさか》、厚さ一尺五寸《ひとさかあまりいつき》。天皇祈《うけ》ひて曰《のたま》はく、「朕《われ》、土蜘蛛《つちぐも》を滅すこと得むとならば、将《まさ》に茲《こ》の石を蹶《く》えむに、柏《かしは》の葉《ひらで》の如くして挙《あが》れ」とのたまふ。因《よ》りて蹶《ふ》みたまふ。則《すなは》ち柏の如くして大虚《おほぞら》に上《あが》りぬ。故《かれ》、其の石を号《なづ》けて、蹈石《ほみし》と曰ふ。是の時に、禱《いの》りまつる神は、志我神《しがのかみ》・直入物部神《なほりのもののべのかみ》・直入中臣神《なほりのなかとみのかみ》、三《みはしら》の神ます。

（『書紀』景行十二年冬十月）

集まった援軍諸軍の中で最も重要な勢力は、軍事上における最新の情報を持ち、戦闘に当たっては先鋒の役割を受け持つ最前線の豪族たちである。天皇は「柏峡《かしわお》の大野」において戦勝祈願をしている。柏峡の大野の所在は不明である。竹田市荻町の柏原《かしわばる》も現存地名から一つの候補地ではあるものの、柏原は打猨たちが勢力を張っている地域を越えてさらに南に位置しているので採用することはできない。しかし、有力な候補地として木原山《きばるやま》がある。万葉時代の人々は、天皇が石を蹴って誓約《うけひ》をした場所を「名欲山《なほりやま》（直入山）」であると理解していたようで、その名欲山は城原《きばる》八幡社の北（二・五km）に見える木原山（六六九m）であるとする説が一般的である。ここでは天皇が大きな石を蹴り上げて、この大石が柏の葉のように大空に舞い上がれば土蜘蛛との戦いに勝つだろうと、

志我神を祀る志加若宮八幡神社（豊後大野市朝地町下野）

志我神《しがのかみ》・直入物部神《なほりのもののべのかみ》・直入中臣神《なほりのなかとみのかみ》という三柱の神に祈願し天皇軍の結束を図ったのである。

藤井連、任を遷されて京に上る時に、娘子の贈る歌一首

明日《あす》よりは　我《あれ》は恋《こ》ひむな　名欲山《なほりやま》　石踏《いはふ》み平《なら》し　君《きみ》が越《こ》え去《い》なば

（『万葉集』巻第九・一七七八）

藤井連の和ふる歌一首

命《いのち》をし　ま幸《さき》くもがも　名欲山《なほりやま》　石踏《いはふ》み平《なら》し　またまたも来《こ》む

（『万葉集』巻第九・一七七九）

第一の志我神《しがのかみ》は、筑前国粕屋郡の志賀海《しかうみ》神社とする見解が多く見受けられる。しかし、当時の現地での逼迫した状況を推測するとき、遠く離れた志賀海神社では地理的に見ても合理的な理解を与えるものではなく、『地名辞書』が充てる豊後大野市朝地町と同市緒方町にまたがる志賀地域に勢力を持つ神（豪族）であるとの考えが妥当であろう。朝地町志賀若宮地区に鎮座する志加若宮八幡《しかわかみやはちまん》神社がその根拠地であると考えられる。志賀地域は大野川の北岸（左岸）に広がる地域で、大野川を挟んで鼠の石窟に住む青・白という二人の土蜘蛛と対峙する文字通りの最前線である。青と白の土蜘蛛を全滅させた「血田」と志我神の坐す「志賀」の地とは、大野川に隔てられているとはいえわずかに五km程度しか離れていないのである。また、『豊後国風土記』が伝える網磯野《あみしの》が豊後大野市朝地《あさじ》町綿田の阿志野《あしの》である可能性は高く、小竹鹿奥《しのかおき》・小竹鹿臣《しのかおみ》という二人の土蜘蛛が、天皇軍の兵站《へいたん》を担っていることなどを斟酌すれば、志我神は大野郡志賀の神であることが明らかであろう。

網磯野《あみしの》。郡の西南に在り。同じき天皇《すめらみこと》（景行天皇）、行幸《いでま》しし時に、此間《ここ》に土蜘蛛あり、名を小竹鹿奥《しのかおき》志努汗意枳《しのかおき》と謂《い》ふ。・小竹鹿臣《しのかおみ》と曰《い》ひき。この土蜘蛛二人、御膳《みけ》を為《つく》らむと擬《し》て、田獦《かり》（狩）を作《な》すに、その獦人《かりびと》の声《こゑ》甚《いと》諠《かまびす》しかりき。天皇、勅《の》云りたまひしく、「大囂《あなみす》阿那美須《あなみす》と謂《い》ふ。」とのりたまひき。斯《こ》れに因《よ》りて大囂野《あなみすの》と曰《い》ひき。今、網磯野《あみしの》と謂《い》ふは、訛《よこなま》れるなり。

（『豊後国風土記』大野郡）

直入物部神を祀る籾山八幡神社（竹田市直入町社家）

第二の直入物部神《なおりのもののべのかみ》は、竹田市直入町社家の籾山《もみやま》八幡宮であるとされる。九州における物部氏は、『書紀』雄略十八年八月条に筑紫聞《つくしのきく》（企救）の物部大斧《おおおの》手《て》が見え、大宝二（七〇二）年の筑前国島郡川辺里《かわべのさと》・豊前国上三《かみつみ》毛《け》郡塔里《とうのさと》の戸籍に物部及び物部首《おびと》、『和名抄』に筑後国生葉《いくは》郡と肥前国三《み》根《ね》郡に物部郷が見え、『旧事記』[6]天神本紀に筑紫弦田《つるた》物部・二田《ふたた》物部・筑紫聞《きく》物部・筑紫贄田《ねだ》物部などが見える。今回の天皇軍の将の一人に物部君の祖夏花《なつはな》がいるので、この頃これらの物部一族が豊後国直入郡にも影響力を及ぼし始めており、天皇の巡幸を進めるためにはこれら物部一族の支援は欠くことができなかったであろう。

籾山八幡宮は、大分川の支流である芹川の上流にあって古代の官道沿いの軍略上重要な位置に鎮座している。北西に本峠を越えれば五kmで直入中臣神が坐す由布市庄内町阿蘇野であり、天皇の行在所となった城原八幡社が鎮座する竹田市城原は南に一〇kmの距離である。また、南東八kmには天皇軍を兵站部門で支援する俵積《たわらつみ》神社の豊後大野市朝地町綿田があり、さらに六kmで志我神の坐す志賀の郷に至るのである。

上：直入中臣神を祀る石明神（由布市庄内町阿蘇野）
下：景行天皇と健磐龍命を祀る禰疑野神社の石碑（竹田市今）

第三の直入中臣神《なおりのなかとみのかみ》は、由布市庄内町阿蘇野中村に直入中臣神社として祀られており、境内にある巨石の一つをご神体としているので石明神とも呼ばれている。物部氏と同様に、中臣氏も九州に大きな勢力を持っていたことが窺える。大宝二（七〇二）年の筑前国島郡川辺里《かわべのさと》と豊前国仲津郡丁里《ひのとのさと》の戸籍に中臣部が見えるし、『続日本紀』の和銅二（七〇九）年六月条に筑前国島郡少領中臣部加比が見える。また、先に見たとおり『豊後国風土記』の総記に豊前国仲津郡中臣村が豊国の起源説話として大きく取り上げられており、『和名抄』には中臣郷とある。このように、この神もまた今回の天皇軍の将の一人である国前臣の祖・菟名手《うなで》と密接な関係があり、天皇軍にとって最も信頼できる友軍であったことが分かる。

　志我神・直入物部神・直入中臣神のほかにも、天皇軍の進路に当たる大分川沿いに勢力を張る多くの豪族や、大野川北岸（左岸）にあって南岸（右岸）の勢力と敵対している豪族たちが天皇軍に馳せ参じたであろうことは容易に推測できよう。その一例を先述の天皇軍の兵站を担当する土蜘蛛として『豊後風土記』に採録された網磯《あみし》野《の》の小竹鹿奥《しのかおき》・小竹鹿臣《しのかおみ》に見ることができる。また、網磯野とされる朝地町綿田の阿志野《あしの》に鎮座する俵積神社の祭神は宇奈岐日子《うなぎひこ》であるところから、神名から親しい関係であろうと考えられる由布市湯布院町に鎮座する宇奈岐日女《うなぎひめ》神社もまた天皇軍の大きな援軍として活躍し、その功績によって湯布院地域の支配を託されたのであろう。因みに、宇奈岐日女神社の社伝によると、創始は景行天皇が碩田国速見邑に到った景行十二年冬十月とされ、湯布院盆地も宇奈岐日女が蹴破《けはや》権現に命じて湖水の一角を蹴り破って美田としたものと伝える。なお、湯布院盆地の東に聳える由布《ゆふ》岳（一五八三m）は、『豊後国風土記』に柚富《ゆふ》の峰とあり、『万葉集』には木綿《ゆふ》の山と見える。

娘子《をとめ》らが　放《はな》りの髪《かみ》を　木綿《ゆふ》の山《やま》　雲《くも》なたなびき　家《いへ》のあたり見《み》む　（『万葉集』巻第七・一二四四）

思《おも》ひ出《い》づる　時《とき》はすべなみ　豊国《とよくに》の　木綿山雪《ゆふやまゆき》の　消《け》ぬべく思《おも》ほゆ　（『万葉集』巻第十・二三四一）

また、禰疑野神社には景行天皇と並んで健磐龍命《たけいわたつのみこと》が祀られている。禰疑野地域は打猨・八田・国摩侶の本拠地であるが、『豊後国風土記』では、天皇がこの地で兵衆《いくさびとども》を労《ねぎら》ったので禰疑野と言われるようになったと説明している。肥後国阿蘇神社の主祭神である健磐龍命が景行天皇と併祀されている理由は、禰疑野の戦闘では天皇軍に味方して西の背後から敵を襲撃した阿蘇軍（指揮官は阿蘇家の初代祀職・惟人命と推定される）の功績が第一であったからではないだろうか。後に熊襲の親征を終えて帰途についた景行天皇が阿蘇を巡幸し、勅命により初代の阿蘇国造速瓶玉命《はやみかたまのみこと》を祭祀する国造《こくぞう》神社を創建させたのも、禰疑野での活躍に対する阿蘇軍への論功であったろう。

(3)『豊後国風土記』に見る日田郡

『書紀』景行紀の筑紫（九州）巡行記事では豊後国日田郡について触れていないが、『豊後国風土記』には関連記事が挙げられている。このため、豊後国日田郡については同『風土記』から景行天皇の足跡を辿ってみよう。

　日田《ひた》の郡《こほり》。昔者《むかし》、纒向《まきむく》の日代《ひしろ》の宮に御宇《あめのしたしろしめ》しし大足彦《おほたらしひこ》の天皇《すめらみこと》（景行天皇）、球磨贈於《くまそ》を征伐《う》ちて凱旋《かちかへ》りましし時に、筑後《ちくしのみちのしり》の国生葉《いくは》の行宮《かりみや》を発《た》たしてこの郡《こほり》に幸《いでま》しき。神あり、名を久津媛《ひさつひめ》と曰《い》ふ。人と化為《な》りて参迎《まゐむか》へ、国の消息《あるかたち》を弁《わきま》へ申《まを》しき。斯《こ》れに因《よ》りて久津媛《ひさつひめ》の郡《こほり》と曰《い》ひき。今、日田《ひた》の郡《こほり》と謂《い》ふは、訛《よこなま》れるなり。

　鏡坂《かがみさか》。郡の西に在り。昔者《むかし》、纒向《まきむく》の日代《ひしろ》の宮に御宇《あめのしたしろしめ》しし大足彦《おほたらしひこ》の天皇《すめらみこと》（景行天皇）、この坂の上に登り、国形《くにがた》を御覧《みそなは》して、すなはち勅曰《の》りたまひしく、「この国の地形《かたち》は、鏡の面《おも》に似《に》たる哉《かも》」とのりたまひき。因《よ》りて鏡坂《かがみさか》と曰《い》ふ。斯《こ》れその縁《ことのもと》なり。

（『豊後国風土記』日田郡）

『書紀』における景行天皇の筑紫（九州）巡幸記事では、景行十八年八月条に「的邑《いくはのむら》に到りて進食《みをし》す」を最後に、同十九年九月二十日に「日向《ひむか》より（大和の纒向日代宮に）至《かへりいた》りたまふ」となっている。一年余という長い空白期間も気になろう。

また『肥前国風土記』の彼杵《そのぎ》郡の条では、熊襲征伐から凱旋した景行天皇は豊前国宇佐の行宮から陪臣神代《こうじろの》直《あたい》に肥前国彼杵郡浮穴《うきあな》の郷一帯の征討を命じ、神代の直は速来津《はやきつ》姫・健津三間《たけつみま》・箆簗《のやな》という土蜘蛛を降伏させ、浮穴沫《うきあなわ》媛を誅殺しているのである。

このような景行天皇の巡幸路程の中で、筑後国的《いくは》（生葉・浮羽）邑《むら》から豊前国宇佐をつなぐ記事として『豊後国風土記』日田郡の条が重要な存在となる。景行天皇の一行が日田の郡に入ると、久津《ひさつ》媛という神が出迎え地域の状況を報告している。地域状況の報告とは天皇の治下に入ったことを意味するであろう。久津媛を祀る比佐《ひさ》津媛《つひめ》神社は日田市日高の会所《えそ》山山頂にあり、会所山に「腰掛石」を伝える景行天皇も併せて祀られている。

鏡坂の記事は、景行天皇が筑後国的（生葉・浮羽）邑から豊後国日田郡へ入り、三隈川南岸（左岸）の鏡坂から日田盆地を眺めて「鏡の面に似ている」と評したという故事である。久津媛もこの辺りまで出迎えたであろう。ここは現在「鏡坂公園」として整備されている。

日田盆地には、三隈川の左岸にガランドヤ古墳や穴観音古墳（いずれも国史跡）、右岸の会所山の南に法恩寺山古墳群（国史跡）などの装飾古墳があるが、いずれも後期古墳（六世紀）とされ、時代がやや下がるようである。しかし、日田市小迫の大分自動車道日田ＩＣの西側一帯の丘陵地域で、同自動車道建設に先立つ事前調査が昭和五十九（一九八四）年から始まり、昭和六十三（一九八八）年には古墳時代前期始めのわが国最古にあたる二基の居館遺跡の大発見へと繋がったのである。

久津媛を祀る会所山の比佐津媛神社（日田市刃連町）

土居和幸・田中裕介の報告によれば、「小迫辻原《こさこつじばる》遺跡」と命名されたこの遺跡（国史跡）は、弥生時代の前・中期の集落遺構、中世の建物や墳墓などを含む一四haの台地一帯に広がる複合遺跡で、調査終盤に方形の濠を巡らせて並立する二基の居館遺跡が発見されている。また、小迫辻原遺跡のわずか東に位置する草場第二遺跡（墳墓遺跡）からは一七一基の土壙墓をはじめ石棺・方形周溝墓・円形周溝墓・甕棺墓・壺棺墓などが発見され、弥生時代後期後半の甕棺墓から古墳時代の円墳までの変遷が認められ、小迫辻原遺跡の集落時期にあたる事からも両遺跡に関連性があることは間違いないとされている。(7)

久津媛が日田地域を支配し景行天皇が足跡を遺した時代にも、水陸の便がよく交通の要衝であった日田地域では、多数の人々が暮らし大きな政治権力が存在していたことが明らかにされたのである。景行天皇の日田への行路は、的（生葉・浮羽）の行宮から真っ直ぐ国道二一〇号線に沿って入国したものと思われ、日田から宇佐へは、国道二一二号線にほぼ並行する県道七二〇号線（日田－山国線）に沿い伏木峠を越えて耶馬渓に向かい、山国川及び国道二一二号線沿いに中津市まで下れば宇佐浜はもう指呼の間である。

（1）奈良時代に二次にわたって設置された軍政官。この場合は第一次で、天平四－六（七三二－七三四）年、東海・東山道、山陰道、西海道の三節度使が任命された。東アジアの緊張のなか、新羅の日本侵攻に備えて防衛・軍備など諸施策に当たった。有事の際にはそのまま指揮官となることが予定されていたという。

（2）菊田徹「海部の古墳」、小田富士雄編『風土記の考古学4』（同成社、平成七年）所収。

（3）西別府元日「速見湯／古代西日本の名湯のルーツ」http://www.e-obs.com/heo/heodata/n575.htm（大分放送ＨＰ内「大分歴史事典」）。

（4）『豊後国風土記』大野郡の条に「海石榴市《つばいち》・血田《ちだ》。並《とも》に郡《こほり》の南に在り」とあるが、海石榴市は『書紀』の記述から推測して直入県来田見邑の付近であろう。『太宰管内志』は、朽網郷稲葉村（竹田市久住町白丹《しらに》）に海石榴山《つばきやま》があるとする。

（5）玉永光洋「山の生活――大野川上・中流域集落遺跡の調査より」、小田富士雄編『風土記の考古学4』（同成社、平成七年）所収。

（6）『先代旧事本紀《せんだいくじほんぎ》』。『旧事本紀』とも。神代から聖徳太子の死去までを記した史書。十巻。撰者は不明であるが、物部氏の事績を多く載せていることから、物部氏との関係が注目されている。延喜年間（九〇一－九二三）以前の平安初期の成立と推定される。近世初頭に偽書説が生まれて評価が低くなった。

（7）土居和幸・田中裕介「最古の居館・小迫辻原遺跡」、小田富士雄編『風土記の考古学4』（同成社、平成七年）所収。

五、神話と伝説の国々

『古事記』は筑紫島を面《おも》四つ有りとして、南九州の宮崎・鹿児島両県の範囲とほぼ重なる地域を熊曾の国とし「建日別《たけひわけ》」とする。また、『書紀』は日向《ひむか》の国名を景行十七（三一〇）年の春三月に天皇が子湯県《こゆのあがた》丹裳小野《にものおの》で「是《こ》の国は直《なほ》く日の出づる方《かた》に向けり」と言ったことから生じたとしている。しかし、大和朝廷の行政区としては、大化改新（六四五年）後に九州一円が筑紫国として大宰府《おおみこともちのつかさ》の支配下に入っている。これが七世紀末の宮崎・鹿児島両県に跨る「日向国」の成立となり、次いで八世紀初頭の薩摩・多褹《たね》の二国の設置、続いて和銅六（七一三）年の日向国四郡に多褹国を併せた大隅《おおすみ》国の設置へと繋がるのである。

このような経緯から、本章は、旧日向国（現在の宮崎県と鹿児島県）を一括して取り扱うこととする。

(1) 熊襲の征討

豊後から海路大隅へ

豊後国直入郡禰疑野《ねぎの》で土蜘蛛の打猨《うちさる》・八田《やた》・国摩侶《くにまろ》を滅ぼすことによって豊後国を平定した景行天皇は、いよいよ筑紫（九州）巡幸の最大目的である熊襲《くまそ》を討伐するため、日向国・大隅国へと向かうことになる。なお、大隅国は、和銅六（七一三）年に日向国の四郡及び多褹国をもって新たに設置されるまでは日向国に含まれていたが、以下、特に記さない限り便宜的に国郡制が定まった後の「大隅国」で論を進めることとし、薩摩国についても、大宝二（七〇二）年の新設にこだわらず同様に「薩摩国」とする。

対岸の間元より保戸島を望む（津久見市保戸島）

十一月《しもつき》に、日向《ひむか》の国に到りて、行宮《かりみや》を起《た》てて居《ま》します。是を高屋《たかやの》宮《みや》と謂《まう》す。　（『書紀』景行十二年十一月）

穂門《ほと》の郷《さと》。郡の南に在り。昔者《むかし》、纏向《まきむく》の日代《ひしろ》の宮に御　宇《あめのしたしろしめ》しし天　皇《すめらみこと》（景行天皇）、御船《みふね》この門《と》に泊《は》てたまひしに、海の底に海藻《め》多《さは》に生《お》ひて長く美《うるは》しかりき。すなはち勅曰《の》りたまひしく、「最勝《ほつ》海藻《め》保都米《ほつめ》と謂ふ。を取れ」とのりたまひき。すなはち御《みをし》に進《たてまつ》らしめたまひき。因《よ》りて最勝海藻《ほつめ》の門《と》と曰《い》ふ。今、穂門《ほと》と謂《い》ふは、訛《よこなま》れるなり。　（『豊後国風土記』海部郡）

天皇軍は、直入郡禰疑野から軍船を係留していた海部郡宮浦（大分市佐賀関町上浦《うわうら》）へ戻り、そこから日向に向けて出航したであろう。途中、海部郡穂門《ほと》郷に停泊して海藻を食したことが『豊後国風土記』に見える。「穂門《ほと》」は「陰《ほと》」「番登《ほと》」「陰上《ほと》」「富登《ほと》」と『古事記』に頻出する女陰を表す言葉に通ずるもので、穂門郷に充てられる大分県津久見市は、右回りに九〇度回転させれば、碁盤ケ岳《ごばんがだけ》（北・玄武《げんぶ》）・堅浦《かたうら》半島（東・青龍《せいりゅう》）・四浦《ようら》半島（西・白虎《びゃっこ》）・津久見湾（南・朱雀《すざく》）と「四神相応《ししんそうおう》の地」になるのである。四神相応地とは、北に山、東と西に丘阜（西は大道も）、南に低湿地（湖沼池も）を配する女陰の形で、平城京（奈良）・平安京（京都）・大宰府（福岡県太宰府）などの古代都城がその典型である。生殖と誕生に永遠の生命力があると考える古代人の一人である景行天皇も、津久見湾の沖合いからこのリアス式の地形を望み、これからの戦勝を祈願する意味も含めて吉相のこの地に停泊させたのであろう。天皇軍が停泊した港は、津久見市の南東部・四浦半島の最東端、穂門郷の遺称地ともなっている保戸《ほと》島であろう。

天皇軍は、『書紀』によるかぎり途中寄港せず（『豊後風土記』では穂門郷に停泊）、日向灘を一気に南下して都井岬を廻り、大隅半島の内之浦湾に入って高屋宮《たかやのみや》を営んだと考えられる。この間に、日向灘海域での寄航の記事が全く見えず、日向国から東征の途についた偉大な先祖である神武《じんむ》天皇のことにも全く触れていないことから、研究者の間でも様々な疑問が提起されている。しかし、神武天皇の東征は、大和朝廷の偉大な系譜を創作するために『記紀』編纂時に想起された物語であると考えられるので、景行天皇の時代に神武天皇の痕跡が見出せないのは当然であろう。神武東征説話は、後世の応神天皇を擁した神功《じんぐう》皇后の東進などが複合されて創出されたと考えられるのであり（第二部三章(4)「神功皇后の筑紫巡幸」で詳述）、『書紀』編者も景行天皇の筑紫巡幸記事に、自らが創作した東征説話の中の神武天皇を称える文章を挿入するほど無神経ではなかったと理解したい。

なお、天皇軍は豊後国大野郡や直入郡の土蜘蛛を討伐した後、祖母山《そぼさん》系を越えて日向国高千穂《たかちほ》に入り、南下して西都《さいと》市の高屋宮に至ったという見解がある。[1] この場合、具体的には現在の県道七号（緒方－高千穂線）や県道八号（竹田－五ケ瀬線）などのルートが考えられ、大分・宮崎の両地域にそれぞれ神路祇《こうろぎ》・興梠《こうろぎ》の珍しい姓が見られ、岩戸《いわど》・神原《こうばる》・宮平《みやびら》などの共通地名も見られることから、両地域の強い関連性も想起される。また、景行天皇を邇々芸命《ににぎのみこと》に比定する場合（第二部三章(3)「景行天皇の筑紫巡幸」で詳述）、祖母山系を越えての高千穂への入部は「天降《あまくだ》る」という印象にぴったりではある。しかし、景行天皇軍が豊後国穂門郷《ほとのさと》に寄港したとする『豊後国風土記』の明確な記録があることから、やはり豊後国海部郡宮浦（佐賀関）から海路で大隅国高屋宮[2]へ至ったと考えるのが至当であろう。

高屋宮と高屋山上陵

高屋宮《たかやのみや》の所在については、岩波文庫『日本書紀』の注が「未詳」としながらも神代紀第十段にみえる「日向高《ひむかのたか》屋山上陵《やのさんじょうりょう》」の所在を陵墓要覧に拠って鹿児島県霧島市溝辺《みぞべ》としてこの付近であることを示唆しており、高屋宮が置かれ景行天皇の襲の国での拠点となった地域を鹿児島県国分市付近とする見解も多々見受けられる。しかし、大隅半島を迂回して八十熊襲《やそくまそ》と呼ばれる多くの敵対勢力の存在が懸念される鹿児島湾（錦江湾）の最奥部に直接軍船を進めたとは、豊前国や豊後国での景行天皇の慎重な戦術を見る時とても考えられるものではない。大隅国の鹿児島湾最奥部の熊襲の本拠地と目される地域に、景行天皇を支援し手引きする勢力があったとも考えられないし、そのような記録もない。

また、景行天皇の高屋宮が置かれたとされる鹿児島県肝属郡《きもつき》肝付町《きもつき》内之浦の北に見える国見山に高屋山上陵が営まれたという意見や、宮崎県西都市の都於郡《とのこおり》城《じょう》跡の丘の上に高屋山上陵が営まれたのであり、景行天皇は子《こ》湯県《ゆのあがた》の中心地である宮崎県西都市に高屋宮を設けたとする見解もある。このような景行天皇の高屋宮と穂々手見《ほほでみ》命《みこと》（瓊々芸命の子。瓊々芸命を景行天皇とした場合、景行天皇の皇子で日向国造の始祖とされる豊国別皇子に比定されよう）の高屋山上陵が当然同じ場所に併置されたかのごとき説は、「高屋」という同じ名称に引かれた付会に過ぎないであろう。もちろん、景行天皇と豊国別皇子は父子であるので、両者の関係遺跡が近くに存在することを自体は有り得るとしても、それを当初から当然のごとく論ずるべきではなかろう。

豊後国から日向灘を一気に南下した天皇軍は、大隅国肝属郡の内之浦湾に入り、『日本書紀新講』の注引用の「聖跡図誌」にいう大隅国肝属郡内浦郷北方村の天子山《てんしやま》に行宮を営んだと考えられる。

鹿児島県肝属郡肝付町内之浦は、東をわずかに内之浦湾に開いているものの他の周囲はすべて峻険な山脈に囲まれている。海に面する部分も断崖を形成するため海岸線を陸伝いに同地へ入ることは難しい。現在は文部科学省宇宙科学研究所のロケットセンターが設置されている関係で鹿屋市方面とは近代的な国見トンネルで容易に結ばれているが、それまでの内之浦は陸の孤島であった。

攻撃や輸送の手段として相当規模の軍船を擁したであろう景行天皇軍は、陸上からの敵の大規模侵入を許さず、周辺地域の敵対勢力へは海上経由での攻撃を容易にすることができる天険の要塞・内之浦の中心地に高屋宮を営んだのである。地元の伝承では、景行天皇は内之浦湾南部の川原瀬《こらせ》に上陸し、小田という小集落に一泊して標高一八七mの叶岳《かのう》に登り、ここから郷内を見渡して皇居の地を定めたとされる。天皇の行宮が置かれたのが叶岳の北一kmにある天子山という木立鬱蒼とした小丘で、天皇が滞在中に神武天皇の祖父にあたる穂々手見命《ほほでみのみこと》の神霊を高屋山上陵より遷して創建したという高屋神社がこれに隣接して鎮座する。景行天皇は、景行十二（三一五）年十一月から同十八年三月まで、実に五年四カ月という長期にわたってこの高屋宮に滞在したと考えられるのである。

なお、弥生時代の大隅半島は、鹿屋市《かのや》の王子遺跡に代表して見られるように南九州では最も社会発展の進んでいた地域のひとつであり、さらに古墳時代になると、志布志《しぶし》湾岸地域は畿内式高塚古墳が大規模に集積する地域となる。鹿児島県肝属郡大崎町の横瀬海岸近くにある横瀬古墳はこの地域の代表的な古墳で、全長一三四m、周濠まで含めれば一六五mにも達するもので五世紀代の築造とされる。近くには、大崎町に十数基の高塚古墳を擁する神領《じんりょう》古墳群、同郡東串良《ひがしくしら》町の肝属川下流北岸（左岸）に広がる百四十余基の高塚古墳を擁する唐《とう》

上：木立鬱蒼とした天子山高屋行宮跡（肝属郡肝付町内之浦）
下：唐仁古墳群の100号墳（肝属郡東串良町唐仁）

仁古墳群《じん》（鹿児島県最大規模）、さらに肝付町高山《こうやま》の肝属川南岸（右岸）丘陵地には四十数基の高塚古墳のほか十数基の地下式墳を擁する塚崎古墳群などがあり、大和朝廷との深い関わりを見ることができる。

▼日向三代の祭宮と陵墓

日向三代とは、日向神話で語られる神武天皇の曾祖父・邇々芸命《ににぎのみこと》、祖父・穂々手見命《ほほでみのみこと》、父・鵜草葺不合命《うがやふきあへずのみこと》の三代のことである。

韓国《からくに》・新燃《しんもえ》・高千穂《たかちほ》など大小二十三の火山から成る霧島連山の守護神である霧島神宮（霧島市霧島町田口）は、天孫・邇々芸命《ににぎのみこと》を主祭神とする由緒ある神社で、年間の参拝者は一六〇万人を数えるという。元々霧島神宮は天《あま》の逆矛《さかほこ》のある高千穂の峰と噴火口御鉢との中間点にあったが噴火で炎上し、天暦年間（九四七－九五六年）に天台僧・性空《しょうくう》が高千穂峰と新燃岳の鞍部・高千穂河原に再興したという。これも文暦元（一二三四）年の大噴火に遭遇し、以後二五〇年間は田口（現在地）の行宮《かりみや》にあったが、文明十六（一四八四）年、薩摩領主・島津忠昌の命で現在地に社殿を建立したという。しかし、この社殿も失火で全焼し、「西の日光」と言われる現在の絢爛たる社殿は正徳五（一七一五）年に薩摩藩主島津吉貴《よしたか》の寄進により建造されたもので、全社殿が国の重要文化財である。

邇々芸命の陵墓とされる可愛山陵《えの》は、鹿児島県薩摩川内《せんだい》市宮内神亀山にある。川内市は薩摩国の国府が置かれた地で、JR川内駅の北二・五kmに新幹線と鹿児島本線に挟まれて国府跡・国分寺跡などを見学することが出来る。これらの遺跡から西方に国道三号線を越えたところに亀の形をした神亀山《しんき》の鬱蒼とした森があり、大きな鳥居を潜って三二三段の階段を登り詰めると朱塗りの社殿が現れる。ここが薩摩国一の宮であり、これが可愛邇々芸命を主祭神とする新田《にった》神社である。神社の裏手に南北一一m・東西一〇mの方墳があり、これが可愛山陵である。『書紀』には筑紫日向可愛之山陵《つくしのひむかのえのみささぎ》とあり、『延喜諸陵式』には「日向埃山陵《あいのみささぎ》」とある。一説に宮崎県延岡市北西の可愛岳《えのだけ》（麓に可愛神社《えのじんじゃ》が鎮座し、近くに御陵伝承地がある）を遺称地とする。

隼人《はやと》の本拠地と云われる霧島市隼人町宮内には、穂々手見命《ほほでみのみこと》を主祭神とする鹿児島神宮が鎮座する。平安末期から鎌倉時代にかけてはその神威を南九州一帯に誇り、建久八（一一九七）年の「建久図田帳《ずでんちょう》」によると一三〇〇町歩の荘園を領有していたとされる。神宮入口の北東五〇〇ｍに石體宮《しゃくたいぐう》があり、穂々手見命の宮殿址か山陵ではないかとされている。鹿児島神宮の祭神は元々穂々手見命一座であったが、欽明五（五四四）年に応神天皇などが合祀され、以来正八幡宮と呼ばれるようになったという。その頃宇佐八幡宮と正八幡宮との間で深刻な紛争が生じ、宇佐八幡宮から密偵十五名が派遣されて正八幡宮の本殿に火をかけ、旧暦四月三日から二十日まで燃え続けて全焼したのであるが、神罰によって十三名が鹿児島空港付近の十三塚原で次々と死に、残る二名も宇佐に帰って報告を済ませるとそのまま死んだという。正八幡宮の名称にかかる伝説である。

天孫・邇々芸命を祀る霧島神宮（霧島市霧島町田口）

この他、鹿児島神宮の祭神穂々手見命に関する神話としては、有名な「海幸彦《うみさちひこ》・山幸彦《やまさちひこ》」の話がある。「弟の山幸彦（穂々手見命・火遠理命《ほおりのみこと》）は兄の海幸彦（火照命《ほでりのみこと》）の仕事が羨ましく思い、無理を言って一日だけ交替してもらう。そこで兄は山へ、弟は海へ出向くが両者とも獲物を全く得ることが出来ず、加え

穂々手見命を祀る鹿児島神宮（霧島市隼人町宮内）

て弟は兄の大切な釣り針を失くしてしまう。弟は兄に詫び、自分の剣で釣り針を作って謝るが赦してもらえない。弟の山幸彦が泣いていると一人の老翁《おきな》が現れて事情を聞き、海神・綿津見《わたつみの》神《かみ》の宮に送ってくれる。海神は山幸彦から事の次第を聞くと大小の魚を呼んで釣り針の探索を命ずる。近頃赤目鯛《あかめだい》が病んでいるとの情報で調べると、その赤目鯛の喉に失くした釣り針が刺さっていた（鹿児島神宮で頒布している郷土玩具「鯛車」はこの時の鯛だと言われる）。山幸はこの釣り針を貰って帰り支度をしていると、すでに山幸彦の妻となっていた豊玉姫《とよたまひめ》がそっと渡すものがあった。潮満珠《しおみつたま》・潮干珠《しおひるたま》の神宝である。この珠の霊力によって兄の海幸彦を諫め、海幸彦も反省して以後は兄弟仲良く暮らした」というものである。

穂々手見命の公式陵墓は高屋山上陵《たかやのやまのうえのみささぎ》（霧島市溝辺町麓）だとされている。『書紀』には「日向《ひむか》の高屋山上陵」とあり、『古事記』には「其（襲）の高千穂の山の西にあり」とされていることから明治七（一八七四）年現在地に決定された。陵墓は表参道の二百段の階段を登ったところに営まれる前方後円墳である。これとは別に、鹿児島県肝属郡肝付町内之浦の国見山（八八六ｍ）を充てる説も根強い。

崇神《すじん》天皇の御代に創建されたと伝えられ、宮崎県日南市宮浦に鎮座する鵜戸《うど》神宮は、鵜草葺不合命《うがやふきあえずのみこと》を主祭神とし、舒明《じょめい》天皇の御代に六所権現（主祭神のほか神武天皇など六神霊を祭る）の神殿を建立し、聖武天皇の天平十九（七四七）年に六所権現の号を賜っている。さらに、桓武天皇の延暦元（七八二）年に天台僧・光喜坊快久が寺院を建立し、鵜戸山大権現吾平山仁王護寺《あびらさんにんのうごじ》の勅号を賜っている。薩摩藩の島津家や地元飫肥《おび》藩の伊東家の崇敬が篤く、伊東家は数度にわたって修復や再建を行っている。

　鵜戸神宮の名物には、鵜草葺不合命の叔母である玉依姫命《たまよりひめのみこと》が鵜戸窟《うどのいわや》から滴り落ちる清水で練った飴で同命を養育したという伝説に因む「お乳飴」があり、また、日向・大隅・薩摩の人々によって江戸初期から大正時代まで続けられた新郎新婦の「シャンシャン馬」による鵜戸神宮参詣（新婚旅行）も「シャンシャン馬道中唄」を通して知られている。現在の「シャンシャン馬」は、神武天皇を主祭神とする宮崎神宮（宮崎市神宮）の大祭「神武さま」に登場し秋の宮崎に彩を添えている。毎年十月二十六日が例大祭で、これに続く土・日曜日に「神武さま」の御神幸祭が行われている。

鵜草葺不合命を祀る鵜戸神宮（日南市宮浦）

　鵜草葺不合命の陵墓は、吾平山上陵《あいらのやまのうえのみささぎ》（鹿児島県鹿屋市吾平町上名《かみみょう》鵜戸）である。御陵のある吾平《あいら》山は俗に鵜戸《うど》山といい、周囲一km程の山陵であって全国でも珍しい岩窟陵である。岩窟内の二基の陵墓は、鵜草葺不合命と叔母であり妃でもある玉依姫のものであると伝えられる。玉砂利の境内は広く、御陵は「小伊勢」と云われ綺麗に整備されており、初詣・春の桜・秋の紅葉には近在の人々で賑《にぎ》わうという。

熊襲とは？

「熊襲」については、岩波文庫『日本書紀』の補注（巻第七）がよく整理されているので引用してみよう。

クマソの語義については、クマを勇猛の意でソに対する形容とみる古事記伝（古事記の注釈書。本居宣長著）の説もあるが、クマ・ソの複合の地名ととるのが妥当であろう。古事記では、クマソは熊曾と書き、一貫して地名として用いられている。神代記、大八島《おおやしま》国の生成の箇所に、「次生筑紫島。此島亦身一而有面四。毎面有名」として、筑紫国・豊国・肥国・熊曾国の名をあげており、これによってクマソは九州南半、日向・大隅・薩摩地方（宮崎県・鹿児島県）に当ることが推測される。律令時代の行政区画には、クマに当るものとして肥後国球磨郡（今、熊本県球磨郡・人吉市）の名があり、ソについても、大隅国贈於郡（和銅六年日向国から分れる。今、鹿児島県姶良郡・霧島市・曽於市）の名がある。甲類の西海道風土記には、体裁・文章を異にする二種のものが存在しており、そのうち、現行の豊後・肥前両風土記を含む一種を甲類〔第一類〕、他の一種を乙類〔第二類〕と通称している。このうち甲類については、そのなかに日本書紀の景行・仲哀・神功紀と内容・文章ともほとんど同一の部分があり、両者の間に密接な関係のあることが推測される。〔略〕甲類風土記は書紀以降の述作で、両者は親子関係にあるとみる説が一般的であり、乙類風土記は甲類のように日本書紀の文章と直接的な関係の認められるものはない）に、クマソのことを「球磨贈唹」などと四字に記していることは、奈良時代の人々がクマソを肥後の球磨・大隅の贈於と理解していたことを示すものである。

これに対し、日本書紀の景行天皇九州巡幸の記事の場合は、地名としてのほか、クマソを人間の集団、すなわち族名として用いている場合があり、また、クマソを日向の児湯・諸県方面を中心とする勢力と考えながら、それをたんにソと称し、それとは別にクマ（肥後南部地方）の経略を記すなど、用法上の混乱が認められる。これはおそらく、後次的・派生的なものであろう。

クマソの実体については、従来これを九州南部に居住する異民族とみなし、同地域に居住する隼人（熊襲が日本書紀の景行紀・古事記のみに見えるのに反し、隼人は律令時代まで史上に見える。このため熊襲の後裔を隼人とする説が古くからあったが、クマ・ソ及び隼人のオホスミ・アタはいずれも九州南部の地名。ながらく大和政権に従わず、また風俗を異にしたのであろう）との関連を考える見方があったが、坂本太郎は、後世クマソは異民族として名をあらわしていず、部族として確固たる存在であったとは考えられないとし、それを特定の一部族のごとくみなすのは、書紀の派生的な用法の混乱にわざわいされたものであり、書紀編者の敷衍した観念的産物であるとしてそれを否定している。

しかし、クマソ伝説の中に、かつて九州南部に存在し、のち大和政権に服属した一政治勢力の投影を考えることは可能であって、津田左右吉は、日向の児湯・諸県地方を中心に、日向・大隅・薩摩、さらに肥後南部にまで勢力を及ぼしていた一大政治勢力があったとし、それと魏志倭人伝にみえる狗奴国との関係を想像し、大和政権がそれを服属させたのはおそらく五世紀前半のことで、帝紀・旧辞が撰述された六世紀にはすでに事実としては不確かで、伝説化されていたのであるとする。

また、井上光貞も、クマを倭人伝の狗奴国に相当するものとし、大和政権の勢力が滲透し、火国造の支配領域が確定していくにつれ、その勢力の及ばない地域の住民を総称してクマソというようになったのではないかと推測している。

以上、岩波文庫『日本書紀』の補注を引用して熊襲についての概要を記した（必要に応じて一部加筆修正した）が、熊襲が地域統一的な政治勢力として存在したかどうかということは、さらに今後の研究に待つとしよう。

天皇の策略

『書紀』では、熊襲討伐を群臣に諮ったのが景行十二（三一五）年十二月五日で、「襲国」を平定したのが同十三年五月であるから、短くとも五カ月を費やしている。これは女性の心情を利用する特殊な「策略」を戦術として選択したための必要な期間であったろうが、豊後国での土蜘蛛に対する一カ月弱の戦術とは大きな差違があることは確かである。

十二月《しはす》の癸巳《みづのとのみ》の朔《ついたち》丁酉《ひのとのとりのひ》に、熊襲《くまそ》を討たむことを議《はか》る。是《ここ》に、天皇《すめらみこと》、群卿《まえつきみたち》に詔《みことのり》して曰《のたま》はく、「朕《われ》聞く、襲国《そのくに》に厚鹿文《あつかや》・迮鹿文《さかや》といふ者有り。是《こ》の両人《ふたり》は熊襲の渠帥者《いさを》なり。衆類甚多《ともがらにへさ》なり。是を熊襲の八十《やそ》梟帥《たける》と謂《い》ふ。其の鋒《つはもの》当るべからず。師《いくさ》を興《おこ》すこと少《すくな》くは、賊《あた》を滅ぼすに堪《た》へじ。多《さは》に兵《つはもの》を動さば、是百姓《おほみたから》の害《やぶれ》なり。何《いかで》か鋒刃《つはもの》の威《いきほい》を仮《か》らずして、坐《おの》づからに其の国を平《む》けむ」とのたまふ。時に一の臣《ひとりまへつきみ》有り。進みて曰《まう》さく、「熊襲梟帥《くまそたける》、二《ふたり》の女《むすめ》有り。兄《え》を市乾鹿文《いちふかや》と曰《まう》す。乾、此をば賦《ふ》と云ふ。弟《おと》を市鹿文《いちかや》と曰《まう》す。容《かたち》既に端正《きらぎら》し。心且雄武《またをを》し。重き幣《まひなひ》を示《み》せて麾下《おもと》に撝納《めしい》るべし。因《よ》りて其の消息《あるかたち》を伺《うかが》ひたまひて、不意《おもひのほか》の処を犯《おか》さば、曾《かつ》て刃を血《ちぬら》さずして、賊《あた》必ず自《おの》づからに敗れなむ」とまうす。天皇詔《のたま》はく、「可《よきこと》なり」とのたまふ。是《ここ》に、幣《まひなひ》を示《み》せて其の二《ふたり》の女《むすめ》を欺《あざむ》きて、幕下《おもと》に納《めしい》る。天皇、則《すなは》ち市乾鹿文《いちふかや》を通《め》して陽《いつは》り寵《めぐ》みたまふ。時に市乾鹿文、天皇に奏《まう》して曰《まう》さく、「熊襲の服《したが》はざることをな愁《うれ》へたまひそ。妾《やつこ》良き謀《はかりこと》有り。即《すなわ》ち一《ひとり》二の兵《ふたりつはもの》を己《おのれ》に従へしめたまふべし」とまうす。而《しかう》して家に返りて、多《さは》に醇《から》き酒を設《まう》けて、己《おの》が父《かぞ》に飲ましむ。乃《すなは》ち酔《ゑ》ひて寐《い》ぬ。市乾鹿文、密《ひそか》に父《かぞ》の弦《ゆづる》を断《た》つ。爰《ここ》に従《たま》へる兵《つはもの》一人、進みて熊襲梟帥《くまそたける》を殺しつ。天皇、則ち其の不孝《おやにしたがはぬこと》の甚しきことを悪《にく》みたまひて、市乾鹿文を誅す。仍《よ》りて弟市鹿文《いちかや》を以《も》て火国造《ひのくにのみやつこ》に賜《たま》ふ。

（『書紀』景行十二年十二月）

景行天皇は、厚鹿文《あつかや》・迮鹿文《さかや》という二人の熊襲の渠帥者《いさお》を葬るため、一人の臣の案を採用する。市乾鹿文《いちふかや》・市鹿文《いちかや》という熊襲梟帥《くまそたける》の二人の女《むすめ》を利用して、父である熊襲の渠帥者を殺害しようというのだ。天皇は二人の女を欺いて幕下に入れ、まず姉の市乾鹿文を寵愛するが当然偽りの愛である。そうとも知らぬ市乾鹿文は、熊襲が服さないことを愁う天皇の心情を汲み、父・熊襲梟帥の暗殺に手を貸すのであり、事が終わると、天皇は親不孝を理由に姉・市乾鹿文を誅殺し、妹・市鹿文を火国造に賜ってしまうのである。豊前国の平定にあたって、高羽の川上に居る麻剝《あさはぎ》を味方に引き入れ、麻剝の誘いに安心して参内した菟狭の鼻垂《はなたり》・御木の耳垂《みみたり》・緑野の土折猪折《つちおりいおり》を、率いてきた衆共々悉く誅殺した天皇軍の行動は極めて惨忍であったが、この熊襲梟帥殺害の方法は、その女《むすめ》を欺いて父親殺害に加担させるという言語に絶する凄惨なものである。天皇の行動が「親不孝」の意味を理解した上での取り組みであった点に道徳性の欠如した無慈悲な厳しさを見ることができるが、景行天皇はなぜそのような無情な策略を採用せねばならなかったのであろうか。

　その理由の一つは、熊襲の士気が高かったことであろう。襲国には多くの熊襲の集団があり、それぞれが軍勢を持ち相互に牽制していたであろう。「八十梟帥《やそたける》」という表現は、『書紀』の神武天皇即位前紀にも見えるもので、「武勇のある者の集団」「たくさんの猛勇の者」（岩波文庫『日本書紀』注）であるとされるが、共通の敵に対しては軍事的に連合する準備のある集団であると考えるべきであろう。これに比して、天皇軍は遠征軍のみで軍勢も少なく通常の交戦では必勝の確信が持てなかったのであろう。

　天皇軍から討伐の対象とされる厚鹿文・迮鹿文は、熊襲集団の中で最も大きな軍事勢力の指導者であったろう。この時代の南九州においては、未だ南九州全域を掌握する統一的な政治勢力は生じていないと考えられるが、各地に割拠した熊襲勢力が天皇軍という共通の敵に対して共闘体制を採ろうとしたのであろう。これに対処する天皇軍は、強大な連合勢力の成立を未然に封じる必要があり、そのためには自らの軍勢を失うことなく、熊襲の旗印となる最強最大の中核的熊襲集団を何としても壊滅させる必要があったのであろう。そしてその後は、孤立状態となった熊襲集団を一つずつ武力で討伐すれば良かったのである。

　その理由の二つは、天皇軍は四面熊襲の中にあって、地元の友軍を得ることができず、有効な情報も十分に得られない追い詰められた状況下にあったと思われる。豊前国では天皇軍に討伐すべき賊の情報を神夏磯媛《かむなつそひめ》が提供しているし、豊後国では天皇軍に軍船の寄港地を提供し、討伐すべき土蜘蛛の情報を与えた海部郡の速津媛《はやつひめ》がいた。天皇軍と共に前線で戦った志我神・直入物部神・直入中臣神などの神々を擁する大野郡や直入郡の豪族たちもいた。加えて、天皇軍の兵站を担った小竹鹿奥《しのかおき》・小竹鹿臣《しのかおみ》という大野郡の土蜘蛛もいたし、速見郡の宇奈岐日《うなきひ》女《め》や大野郡の宇奈岐日古《うなきひこ》、さらには健磐龍神《たけいわたつのかみ》を擁する肥後国阿蘇一族も支援を行っているのである。

豊前国の賊や豊後国の土蜘蛛の討伐では、幾多の友軍・支援者を得た天皇軍も、ここ熊襲の討伐に当たっては、そのような友軍・支援者を得られていないのだ。「師《いくさ》を興《おこ》すこと少くは、賊《あた》を滅ぼすに堪《た》へじ。多《さは》に兵《つはもの》を動さば、是百姓《おほみたから》の害《やぶれ》なり」との天皇の言葉から、軍議を行った十二月初旬が農閑期であるにもかかわらず軍事行動を起こせないという、天皇軍の苦悩と言い訳を読み取ることができよう。天皇軍の情報もわずかな自軍の偵察のみに拠っていたのであろう。

景行天皇の筑紫（九州）巡幸は「熊襲反《そむ》きて朝貢《みつきたてまつ》らず」を理由に開始されたが、投馬国《とうま》が発展した「日向国」と「熊襲」との紛争状態の情報があって実施されたのではないかと考えられ（第二部三章(3)「景行天皇の筑紫巡幸」で詳述）、天皇軍は日向国の協力を期待していたであろう。しかし、天皇軍に対する日向国からの特段の支援の様子は見当たらない。それればかりか天皇軍は熊襲を平定したという実績を得てようやく日向国子湯県《こゆのあがた》へ足を踏み入れることができたのである。豊後国までは浸透しつつあった大和朝廷の威光が、日向国までは未だ及んでいなかったのであろうし、日向国が投馬国の発展した国であったが故に、大和朝廷と大倭国との狭間にあって日《ひ》和見《よりみ》があったのかもしれない。

熊襲の本拠地

宮崎市の国道一〇号線から分かれて宮崎県日南市・串間市・鹿児島県志布志市・鹿屋市・垂水市を経由し、鹿児島県霧島市で再び国道一〇号線に接続する国道二二〇号線は、青島や堀切峠など風光明媚な日南海岸を南下し大隅半島を半周する、地域で最も重要な観光幹線道路である。

この国道二二〇号線の鹿屋市街を北に迂回するバイパス新設工事に伴って発見されたのが、鹿屋市中心部から北東へ三㎞程の笠野原台地西端に位置する「王子遺跡」である。この遺跡からは、棟持柱付掘立柱住居六基・掘立柱住居八基・竪穴《たてあな》式住居二十七基など四十基を超える住居址や甕形土器や壺形土器を中心とする数多くの土器、多数の石器類、鉄製品などが出土し、南九州では最大規模の弥生時代中期の大集落遺跡であることが確認されたのである。発掘調査区域は、南北五〇m、東西二五〇m程であるが、分布調査では遺跡は大きく南北に広がりを持っていることが分かっており、同じ国道二二〇号線バイパス工事で発掘調査が行われた榎崎B遺跡・西丸尾遺跡(鹿屋市郷之原《ごうのはら》)からも住居址を始め籾痕付き土器片・水晶製細石刃・多数の石器や土器が出土している。

熊襲の渠帥者《いさを》は、厚鹿文・迮鹿文であり、熊襲梟帥《たける》の二人の娘は、市乾鹿文・市鹿文である。『書紀』景行二十七年十二月条には、日本武尊が討った熊襲の魁帥・取石鹿文《とろしかや》も見える。いずれも「鹿文」を「かや」と読ませており、鹿児島県鹿屋市を中心にする地域に熊襲の大きな集団があったことを推測させる。「王子遺跡」として現在に伝わる大集落を形成し維持した熊襲の集団が「鹿文《かや》」一族であった可能姓は高いと思う。

特に注目すべきは、王子遺跡からもたらされた多数の出土品や住居址を検証した結果、この大集落の寿命は、なぜか半世紀程度の短いものであったらしいのだ。大災害の痕跡が認められない以上、人的社会的滅亡を考えざるを得ない。景行天皇軍による熊襲殲滅《せんめつ》作戦の結果であったとも考えられるであろう。

▼熊襲・隼人の地下式墓

鹿児島県阿久根市から黒の瀬戸大橋を渡ると同県長島町である。長島はもと肥後国に属しており、薩摩国とは文化的な様相に違いが見られる。これを古墳の形態から見ると、長島の西海岸には二百基を超える古墳があり、中でも指江《さすえ》古墳群は一四一基の栗石積みの竪穴式石室を持つ群集墳として顕著である。近くには横

上：夏草に覆われた新深田地下式板石積石室墓（球磨郡あさぎり町新深田）
下：西都原地下式横穴墓（西都市・西都原古墳群）

穴石室を持つ蔵之元の鬼塚・白金崎古墳もあり、明神古墳群・温《ぬく》ノ浦古墳群などもある。いずれも古墳後期のもので、長島は畿内式高塚古墳による群集墳の南限地域とされている。

　これに対して、黒の瀬戸大橋を渡って四㎞の阿久根市の脇本には、横穴式石室を持つ畿内式高塚古墳と南九州独自の墓形式で熊襲・隼人の墳墓とされる地下式《ちかしき》板石積石室墓《いたいしづみせきしつぼ》が並存する脇本古墳群があり、さらに東に一四㎞の出水市文化町には地下式板石積石室墓の溝下古墳群がある。

　また、川内《せんだい》川流域で見ると、薩摩川内市新田《にった》神社の可愛《えの》山陵は畿内式高塚古墳であるが、川内川中流の湯《ゆ》田原《たばる》（さつま町鶴田）には畿内式高塚古墳と地下式板石積石室墓とが融合した湯田原古墳があり、川内川上流の曾木《そぎ》の滝近くの大住《うずん》古墳群（大口市大住）や川内川支流域にある下別府の別府原《びゅうばる》古墳群（さつま町薩摩）は地下式板石積石室墓群である。

　さらに地下式板石積石室墓は、熊本県芦北・人吉地域においても畿内式高塚古墳と共に見られ、新深田墳墓群（あさぎり町深田村）や宮浦神社境内墳墓（芦北町田浦宮浦）などが確認されている。

なお、大隅地域や宮崎県南西部地域における熊襲や隼人の墳墓は、大隅半島の塚崎古墳群（肝付町高山《こうやま》。混合墓）や宮崎県の霧島岑《みね》神社（小林市夷守《ひなもり》）の東二原《ひがしにわら》地下式横穴墓群を始めとして西都原古墳群（西都市西都原。混合墓）・牧之原古墳群（都城市高城。混合墓）・野尻古墳群（西諸県郡野尻町。混合墓）・須木古墳群（小林市須木村）・小木原《こぎばる》古墳群（えびの市上江《うわえ》）・真幸《まさき》古墳群（同市島内）などに見られるように地下式横穴墓が顕著である。

このように、鹿児島県西部から熊本県南部球磨地域に地下式板石積石室墓が、大隅地域や宮崎県諸県《もろかた》地域に地下式横穴墓が見受けられる。これらの独特な形式の墓は、熊襲・隼人など特殊な文化圏を形成した人々が営んだものであろうと考えられている。

これに対して、大和朝廷との関わりを示す指標となる高塚式古墳は、九州東海岸を南下して横瀬古墳や唐仁《とうじん》・塚崎などの古墳群が志布志湾沿岸地域を南限に営まれているものの他地域には広がっていないし、九州西海岸を南下した高塚古墳も川内地域を南限にしてそれ以南には伝わっていない（例外として薩摩半島に二例の高塚古墳がある）。南九州の鹿児島湾（錦江湾）地域に大和朝廷の権威が及ぶのは、朝鮮半島に向いていた大和朝廷の政治的関心が唐・新羅の連合軍によって完全に破綻させられた白村江《はくすきのえ》の大敗（六六三年）以降であったと思われる。

(2) 日向国の英雄伝説

襲国平定

景行天皇は、景行十三（三一六）年夏五月に熊襲の首魁《しゆかい》・熊襲梟帥《くまそたける》を滅ぼし、襲国をひとまず平定する。襲国は、現在の姶良《あいら》郡・霧島市・曽於市を中心にする鹿児島県全域及び宮崎県南西部の諸県《もろかた》郡・えびの市・小林市・

都城市、南部の那珂郡・日南市・串間市にかけての地域であろうが、景行天皇が十三年までに平定したとする襲国はその一部で、鹿屋市を中心とする大隅半島の域内であったと考えられる。天皇軍は、さらに高屋宮に留まりながら足掛け六年という長い歳月を費やして各地（主に大隅国や日向国諸県郡・那珂郡・宮崎郡など）に蕃居する熊襲を徐々に制圧したのであろう。

十三年の夏五月《さつき》に、悉《ふつく》に襲国《そのくに》を平《む》けつ。因《よ》りて高屋宮《たかやのみや》に居《ま》しますこと、已《すで》に六年《むとせ》なり。是に、其の国に佳人《かほよきをみな》有り。御刀媛《みはかしひめ》と曰《い》ふ。御刀、此をば弥波迦志《みはかし》と云ふ。則ち召して妃《みめ》としたまふ。豊国別《とよくにわけの》皇子《みこ》を生めり。是、日向国《ひむかのくにのみやつこ》造の始祖《はじめのおや》なり。

（『書紀』景行十三年夏五月）

天皇は、高屋宮で御刀媛《みはかしひめ》という地元の女性を妃として迎え、豊国別皇子《とよくにわけのみこ》を儲けている。天皇には、八十名の皇子・皇女があったとされ、名前が記録されているだけでも七名の妃から二十三名の皇子・皇女を儲けている。襲国と関係のある皇子と妃をここでもう一度見ておこう。

・日向襲津彦皇子《ひむかのそつびこのみこ》　日向髪長大田根《ひむかのかみながおおたね》の一子。阿牟君《あむのきみ》の始祖（奄智君の祖）
・国乳別皇子《くにちわけのみこ》　襲武媛《そのたけひめ》の一子。水沼別《みぬまのわけ》の始祖（伊予宇和別の祖）
・国背別皇子《くにそわけのみこ》　襲武媛の二子（水間君の祖）
・豊戸別皇子《とよとわけのみこ》　襲武媛の三子。火国別《ひのくにのわけ》の始祖（三島水間君・奄智首・壮子首・粟首・筑紫火別の祖）
・豊国別皇子《とよくにわけのみこ》　御刀媛《みはかしひめ》の一子。日向国《ひむかのくにのみやつこ》造の始祖（喜備別・日向諸県君の祖）

（　）は『旧事紀』天皇本紀の所伝によるもの

『書紀』景行紀は、元年に垂仁天皇の皇位を継承したこと、二年に播磨稲日大郎姫《はりまのいなびのおおいらつめ》を皇后に立てたこと、及び皇后との間に生まれた大碓尊《おおうすのみこと》・小碓尊《おうすのみこと》について記している。また、四年に八坂入媛《やさかのいりひめ》を妃として七男六女を儲けたことを記し、これに続いてその他の妃及びそれらの妃から生まれた皇子・皇女について記している。しかし、御刀媛と豊国別皇子のことは、一連の妃と皇子・皇女の紹介記事には挙げられず、熊襲征伐の記事の中で始めて記されているのである。これは、御刀媛が熊襲討伐の遠征途次に召された現地妃であり、都（大和）の後宮に入ることがなかったからであろうと考えられる。襲国に関係する景行天皇妃のうち日向髪長大田根《ひむかのかみながおおたね》と襲武媛《そのたけひめ》は、天皇が筑紫（九州）巡幸を成し遂げた後、都へ召された妃であろう。

邇々芸命は景行天皇？

本章冒頭で景行天皇を邇々芸命（瓊々杵尊）に比定する考えについて触れた。この点は第二部三章(3)「景行天皇の筑紫巡幸」で詳述するが、ここでも景行天皇と日向神話の関係について若干述べておこう。

宮崎県には延岡市・高鍋町・西都市・宮崎市を始め各地に畿内式高塚古墳群が多く見られ、築造年代が比較的古いものから新しいものまで長期にわたっている。しかも宮崎県から鹿児島県にかけて「日向三代」を始めとする多くの伝説が語り継がれ、その遺跡や関連神社が厳然として存在している。九州で最も辺境の地であったはずの「日向」がなぜこのように天孫族の故郷となり、わが国皇室の発祥の地とされたのであろうか。その理由は、次の三点であると考える。

① 朝鮮半島から渡来し苦難を乗り越えて北部九州に新天地を開発したものの、大乱や大飢饉が起因してその地を離れ、流浪しながら日向の地に第二の新天地を切り開かざるを得なかった「投馬《とうま》国」の境遇が、自らの生き様を将来に伝える原動力として大きく働いたと思われる。先祖が経験した第一の苦難の伝承（朝鮮半島からの渡来及び北部九州における建国＝筑紫神話）を第二の苦難の経験（日向における新天地の開発）に重ねながら、日向神話が形作られたのであろう。

② 日向国で新天地を切り開く努力を重ねていた旧投馬国の人々は、四世紀になって景行天皇の筑紫（九州）巡幸に遭遇し、それまでの倭国（邪馬台国を含む北部九州の政治権力）を中心とする関わりから大和朝廷（畿内に発生した新しい政治権力）を中心とする関わりへと軸足を移し、その結果が日向国を更に大きく展開させたという経緯を神話として語り、文字に遺す努力が払われたと思われる。この過程で景行天皇が邇々芸命（瓊々杵尊）に、その皇子・豊国別皇子が穂々手見命（彦火々出見尊）にそれぞれ擬えられたのであろう。

③『記紀』編纂に当たり、早くから大和朝廷の傘下にあった日向国の神話が、歴史の短い大和朝廷の神話を脚色するために大幅に採用され、景行天皇の皇子である豊国別皇子が応神天皇を奉じた神功皇后の東進に参加した伝承も、神武天皇の東征神話として一部織り込まれたと考えられる。これに対して、北部九州において滅亡王朝となった筑紫王朝の神話は省みられることなく葬り去られたであろう。なお、『記紀』に見える筑紫神話は、日向神話を通して取り込まれたものと考える。

このように、日向国（旧投馬国）は景行天皇の筑紫（九州）巡幸を契機に大和朝廷の傘下に入り発展したのであり、その切っ掛けをもたらした英雄が景行天皇と同皇子である豊国別皇子であって、神話の世界では邇々芸命と穂々手見命にそれぞれ仮託されたのである。そして、神功東進（神話では神武東征）に参加し、立磐神社が鎮座する美々津の地から船出した豊国別皇子の事績が神武天皇の伝説の一部として伝えられたのであろう。

木花之佐久夜毘売は御刀媛？

豊国別皇子は、『古事記』では日向之美波迦斯毘売《ひむかのみはかしひめ》を母とし、『旧事紀』天皇本紀に喜備別《きびのわけ》の祖また日向諸県《ひむかのもろかた》の君の祖とある。『書紀』では豊国別皇子を日向国造の始祖としており、『旧事紀』国造本紀の「軽島豊明《かるしまのとよあきら》朝（応神天皇）御世、豊国別皇子三世孫老男《おゆを》、定賜国造」に対応するものであろう。

さて、前段で景行天皇は天孫降臨神話の邇々芸命《ににぎのみこと》に仮託して伝えられたのであろうと述べた。景行天皇が邇々芸命であれば、日向国造の始祖として地元で活躍した豊国別皇子が邇々芸命の後継者である穂々手見命《ほほでみのみこと》に対応する。それであれば、豊国別皇子の生母である日向之美波迦斯毘売（御刀媛《みはかしひめ》）が穂々手見命の生母である木花之佐《このはなのさ》久夜毘売《くやびめ》（木花開耶姫《このはなさくやひめ》）に対応するという論理が成立しよう。御刀媛の名について岩波文庫『日本書紀』の注（景行十二年）は「刀は、佩《は》くもの。ハクの敬語ハカシがそのまま名詞となったものが、ミハカシ」とし、小学館『日本古典文学全集／古事記』の注は「ミハカシ（御佩）は御刀の意」とするのみである。御刀媛《みはかしひめ》の「御」と「媛」を除けば、御刀媛の御名の本体は「刀《かたな》」である。女性の名前がなぜ「刀」なのか。女ながらにいつも佩刀《はいとう》していたとでも言うのだろうか。

木花之佐久夜毘売は、『書紀』神代第九段本文に「名を鹿葦津姫《かしつひめ》と曰《い》ふ。亦の名は神吾田津姫《かむあたつひめ》。亦の名は木花《このはな》之開耶姫《のさくやひめ》」とあり、同段第二の一書では「名は神吾田鹿葦津姫《かむあたかしつひめ》、亦の名は木花開耶姫《このはなさくやひめ》」と自ら名乗っている。また、同段第六の一書に「木花開耶姫《このはなさくやひめ》と号《い》ふ。亦の号《な》は豊吾田津姫《とよあたつひめ》」とあり、『古事記』では「名は神阿多都比売《かむあたつひめ》、亦の名は木花之佐久夜毘売《このはなのさくやびめ》と謂《い》ふ」としている。

一般的に華やかさと儚《はか》なさを象徴する桜に擬《なぞら》え、木花之開耶姫と呼ばれる人物は、「カシ」「アタ」を本来の名前とし、「カシ姫」「アタ姫」と呼ばれていたのであり、「アタ」姫は地名由来であるので個人名としては「カシ」姫であったろう。そして、場合によって尊称としての「神」や美称としての「豊」が冠せられたのである。「神」は「ミワ」であり、大神《おおみわ》神社や後述する神大野宿禰《みわおおののすくね》のそれである。名前や冠の組み合わせにより、木花之佐久夜毘売は「神鹿葦姫《みわかしひめ》」とも呼ばれたであろう。御刀媛の名前である「御佩媛（ミハカシヒメ）」は、木花之開耶姫の名前「神鹿葦姫（ミワカシヒメ）」に由来し、同一人物を指していると考えることができよう。木花之佐久夜毘売を祀る都萬《つま》神社（西都市妻）には、宝徳二（一四五〇）年の献上銘がある全長三・五七mの日本一長い太刀が収蔵されている。木花之佐久夜毘売が御刀媛であると考えた人物が奉納したのかもしれない。

ここに至って、一つの疑問も解けたようだ。豊国別皇子が豊国（豊前国・豊後国）の国造の始祖ではなく、なぜ日向国の国造の始祖なのか。日向国の国造の始祖であれば「日向別皇子《ひむかわけのみこ》」とでも名付ければよいではないか。

その理由は、豊国別皇子の「豊」は豊国の「豊」ではなく、母親から受け継いだ豊かさを示す一般的な冠称としての「豊」であったのだ。結果として、やはり御刀媛《みはかしひめ》は木花之佐久夜毘売《このはなのさくやびめ》であったと考えられるのである。なお、『旧事記』天皇本紀に豊国別皇子を日向諸県君《ひむかのもろかたのきみ》の祖とすることについては本章(4)「夷守と諸県君泉媛」で取り上げることとしたい。

▼日向神話の起源

『古事記』や『書紀』が語る邇々芸命《ににぎのみこと》（『古事記』の表記、『書紀』は瓊々杵尊）、穂々出見命《ほほでみのみこと》（火々出見尊）、鵜草葺不合命《うがやふきあえずのみこと》（鸕鷀草葺不合尊）の天孫三代の物語を一般に「日向神話」と言う。天孫邇々芸命が高千穂の峰に天降《あまくだ》りして後、神武天皇に至るまでの神々の物語が日向を舞台に展開するために名付けられた名称である。しかし、これは『記紀』神話の構成上の名称であり、必ずしも実際に日向地方の文化的背景をもとに成立した神話とは限らない。それでは日向神話の起源はどこからもたらされたのであろうか。北部九州地域の倭国を構成する国々など、紀元前後の時代に玄界灘沿岸各地に張り付いた人々が形成し伝えた物語を、二世紀の終盤に投馬国《とうま》の人々が南九州地域に持ち込み、新天地の物語として新しい要素を取り込みながら再構成したものであろう。次の三点において、その起源を探ってみよう。

竺紫の日向の橘の阿波岐原

天孫降臨に先立つ三貴神誕生の地から検討しよう。『古事記』に従えば、伊耶那岐命《いざなぎのみこと》と伊耶那美命《いざなみのみこと》の二神は、神世の最後に生成される。二神は天《あめ》の浮橋に立って天沼矛《あめのぬぼこ》で海を掻きなして得た淤能碁呂島《おのごろじま》に降り、天《あめ》の御柱を巡って成婚して淡道之穂之狭別島《あわじのほのさわけのしま》（淡路島）・伊予之二名島《いよのふたなのしま》（四国）・隠伎之三子島《おきのみつこのしま》（隠岐島）・筑紫島（九州）・伊岐島（壱岐島）・津島（対馬島）・佐度島（佐渡島）・大倭豊秋津島《おおやまととよあきつしま》（本州）・吉備児島（同）・小豆島《あづきしま》（同）・大島（同）・女島《ひめしま》（姫島）・知訶島《ちかのしま》（五島列島）・両児島《ふたこのしま》（沖ノ島）などの国々を生み、三十五柱の様々な神々を生成するが、伊耶那美命は火之迦具土神《ほのかぐつちのかみ》を生んで神避《かみさ》るのである。伊耶那岐命は伊耶那美命を追い求めて黄泉《よみ》の国へ行き、禁忌を犯して覗き見ると伊耶那美命の身体は蛆にたかられ八雷神が化成していた。伊耶那岐命は、禁忌を破ったことを怒った伊耶那美命の追っ手に追跡されるが黄泉比良坂《よもつひらさか》で振り切り、その穢《けが》れを祓《はら》うために禊《みそぎ》をしたのが竺紫《ちくし》の日向《ひむか》の橘《たちばな》の阿波岐原《あわぎはら》であった。

伊耶那岐命が禊をした筑紫の日向の橘の阿波岐原はどこなのか。綿津見《わたつみ》三神や住吉《すみよし》三神を始めとする様々な神を生成し、最後に天照大御神《あまてらすおおみかみ》・月読命《つくよみのみこと》・建速須佐之男命《たけはやすさのおのみこと》の三貴神を生成した極めて重要な場所である。

『古事記』の竺紫の日向の橘の阿波岐原を『書紀』では、

「小戸」の地名を遺す小戸大明神宮（福岡市西区小戸）

①筑紫の日向の小戸《おど》の橘の檍原《あはぎはら》（神代第五段第六の一書）
②橘の小門《おど》（神代第五段第十の一書）

と見える。『古事記』の「国生み」の段では九州全域を示す「筑紫島」と北部九州の一定範囲（筑前国・筑後国）を示す「筑紫国」を明確に使い分けている。また、「竺紫」は「チクシ」であり、古くは「竹斯」とも表記されており、その遺称である筑紫野市や筑紫神社は現在でも「チクシノ市」「チクシ神社」と呼ばれている。このことから「竺紫」は狭

福岡西部地域の神名備・飯盛山（福岡市西区飯盛）

義の「筑紫」であり、北部九州の一定範囲を示しているのであって、九州島を示しているのではないと理解できる。

「竺紫」が北部九州地域、なかんずく最も早く文明が開けていた玄界灘沿岸から福岡平野一帯であれば、伊耶那岐命が禊《みそぎ》をした海域は自づから特定されるであろう。「小戸《おど》・小門《おど》」は海峡を意味することから一方の海岸に「小戸《おど》」の地名を残す福岡市西区小戸《おど》と同区能古島《のこのしま》とを隔てる海峡であり、「日向」は「小戸」から南に一〇kmの日向《ひなた》峠が遺称地であろう。日向峠の一km北には、この地域の神名備《かんなび》である飯盛山《いいもりやま》（三八二m）があり、麓には飯盛神社の古社が祀られている。「橘」の遺称地は福岡市東区の立花山《たちばなやま》との見解もある[1]が、やや東に過ぎるので、福岡市西区草場の柑子岳《こうじだけ》（二五五m）に比定すべきであろう[2]。柑子はミカンの一種であり橘と同義である。「阿波岐原《あはぎはら》・檍《あはぎ》原《はら》」の「檍《あはぎ》」は冬青《とうせい》（もちのき）なので「青木」と考えられ、「檍原」は「青木原」で、福岡市西区の今宿青木が遺称地である可能性が高い。つまり、「竺紫の日向の橘の阿波岐原」は、福岡市西区の今宿青木を中心として、同市西区の小戸から生の松原を経て同区草場までの地域であると結論付けられるであろう。

竺紫の日向の高千穂の久士布流多気

日向神話における天孫降臨の聖地は、鹿児島・宮崎県境の霧島と宮崎県西臼杵郡という二カ所の「高千穂」である。この検討は第二部三章(3)「景行天皇の筑紫巡幸」で論じているので参照いただくとして、天孫降臨の聖地の起源はどこにあるのであろうか。

『古事記』に従えば、天照大御神と高御産日神《たかみむすびのかみ》の孫（正勝吾勝勝速日天之忍穂耳命《まさかつあかつかつはやひあめのおしほみみのみこと》と万幡豊秋津師比売《よろづはたとよあきつしひめ》の子）として「天孫降臨」の大役を担い、「日向三代」の始祖となった天津日高日子番能邇々芸能命《あまつひこひこほのににぎのみこと》（『書紀』では天津彦彦火瓊々杵尊《あまつひこひこほのににぎのみこと》）は、竺紫《ちくし》の日向《ひむか》の高千穂《たかちほ》の久士布流多気《くしふるたけ》に降臨している。『書紀』では、

①日向の襲《そ》の高千穂の峯……槵日《くしひ》の二上《ふたがみ》の……（神代九段本文）
②筑紫の日向の高千穂の槵触《くしふる》之峯（第一の一書）
③日向の槵日の高千穂の峯（第二の一書）
④日向の襲の高千穂の槵日の二上峯（第四の一書）
⑤日向の襲の高千穂の添山《そほりのやま》の峯（第六の一書）

と見える。舞台は『古事記』と『書紀』の②から「筑紫」であり、殊に『古事記』の「竺紫《ちくし》」から狭義の筑紫であり、北部九州を指しているのである。場所はすべてが「日向の高千穂」であるから前原市から福岡市西区へ抜ける日向《ひなた》峠付近に連なる山々（高千穂）であろう。「久士布流多気・槵触之峰」は朝鮮伽耶《かや》国の始祖・首露王《しゅろおう》が亀旨峯《くしほう》に降下した伝承との関連性も指摘されるが、元来「神秘な山」の意であり、地域の神奈備《かんなび》である飯盛山《いいもりやま》（三八二ｍ）であろうと考えられる。「二上」は一般的には双峰の独立峰であろうが、飯盛山と飯盛山の西方一㎞にある高祖山系最高峰（峰名は不詳。四一九ｍ）を指したものか、日向《ひなた》峠の南北それぞれ一㎞にある飯盛山と王丸山（四五三ｍ）を指したものか、飯盛山とその北方二㎞に聳える叶岳（三四一ｍ）を指したものかいずれかであろう。

また、⑤の「添山」は飯盛山に代えて地域の最高峰・脊振山《せふりさん》（一〇五五ｍ）を天孫降臨の地としたのであ

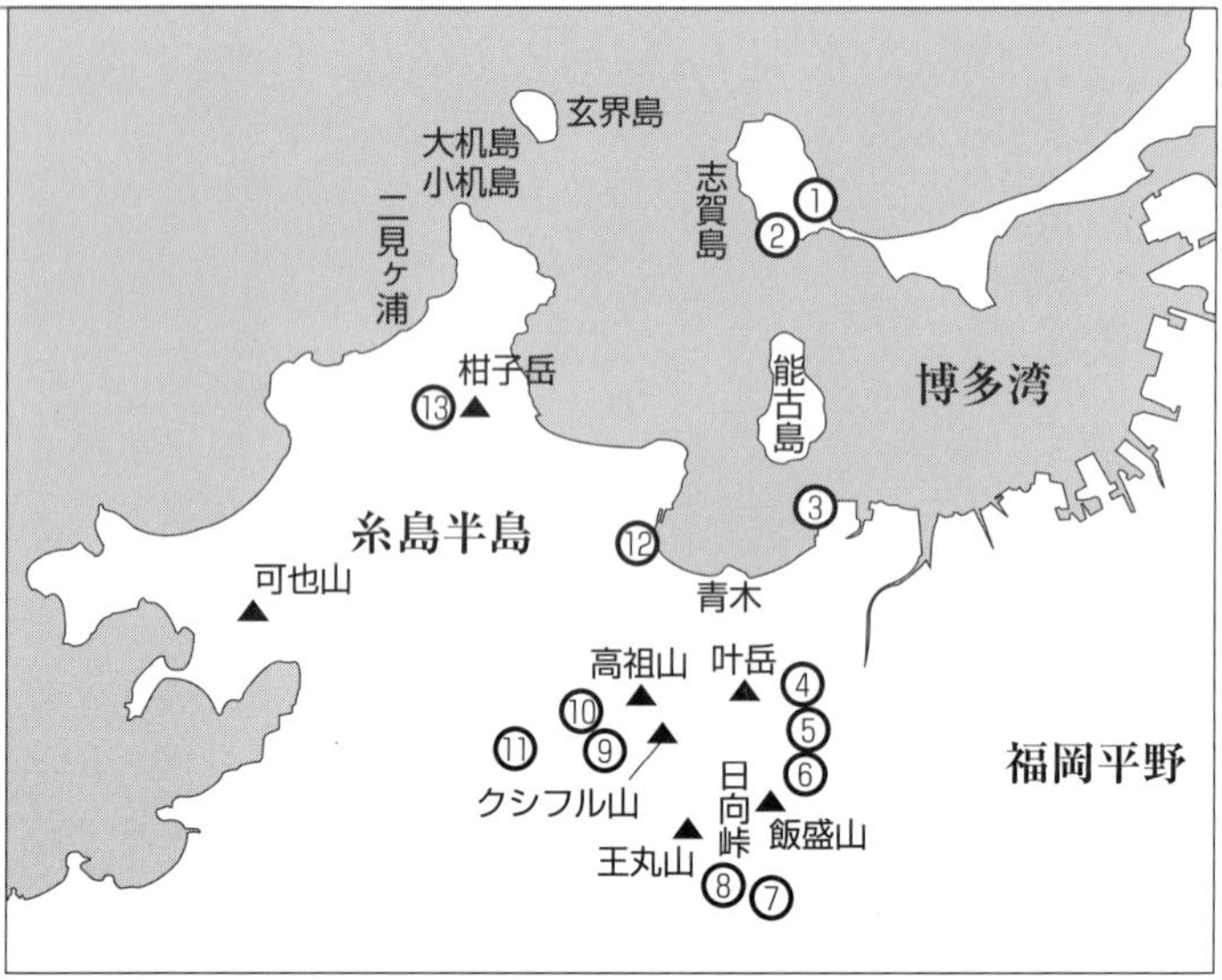

①志賀海神社／②金印公園／③小戸公園／④野方遺跡／⑤吉武遺跡／⑥飯盛神社／⑦飯場峠／⑧糸島峠／⑨三雲南小路遺跡／⑩井原鑓溝遺跡／⑪平原遺跡／⑫今山遺跡／⑬白木神社

り、「襲《そ》」は「熊襲《くまそ》」の「襲」であり、日向神話の形成過程で挿入されたのであろう。結局、「竺紫の日向の高千穂の久士布流多気」も「竺紫の日向の橘の阿波岐原」と同様に福岡市西部から前原市にかけての地域に求められるのである。

なお、前原市高祖《たかす》の椚《くぬぎ》集落の後背山地は古くから「クシフル山」と呼ばれており、慶長の中頃（一六〇五年頃）に福岡藩主・黒田長政が重臣・手塚水雪をして「ひなた山」を開墾させた際、新集落名を「クシフル」が訛って「クヌギ」と命名したという。[3]高祖《たかす》山・飯盛《いいもり》山・叶《かのう》岳と尾根の繋がる一連の山塊が「高千穂の峰」であり、その高所が「クシフルタケ」であったとも考えられる。さらに、前原市にあって平原遺跡の発掘を主導した原田大六は、高祖山（四一六m）から連なる南東の峯（椚集落の後背山地）がクシフル山と呼ばれていることから、高祖山とクシフル山とは二上山を形成しているとし、高祖（タカス）は高千穂が音便変化したものであるとしている。[4]

韓国に向ひ、笠紗の御前に真来通りて、朝日の直刺す国、夕日の日照る国

『古事記』の天孫降臨神話の終わりに、邇々芸命（瓊々杵尊）は『此地《ここ》は韓国《からくに》に向ひ、笠紗《かささ》の御前《みさき》に真来《まき》通《とほ》りて、朝日《あさひ》の直刺《たださ》す国、夕日《ゆうひ》の日照《ほて》る国なり。故《かれ》、此地《ここ》は甚吉《いとよ》き地《ところ》』と詔《の》りたまひて、底《そこ》つ石根《いはね》に宮柱《みやばしら》ふとしり、高天原《たかまがはら》に氷椽《ひぎ》たかしりて坐《ま》しき」とある。この地は邇々芸命が永住を決めて国づくりに邁進した地である。はたしてどこだろうか。

糸島半島・二見が浦の夕日（糸島郡志摩町桜井）

この地は「笠紗《かさ》の御前《みさき》」を真っ直ぐ通って韓国に向かっているという。福岡県庁の十一階、北側展望室から博多湾を見ると『古事記』に記載された情景がはっきり見えてくる。志賀島と能古島、玄界島と糸島半島東部、大机島《おおつくえしま》と小机島《こつくえしま》が全く左右対称に並び、その中の海路があたかも神の道であるかのように整然と真っ直ぐ韓国に向かって伸びており、大机島と小机島は神を迎える鳥居のようにさえ見える。さらにその真っ直ぐな延長線は壱岐の北辺を通り、対馬の最南端・神崎《こうざき》を通って韓国へと向かっており、福岡県庁の南の延長線上には三郡山地最高峰の三郡山（九三六ｍ）が控えているのである。

壱岐の北部には芦辺《あしべ》の瀬戸浦や勝本《かつもと》の勝本浦などの避難港があり、対馬の南端でも久和浦・内院浦・豆酘《つつ》浦など多くの避難港に恵まれている。対馬の南端には神山《かみやま》（二三〇ｍ）が聳えて航路標識となり、神崎を右舷に見ながら韓国へ向かうのであり、「笠紗」は対馬の「神崎」が日向神話として形成される過程で地元の「笠紗」へと転化したのではなかろうか。そして邇々芸命と神阿多都比売《かむあたつひめ》（木花之佐久夜毘売《このはなのさくやひめ》）が遭遇した「笠紗の御《み》前《さき》（岬）」もその延長線上で日向神話に加えられたものであると考えられよう。

「朝日の直刺《たださ》す国」とは「日の出」に重点を置いた表現であり、伊都国の平原《ひらばる》遺跡が想起される。平原一号墓の西に一対の柱穴が二組、東に一つの巨大な柱穴が発見されており、西の柱から東の柱を通して日向《ひなた》峠の方向（南は飯場峠〔糸島峠の近く〕から、北は高祖山のはずれまで）に日の出を拝することによって季節の節目が分かり、農作業に必要な年中行事の時期が得られるという。(5) また「夕日の日照《ほてる》国」とはまさに糸島半島に相応しい。福岡県糸島郡志摩町の二見ケ浦は、三重県伊勢市の「朝日の二見ケ浦」に対し「夕日の二見ケ浦」として名高く、双方には全く同様に天然の夫婦岩《めおといわ》すらあるのである。この「朝日が直刺す国、夕日の日照る国」も福岡県西部の糸島地域を指し示しており、「此地《ここ》は甚吉《いとよ》き地《ところ》」とはまさに「伊都国」であることが判然とするのである。

（1）河村哲夫『九州を制覇した大王』海鳥社、平成十八年
（2）柑子《こうじ》岳の麓に白木《しらき》神社が鎮座する。神社の祭神は筑紫神社（筑紫野市）と同じ五十《い》猛命《たけるのみこと》である。五十猛命は素《す》戔嗚尊《さのおのみこと》の子で、新羅国から降到《あまくだ》りした神とされる（『書紀』神代八段一書四）。
（3）由比章祐『怡土志摩地理全誌1　怡土篇』糸島新聞社、平成元年
（4）（5）原田大六『実在した神話（新装版）』学生社、平成十年

(3)　日向の発祥地・子湯県

景行天皇は、景行十三（三一六）年夏五月に襲国を制圧するが、これは熊襲の厚鹿文《あつかや》・迮鹿文《さかや》を中心とする勢力が支配していた大隅国肝属《きもつき》郡であり、少し広く捉えても大隅国贈於《そお》郡の範囲までと考えられ、天皇軍は引き続き高屋宮を中心にしながら大隅国及び日向国を版図にする行動を続けていたと思われる。そして、景行十七（三

二〇）年になって日向国南西部の諸県郡、南部の那珂郡、中東部の宮崎郡及び子湯《こゆ》郡一帯がほぼ支配下に入ったことから、天皇の子湯郡への行幸になったと考えられる。

丹裳小野

天皇一行が遊んだとされる子湯県《こゆのあがた》の丹裳小野《にものおの》がどこであるのか定かではない。『日本古典文学全集／上代歌謡』の脚注では、「西都市三宅か」としている。丹裳小野《にものおの》は、朝日が衣裳《いしょう》に当たると茜《あかね》色に輝く風光明媚な特別な場所であろうと想像できるが、西都市三宅では感動的な光景が必ずしも目に浮かばない。やはり丹裳小野は、日向灘を見晴かす場所であろうと思われる。日向市美々津《みみつ》辺りではないだろうか。東方の茫々とした日向灘からの日の出は、大きな自然に擁《いだ》かれた素晴らしい生命の蘇《よみがえ》りを感得させるもので、古今を問わず人々に大きな感動を与えずにはおかないであろう。「日向」の国号は、景行天皇の「是《こ》の国は直《なほ》く日の出づる方《かた》に向《む》けり」と感嘆した言葉から生じたというのである。日向の国号の由来については、『書紀』と類似の記事が『日向国風土記』にも見えている。

十七年の春三月《やよい》の戊戌《つちのえいぬ》の朔《ついたち》己酉《つちのとのとりのひ》（十二日）に、子湯県《こゆのあがた》に幸《いでま》して、丹裳小野《にものおの》に遊びたまふ。時に東《ひむがしのかた》を望《みそなは》して、左右《もとこひと》に謂《かた》りて曰《のたま》はく、「是《こ》の国は直《なほ》く日の出づる方《かた》に向けり」とのたまふ。故《かれ》、其《そ》の国を号《なづ》けて日向《ひむか》と曰《い》ふ。

（『書紀』景行十七年春三月）

纏向日代《まきむくのひしろ》の宮に御宇《あめのしたをさめたま》ひし大足彦《おおたらしひこ》の天皇《すめらみこと》（景行天皇）の世《みよ》、児湯《こゆ》の郡《こほり》に幸《いでま》したまひ、丹裳《にも》の小野《おの》に遊びたまひき。左右《さう》に謂《かた》りて曰《の》りたまはく「この国の地形《くにがた》は直《ただ》に扶桑《ひのもと》に向けり。宜《よろし》なへ日向《ひむか》と号《なつ》くべし」とのりたまふ。

（『釈日本紀』所引『日向国風土記』逸文）

丹裳小野の比定地に鎮座する立磐神社（日向市美々津）

大隅国肝属郡内之浦の高屋宮から子湯県（児湯郡）へは、陸路を採れば諸県《もろかた》郡か宮崎・那珂《なか》の各郡を経由しなければならないが、天皇一行は、これらの地域を通過したという痕跡を見せることなく直接子湯県へと至っている（各地に景行天皇の伝承が点在するが、足掛け六年にわたり高屋宮から転戦した戦跡との関連であろう）。このことは、天皇の一行が児湯郡へ御幸するに当たり、海路を採ったことを推測させる。そして、高屋宮を出航した天皇一行は、やや北に位置するものの、児湯郡では唯一の良港である最北端の耳川《みみかわ》河口に錨《いかり》を下ろしたのであろうと思われる。現在の日向市美々津《みみつ》である。

美々津は、かつて筑紫から高千穂にやってきた投馬《とうま》国が、高千穂から西都市方面へ拠点を移動する際に、一定期間留まったであろうと推測できる地域でもある。『魏志倭人伝』が伝える邪馬台国の終盤時代（三世紀前半）にあっては、投馬国は案外耳川河口の美々津辺りを中心に展開していたのかも知れない。投馬国は、魏の帯方郡から水行二十日[3]（福岡平野に存在した邪馬台国が帯方郡から水行十日陸行一月の距離であり、水行十日の距離は帯方郡から末盧国までである。帯方郡から末盧国の距離はおよそ末盧国から美々津までの距離に匹敵する）で到着でき、陸路は使わず水行（船舶）だけで行ける場所にあり、長官を彌彌《みみ》、副官を彌彌那利《みみなり》と言ったという。『魏志倭人伝』に見える投馬国の状況は、伊都国からの方向や帯方郡からの距離の一致、船舶を係留する良港の存在、長官や副官名に含まれる「彌彌《みみ》」が耳川《みみかわ》や美々津《みみつ》に通じることなど、多くの指標が美々津周辺を指しているのである。

日向市美々津の耳川河口に架かる美々津大橋の下に立磐《たていわ》神社が鎮座している。この地区は神武天皇東征の折のお船出の地として広く知られているが、立磐神社は、神武天皇が航海の安全を祈願して住吉の三柱の神々を奉祀し景行天皇の時代に創建されたとされる。景行天皇の時代には未だ無名であった住吉神を神武天皇が奉祀し、景行天皇が神社を創建したとする話は、そのままでは理解し難い。第二部三・四章で述べるように、住吉三神は仲哀天皇と神功皇后の筑紫下向に平行して頭角を現した神であることから、立磐神社は景行天皇の由緒の地に神武天皇に擬えられる豊国別皇子が創建したのであろう。立磐神社の境内にはいくつもの大きな磐石があり、景行天皇が上ったといわれる「野中の大石《おおかしわ》」はまさにこの磐石ではなかったかと思われる。

国を慕ふ歌

景行天皇は、丹裳小野に到着したその日に「野中の大石」に上って都を偲ぶ歌を歌っている。

是《こ》の日（景行十七年三月十二日）に、野中《のなか》の大石《おほかしは》に陟《のぼ》りまして、京都《みやこ》を憶《しの》びたまひて、歌《みうたよみ》して曰《のたま》はく、
　愛《は》しきよし　我家《わぎへ》の方《かた》ゆ　雲居《くもゐ》立《た》ち来《く》も
　倭《やまと》は　国《くに》のまほらま　畳《たた》づく　青垣《あをかき》　山籠《やまこも》れる　倭《やまと》し麗《うるは》し
　命《いのち》の　全《まそ》けむ人は　畳薦《たたみこも》　平群《へぐり》の山の　白橿《しらかし》が枝《え》を　髻華《うず》に挿《さ》せ　此《こ》の子
是《これ》を思邦歌《くにしのびうた》と謂《い》ふ。
（『書紀』景行十七年春三月）

早朝に見た旭日昇天の感動が思邦歌《くにしのびうた》に感情移入しているようである。歌の部分を現代訳すれば次のようになろう。

なんと嬉しいことか。懐かしい我が家の方（東）から雲がこちらに流れてくる。大和は素晴らしいところだ。青々とした山々に囲まれた大和はほんとに美しい。

元気な若者たちよ。平群の山の樫の小枝を髪に挿して健やかであってほしい。

この歌は、東国遠征から帰る途中の倭建命《やまとたけるのみこと》が能煩野《のぼの》（三重県鈴鹿山麓か）において歌った『古事記』景行天皇段のものと、歌の順序は異なるもののほとんど同じである。倭建命の歌が臨終の場面で歌われたのに対し、景行天皇の歌は、新しい征服地に始めて御幸した場面で歌われている。『書紀』補注（巻第七）によれば、平安朝の頃から「偲ぶ」（しのぶ。上二段活用。懐かしむ）や「忍ぶ」（しのぶ。上二段活用。人目をさける）の両面で使われるように変化した「慕ふ」（しのふ。四段活用。深く思う）という言葉が奈良朝の頃まであり、「慕《しの》ふ」には「思慕」と「賞賛」の二つの意味があったことが原因であろうとし、「国を慕《しの》ふ歌」は本来国褒《くにほ》めの歌であったものが景行天皇の国偲びの歌となり、さらに倭建命の国を思慕する歌へと変化していったとされる。

其れ（三重村）より幸行《い》でまして、能煩野《のぼの》に到りましし時、国思《くにしの》はして歌《うた》曰ひたまはく、
　倭《やまと》は　国のまほろば　たたなづく　青垣《あをかき》　山隠《やまごも》れる　倭し美《うるは》し
とうたひたまひき。又歌曰ひたまはく、
　命《いのち》の　全《また》けむ人は　畳薦《たたみこも》　平群《へぐり》の山の　熊白檮《くまかし》が葉を　髻華《うず》に挿《さ》せ　その子
とうたひたまひき。この歌は国思歌《くにしのひうた》なり。又歌曰ひたまはく、
　愛《は》しけやし　吾家《わぎへ》の方《かた》よ　雲居《くもゐ》立ち来《く》も
とうたひたまひき。此は片歌《かたうた》なり。此の時、御病《みやまひ》甚急《にはか》になりぬ。
（『古事記』景行天皇段）

この倭建命の歌を現代訳すれば次のようになろうか。

大和国はほんとうに素晴らしい国だ。重なり合い青々とした山が廻らす大和は美しい（もう一度帰りたい）。

命が無事である人たちよ。平群《へぐり》の山の樫の葉で作った（生命力を甦らす）簪《かんざし》を挿《さ》して健やかであってほしい。ああ、懐かしい。我が家の方角から雲が湧き上がっているではないか。

児湯県への第一歩を美々津において果たした景行天皇一行は、軍勢を整えながら児湯郡の中心地として栄える西都市妻地域へ向かったに違いない。西都原古墳群の八十一号墳は三世紀中頃の築造とされる可能性が高まっており、景行天皇と同時代に有力な権力者がすでに存在していたことを物語っているのである。児湯県の人々は、永らく敵対関係にあった熊襲を平定した景行天皇一行を感謝と畏怖の気持ちを込めながら歓迎したことであろう。後に日向国として発展する児湯県は、この時点から大和朝廷への傾斜を急速に進めることとなり、景行天皇も自らの皇子・豊国別皇子を日向国に残したのである。

▼西都原古墳群の不思議

西都市はかつて日向国の国府が置かれていた地域で、特別史跡公園「西都原《さいとばる》古墳群（風土記の丘公園）」が特に有名である。一ツ瀬川南岸（右岸）に広がる標高六〇mから七〇mの洪積台地上に展開する西都原古墳群は、国指定の古墳だけでも三一〇基を擁する。古墳は三世紀中頃（八一号墳）から七世紀前半代（二〇六号墳・鬼の窟）のものまであり、前方後円墳（三十二基）・方墳（一基）・円墳（二七七基）である。その他に南九州特有の地下式横穴墳（十基）・横穴墳（十二基）までも営まれており、まさに古墳の総合展覧会場である。

古墳の分布は、東側縁辺部に柄鏡式前方後円墳十七基（一・一三・三五・五六・七二・八一・八三・八八・九〇・九一・九二・九五・九九・一〇〇・一〇九・二〇二・二六五号墳）のほか中小の多数の円墳が二km

広々と展開する西都原古墳群（西都市西都原。宮崎県立西都原考古博物館提供）

にわたって連なっており、真ん中の中央広場に対面して男狭穂《おさほ》塚（全長二一九mの柄鏡式前方後円墳。二重周濠。五世紀前半代）・女狭穂《めさほ》塚（全長一七七mの前方後円墳。盾形周濠。同）の巨大古墳が一〇・五haの樹林内に威容を誇り、この陪塚とされる一六九・一七〇号の円墳、一七一号の方墳が後方に控えている。恰《あたか》も従者を従えた男狭穂塚・女狭穂塚の王者夫妻（父娘との説もある）が中央広場を囲む墳墓群の臣下たちと大会議または大宴会を開催している構図に見えるのである。

男狭穂塚・女狭穂塚は九州第一位の規模で、それぞれ瓊々芸命《ににぎのみこと》（瓊々杵尊）・木花之佐久夜毘売《このはなのさくやひめ》（木花開耶姫）の御陵墓と伝えられる。しかし瓊々芸命を景行天皇とすれば、天皇の陵墓は大和の山辺道《やまのべのみちの》上《うえ》陵（奈良県天理市渋谷町の渋谷向山古墳）であり、四世紀前半代に崩御したと考えられる景行天皇の陵墓としては男狭穂塚の築造年代が合致しない。そこで被葬者は日向国造の始祖・豊国別皇子《とよくにわけのみこ》である可能性が高いと思われるが、豊国別皇子の活躍が四世紀後半代であるので、築造年代からも合理的な説明ができよう。

西都原最後の王墓・鬼の窟古墳

日高正晴は、西都原の地名は「斎殿原《さいとのはる》」からきており「祭祀を行なう神殿のある原」の意味で、真ん中の古墳の殆んどない空間には男狭穂塚の陪塚一六九号墳から発掘された子持家形埴輪のような祭場用の建物があったのではないかとしている[1]。

また中央部に独立して営まれる二〇六号墳は鬼《おに》の窟《いわや》古墳とも言われ、直径三五m、高さ六・八mの円墳で、西都原古墳群最終盤の七世紀前半の築造である。西都原古墳群中唯一の畿内系横穴式石室を有し、高さ二mの土塁を回し周濠も認められるなど、西都原古墳群の中では規格から外れた特異な古墳である。西都原古墳群を営んだ社会の秩序を乱し、西都原古墳群の終焉を招いた王者の墳墓であろうか。

公園北西部に「宮崎県立西都原考古博物館」が開設され、隣接する歴史学習複合施設「古代生活体験館」とともに、展示・研究・体験学習の場として多くの見学者の利便に供されている。

なお、宮崎県内には約五千基の古墳があるとされ、うち約一五〇〇基が西都原を中心に分布しており、その主な古墳群は以下のとおりである。

西都原に続く一ツ瀬川周辺には、上流から千畑《ちばたけ》古墳（国史跡）・茶臼原古墳群（国史跡・五十五基）・祇園原古墳群（一五四基）・山ノ坊《やまのぼう》古墳群（四十一基）・新田原《にうたばる》古墳群（国史跡・二〇七基）・塚原古墳群（六基）などがあり、これより北の小丸《おまる》川周辺にも、上流から木城《きじょう》古墳群（七十基）・川南《かわみなみ》古墳群（国史跡・五十五基）・持田古墳群（国史跡・八十七基）などがあり、両河川の中間に富田古墳群（四十基）がある。一ツ瀬川と小丸川の下流周辺はまさに古墳銀座で、築造時期は四世紀代から六世紀代であるとされている。

（1）梅原猛『天皇家の〝ふるさと〟日向をゆく』（新潮文庫、平成十七年）所収

国府・郡衙の西都市

西都市の中心街である妻町《つま》一帯は、江戸時代の国学者本居宣長が『魏志倭人伝』に見える「投馬国」として想定した地域としても広く知られており[4]、北部九州の「筑紫」から日向国高千穂に至った「投馬国」がさらに南下発展した姿として「日向国」の中心地である西都市妻町周辺があったと考えられる。西都市の妻町の北方・桜川沿いには、『神名帳』の日向四座（都萬《つま》神社・都農《つの》神社・江田《えだ》神社・霧島神社）の一つで、木花佐久夜毘売（木花開耶姫）を祭神とする都萬神社が鎮座する。この都萬神社の前面に鳥居前町として広がるのが西都市の中心街である。

西都市は奈良・平安時代に日向国の行政の中心となる日向国府が置かれたところである。国府の所在については、総社（邇々芸命を祭神とする三宅神社）があり、印鑰《いんにやく》神社（官衙の印鑑や倉庫の鍵を管理する役所から発生した神社）や国分寺跡が存在する西都原台地南部の三宅地域を本命としながら、市街地東南の右松《みぎまつ》地域や都萬神社から稚児ケ池《ちごがいけ》にかけての法元《ほうが》・寺崎地域の説などがある。

宮崎県では昭和六十三（一九八八）年以来日向国府跡の確認調査を実施しており、掘立柱建物・古瓦・木簡・須恵器・土師器などの出土状況に加えて近年正殿遺構が発見されたことから法元・寺崎地域が国府所在地として脚光を浴びることとなった。また、西都市には児湯郡衙《こゆぐんが》も置かれており、その所在は「児湯郡印」の出土環境から稚児ケ池南の酒元《さかもと》地区と推定されている。法元・寺崎地域の国府遺構は、三宅地域南端に鎮座する印鑰《いんにやく》神社

と二km以上も離れていることから、この遺構は近接する酒元地区と一帯となった郡衙遺構であるとも考えられ、国府が西都市三宅地域に展開した可能性を否定するものではない。

もう一つの高屋宮

景行天皇を邇々芸命と想定する場合、穂々手見命は景行天皇の皇子・豊国別皇子となる。このため、穂々手見命の陵墓とされる高屋山上陵《たかやさんじょうりょう》は日向国に残った豊国別皇子の陵であるとすべきであろう。このように考えると、

木花佐久夜毘売を祀る都萬神社（西都市妻）

高屋山上陵の所在は豊国別皇子が本拠地とし、後に日向国府が置かれた子湯郡（宮崎県西都市）の地が最も相応しいと思われる。邇々芸命に擬せられる景行天皇は大和に還御し、陵は「山辺道上陵《やまのべのみちのうえのみささぎ》」である渋谷《しぶたに》向山《むこうやま》古墳が存在することから、日高正晴の説に従い[5]、西都原古墳群で最大の規模を誇る男狭穂塚（九州第一位・全国二十四位の規模で邇々芸命の陵墓と伝えられる）を高屋山上陵に充てるのが至当であろう。

つまり、景行天皇の高屋宮と穂々出見命の高屋山上陵とは切り離して論じられるべきで、景行天皇の高屋宮は当初大隅国肝属郡（内之浦）に置かれ、南九州滞在の最後の一年間は日向国子湯郡（西都市）に置かれたと考えられる。鹿児島県肝属郡肝付町内之浦の行宮は先に述べたとおりであるが、西都市における景行天皇の行宮は、どこに置かれたのであろうか。

まず、邇々芸命の関連遺跡や伝承の遺る妻地区が考えられよう。妻地区には、邇々芸命を祭る三宅神社、命《みこと》の妻となった木花之佐久夜毘売を主祭神とする都萬神社、木花之佐久夜毘売の父親である大山祇神《おおやまずみのかみ》を祭

る石貫《いしぬき》神社などがあり、邇々芸命と木花之佐久夜毘売の夫婦に関する伝承地も多い。邇々芸命の船がついた「御船塚《みふねづか》」・二神が見初めあった「逢初川《あいそめがわ》」・新婚の住居となった「八尋殿《やひろどの》」・木花之佐久夜毘売が産屋にした「無戸室《うつむろ》」・三皇子（火照命《ほでりのみこと》・火須勢理命《ほすせりのみこと》・火遠理命《ほをりのみこと》＝穂々手見命）の産湯として使った「児《こ》湯《ゆ》の池」などである。

　しかし、他にも西都市妻地区から南に約七㎞程の同市都於郡《とのこおり》地区に有力な候補地が存在する。同地区高屋の「伝説高屋山上陵」の碑が立つ都於郡城跡も一つの候補地と思われるが、同地区岩爪黒貫《いわづめくろぬき》の古刹・黒貫寺境内の高台にある「景行天皇の高屋宮跡旧跡」が第一の候補地であると考えられる。県道三二五号線（福王寺－佐土原線）を隔てた東二〇〇ｍに高屋神社が鎮座しているからである。三宅神社や都萬神社などは、妻地区が日向国の中心地区と位置づけられるに従って創建されたものであり、様々な伝承も日向神話を構成する過程で後世に整えられたものであろう。

上：景行天皇陵・渋谷向山古墳（天理市渋谷町）
下：黒貫寺境内の高屋行宮跡（西都市岩爪）

(4) 夷守と諸県君泉媛

景行十二（三一五）年十一月に大隅国の高屋宮（内之浦）に入って六年目、日向国の高屋宮（子湯県）に入って丁度一年を経過した景行十八年春三月に、天皇一行は遂に都に帰還する巡幸を開始することとなる。この六年間で、熊襲が蟠踞した地域は薩摩半島地域（後の薩摩国）を除いて悉《ことごと》く天皇の版図に入ったものと思われる。

十八年の春三月《やよい》に、天皇《すめらみこと》、京《みやこ》に向《いでま》さむとして、筑紫国《つくしのくに》を巡狩《めぐりみそなは》す。始めて夷守《ひなもり》に到《いた》る。是《こ》の時に、石瀬河《いはせのかは》の辺《ほとり》に、人衆《ひとども》聚集《つど》へり。是《ここ》に、天皇遥《はるか》に望《おせ》りて、左右《もとこひと》に詔《みことのり》して曰《のたま》はく、「其《か》の集《つど》へるは何人《た》ぞ。若《けだ》し賊《あた》か」とのたまふ。乃《すなは》ち兄夷守《えひなもり》・弟夷守《おとひなもり》、二人を遣して覩《み》せたまふ。乃《すなは》ち弟夷守、還《かえ》り来《まうき》て諮《まう》して曰《まう》さく、「諸県《もろかたの》君泉媛《きみいずみひめ》、大御食《おほみあへ》を献《たてまつ》らむとするに依《よ》りて、其《そ》の族《やから》会《つど》へり」とまうす。（『書紀』景行十八年春三月）

天皇の日向国内の帰還巡幸経路は、行宮の置かれた西都市から日向街道（県道二四号線、高鍋―高岡線）を南下し、大淀川との出会いから国道二六八号線に沿って大淀川を西行し、大淀川の支流岩瀬《いわせ》川に沿って遡ったと考えられ、小林市の辺りで諸県君泉媛《もろかたのきみいずみひめ》の供応を受けている。天皇の一行は細心の注意を払いつつ進んだようで、到着を待つ泉媛の集団に対しても「其《か》の集《つど》へるは何人《た》ぞ。若《けだ》し賊《あた》か」と兄夷守《えひなもり》・弟夷守《おとひなもり》を先遣させて調査させる程である。

国道二二一号線を、小林市役所などが立地する中心市街地から分かれ、南方へ県道一〇四号線（霧島公園―小林線）を「ひなもり台県民ふれあいの森」方面に四㎞ほど進んだ付近が小林市の細野《ほその》地域夷守《ひなもり》地区である。小林市は古くには「夷守《ひなもり》」と呼ばれており、『延喜式』による古代駅制の夷守駅が置かれていたことからも古くから交通の要衝であったことが分かる。夷守の語源は、熊襲鎮撫のための衛府（軍団）が置かれていたことからとも

霧島六社権現の一社・狭野神社（西諸県郡高原町蒲牟田）

云われている。夷守地区には、霧島六社権現（霧島神宮・鹿児島県霧島市、霧島東《ひがし》神社・宮崎県西諸県郡高原町、狭野《さの》神社・同町、東《つま》霧島神社・都城市、霧島岑《みね》神社・小林市、夷守《ひなもり》神社・同上神社に合祀）の一社で、夷守神社と合祀されているものの、中央権現社と云われて六社中最も格の高い霧島岑《みね》神社が鎮座している。

夷守地区から二kmほど小林市街の方向に引き返した細野水落《みずおち》地区に専寿寺という浄土真宗の寺院があるが、この辺りが宝光院承和寺の跡で、専寿寺の庭の隅に景行天皇御腰掛石が大切に保存されている。宝光院承和寺は、承和十四（八四七）年、天台僧・円仁《えんにん》（天台座主《てんだいざす》慈覚大師《じかくだいし》）が唐から帰朝する折に霧島山麓のこの地を訪ね、ここが景行天皇の行在所であったことを聞き知って開いた寺で、明治の廃仏毀釈《はいぶつきしゃく》まではこの地方最大の名刹であったという。

この細野地区から南に一〇kmほどのところに霧島六社権現の一社である狭野《さの》神社が鎮座する。樹齢四百年にも達する杉並木の長大な参道を有する同社は神武天皇を祭神としており、裏参道に出て西に一kmほどの場所に神武天皇の生誕地と伝えられる皇子原《おうじばる》神社がある。この周辺には、皇子・血捨ノ木《ちしやのき》（天皇誕生の折、胎盤などを捨てたところ）・宮之宇都《みやのうと》（宮殿があったところ）などの字《あざ》があり、皇子峡・皇子滝・皇子原などの地名も残っている。神武天皇の父である鵜草葺不合命《うがやふきあえずのみこと》がこの地に宮を置き、日向国の最も西のこの地で崩じたという地元の伝承は、『書紀』の神代第十一段本文「西洲《にしのくに》の宮に崩《かむあが》りましぬ」からも裏付けられ、神武天皇がこの地で誕生したという伝承もある種の事実を反映したものであろうと思われる。

それはどのような事実であろうか。神武天皇は、後代の天皇などの事績を反映して『記紀』編纂時に創出され

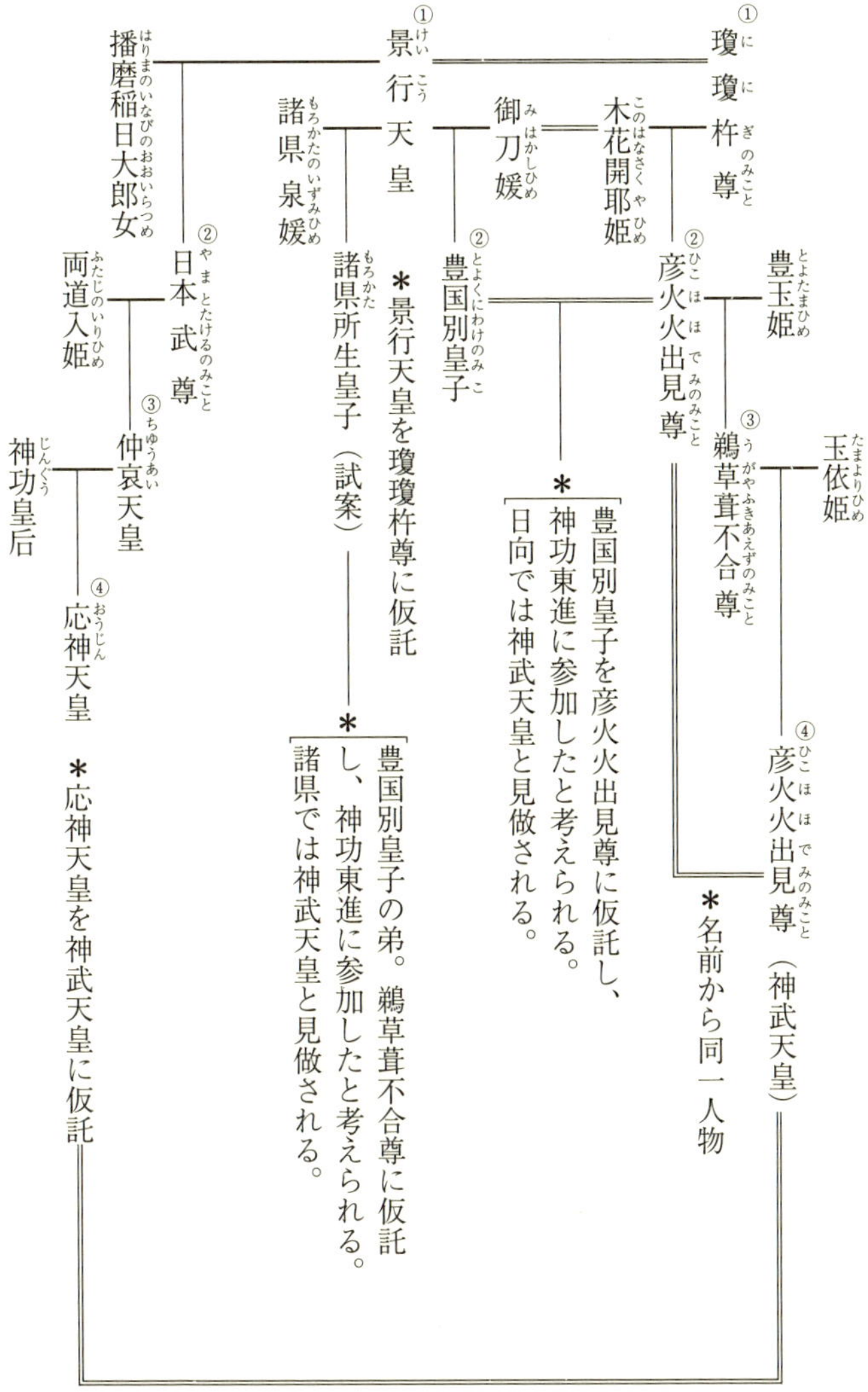

日向三代の系譜の一試案

泉媛の物語を伝える水神明王社（小林市出の山）

た英雄であると考えられ、『書紀』の「彦火々出見《ひこほほでみ》」という名を介して天孫瓊々杵尊（邇々芸命）の子である彦火々出見尊（日子穂々手見命）と重なり、彦火々出見尊は景行天皇の皇子である豊国別皇子《とよくにわけのみこ》と重なる（第二部三章(3)「景行天皇の筑紫巡幸」で詳述）のであるが、この場合においては、景行天皇がこの諸県《もろかた》の地で豊国別皇子とは異なる一子を儲けたことを想定したい。この諸県所生の皇子が鸕草葺不合命《うがやふきあへずのみこと》（『記紀』では穂々手見命の「子」とされるが実は「弟」に当たるのではないか）で、神功皇后の東進にあたって穂々手見命である日向国造の始祖・豊国別皇子と共に出征し、その功績が地元・諸県《もろかた》地域で英雄として長く伝えられたのではなかろうか。『旧事記』天皇本紀の所伝に豊国別皇子を諸県君の祖とするのも、「穂々手見命＝豊国別皇子→神功皇后の東進に参加＝神武天皇の東征を主導→神武天皇」の図式と「鸕草葺不合尊＝諸県所生の皇子→神功皇后の東進に参加＝神武天皇の東征を主導→神武天皇」の図式が混同したことによるものであり、諸県君の祖は豊国別皇子ではなく、諸県所生の景行天皇の皇子であったと考えられる。そしてこの皇子が神功皇后の東進に参加するために船出したのが錦江湾の奥深く霧島市福山町に鎮座する式内社宮浦《みやのうら》神社（祭神は神武天皇で、神武天皇の東征船出の地としての伝承がある）の地であり、この皇子が祀られた神社が鹿児島神宮であり、同皇子の墳墓こそ霧島市溝辺町の高屋山上陵《たかやさんじょうりょう》ではないのか。

景行天皇は、一カ月程度この夷守に留まっており、岩瀬川の辺りで天皇一行をもてなすために一族を率いて待っていた地域の豪族・諸県君泉媛《もろかたのきみいずみひめ》との切ない愛の物語が地元に伝えられている。「泉姫は、夷守から西に二km程の『出《いで》の山《やま》』に居館を構える豪族・諸県君の姫君で、姫が『出《いで》の山《やま》湧水』から汲んできた水で立てたお茶に天皇は疲れを癒され、いつしか天皇と姫とは愛で結ばれるようになった。やがて京へ旅立つ天皇に恋こがれた姫は、池に身を投げて池の守り神である蛇に化身した」というものである。諸県所生の皇子は景行天皇と泉姫との愛の結晶であったろう。

泉媛は現在でも「出の山池」のほとりに「水神明王」として小さな祠《ほこら》に祀られている。「出の山」に湧き出る水量は毎秒約一tにも達し、昭和六十（一九八五）年には環境庁から全国名水百選にも選ばれている。

（1）日高正晴の見解（梅原猛『天皇家の〝ふるさと〟日向をゆく』〔新潮文庫、平成十七年〕所収）。なお、河村哲夫は、景行天皇は古代の官道の原型となった道路に沿って軍を進めたであろうとし、「直入（竹田市直入町）―三重（豊後大野市三重町）―小野（佐伯市宇目小野市）―榎峠（県道三九号小野市―重岡線）―長井（東臼杵郡北川町長井）―川辺（延岡市西階町）」のルートであったと推測する（河村哲夫『九州を制覇した大王』海鳥社、平成十八年）。特に「景行天皇が榎峠を通るとき、梅の大木をみて、この地を『梅の里』と称した」ことが宇目村の由来とする地元の伝承には注目したい。あるいは、景行天皇の別動隊が通過した伝承ではないかとも考えられる。

（2）宮崎県及び鹿児島県には、幾つかの高屋宮伝承地がある。宮崎市村角町《むらすみ》（高屋神社）、西都市都於郡《とのこおり》（伝説高屋山上陵碑）、同市黒貫《くろぬき》（黒貫寺境内。近くに高屋神社）、鹿児島県肝付町《きもつき》内之浦（天子山。近くに高屋神社）などが代表的であろう。本書は当初大隅国の内之浦に留まった景行天皇が、後に日向国の西都市黒貫に遷ったと考える。河村哲夫は「宮崎市村角町橘尊の高屋神社を第一候補とすべき」としている（前掲書）。

（3）『魏志倭人伝』は、帯方郡（ソウル付近）から邪馬台国までの路程距離を、二種類の方法で表記している。一つは具体的な距離を「里」で記し、一つは「水行・陸行」の日程で表している。

距離は、

帯方郡→狗邪韓国　七千余里（水行）

狗邪韓国→対馬国　千余里（水行）　対馬国　方四百余里（陸行八百里）

対馬国→一大国　　千余里（水行）　　一大国　方三百里（陸行六百里）
一大国→末盧国　千余里（水行）
末盧国→伊都国　五百里（陸行）
伊都国→奴国　　百里
奴国→不彌国　　百里（陸行）

の合計一万七百余里であり、同段の最後に「郡（帯方郡）→女王国（邪馬台国）一万二千余里」とある。そこで、「不彌国→邪馬台国　一三〇〇里」と計算される。

一方日程は、

?→投馬国　水行二十日
?→邪馬台国　水行十日　陸行一月

とされ、路程の順路が不彌国→投馬国→邪馬台国となっているので、それぞれの区間が水行二十日、水行十日・陸行一月であれば、不彌国→邪馬台国間は水行三十日・陸行一月＝一三〇〇里となる。

このように二種類の路程距離が『魏志倭人伝』に記されていることから、いわゆる「邪馬台国論争」が長年にわたって続けられる原因になっており、邪馬台国の所在をあるいは畿内大和に比定し、あるいは九州の各地（福岡地域・甘木地域・山門地域・糸島地域・行橋地域・宇佐地域など）に比定してきたのである。

しかし、不彌国（あるいは伊都国）から邪馬台国までの路程日程を「水行三十日・陸行一月」とした場合、『延喜式』の「主計上」に規定される運脚日程に、大宰府→京（平安京）が海路で三十日、陸路で二十七日（下り十四日）とされていることを参考にすると、邪馬台国の所在地は畿内大和説の場合でも関東地方を超える地域となり、九州説の場合は遙か南方の八重山諸島を超える地域となるのである。しかも、この距離が一三〇〇里であり、一大国（壱岐島）－末盧国（唐津市松浦河口付近）－伊都国（前原市付近）の一五〇〇里にも満たないのである。二つの邪馬台国説が生じる所以である。

そこで考えられるのが、『魏志倭人伝』の記述方法である。『魏志倭人伝』は帯方郡から邪馬台国への路程を距離と日程の二種類の方法で記したのであって、距離では一万二千里、日程では水行十日・陸行一月であると再掲したのである。距離の一万二千里は、帯方郡から伊都国までの一万五百里に対馬国内の八百里（古田武彦の「島めぐり」読法）、一大国内の六〇〇里（同）、伊都国から不彌国までの百里を加えた距離であり、伊都国から奴国、並びに不彌国から投馬国へは行動を示す動詞がないことから実際には経由しておらず（古田の「道行き」読法）、また不彌国と邪馬台国とは近接していることから特に距離を示していない（古田の「最終行程〇」の論理）のである。

また、狗邪韓国－対馬国－一大国－末盧国は、それぞれ目視で行ける距離であることから、一日行程であったろう。この一日行程が千里であるから、帯方郡から末盧国までの水行距離一万里が帯方郡から邪馬台国までの水行十日分に対応し、残余の二千里が陸行となる。二千里は魏の短里（古田）で計算すると一五〇kmから一八〇kmであり、一月の陸行距離として短距離にすぎる感があるものの、道路は「禽鹿の径」（対馬国）や「草木茂盛」（末盧国）の状況であり、郡使の一向は処々で休息・滞在し、また風待ち・潮待ちも余儀なくされたであろうことを考慮すれば、必ずしも理解できない不当な行程でもないであろう。

そこで投馬国であるが、『魏志倭人伝』は邪馬台国への路程を日程で再掲したのと同じく、帯方郡から投馬国までの路程を「水行二十日」としたのである。帯方郡から末盧国までの水行日程が十日なので、末盧国から投馬国までが水行十日の日程となる。唐津市から玄界灘、響灘、周防灘、豊後水道を経て宮崎県日向市までの距離は、釜山から対馬島までの対馬海峡西水道、対馬島から壱岐島までの対馬海峡東水道、壱岐島から唐津市松浦河口までの壱岐水道（それぞれ千里で一日行程）の距離の十倍程度であることから、帯方郡から投馬国までの路程日程は「水行二十日」となり、宮崎県日向市付近が投馬国の所在地となる。

（4）邪馬台国を構成する一国として『魏志倭人伝』に見える「投馬国」を、西都地域の古名である「都萬《つま》」に充てる学者は、本居宣長のほか菅政友・榎一雄・牧健二など多くを数える。

（5）梅原猛『天皇家の〝ふるさと〟日向をゆく』（新潮文庫、平成十七年）所収

六、装飾古墳と肥の国々

肥後国は、現在の熊本県にほぼ重なる地域である。中央部は白川・緑川が形成した熊本平野、北部は菊池川が織り成す菊池・山鹿・玉名の地域、南部は球磨《くま》川による人吉盆地と八代平野、東は阿蘇の大カルデラ盆地とそれぞれ肥沃な穀倉地帯が連なり、天草の島々は豊かな海の幸に恵まれている。広大な筑紫平野を擁する肥前国とともに「肥」の国名も肥沃で豊かな大地に起因するものであろう。

しかし、『書紀』景行紀及び『肥前国風土記』総記に見える国名の由来はそれとは異なるものである。『書紀』及び『肥前国風土記』の一説は本章(2)「肥国は火国」で述べるように八代海に現れる不知火《しらぬい》から「火国」と名付けられたとし、また、『肥前国風土記』総記の他の一説は彗星か流星の「火」、あるいは阿蘇山の噴火による「火」に遭遇したことを国名の起源としている。

なお、筑紫・火(肥)・豊の各国は七世紀半ばに筑紫国に統合されたが、肥後国が筑紫国から独立したのは遅くとも持統天皇十(六九六)年以前とされる。(1)

昔者《むかし》、磯城《しき》の瑞籬《みづがき》の宮に御宇《あめのしたしろ》しめしし御間城《みまき》の天皇《すめらみこと》(崇神《すじん》天皇)のみ世に、肥後の国益城《ましき》の郡朝来名《こほりあさくな》の峰に、土蜘蛛《つちぐも》打猴《うちさる》・頸猴《くびさる》二人あり、徒衆《かち》一百八十《ひとももやそ》余りの人を帥《ひき》ゐて皇命《おほみこと》を拒捍《こば》み、肯《あ》へて降服《まつろ》はず。朝廷《みかど》、勅《みことのり》して肥君《ひのきみ》等の祖健緒組《おやたけをくみ》を遣《や》りて伐《う》ちたまふ。茲に、健緒組、勅を奉《うけたまは》りて悉《ことごと》に誅《つみな》ひ滅《ほろぼ》しき。兼《また》、国裏《くぬち》を巡《めぐ》りて消息《あるかたち》を観《み》察しに、八代《やつしろ》の郡《こほり》の白髪山《しらかみやま》に到《いた》りて日晩《ひく》れて止宿《やど》る。その夜、虚空《おほぞら》に火《ひ》あり、自然《おのづから》に燎《も》え、稍々《やくやく》に降下《くだ》りて、この山に就《ちかづ》きて燎《も》えし時に、健緒組《たけをくみ》、見て驚き恠《あや》しむ。朝廷《みかど》に参り上りて奏言《まを》しけらく、

「臣《やつこ》、辱《かたじけな》くも聖命《おもみこと》を被《かがふ》りて、遠く西の戎《ひな》を誅《つみな》ふに、刀刃《たち》を霑《ぬ》らさずて梟鏡《たけるども》自《おの》づから滅《き》えぬ。威霊《みいつ》にあらざるよりは、何《なに》そ然《しか》あること得《え》むや」とまをす。また、燎火《ひ》の状《さま》を挙《あ》げて奏《まを》し聞《きこ》ゆ。天皇勅《の》曰りたまひしく、「奏《まを》せる事、曾聞《き》けることなし。火の下《くだ》りし国は、火《ひ》の国《くに》と謂《い》ふべし」と勅《の》りたまふ。すなはち、健緒組《たけをくみ》の勲《いさを》を挙《あ》げて、姓名《かばね》を賜《たま》ひて火の君の健緒紕《たけをくみ》と曰《い》ひ、すなはちこの国を治め遣《し》めたまふ。因《よ》りて火の国と曰《い》ふ。後《のち》、両《ふた》つの国に分けて前《まへ》と後《しりへ》とに為《な》せり。

（『肥前国風土記』総記）

崇神《すじん》天皇の時代、天皇が派遣した火（肥）君の祖である健緒組《たけおくみ》が熊本県上益城郡益城《ましき》町と同郡御船町の町境にある朝来《あさく》山（四六五m）に拠る打猴《うちざる》・頸猴《くびざる》という二人の土蜘蛛を誅滅して火（肥）国を治める基礎を築いたのであるが、その時、巡視中に止宿した八代郡白髪山《しらかみ》(2)において彗星か流星であろう天体現象、或いは阿蘇山の噴火による「火」に遭遇し、それを聞いた天皇によって「火の国」と命名されたという国名起源説話である。

(1)　山深い球磨地方

『古事記』は、神代記の大八島国の生成の箇所に「次に筑紫島を生みき。此の島も亦身一つにして面《おも》四つ有り。面毎に名有り」として、筑紫国（白日別《しらひわけ》）・豊国（豊日別《とよひわけ》）・肥国（建日向日豊久士比泥別《たけひむかひとよくじひねわけ》）・熊曾国（建日別《たけひわけ》）を挙げている。これにより、熊曾（熊襲）は九州南部の日向・大隅・薩摩地方（宮崎県・鹿児島県）と見ることができる。一方、律令時代の行政区画に「熊」にあたる肥後国球磨《くま》郡と「襲」にあたる大隅国贈於《そお》郡があり、『風土記』に頻出する「球磨贈唹」の用例から、奈良時代の人々は熊襲の地域を日向・大隅・薩摩各国に肥後国南部まで含めて理解していたと思われる。しかし「球磨」は、熊襲を構成する政治勢力の一翼を担うものの「熊と襲」「球磨と贈唹」と併記され熊襲を二分するような勢力を有していた訳ではなく、地域も勢力も極めて限定的であったと考えられる。

熊県と熊津彦

『書紀』に見える熊県《くまのあがた》は、『和名抄』に肥後国球磨郡《くまのこほり》とあり、現在の熊本県球磨郡および人吉市の東部・あさぎり町免田《めんだ》の国道二一九号線上下乙《かみしもおと》バス停の東には三基の円墳を持つ四塚《よつづか》古墳があり、さらにその東一帯が三世紀頃の弥生時代後期を代表する免田式土器が出土した遺跡地帯である。免田式土器の「Ⅱ式壺型」といわれるものは、「く」の字型の胴に長めの首部で、平行線と同心半円の文様に特徴があり気品に満ちている。出土範囲はおおむね熊襲が勢力を持っていた圏域内である。

さらに上下乙バス停より東の五本松バス停から北に入ったところに才園《さいぞん》古墳群二号墳がある。昭和十三（一九三八）年に発掘された横穴式石室からは、刀剣・馬具・玉類などのほか三十二文字の銘を有し金メッキを施した中国製の画文帯神獣鏡《がもんたいしんじゆうきよう》一面が発見された。熊本市立博物館（熊本市古京町）に保管されているこの神獣鏡は、中国古代鏡研究家である浙江《せつこう》省文物考古研究所所長の王士倫《ワンシルン》によって、後漢《ごかん》後半（二世紀頃）から三国時代（三世紀中頃）に中国の会稽《かいけい》で鋳造されたものであるとされた。丁度免田式土器が作られ、熊襲の文化が最高潮にあったと考えられる弥生時代後期に、この特筆される神獣鏡は日本に持ち込まれた可能性が大きいのである。

また、あさぎり町深田《ふかだ》には、九基の地下式板石積《ちかしきいたいしづみ》石室墓を擁する新深田古墳群がある。これは板状の薄い石を、魚の鱗のように順次積み重ねて石室を形づくるもので、熊襲の分布範囲に重なる特異な墓制であると言われる。人吉市より東寄りのこの地域が、球磨地方における熊襲の一つの中心拠点であったと思われる。

ところで、熊本県球磨郡内には「天子《てんし》」と呼ばれる地名が多く残っており、景行天皇が熊襲親征時に立ち寄ったところであると伝えられる。あさぎり町の麓・石坂・塚脇・中別府・八十《やそ》別府・福留・久鹿《くか》・草津山（天子神社）、多良木町の牛島、山江村の合戦ノ峰・城内《しろうち》、人吉市の中神町古屋敷・芦原などである。天皇軍が日向国諸県郡から肥後国球磨郡に入った時の巡幸経路であったのか、熊県《くまのあがた》の熊津彦《くまつひこ》（弟熊《おとくま》）の誅伐に関する戦跡であったのか定かではないが、前者から来る地名であるとすれば、これらの関係地名の配列状況から景行天皇の一行は日向国の岩瀬川を遡り、小白髪岳《こしらが》を経てあさぎり町皆越《みなごえ》から麓の辺りに下りつき、草津山の天子神社の地に行宮を設けたのではないかと思われる。言うまでもなくわが国では、景行天皇の時代に「天子」なる語はなかったが、後世において景行天皇伝説を残す地域に「天子」という地名が付けられたと考えられよう。

夏四月《うづき》の壬戌《みづのえいぬ》の朔《ついたち》甲子《きのえねのひ》（三日）に、熊県《くまのあがた》に到《いた》りたまふ。其の処に熊津彦《くまつひこ》といふ者、兄弟《はらから》二人有り。天皇《すめらみこと》、先づ兄熊《えくま》を徴《め》さしむ。則《すなは》ち使に従ひて詣《まゐ》りたり。因りて弟熊《おとくま》を徴《め》す。而《しか》るに来《まうこ》ず。故《かれ》、兵《いくさ》を遣《つかは》して誅《つみな》ふ。
（『書紀』景行十八年夏四月）

景行天皇は熊津彦と呼ばれる兄熊《えくま》・弟熊《おとくま》の兄弟を配下に組み込もうと兄熊を徴し、続いて弟熊を徴すが弟熊は従わない。そこで天皇は弟熊を誅すのであるが、『書紀』のさらりとした記述から案外容易に討伐できたのであろう。

葦北の小嶋

熊県で熊津彦を征した天皇軍は、国道二一九号線に沿って球磨川流域を下り、球泉洞や森林館などがある少し下流の大瀬付近から県道二七号線（葦北－球磨線）に沿って葦北郡佐敷《さしき》に出たものと思われる。球磨川の支流・天月川《あまつき》を遡り、白木峠を越えるか市野瀬を経由するかして、佐敷川に沿って下るのである。県道二七号線は比較的高低差のない通行しやすい経路である。古代の佐敷には駅家が置かれていたし、佐敷は葦北郡の中心地として時代を超えて常に八代・薩摩・球磨方面への交通の要衝として栄えてきた。葦北と球磨を結ぶ県道二七号線に沿った交通路は、景行天皇の時代にあっても最も利用度の高い路線であったと考えられるのである。

なお、水俣市湯の児など、佐敷より南の地域に伝えられる景行天皇にまつわる諸伝説は、景行天皇が直接赴いた訳ではなく、景行軍の軍船廻航に係るものであろうと思われる。

景行天皇が清水を求めた葦北の小嶋（八代市水島町）

壬申《みづのえさるのひ》（十一日）に、海路《うみつぢ》より葦北《あしきた》の小嶋《こしま》に泊《とま》りて、進食《みをし》す。是の時に、山部阿弭古《やまべのあびこ》が祖小左《をひだり》を召して、冷《さむ》き水《みもひ》を進《たてまつ》らしむ。是の時に適《あた》りて嶋の中に水無し。所為知《せむすべ》らず。則《すなは》ち仰《あふ》ぎて天神地祇《あまつやしろくにつやしろ》に祈《の》みまうす。忽《たちまち》に寒泉《しみづ》崖《きし》の傍《ほとり》より湧《わ》き出づ。乃《すなは》ち酌《く》みて献《たてまつ》る。故《かれ》、其の嶋を号《なづ》けて水嶋《みづしま》と曰《い》ふ。其の泉は猶今に水嶋の崖《きし》に在《のこ》れり。

（『書紀』景行十八年夏四月）

葦北の小嶋（水嶋）は、現在の八代市水島町の干拓地地埼の「水島」という小島であろうとされている。この島には、「景行天皇が山部阿弭《やまべのあび》古《こ》の祖・小左《おひだり》という側近に冷水を求めたが無かった。そこで天神地祇に祈ることで清水を得ることができた。それで天皇によって『水嶋』と名づけられた」と云う地名伝説の石碑が建てられている。景行天皇が舟遊びをした時にちょっと上陸したとしても余りにも小さな島なので、水島の対岸にある大鼠蔵《おおそぞう》島が「葦北の小嶋」ではないかという説もある。

大鼠蔵島は、今は広大な干拓地が広がって陸続きになっているが、大鼠蔵や小鼠蔵の山を持ち、大鼠蔵や小鼠蔵の古墳群を営んできた島なのである。しかし葦北の小嶋は、『万葉集注釈』所引の『肥後国風土記』逸文に「積《つ》みて塁《もとゐ》を保《たも》てり」とあって岩（石灰岩）が積み重なっている[3]様子や、昭和三十（一九五五）年頃から出なくなってはいるものの島の東と南から清水が湧いていたことなどから、やはり「水島」が「葦北の小嶋（水嶋）」の風景に適《かな》っていると思われる。

球磨《くま》。乾《いぬゐ》のかた七里《ななさと》ばかりに海中《わたなか》に嶋あり。積《つ》みて塁《もとゐ》を保《たも》てり。名《なづ》けて水嶋《みづしま》と曰《い》ふ。嶋より寒水《しみず》出でたり。

潮《しほ》の逐高《むたのぼ》り下《くだ》れり。

（『万葉集注釈』所引『肥後国風土記』逸文）

水嶋は、万葉人によく知れ渡った場所になっていたようで、長田王《ながたのおおきみ》が筑紫に派遣されたとき、大宰少弐・石川朝臣吉美侯《きみこ》などと水嶋に渡っている。[4]

長田王《ながたのおほきみ》、筑紫に遣《つか》はされて、水島に渡る時の歌二首

聞《き》きしごと　まこと尊《たふと》く　奇《くす》しくも　神《かむ》さび居《お》るか　これの水島

（『万葉集』巻第三・二四五）

葦北《あしきた》の　野坂《のさか》の浦《うら》ゆ　舟出《ふなで》して　水島に行かむ　波立《なみた》つなゆめ

（『万葉集』巻第三・二四六）

石川大夫の和ふる歌一首　名欠けたり

沖《おき》つ波《なみ》　辺波《へなみ》立つとも　我《わ》が背子《せこ》が　み舟の泊《と》まり　波立《なみた》ためやも

右、今案《かむが》ふるに、従四位下石川宮麻呂朝臣、慶雲年中に大弐に任ず。又正五位下石川朝臣吉美侯、神亀年中に少弐に任ず。両人のいづれかこの歌を作るといふことを知らず。

（『万葉集』巻第三・二四七）

五番所の鼻に立つ万葉歌碑（葦北郡芦北町計石）

長田王の第二首に歌われた「野坂の浦」がどこなのか、地元では高い関心を集めている。長田王は、「聞きしごと」の第一首に詠まれているとおり、景行天皇の事績を畏敬の念を持って辿っているようなので、景行天皇の行動に擬えて「野坂の浦」から船出して水嶋に渡ったものと考えられる。つまり、長田王の船出の地がすなわち景行天皇の出航地となるのである。葦北郡芦北町芦北では、県道五六号線（水俣－田浦線）に沿った佐

敷港西北端の計石《はかりいし》海岸・五番所の鼻に「野坂の浦ゆ」の万葉歌碑を建てており、同町田浦《たのうら》では、田浦漁港の西の御番所鼻を回った御歌浜《おうたはま》を野坂の浦に充てているが、いずれとも決しがたい。

薩摩の瀬戸

また、『万葉集』には、前三首に続いて同じ長田王の「隼人《はやと》」を詠み込んだ歌が採用されている。長田王が興味深々の面持ちで薩摩の瀬戸にまで足を伸ばした神亀年間（七二四―七二八年）は、養老四（七二〇）年に勃発した隼人の反乱を鎮圧した養老七（七二三）年に近接する時期で、薩摩の瀬戸より南は隼人の国、近づき難い国という印象が奈良（平城京）や大宰府の官人たちに広がっていた様子が読み取れるようだ。

又、長田の王の作る歌一首
隼人《はやひと》の　薩摩《さつま》の瀬戸を　雲居《くもい》なす　遠《とほ》くも我《われ》は　今日見《けふみ》つるかも
（『万葉集』巻第三・二四八）

帥大伴卿、吉野の離宮を遙かに思ひて作る歌一首
隼人《はやひと》の　瀬戸《せと》の巌《いはほ》も　鮎走《あゆはし》る　吉野《よしの》の滝《たき》に　なほ及《し》かずけり
（『万葉集』巻第六・九六〇）

薩摩の瀬戸は、肥後国天草郡長島（現在、鹿児島県出水郡長島町）と薩摩国出水郡勢度《せと》郷（現在、鹿児島県阿久根市）との間の狭い海峡で、現在では黒之瀬戸《くろのせと》と呼ばれている。幅がわずか五〇〇m程の狭い海峡に八代海と東シナ海の潮汐が出入することから、干満時には徳島県の鳴門海峡に劣らぬほどの大渦巻きを見ることができる。この交通の難所にも黒之瀬戸大橋が完成し、長島は昭和四十九（一九七四）年を境に離島ではなくなっている。

(2) 肥国は火国

肥後国でも八代郡北部及び宇土郡より以北の地域は、球磨地方とは異なり早くから大陸文明の影響を受け、さらには大和朝廷の影響をも早くから受けた地域である。年の神遺跡（玉名市岱明町《たいめい》）や藤尾支石墓群（菊池市旭志村《きょくし》）など朝鮮半島南部との関わりを示す遺跡も多い。古墳時代には、大和朝廷との関係を示す高塚式墳墓が数多く築造され、特に「火国」との関連から宇土地域に前期古墳が多く見られる。また、菊池川中・下流域を中心に宇土半島以北に広く見られる装飾古墳は、肥後国古墳文化最大の特徴であろう。なお、装飾古墳は、筑後川中流域をもう一つの中心として筑前・肥前・豊前・豊後西部地域にも分布する。

不知火

景行天皇の一行は、葦北郡に二十日間ほど滞在した後、五月一日の夕刻北に向かって出航する。『肥前国風土記』によれば、発船地は葦北の火流《ひながれ》の浦（遺称地は八代市日奈久《ひなぐ》）とされるので、天皇一行はこれより前に葦北郡野坂の浦（芦北町計石《はかりいし》または同町田浦《たのうら》に比定される。現在、佐敷川と湯浦川が合流する計石の湾を「野坂の浦」という）から葦北の小嶋（水嶋）に渡ったのであり、さらに葦北の小嶋（水嶋）から日奈久に渡って出航までの二十日間弱を過ごしたものと思われる。葦北の小嶋（水嶋）で進食《みおし》したのが四月十一日で、ここから日奈久は指呼の間である。日奈久は古くから温泉が湧出しており、天皇一行も旅の疲れを十分に癒したであろう。そして、土地の人（国人）の薦めもあって珍しい自然現象「不知火《しらぬい》」を見るために新月を待って船出したのである。まもなく日が暮れて周りは漆黒の闇に包まれる。その中で「不知火」を目の当たりにし、その火に導かれて着いたところを「火国《ひのくに》」と名づけたのである。

　五月《さつき》の壬辰《みづのえたつ》の朔《つひたちのひ》（一日）に、葦北《あしきた》より発船《ふなだち》したまひて、火国《ひのくに》に到る。是《ここ》に、日《ひ》没《く》れぬ。夜冥《よるくら》くして岸《きし》に著《つ》かむことを知らず。遙に火《ひ》の光《ひかり》視《み》ゆ。天皇、挟杪者《かぢとり》に詔《みことのり》して曰《のたま》はく、「直《なほ》く火《ひ》の処《もと》を指《さ》せ」とのたまふ。因《よ》りて火を指《さ》して往《ゆ》く。即《すなは》ち岸に著くこと得《え》つ。天皇、其の火の光る処《もと》を問ひて曰《のたま》はく、「何《なに》と謂《い》ふ邑《むら》ぞ」とのたまふ。国人《くにひと》対《こた》へて曰《まう》さく、「是《これ》、八代県《やつしろのあがた》の豊村《とよのむら》」とまうす。亦《また》其の火を尋《と》ひたまはく、「是《これ》、誰人《た》が火ぞ」とのたまふ。然《しか》るに主《ぬし》を得ず。茲《ここ》に知りぬ、人《ひと》の火に非《あら》ずといふことを。故《かれ》、其の国を名《なづ》けて火国《ひのくに》と曰《い》ふ。

（『書紀』景行十八年五月）

　纏向《まきむく》の日代《ひしろ》の宮に御宇《あめのしたしろ》しめしし大足彦《おほたらしひこ》の天皇《すめらみこと》（景行天皇）、球磨贈於《くまそ》を誅《つみな》ひて、筑紫の国を巡《めぐ》り狩《おはしま》しし時に、葦北《あしきた》の火流《ひながれ》の浦《うら》ゆ発船《ふなたち》して、火の国に幸《いでま》しき。海を度《わた》ります間に、日《ひ》没《く》れて夜冥《よるくら》く、著《つ》く所《ところ》を知らず。忽《たちま》ちに火の光あり、遙けく行《みゆき》の前に視《み》ゆ。天皇、棹人《かぢとり》に勅曰《の》りたまひしく、「直《ただ》に火の処《ところ》を指《さ》せ」とのりたまひしかば、勅《みことのり》に応《こた》へて往《ゆ》き、果《つひ》には崖《きし》に著《つ》くこと得たり。天皇詔下《の》りたまひしく、「火の燎《も》ゆる処《ところ》は、こは何と号《なづ》くる界《くに》そ。燎《も》ゆる火は、また何と為《す》る火そ」とのりたまふ。土人《くにひと》奏《ま》言《を》ししく、「こは是《こ》れ、火の国八代《やつしろ》の郡《こほり》火の邑《むら》なり。ただ火の主《ぬし》を知らず」とまをす。時に、天皇、群臣《まちぎみたち》に詔曰《の》りたまひしく、「今この燎《も》ゆる火は、これ人の火にあらず。火の国と号《なづ》くる所《ゆ》以《ゑ》、その尓《しか》る由《よし》を知る」とのりたまひき。

（『肥前国風土記』総記）

　天皇一行が着いた「八代県豊村《やつしろのあがたとよのむら》」の所在は未詳であるが、『肥前国風土記』総記には「火国八代《やつしろの》郡《こほり》火邑《ひのむら》」とあり、火邑は『和名抄』に同郡「肥《ひ》伊《い》郷」と見えて氷川の河口、八代郡氷川町宮原付近だとしている。近くに「豊《とよ》の内《うち》」という地区もあり、宮原の立神《たてがみ》から宮原の市街にかけての地区は古く「火邑《ひむら》」と呼ばれていたという。氷川も「火川」であったものが「肥伊川」となり、近世になって「氷川」と称せられるようになったと伝えられる。崇神天皇の時代、肥君《ひのきみ》の祖・健緒組《たけおぐみ》が夜空に「火」を見た白髪山《しらが》を「豊の内」から東にわずか二kmの種山《たねやま》であるとする説はすでに述べたとおりである。

八代郡氷川町宮原の北隣で氷川の北岸（右岸）にあたる同町竜北《りゅうほく》の野津地域東側丘陵一帯に野津古墳群が見える。物見櫓古墳・中ノ城古墳・姫ノ城古墳・天の堤古墳などで、さらにその北には東新城古墳と大野窟古墳がある。いずれも六世紀初頭から中頃にかけてのもので、「肥国」の名称の起こりとなった肥（火）君一族の墳墓群であろうとされる。景行天皇の時代にも、この一帯には肥君につながる有力勢力が存在したであろうと考えられ、天皇一行の「火国」への漂着も意図的なものであったと思われる。

不知火は、九州の八代海・有明海で夏の新月の頃に現れる自然現象で、夜間の海上に多くの光が明滅して見える。湾内の干潟から海上へ冷気が流れ出し、空気に粗密ができて漁船の光を屈折させ、一つの光がいくつにも見えるようになるとされる。

火国から玉杵名へ

『書紀』によれば、火国（肥後国八代郡）を発った天皇一行は、およそ一カ月後の六月三日に、肥前国高来県《たかくのあがた》（島原半島）から有明海を渡って肥後国玉杵名邑《たまきなのむら》（玉名郡）に到着したとする。しかし、ここに一つの矛盾するかのごとき記述がある。『肥前国風土記』高来郡《たかくのこおり》の条に、景行天皇は肥後国玉名郡《たまきなのこほり》の行宮に居て、肥前国高来郡には陪臣の神大野宿禰《みわおおののすくね》を派遣したとするのである。

六月の辛酉《かのととり》の朔《ついたち》癸亥《みづのとのゐのひ》（三日）に、高来県《たかくのあがた》より、玉杵名邑《たまきなのむら》に度《わた》りたまふ。（『書紀』景行十八年六月条）

昔者《むかし》、纏向《まきむく》の日代の宮に御宇《あめのしたしろ》しめしし天皇《すめらみこと》（景行天皇）、肥後の国玉名《たまきな》の郡長渚浜《ながすはま》の行宮《かりみや》に在《いま》して、この郡（高来の郡）の山を覧《め》して曰《い》ひしく、「その山の形、別《はな》れ嶋に似たり。陸《くが》に属《つ》く山か、別《はな》れ居る嶋か。

朕《あ》れ知らまく欲《ほ》りす」とのりたまふ。仍りて神大野宿禰《みわおほののすくね》に勅《おほ》せて看《み》しめたまふに、往きてこの郡に到る。
（『肥前国風土記』高来の郡）

これをどのように理解すればよいのか。天皇が一度足を踏み入れた地域（高来県）に再び陪臣を派遣するだろうか。双方の記事を理解するにはどのように考えればよいのか。

天皇一行は、葦北の日奈久で十分（二十日間程）休養したので火国（火邑・八代県豊村）では長期滞在はせず、二、三日の滞在に留めたと思われる。しかしそれでは火国を発って一カ月後に玉杵名邑《たまきなのむら》に着いたとする記述は余りにも日時を要し過ぎていると言わざるを得ない。この点に関しては次のように理解すべきであろう。

火国（肥後国八代郡）を発った天皇一行は、まず玉杵名邑（肥後国玉名郡）へ向かい、天皇は玉杵名の行宮から肥前国高来県に神大野宿禰《みわおおののすくね》を派遣し、来るべき肥前西部及び北部地域を巡幸（征討）するための支援者と情報を求めたのである（すでに火国を発つ時点で神大野宿禰を高来郡へ派遣し、天皇は玉杵名行宮で報告を待ったかもしれない）。次に肥前西部及び北部地域への巡幸（征討）準備を整えた天皇軍は、一カ月弱の期間をかけて予定通り同地域を巡幸（征討）し、再び高来県から玉杵名の行宮に凱旋したのである。『肥前国風土記』は準備段階の記述であり、『書紀』は凱旋の記述であったと考える。なお、肥前国の巡幸は第八章で取り扱う。

景行天皇はこれまでの巡幸において、各地の有力首長の本拠地を経由するなどその政治目的を果たしつつ順次路程を進めており、今回も同様にこの地域の豪族たちの帰順を確認しつつ巡幸したと考えられる。そのため、有力勢力の存在が考えられる宇土半島基部は陸路で横断し、八代郡から益城《ましき》郡を経て宇土郡三角《みすみ》浦（三角港）辺りから次の目的地である玉名郡へ向けて乗船したのではないかと推測される。

景行天皇の時代、宇土半島の基部地域一帯には極めて有力な政治勢力が存在していたと考えられる。南部地域の宇城《うき》市不知火町亀崎には、熊本県内で発見されている古墳の中では最も古い時代に属する弁天山古墳がある。

熊本県最古の古墳・弁天山古墳の墳頂部（宇城市不知火町長崎）

竪穴式石室を持つ全長約五四ｍの前方後円墳で、四世紀前半に築造されたとされる。北部地域ではＪＲ三角線緑川駅近くの宇土市野鶴町に、四世紀末頃に築造された全長約一〇七ｍの前方後円墳で熊本県内で最大規模の天神山古墳がある。さらに中部地域の宇土城西岡台遺跡からは、鎌倉時代から戦国時代にわたる城郭遺跡に重なって、四世紀後半のものとされる古墳時代前期から中期にかけての首長居館遺跡が発見されている。そして同遺跡の南部丘陵尾根にある四世紀代のスリバチ山古墳・迫ノ上古墳などが宇土城西岡台居館で采配を振るった首長たちの墳墓であろうとされているのである。

宇土半島の基部には、他にも五世紀代の楢埼古墳・鴨籠《かもこ》古墳、六世紀代の国越《くにごし》古墳・桂原《かずわら》古墳、七世紀代の椿原《つばはら》古墳・仮又《かりまた》古墳などの古墳が長期間にわたって集中して営まれている。なかには宇土市松山町の向野田《むこうのだ》古墳のように、石棺の中に中国鏡二面・仿製鏡一面・腕輪形石製品一個・勾玉や管玉などによるネックレスやイヤリング・二十数個の貝釧など女性の被葬者に相応しい品々を副葬した四世紀後半築造の前方後円墳など全国的に注目されている遺跡も多数存在するのである。

宇土市の有明海（島原湾）に北面する国道五七号線沿いに御輿来《おこしき》海岸という日本の渚百選となった景勝地がある。景行天皇があまりの干潟の美しさに御輿を止めたという伝説が伝えられている。天皇一行は、宇土半島基部地域から三角浦へ向かう途中の御輿来海岸で素晴らしい景勝を堪能しつつ、暫しの休憩をとったことであろう。

名石神社の元宮十二石神社を祀る玉杵名行宮跡（玉名郡長洲町腹赤）

(3) 菊池川に沿う文化圏

『書紀』によれば、景行天皇一行は景行十八（三一二）年六月三日に肥前国高来郡から肥後国玉名郡へ渡ったとしている。しかし前節でも触れたとおり、『肥前国風土記』によれば、天皇は玉名郡の長渚浜《ながすはま》の行宮に居て、神大野宿禰をして肥前国高来郡に派遣したとする。『肥前国風土記』に記されるとおり側近の神大野宿禰を天皇の名代として肥前国高来郡に派遣し調査させたのであって、天皇自身はまず宇土方面から直接玉名郡へ着船し、次いで神大野宿禰の報告を待って肥前国西部及び北部地域の巡幸（征討）を行い、再び肥前国高来郡から肥後国玉名郡の行宮へ凱旋したのである。

玉名郡《たまきなのこほり》。長渚《ながす》浜。郡の西のかたにあり。昔者《むかし》、大足彦の天皇（景行天皇）、球磨《くま》と噌唹《そ》とを誅《つみな》ひ、還駕《かへりき》たまひし時、御船《おほみふね》をこの浜に泊《は》てたまひけり。

（『釈日本紀』所引『肥後国風土記』逸文）

『和名抄』では玉名を多万伊奈《たまいな》と訓じているので、玉杵名《たまきな》は玉名のことで、現在の熊本県玉名郡・荒尾市・玉名市の地域である。『肥前国風土記』によれば、天皇は玉名郡長渚浜《ながすはま》に行宮を営んだとあり、『釈日本紀』所引の『肥後国風土記』逸文でも、天皇が御船を長渚浜に停泊させたとある。現在の玉名郡長洲町名石浜《めいしはま》に景行天皇を祭神とする名石《めいし》神社が鎮座しており、名石神社から一㎞北の腹赤《はらか》地区には名石神社の元宮である十二石神社があり、景行天皇が熊襲征討の帰路立ち寄って風光を賞でたという腰掛石が伝えられている。天皇一行はこの辺りに着船したのであろう。

玉名大神宮と山鹿大宮神社

肥前国西部及び北部地域の巡幸から帰還し、一旦玉名郡長渚浜で下船したであろう天皇一行は、再び船で菊池川を遡り、玉名市元玉名の玉名大神宮（祭神は景行天皇）が鎮座する場所に立ちよって山鹿《やまが》に向かったものと思われる。元玉名は現在の市街地から三・五kmほど北東の菊池川が大きく湾曲する川上に位置し、付近には横穴式石室に赤と青の幾何学文様の素晴らしい大坊《だいぼう》古墳（国史跡）や赤を基調に同心円・三角文で装飾された永安寺東・永安寺西古墳が営まれている。

上：景行天皇を祭神とする玉名大神宮（玉名市元玉名）
下：山鹿灯篭が奉納される山鹿大宮神社（山鹿市山鹿）

　一方、山鹿地域の伝説では、天皇一行は山鹿辺りで上陸しようとするが、濃い霧に行く手を阻まれて難渋する。そこを山鹿の長坂《ながさか》の里人たちが松明を掲げて誘導し無事上陸を果たしたという。このとき以来、景行天皇の行在所であった大宮神社（祭神は景行天皇）に毎年松明を奉納するしきたりとなり、室町時代からは紙で作った灯篭を奉納することになったとされる。(5) 八月十五日・十六日の二日間にわたって繰り広げられる「山鹿灯篭まつり」では、景行天皇に扮する一行が大宮神社に到着すると、待ち受けた浴衣姿の女性たちの頭に乗せた金銀の灯篭に火が灯り、「よへほ節」にあわせて「千人灯籠おどり」が始まり、祭りは最高潮を迎えるのである。

濃霧の中で景行天皇を誘導したという長坂地区は、菊池川を隔てて方保田《かとうだ》地区に対面している。方保田地区には弥生後期から古墳前期にかけての「方保田東原遺跡」が東西二〇〇m・南北一五〇mの範囲に広がっており、住居址八十戸、石棺などの埋葬施設二十一基、溝状遺構五カ所が発掘され、直径一二・三センチの巴形《ともえがた》銅器など多くの青銅器を含む膨大な遺物が発見されている。両地区から二km程南東に、奉迎橋などの地名も遺称されており、近在の住民がこぞって景行天皇を奉迎したのであろうと思われる。

土蜘蛛「津頬」

山鹿市街地から五kmほど真北にある彦岳（三五五m）に「彦岳伝説」が伝わる。景行天皇が土蜘蛛討伐のために高天《こうてん》山（震岳《ゆるぎ》。四一六m）に陣を張ったが、土蜘蛛が夜襲をかけてきて危険な戦況となった。そこで天皇が天の神に祈ったところ、高天山の北西二kmにある彦岳山頂から霊光が発せられて高天山に地震が起こり、これに驚いて土蜘蛛は退散した。天皇は神意に感謝して彦岳に神社を寄進したというものである。この彦岳伝説に登場する土蜘蛛が「津頬《つつら》」であると考えられる。

六月《みなづき》の辛酉《かのとのとり》の朔《ついたち》癸亥《みずのとのゐのひ》（三日）に、高来県《たかくのあがた》より、玉杵名邑《たまきなのむら》に度《わた》りたまふ。時に其の処《ところ》の土蜘蛛《つちぐも》津頬《つつら》というを殺す。

（『書紀』景行十八年六月）

彦岳と山鹿市街地の中程にある国道三号線の日輪寺前バス停から東に日輪寺山へ登ると、山鹿地方唯一の竪穴

銀象嵌太刀が出土した江田船山古墳（和水町菊水江田）

式石室を持つ竜王山古墳がある。古墳時代前期（三－四世紀）に築造されたもので、土蜘蛛・津頬の墳墓ではないかと推測される。

山鹿を中心にした玉名から菊池にかけての菊池川周辺は、熊本県でも特に古墳の集積する地域である。(6) 前期古墳の竜王山古墳についてはすでに紹介したが、中期古墳（五世紀）には山鹿市鹿央町岩原の岩原双子塚《いわばるふたごづか》古墳・和《なご》水《み》町菊水江田の江田《えた》船山《ふなやま》古墳（国史跡）などがある。岩原双子塚古墳は、岩原台地に点在する岩原古墳群（国史跡）の中心となる前方後円墳で、全長一〇七m、周囲に幅一〇mほどの周濠を持つ。周囲には狐塚古墳・寒原《かんばる》一号墳・同二号墳・馬不向《うまむかず》古墳などがあり、全国初の装飾古墳をテーマとした資料館である熊本県立装飾古墳館が立地する。江田船山古墳は、県道一六号線（玉名－山鹿線）と菊池川に挟まれた清原《せいばる》台地に営まれた全長六二mの前方後円墳で、神獣鏡・太刀・純金耳飾り・金銅製の冠や沓などの副葬品（国宝）を出土している。特に銀象嵌《ぎんぞうがん》された漢字銘文入り太刀は歴史資料として極めて重要なもので、「治天下獲加多支鹵大王（以下略）」の銘は、埼玉県稲荷山《いなりやま》古墳から出土した鉄剣銘と共通する部分があることから衆目を集めている。(7) この清原台地には虚空蔵塚《こくうぞうづか》古墳・塚坊主《つかぼうず》古墳（いずれも国史跡）なども営まれ、和水町歴史民俗資料館や民俗村が併設されている。

また、後期古墳（六－七世紀）のものは装飾古墳が異色を放っている。国道四四三号線と菊池川の支流・岩野川に挟まれた山鹿市立博物館が立地する地域には、阿蘇凝灰岩の断崖に六十一基の横穴を穿った鍋田《なべた》古墳群、女性の乳房を連想させる装飾を施したチブサン古墳（国史跡）などがあり、山鹿市中心部から北方一帯には城《じょう》横穴群（四十五基）・弁慶が穴古墳（国史跡）などの古墳群が散在している。菊池川流域の装飾古墳は、彩色した幾何学文・具象画などに特色があるとされる。熊本県立装飾古墳館・和水町歴史民俗資料館・山鹿市立博物館の周囲はそれぞれ整備され、一括して「肥後古代の森」（風土記の丘）として整備されている。

▼装飾古墳の不思議

九州の古墳文化で特徴的なものは「装飾古墳」であろう。全国で約六百基と言われる装飾古墳のうち、実に六〇％にあたる約三五〇基が北部九州に集中しており、熊本県の八代海周辺や菊池川流域、福岡県南部筑後川流域がその稠密地帯である。

装飾古墳は遺体を納める石室の壁面や石棺・石障などに様々な文様を彫刻し、或いは絵画を施している古墳の総称である。ただし、高松塚古墳やキトラ古墳（奈良県）などのように畿内を中心に八世紀以降の古墳に見られる細密画を持つもの、例えば四神（玄武・青龍・白虎・朱雀）や星座、宮廷装束の人物像など明らかに大陸の影響を受けているものは壁画古墳と呼ばれ、厳密には装飾古墳と区別される。

装飾古墳は、幾何学文様や具象絵画などで装飾されるが、単純なものから文様を組み合わせたものまで千差万別である。熊本県では、八代海（不知火海）を囲む地域から北部の菊池川流域を中心に、石棺・石障・石屋形などに抽象文様を彫刻したものが多く見られる。これに対し福岡県では、筑後川や遠賀川の流域を中心に石室内壁に具象的な文様を絵画的に描いたものが多く見られる。以下、日下八光の研究成果を踏まえつつ、文様や絵画の面から九州の装飾古墳に迫ってみよう。(1)

石人山古墳石棺蓋の直弧文（八女郡広川町）

直弧文

最も早く古墳を装飾した図柄である。直線と弧線によって描き出す複雑かつ特殊な文様で、大阪府・安福寺の石棺蓋に線刻されたものを最古（四世紀末）とする。古代中国の青銅器の文様に起源が求められる直弧文は、貝輪の文様としてわが国に伝わり、副葬する貝輪に代わり石棺などに描かれるようになった。このため、貝輪の副葬価値が低下するに従って直弧文も存在価値を失くし、五世紀末を最後に消滅する。

九州の直弧文は、まず長砂連《ながされ》古墳（石障。熊本県上天草市大矢野町）に出現し、次第に北上して有明海から各河川を遡る。八代海北岸には鴨籠《かもご》古墳（家形石棺。熊本県宇城市不知火町）があり、有明海から熊本県の緑川を遡れば井寺古墳（国史跡。石障。熊本県嘉島町）、福岡県の矢部川を遡れば八女市周辺に石人山《せきじんざん》古墳（国史跡。家形石棺。福岡県広川町）や浦山古墳（国史跡。家形石棺。福岡県久留米市）、筑後川を遡れば日輪寺古墳（国史跡。石障。久留米市）などとなる。

三角文

島根県丹花庵《たんげあん》古墳の石棺蓋に線刻されたものを最古（五世紀前半）とする。三角文は最も汎用性のある文様であるため、すでに弥生時代において銅鐸や祭祀用土器などに華々しい展開を見せている。三角文が祭祀や葬礼に関わる神聖な文様であったことから、古墳の石室や石棺を飾る文様として用いられたと考えられる。

九州での三角文の初見は五世紀中頃の石立《こくりゅう》石棺（熊本市）であるとされる。三角文のみを描いたものは、永安寺東古墳（石室

王塚古墳前室奥壁右側（日下八光復元図。国立歴史民俗博物館提供）

入口袖石。熊本県玉名市）や桜京《さくらきょう》古墳（国史跡。石屋形。福岡県宗像市）があり、三角文に円文が組み込まれた図柄は、菊池川を遡った大坊《だいぼう》古墳（国史跡。石屋形。玉名市）、チブサン古墳（国史跡。石屋形。熊本県山鹿市）、弁慶ケ穴古墳（国史跡。石室奥壁。山鹿市）、坪井川の支流井芹川を遡った釜尾古墳（国史跡。石屋形・石室入口天井・石室前壁。熊本市）など熊本県北部に多く見られる。しかし、三角文系統で最も爛熟し注目される装飾古墳は、六世紀中葉に福岡県の遠賀川上流に営まれた王塚古墳（国特別史跡。福岡県桂川町）である。古墳内には三角文を中心に人・馬・武具・蕨手文《わらびでもん》など実に多くの装飾が施されており、各々の石室壁や石屋形、さらには燈明台などに至るまで朱・緑・黄・黒・白の五色を使って豪華絢爛たる空間を創り出している。太田古墳（国史跡。石室奥壁。佐賀県鳥栖市）などは王塚古墳の影響を強く受けた古墳である。

円文・同心円文

福井県小山谷《こやまだに》古墳の石棺蓋（東京国立博物館蔵）に見られる八個の同心円文が最も古く、三角文と同時期（五世紀前半）に出現している。これらの円文や同心円文については太陽を表し原始社会における太陽崇拝の思想によるとの説が根強いが、長迫《ながさこ》古墳（熊本県八代市）の石棺材（東京国立博物館蔵）のように鏡の鋸歯文や鏡を吊り下げる紐まではっきり彫刻したものがあり、円文や同心円文は鏡の副葬に代えたものであると見られる。

日の岡古墳玄室奥壁（日下八光復元図。国立歴史民俗博物館提供）

九州での円文や同心円文は石人山古墳（前掲）を最古とし、日輪寺古墳（同）、井寺古墳（同）、千金甲《せごんこう》第一号古墳（国史跡。石室奥壁。熊本市）を経て日の岡古墳（国史跡。石室奥壁。福岡県うきは市吉井町）へと継承される。日の岡古墳石室奥壁の一枚石には、上下二段に各三個ずつ計六個の大同心円文が赤・青・黄の三色で鮮やかに描かれており、大変整った構図は観る者を圧倒する。三角文系の王塚古墳と同様に、日の岡古墳は円文系統において最も絢爛と開花した装飾古墳であるといえる。日の岡古墳を原型とする古墳群は筑後川流域で発展し、下馬場古墳（国史跡。石室奥壁。久留米市）、寺徳古墳（国史跡。石室奥壁。久留米市田主丸町）、塚花塚古墳（国史跡。石室奥壁。うきは市浮羽町）や重定古墳（国史跡。石室袖石。うきは市浮羽町）などに受け継がれている。

蕨手文

装飾古墳の中でも彩色壁画だけに見られ、その分布も福岡県うきは市、嘉穂郡、佐賀県鳥栖市などの地域に限られる。蕨《わらび》手文《でもん》が描かれたのは六世紀前半から後半にかけてのわずか半世紀であり、石室の壁石に直接描く彩色壁画の最盛期に華々しく展開するものの間もなく消滅する。蕨手文は銅鐸などに多用されている渦巻文の延長線上にあり、祭祀に関わる装飾文様として引き継がれたものと考えられる。蕨手文が最初に現れたのは日の岡古墳（前掲）で、石室奥壁の六個の大同心円文の周囲に二本並立の外巻き蕨手文が八個描かれている。日の岡古墳の影響を受けた塚花塚古墳（同）では、石室奥壁の上部に巨大蕨手

珍敷塚古墳後室奥壁（日下八光復元図。国立歴史民俗博物館提供）

文三個と小蕨手文二個が描かれている。また、王塚古墳（同）では石室内の九カ所の壁面に様々な形式の蕨手文が絢爛と描かれている。この蕨手文も、太田古墳（同）、重定古墳（同）を経て異様に大きく描かれた珍敷塚《めずらしづか》古墳（国史跡。石室奥壁。うきは市吉井町）で終焉するのである。

具象文様

装飾古墳には直弧文・三角文・円文・蕨手文などの抽象文様のほか、武具・動物・人・船など具象文様も描かれている。一般的に具象系が出現するのは、抽象系よりずっと遅れて六世紀になるが、九州の一部ではかなり早くから武具などの具象系が出現している。五世紀後半の大《おお》鼠《そ》蔵《ぞう》東麓古墳（破壊三号墳。八代市）の石棺材（八代市博物館蔵）には弓・靫《ゆぎ》・同心円文・短甲・太刀が彫刻されており、五世紀末の千金甲第一号古墳（前掲）では上下二段の同心円文と交互に彫刻された四個の靫を見ることができる。

ところで、大量の武器や武具が古墳に副葬され始めるのは五世紀前半であるが、これは鉄製品などが普及して政治権力が経済的にも軍事的にも強大化した時期と重なる。五世紀後半になると、武具の類はますます多種多様になり武具以外の金銅装飾品なども多量に埋納されるようになる。銀象嵌銘文が刻された環頭大刀を副葬する江田船山古墳（国史跡、純金耳飾りなどの副葬品は一括して国宝。熊本県和水町菊水）もこの頃の古墳である。これらの現物埋納に一世紀ほど遅れる六世紀中葉に、彩色古墳の先駆をなす日の岡古墳（前掲。石室側壁）に靫・大刀・盾といった武具の彩色壁画が現れることになるのである。日の岡古墳に続いて王塚古墳（前掲）や重定古墳（同）などにも多数の靫や盾が描かれるが、これらの彩色壁画は総じて五世紀代に大量の武具が副葬されたことに対応していると考えられる。

五郎山古墳後室奥壁下部（日下八光復元図。国立歴史民俗博物館提供）

六世紀になると装飾古墳に武具とともに船・馬などの壁画が出現し、六世紀後半には武具類に加えて船と鳥の図が重視されるようになる。この頃の装飾古墳で船と鳥の図を含むものは、珍敷塚古墳（前掲）、五郎山古墳（国史跡。石室奥壁。福岡県筑紫野市）、穴観音《あなかんのん》古墳（国史跡。石室側壁。大分県日田市）、弁慶ケ穴古墳（前掲）、鳥船塚《とりふねづか》古墳（国史跡。石室奥壁。うきは市吉井町）などがある。六世紀も後半になると、家族墓としての横穴式石室古墳（出現は五世紀後半）が普及し石室内での祭礼や追葬が一般的に行われるようになる。追葬の度に被葬者の現実的変貌の状況を見るにつけ、死後にも現世と同様な生活があるとは信じられなくなり、肉体を離れた霊的存在として死者を追慕し慰霊するようになったものと思われる。死者の霊魂は船に乗せられ鳥の案内で天上に導かれると考えたのであろう。珍敷塚古墳（前掲）、鳥船塚古墳（同）には船の舳先《へさき》に鳥が留まった図が見えるし、弁慶ケ穴古墳（同。石室側壁）には船に乗せた柩《ひつぎ》状の物の上に鳥が留まった図もある。六世紀後半には竹原古墳（国史跡。石室奥壁。福岡県宮若市若宮町）のように、大きな波や船、青龍《せいりゅう》や朱雀《すざく》、人や馬、大きな二本の翳《さしば》など、大陸系の要素を含む特殊な画題も現れてくる。

七世紀になると船と鳥の図が古墳壁画の主題とはなるものの、これらの画面からは円文や三角文などがなくなり、次第に壁画の色彩は減色し、遂にはもっぱら線刻による稚拙な壁画となって装飾古墳は終焉を迎えるのである。

（1）日下八光『装飾古墳の秘密　壁画文様の謎を解く』講談社、昭和五十三年

(4) 草原の阿蘇国

景行天皇一行は、玉名・山鹿を経て阿蘇国に入る。『和名抄』に肥後国阿蘇郡とあり、『釈日本紀』所引の『筑紫風土記』には肥後国閼宗県《あそのあがた》と見えている。『書紀』が「郊原《の》曠《ひろ》く遠《とほ》くして」と記し、「阿蘇家文書」所引の『肥後国風土記』が「原野《はらの》曠《あらの》し遠《はる》けくて」と表現するとおり広大な原野が広がる風景は、現在でも阿蘇を訪れる人を感動させずにはおかない。

実際、古代の阿蘇国は広い地域を包含していたようだ。『地名辞書』は菊池郡・鹿本郡を含む地域であったと推測しており、前掲の『筑紫風土記』が「その岳《をか》の勢《すがた》、中天《おほぞら》に傑峙《そばだ》ち、四《よつ》の県《あがた》を包みて基《もとゐ》を開く」として、阿蘇山が阿蘇郡のほか菊池郡・合志《かわし》郡・託麻《たくま》郡・益城《ましき》郡の四郡を裾野に従える雄大さを語っている。

丙子《ひのえねのひ》（十六日）に、阿蘇国《あそのくに》に到《いた》りたまふ。其の国、郊原《の》曠《ひろ》く遠《とほ》くして、人の居《いへ》を見ず。天皇の曰はく、「是の国に人有りや」とのたまふ。時に、二《ふたはしら》の神有《ま》す。阿蘇都彦《あそつひこ》・阿蘇都媛《あそつひめ》と曰《い》ふ。忽《たちまち》に人に化《な》りて遊詣《いた》りて曰《まう》さく、「吾《われ》二人《ふたり》在《はべ》り。何《なに》ぞ人無《な》けむ」とまうす。故《かれ》、其の国を号《なづ》けて阿蘇《あそ》と曰《い》ふ。

（『書紀』景行十八年六月）

『神名帳』の肥後国阿蘇郡には、健磐龍命《たけいわたつのみこと》神社・阿蘇比咩《あそひめ》神社（以上阿蘇神社）・国造《こくぞう》神社の三座が記されて

いる。阿蘇都彦《あそつひこ》は阿蘇神社の一宮《いちのみや》に祀られる健磐龍命の神霊で、阿蘇都媛《あそつひめ》は神武天皇の皇子神《かむ》八《や》井《い》耳命《みみのみこと》（三宮《さんのみや》・国龍神《くにたつのかみ》・草部吉見神《くさかべよしみのかみ》）の娘で同社の二宮《にのみや》に祀られる健磐龍命妃とされる。阿蘇神社の社伝によると、健磐龍命は神武七十六年春二月に鎮西鎮護の勅命によって山城国宇治より下向され、先に下向していた伯父・神八井耳命と協力して重責を果たしたことから、孝霊天皇（七代）九年六月二十六日（神社創建日）、勅によって神として祀られたとする。また、健磐龍命の御子・速瓶玉命《はやみかたまのみこと》は崇神天皇（十代）から初代の阿蘇国造に任ぜられ、景行天皇の勅命によって景行十八年六月二十四日に祭祀され、御子・惟人命《これひとのみこと》（五宮・初代阿蘇祀職）をして祖父神・父神を共に永く斎きて絶えることがないようにされたとしている。(8)

上：健磐龍命を祀る阿蘇神社楼門（阿蘇市一の宮町宮地）
下：速瓶玉命を祀る阿蘇国造神社（阿蘇市一の宮町手野）

阿蘇神社の北方五kmほどの手野地区に鎮座する「北宮」が阿蘇国造・速瓶玉命を主神とする国造神社である。国造神社の創建は、六年前に豊後国の稲葉の川上の禰疑野《ねぎの》で、土蜘蛛の八田《やた》・打猨《うちさる》・国摩侶《くにまろ》を征討するに際して大きな功績があったことから、景行天皇による阿蘇国造氏に対する論功行賞であったと考えられよう。

　国造神社の西南三kmほどの地域に中通《なかどおり》古墳群がある。全長一二〇mを誇る熊本県内最大の前方後円墳・長目塚《ながめづか》古墳を中心に点在する十二基ほどの古墳群で、阿蘇国造が営んだものとみられ、その北方に突き出している小高い丘の小嵐山から一望することができる。

（1）『書紀』持統紀十（六九六）年四月条に「戊戌《つちのえいぬのひ》に、追大弐《ついだいに》を以て、（略）肥後国の皮石郡《かはしのこほり》（合志郡）のひと壬生諸石《みぶのもろし》に授《さづ》けたまふ。（略）以て久しく唐《もろこし》の地に苦《くる》しぶることを慰《ねぎら》ひたまふとなり」と肥後国が見える。なお、壬生諸石は白村江の戦など百済救援の役で唐軍の捕虜になっていたのであろう。同様の捕虜帰還記事に、持統四（六九〇）年十月条の筑後国上陽咩《かみつやめ》郡の軍丁・大伴部博麻《おおともべのはかま》に関するものがあり、詔の中に筑紫の人と思われる氷連老《ひのむらじおゆ》・筑紫君薩夜麻《ちくしのきみさちやま》の名前が見える。

（2）『日本古典文学全集／風土記』注に、「糸山貞幹『肥前風土記纂註』所引、中島広足説に八代郡種山《たねやま》という」とある。八代郡氷川《ひかわ》町宮原から八代市東陽村種山にかけての氷川中流域は火の君の本拠地でありその可能性は高いであろう。

（3）『風土記』逸文に採択されている仁和寺本『万葉集注釈』の底本には、「積可七十呈」という記述があり、研究者によってはこれを「積《ひろさ》七十里ばかり」と読んで「大きな島」（一里は約四四五ｍの長さ）でなければならないとしているが、『新編日本古典文学全集／風土記』の校注では、「七十」は「保」の異体字の分字であり、「呈」は「塁」の草字形で、「積可保塁」と四字句であるべきところとしている。

（4）『万葉集』では、長田王と行動を共にしている石川朝臣を大宰大弐・石川朝臣宮麻呂か大宰少弐・石川朝臣吉美侯か分からないとしている。しかし、歌の内容などから石川大夫が長田王に同行し案内していると理解できるので、長田王は石川大夫よりも高官位であろうと考えられる。長田王の同行者が宮麻呂だとすれば、宮麻呂が大宰大弐（従四位下）に任官した慶雲年中（七〇四－七〇八年）には、長田王はまだ従五位上までの官位であったと推測されるので矛盾が生じる。長田王は和銅四（七一一）年に正五位下、霊亀元（七一五）年に正五位上で、同二（七一六）年に従四位上近江守として初めて大宰大弐を超える官位を得ている。一方、吉美侯が大宰少弐（正五位下）に任官した神亀年中（七二四－七二九年）の長田王の官位は従四位上であるからこの点の矛盾は全くない。長田王の筑紫派遣はこの頃であったろう。

長田王は、天平元（神亀六・七二九）年に正四位下衛門督、同四（七三二）年に摂津大夫、同六（七三四）年に朱雀門前における歌垣で頭を務めるなどして同九（七三七）年に卒している。

（5）山鹿灯籠の由来には、景行天皇を迎える松明説のほかに、「文明五（一四七三）年突然温泉が涸れたので、金剛乗寺宥明法印が祈禱したところ再び湧き出した。町内の人々は、法印の逝去に際して紙灯籠を作って霊前に供えた。その後、延徳三（一四九一）年から宥明供養ののち大宮神社に献灯するようになった」とするものがある。

（6）肥後国は、玉名・山鹿・菊池・阿蘇・合志《かわし》・飽田《あきた》・託麻《たくま》・益城《ましき》・宇土・天草・八代・葦北・球磨の十三郡からなるが、『旧事紀』国造本紀に火・阿蘇・葦北・天草の国造は見えるものの、装飾古墳の文化が栄えた肥後中央部と北部の国造名が見えない。「磐井の乱」に与して没落したと考えられる。

（7）江田船山古墳出土の銀象嵌された漢字銘入りの大刀は、東大寺山古墳出土鉄剣（奈良県）・石上《いそのかみ》神宮七支刀（奈良県）・稲荷山古墳出土鉄剣（埼玉県）・隅田《すだ》八幡宮人物画像鏡（和歌山県）・岡田山一号古墳出土大刀（島根県）と共にわが国に於ける漢字文化の先駆をなすものである。中でもわが国で製作された稲荷山鉄剣・隅田八幡鏡・江田船山大刀・岡田山大刀の銘には、字音仮名《じおんがな》（わが国の固有名詞を漢字の音または訓を借用して表記する）の使用が認められ、大王名・官名・個人名のほか「臣《おみ》」「足尼《すくね》」「獲居《わけ》」「首《おびと》」「直《あたい》」の姓《かばね》や「杖刀人《じょうとうじん》」といった職名、更には「各田部《ぬかたべ》」のような部民制の存在をも実証する文字が刻されている。

なお、銘文は次のとおりである（□は不明文字）。

①東大寺山古墳出土鉄剣（二世紀）

中平□□五月丙午造作□□百練清□上応星宿□辟不□

②石上神宮七支刀（三六九年）

泰和四年□月十六日丙午正陽造百練□七支刀□辟百兵宜供侯王□□□作先世□来未有此刀百済王世子奇生聖音故為倭王旨造伝□□世

③稲荷山古墳出土鉄剣（金象嵌。四七一年）

辛亥年七月中記乎獲居臣上祖名意富比垝其児多加利足尼其児名弖已加利獲居其児名多加披次獲居其児名多沙鬼獲居其児名半弖比其児名加差披余其児名乎獲居臣世々為杖刀人首奉事来至今獲加多支鹵大王寺在斯鬼宮時吾左治天下令作此百練利刀記吾奉事根原也

④隅田八幡宮人物画像鏡（五〇三年）

癸未年八月日十大王年男弟王在意柴沙加宮時斯麻念長奉開中費直穢人今州利二人等所白上同二百旱所此竟

⑤江田船山古墳出土大刀（銀象嵌・五世紀－六世紀）

治天下獲□□□鹵大王世奉□典曹人名无利弖八月中用大鐺釜并四尺廷刀八十錬六十捃三寸上好□刀服此刀者長寿子孫注々得其恩也不失其所統作刀者名伊太加書者張安也

⑥岡田山一号古墳出土大刀（六世紀）

各田部臣□□素□□□刀也

（8）阿蘇谷の開拓は早く、火山の神であり開拓の神である阿蘇神社（阿蘇市一の宮町宮地）、景行天皇の勅命によって創始された国造神社（阿蘇市一の宮町手野）、阿蘇氏の墳墓と見られる中通古墳群（阿蘇市一の宮町中通）などがその歴史を語っており、阿蘇神社とその周辺の神社では多くの古式農耕祭事（国重要無形民俗文化財）を今日に伝えている。

・卯《う》の祭（三月初の卯の日から次の卯の日まで）は神楽殿で十三日間古式神楽が舞われる。

初卯祭は初卯の日に行われ、鳥獣の生贄を捧げる祭り。

田作祭は卯の祭のうち、巳から亥までの七日間、五穀豊穣を祈願する祭りで、亥の日には田植神事がある。

御前迎えの神事は卯の祭のうち申の日に行われる三宮国龍神《くにたつのかみ》と比咩御子《ひめみこ》の婚姻祭りで、氏子が茅束に火をつけて振り回すので、火振り祭りとも呼ばれる。

・風鎮祭《ふうちんさい》（旧暦四月四日と七月四日）は風の木の風宮《かざみや》神社の祭りで、神職が御幣で田の風を追い封ずる。

・御田祭《おんださい》（七月二十八日）は神々が稲の育成状況を巡視する阿蘇神社最大の祭りで、白装束の宇那利《うなり》をはじめ田楽・田男・田女・牛頭《ごず》などの行列が古式ゆかしく繰り広げられる。

・火焚祭《ひたき》（八月十九日から十月十六日）は役犬原《やくいんばる》の霜宮神社の神事で、十五歳未満の少女が火焚殿に泊り込み、乙女揚げまで約二カ月間火を焚き続ける。
・田実祭《たじつ》（九月二十五日）は豊作を感謝する阿蘇神社の祭りで、社前で流鏑馬が奉納される。

七、筑紫次郎に抱かれた国々

熊本県の阿蘇外輪山に発する大山《おおやま》川や大分県の久住山などを水源とする玖珠《くす》川は、大分県日田市の辺りで大きく合流して三隈《みくま》川となる。三隈川は西へ流れて福岡県に入って筑後川となり、久留米市辺りで西南に向きを変えて有明海へと至っている。九州最大の河川である筑後川は、関東・利根川の「坂東太郎」、四国・吉野川の「四国三郎」と共に「筑紫次郎」の名前で親しまれているが、この筑後川流域以南の福岡県南部地域一帯が概ね筑後国（筑後川以北でも小郡市・三井郡地域は筑後国）である。

(1) 大樹伝説の御木国

景行天皇一行は、肥後国阿蘇郡から筑後国御木《みけ》へと進み、高田に行宮を営む。御木は『和名抄』に見える三毛《みけの》郡《こおり》で、現在の福岡県三池郡・大牟田市である。大牟田市の中央部に三池地区と歴木《くぬぎ》地区がある。高田行宮は、三池地区の二㎞ほど北にある大牟田市高田地区が遺称地であると考える。『書紀』の「百寮《つかさつかさ》、其の樹《き》を蹈《ふ》みて往来《かよ》ふ」という表現から、高田行宮は歴木《くぬぎ》地区に近接する場所であろうと考えられ、大牟田市の北に隣接する三池郡高田町では距離的にやや無理があると思われる。

秋七月《あきふみつき》の辛卯《かのとのう》の朔甲午《ついたちきのえうまのひ》（四日）に、筑紫後国《つくしのくにのみちのしりのくに》の御木《みけ》に到りて、高田行宮《たかたのかりみや》に居《ま》します。時に僵《たふ》れたる樹《き》有り。長さ九百七十丈《ここのほつゑあまりななそつゑ》。百寮《つかさつかさ》、其の樹《き》を蹈《ふ》みて往来《かよ》ふ。時人《ときのひと》、歌《うたよみ》して曰《い》はく、

朝霜《あさしも》の　御木《みけ》のさ小橋《をばし》　群臣《まへつきみ》　い渡《わた》らすも　御木《みけ》のさ小橋《をばし》

爰《ここ》に天皇、問ひて曰《のたま》はく、「是何《これなん》の樹《き》ぞ」とのたまふ。一《ひとり》の老夫《おきな》有りて曰《まう》さく、「是《こ》の樹《き》は歴木《くぬぎ》といふ。嘗《むかし》、未《いま》だ僵《たふ》れざる先《さき》に、朝日の暉《ひかり》に当りて、則《すなは》ち杵嶋山《きしまのやま》を隠《かく》しき。夕日の暉《ひかり》に当りては、亦、阿蘇山《あそのやま》を覆《かく》しき」とまうす。天皇の曰《のたま》はく、「是《こ》の樹《き》は、神《あや》しき木なり。故《かれ》、是《こ》の国を御木国《みけのくに》と号《よ》べ」とのたまふ。

（『書紀』景行十八年七月）

「百寮《つかさつかさ》、其《そ》の樹《き》を蹈《ふ》みて往来《かよ》ふ」という記述とそれに続く一本の歌謡において『書紀』は極めて特異な描写をしている。岩波文庫『日本書紀』脚注は、「朝霜の……」の歌謡について、「大宮人が橋を渡って朝夕奉仕するさまを歌ったもので、本来は大樹伝説とは無関係の、独立した宮廷寿歌であろう。それがミケという地名にひかれて、ここに載せられるに至ったものと思われる。朝霜は消（ケ）やすい。それで同音の木（ケ）にかかる修飾とした」としており、小学館の『日本古典文学全集／上代歌謡』でも「朝霜は御木《みけ》の枕詞《まくらことば》。朝霜は消えやすいことからケ（消）にかかる」としており、群臣《まえつぎみ》（原文は「魔弊菟耆瀰《まへつきみ》」）は「前《まえ》つ君《きみ》」の意で、「天皇の前に伺候して奉仕する人を尊敬して言う」と説明している。百寮もこれから連想的に派生したとするかに見受けるが、やや説得力に欠けると言わざるを得ない。今後更なる検討が必要であろう。

御木（三毛）の大樹伝説は、『筑後国風土記』にも見え、ここでは『書紀』の「歴木《くぬぎ》」が「楝《おうち》」、「杵島山」が「多良峰」、「阿蘇山」が「荒爪山《あらつめ》」（山鹿市震岳《ゆるぎ》か）に代わる。

三毛《みけ》の郡《こほり》。昔者《むかし》、楝《あふち》の木一株《ひともと》、郡家《こほりのみやけ》の南のかたに生《お》ひたり。その高さ九百七十丈なり。朝日之影《あさひのかげ》、肥《ひのみちのくち》前の国の藤津《ふぢつ》の郡《こほり》なる多良《たら》の峰を蔽《おほ》ひ、暮日之影《ゆふひのかげ》、肥《ひのみちのしり》後の国の山鹿《やまか》の郡《こほり》なる荒爪《あらつめ》の山を蔽《おほ》へり。因《よ》りて御木《みき》の国と曰《い》ふ。後《のち》の人、訛《よこなま》りて三毛《みけ》と曰《い》ひつ。今、以《も》ちて郡《こほり》の名とせり（櫟《くぬぎ》の木と楝《あふち》の木と、名称《もののな》、各《おのもおのも》異《ことな》れり。故《かれ》、記《しる》せり）。

（『釈日本紀』所引『筑後国風土記』逸文）

大樹にまつわる話は、『肥前国風土記』の佐嘉《さか》の郡《こおり》の条に「昔者《むかし》、樟樹一株《くすのきひともと》、この村に生《お》ふ。幹《もと》と枝《えだ》と秀高《たか》く、茎《くき》と葉《は》と繁茂《しげ》り、朝日《あさひ》の影、杵嶋《きしま》の郡蒲川《こほりかまかは》の山（聖岳か）を蔽《おほ》ひ、暮日《ゆふひ》の影、養父《やぶ》の郡草横《こほりくさよこ》の山（九千部山か）を蔽《おほ》へり」とあり、『古事記』の仁徳天皇最終段や『播磨国風土記』逸文にも見ることができる。

『古事記』の仁徳天皇段の伝説は、「その影が朝日に当れば淡路《あわじ》島に至り夕日が当れば生駒《いこま》山系の高安《たかやす》山を越えるという大樹が大阪府高石市の仁徳天皇陵の近くにあった。この大樹で造った枯野《かれの》という名の船は、朝夕淡路島の清水を汲んで天皇に清浄水を献じたが、船が壊れるとその木材で塩を焼き、さらにその焼け残った木で琴が作られた」というものである。太陽の移動と結びつき原初の創造力によって生き生きと甦りを続けた大樹が、船となれば聖水を運び、神聖な塩を焼き、琴となって神託をもたらすのである。大樹・巨樹は宇宙の中心にあって地中深く根を張り天高く枝葉を広げて地下と地上と天上とを結び付ける。このように周期的に再生が図られ創造を繰り返す「生命の木」「神秘の木」は「世界樹《せかいじゅ》」と呼ばれ、世界各地の伝説にも息づいているのである。

此《こ》（仁徳天皇）の御世《みよ》に、兎寸河《とのきがは》（大阪府高石市富木。仁徳陵の西南の近地）の西に一つの高樹《たかき》有りき。其の樹の影、旦日《あさひ》に当れば淡道島《あはぢしま》に逮《およ》び、夕日に当れば高安山《たかやすやま》（生駒山系）を越えき。故《かれ》、是《こ》の樹を切りて船を作りしに、甚捷《いとはや》く行く船なりき。時に其の船を号《なづ》けて枯野《からの》と謂《い》ふ。故、是の船を以《も》ちて旦夕《あさゆふ》淡道島の寒泉《しみづ》を酌《く》みて、大御水《おほみもひ》（天皇の飲料水）献《たてまつ》りき。茲《こ》の船破壊《やぶ》れたるを以ちて塩を焼き、其の焼け遺《のこ》りし木を取りて琴に作りたりしに、其の音七里《ななさと》に響きたりき。爾《ここ》に歌ひて曰《い》はく、

枯野を　塩に焼き　其《し》が余り　琴に作り　かき弾くや　由《ゆ》良《ら》の門《と》の　門中《となか》の海石《いくり》に　触《ふ》れ立つ　浸漬《なづ》の

木の　さやさや

（枯野という船の廃材を塩を採るために焼き、その余りで琴を作って、それをかき鳴らすと、その音は由良の海峡の、その海中にある岩礁に揺れながら生えている海草のように、さやさやと鳴り響くことよ）

とうたひき。此《こ》は志都歌《しつうた》（歌曲の一つ）の歌返《うたひかへし》なり。　（『古事記』下巻・仁徳天皇段）

明石《あかし》の駅家《うまや》。駒手《こまで》の御井《みゐ》。難波《なには》の高津《たかつ》の宮の天皇《すめらみこと》（仁徳天皇）の御世《みよ》に、楠《くす》、井の上に生《お》ひたりき。朝日は淡路《あはぢ》の嶋を蔭《かく》し、夕日は大倭嶋根《やまとしまね》を蔭《かく》しき。仍《すなは》ちその楠《くす》を伐《き》りて舟を造る。その迅《はや》きこと飛ぶが如し。一檝《ひとかぢ》に七波《ななみ》を去《ゆ》き越《こ》ゆ。仍《すなは》ち速鳥《はやとり》と号《なづ》く。ここに、朝夕《あしたゆふべ》にこの舟に乗りて、御食《おほみけ》に供《つか》へむがため、この井の水を汲《く》みき。一旦《あるあさ》、御食《おほみけ》の時に堪《あ》へず。故《かれ》、歌を作《よ》みて止《や》みにき。唱《うた》に曰ふ、

住吉《すみのえ》の　大倉《おほくら》向《む》きて　飛《と》ばばこそ　速鳥《はやとり》と云《い》はめ　何《なに》そ速鳥《はやとり》

（『釈日本紀』所引『播磨国風土記』逸文）

御木の国の大樹は国名の起源となる程の神木である。景行天皇の百寮がその樹を踏み越えて通うということには、大樹の生命力を吸収し、景行天皇の朝廷に永遠の繁栄をもたらしたいとする天皇とその群臣の強い期待が込められていると思われる。「百寮」は少し大袈裟な表現かもしれないが、天皇一行も軍隊を中心に文官なども含めて大きな隊伍であったと思われるし、各地の行宮には大小の地域支配者たちが参向したものと推測できる。高田行宮に伺候した地域支配者たちは、水沼県主猿大海《みぬまのあがたぬしさるおおみ》を始めとする筑後ないし肥前南東部地域の豪族たちであったろう。

ところで、『書紀』は本節で見たとおり大樹のことを記し、御木（三池）の行宮が他の行宮に比して特異な存在であったことを強調する。天皇一行は御木（高田行宮）に七月四日に入り、同月七日には次の八女県《やめのあがた》に至っており、わずか足掛け四日の滞在であるにもかかわらずである。高田行宮での滞在は、景行天皇の筑紫（九州）巡

行にとってどのような意味を持っていたのであろうか。それは、景行天皇の筑紫（九州）巡行における主たる目的である「服《まつろ》わざる賊の討伐」を達成し得たということではなかっただろうか。緩やかな縛りながら大倭国を構成する筑後ないし肥前南東部の豪族たちの高田行宮への参向は、祝賀と慰労を兼ねたものであり、他の行宮における諸豪族の参向に比較して、華やかでかつ多人数であったのであろう。また、『書紀』が本項に相当の紙数を割いたうえに神秘的な歌謡まで取り込んでいることは、世界樹にあやかって大和朝廷の弥栄《いやさか》を希求する『日本書紀』編纂者の祈りであったかもしれない。

(2)　八女津媛の国

景行天皇一行は、御木（大牟田市三池）の行宮に三日留まって、七月七日に八女県に入っている。八女県は、『書紀』持統四年九月の条に「筑紫国の上陽咩郡《かみつやめのこほり》」と見え、現在の福岡県八女郡・八女市の地域である。景行天皇は大牟田から八女を通って久留米へ至っており、この道筋は弥生時代から古墳時代にかけての遺跡が連続している地域でもある。

丁酉《ひのとのとりのひ》に、八女県《やめのあがた》に到る。則《すなは》ち藤山《ふじやま》を越えて、南《みなみのかた》粟岬《あはのさき》を望《おせ》りたまふ。詔《みことのり》して曰《のたま》はく、「其《そ》の山の峯《みね》岫《くき》重畳《かさな》りて、且《また》美麗《うるは》しきこと甚《にへさ》なり。若《けだ》し神《かみ》其の山に有《ま》しますか」とのたまふ。時《とき》に水沼県主《みぬまのあがたぬし》猿大海《さるおほみ》、奏《まう》して言《まう》さく、「女神《ひめがみ》有《ま》します。名を八女津媛《やめつひめ》と曰《まう》す。常に山の中《うち》に居《ま》します」とまうす。故《かれ》、八女国《やめのくに》の名は、此《これ》に由《よ》りて起《おこ》れり。

（『書紀』景行十八年七月）

御木から八女へ

大牟田市宮原町の駛馬《はやめ》北小学校の東北にある独立丘陵に潜塚《くぐりづか》古墳（国史跡）がある。四世紀に築造された古式古墳で、頂部には銅鏡・銅剣・鉄鎌・銅鏃《どうぞく》・槍鉋《やりがんな》・管玉など多数の副葬品を持つ組み合わせ箱型石棺二基が直葬されており、同市北西部の黒崎公園には五世紀初頭の築造と推定される大型前方後円墳・黒崎観世音塚古墳がある。

大牟田市の北隣の三池郡高田町には、六世紀頃と時代は少し下るものの三角板鋲留短甲を身に着けた武装石人（国重文）を伴い三基の石棺を直葬する石神山《いしがみやま》古墳（国史跡）があり、地元では「石神さま」として信仰の対象になっている。

衙頭から見た筑紫君磐井の寿陵・岩戸山古墳（八女市吉田甚三谷）

さらに北隣の山門郡瀬高町には、権現塚古墳（築造時期未定）や五世紀のものと考えられる車塚古墳などがある。また、地元で邪馬台国の女王卑弥呼にまつわる遺跡だと伝えられる女山《ぞやま》神籠石《こうごいし》があり、直径一mもの列石が古僧都《こそうず》山西麓の標高一九五mの丘陵を取り囲むように全長三kmにわたって続いている。

景行天皇一行は、現在の国道二〇九号線に沿って東の山寄りを北上したものと思われる。御木の高田行宮に伺候した百寮には、天皇の文官・武官に加えて水沼県主・猿大海が率いる筑後地方の豪族たちが数多く含まれており、御木から八女に至るまで、これら沿道の豪族たちが天皇一行を順次守護し先導したことであろう。

人形原古墳群

八女市と八女郡広川町の市町境辺りに東西に広がる丘陵地帯は人形《にんぎょう》原《ばる》と呼ばれている。石人・石馬をもつ古墳が集中していることからの命名である。八女古墳群（国史跡）は人形原台地一帯に点在する古墳群のことで、西から石人山古墳《せきじんさん》・弘化谷古墳《こうかだに》・岩戸山古墳《いわとやま》・乗馬古墳《のりば》・善蔵塚古墳・丸山塚古墳・茶臼山古墳・丸山古墳という八基の古墳である。また、八女古墳群をさらに東に延長した地域にも古墳群は続き、最東の八女市山内の山腹には童男山古墳《どうなんざん》がある。

人形原の西端にある石人山古墳は、全長一一〇mの前方後円墳で、前方部と後円部の境に短甲を纏い靫《ゆき》を背負った身長一・八mの武装石人（国重文）が立っている。八女古墳群で最も古い前方後円墳とされ、五世紀前半代に築造されたもので筑紫君磐井《ちくしのきみいわい》（一般には大和朝廷の官職名である「筑紫国造《つくしのくにのみやつこ》」を用いる。しかし第二部で詳述するとおり、この当時の北部九州では大和朝廷から半ば独立した「筑紫王朝」を「筑紫君」が率いていたと考えられるので、本書では「筑紫君」を用いる）の祖父が被葬者であろうとされる。

八女古墳群で最も有名な岩戸山古墳は筑紫君磐井の墓だとされている。磐井の墓はかつて石人山古墳と見做されていたが、森貞次郎の詳細な調査・分析によって岩戸山古墳こそ磐井の墓であることが明らかになった(1)。全長一三五m、高さ一八mの九州最大級の前方後円墳で、後円部の東北側には一辺四三mの別区が付属している。明確な別区を持つ古墳は全国的にも岩戸山古墳以外には例がなく、衙頭《がとう》という裁判などを行う場所であったとされる。この別区や墳丘周囲で石人・石馬が多く発見されているが、一つとして完全なものはない。「磐井の乱」の後、磐井を取り逃がした腹癒せに朝廷側の兵士がことごとく破壊したと『筑後国風土記』は伝える。

上妻《かみつやめ》の県《あがた》。県の南のかた二里《ふたさと》に筑紫《つくし》の君磐井《いはゐ》の墓《はか》あり。墳《はか》の高さ七丈《ななつゑ》、周《めぐ》り六十丈《むそつゑ》、墓の田《まち》は南と北と各六十丈、東と西と各四十丈《よそつゑ》なり。石人《いはひと》と石盾《いはたて》と各六十枚《むそひら》あり、交《こもごも》に陣《つら》、成行《つらな》りて四面《よも》を周匝《めぐ》れり。東北《うしとら》の角《すみ》には一別区《あることまち》あり。号《なづ》けて衙頭《がとう》と曰ふ。衙頭とは政《まつりごと》の所なり。その中に一つの石人あり。縦容《ほしきまにま》に地に立てり。号けて解部《ときべ》と曰ふ。前に一人あり。裸形《あかはだか》に地に伏したり。号けて偸人《ぬすびと》と曰ふ。生《いのち》あるとき猪《しし》を偸《ぬす》めり。仍《すなは》ち罪《つみ》なはれぬ。側《かたはら》に石猪《いはしし》四頭《よぎ》あり。号けて賊物《かすみもの》と曰ふ。賊物とは盗《ぬす》める物なり。その処《ところ》にまた石馬《いはうま》三疋《みぎ》、石殿《いはとの》三間《みつ》、石《いは》蔵《くら》二間《ふたつ》あり。

古老《ふるおきな》の伝へて云はく「雄大迹《をほど》の天皇《すめらみこと》（継体天皇）の世《みよ》にしも、筑紫君磐井、豪強《つよ》く暴虐《あらぶ》れて皇風《おほきみ》に偃《したが》はず。生平《おだひか》なる時、預《あらかじ》めこの墓を造りをりけり。俄《にはか》に官軍《みいくさ》動発《うご》き襲《おそ》はむとする間《あいだ》、勢《いきほい》の勝《あ》へずあるを知り、独《ひと》り自《みづか》ら豊前国《とよくにのみちのくち》の上膳《かみつみけ》の県《あがた》に遁《のが》れ、南の山の峻《さが》しき嶺《みね》の曲《くま》に終《にげう》せけり。ここの官軍追ひ尋《と》むるに蹤《あと》を失ひけり。士《もののふ》の怒《いか》り泄《つ》きず、石人の手を撃ち折り石馬の頭を打ち堕《おと》しけり」といふ。古老また伝へて云はく「上妻県に多く篤《あつ》き疾《やまひ》のあるは蓋《けだ》しこれに由るか」といふ。（『釈日本紀』所引『筑後国風土記』逸文）

筑紫君磐井の乱

景行天皇の時代から少し離れることをお許し願いたい。景行天皇の筑紫巡幸から約二百年後に勃発した「筑紫君磐井の乱」は、『書紀』の継体二十一（五二七）年から翌年の条に見える。先に新羅から奪われた金官国《きんかん》とその周辺地域を再び任那に併合するため、継体天皇は近江毛野臣《おうみのけなのおみ》を出兵させるが、九州北部の豪族たちを糾合した筑紫君磐井は、近江毛野臣軍の渡海を遮るのである。

そこで「社稷《くにいへ》の存亡《ほろびほろびざらむこと》是《ここ》に在《あ》り」と危機感を持った継体天皇は、「長門《ながと》より東をば朕《われ》制《かと》らむ。筑紫《つくし》より西をば汝《いまし》制《かと》れ。専《たくめ》賞《たまひもの》罰《つみ》を行へ」と統治権の割譲とも取れる破格の恩賞を条件として物部大連《もののべのおおむらじ》麁鹿火《あらかひ》を大将軍として筑紫に派遣するのである。

継体二十二（五二八）年十一月十一日、磐井と麁鹿火は筑紫の御井郡で「旗鼓《はたつづみ》相望《あひのぞ》み、埃塵《ちり》相接《あいつ》げり。機《はかりこと》を両《ふた》つの陣《いくさ》の間に決《さだ》めて、万死《みをす》つる地《ところ》を避《さ》らず」（両軍の軍旗と軍鼓とが向き合い、軍兵のあげる埃塵は入り乱れ、両軍は勝機をつかもうと、決死で交戦し互いにゆずらなかった）とする大激戦を行い、結果として筑紫君磐井は斬られて物部大連麁鹿火の朝廷軍が勝利したのである。最後の磐井の生死にかかる部分が『書紀』と『筑後国風土記』で異なるが、実際に石人・石馬が悉く破壊されていることから、「独《ひと》り自《みづか》ら豊前国《とよくにのみちのくち》の上膳《かみつみけ》の県《あがた》に遁《のが》れ、南の山の峻《さが》しき嶺《みね》の曲《くま》に終《にげう》せけり。ここに官軍追ひ尋《と》むるに蹤《あと》を失ひけり。士《もののふ》の怒り泄《つ》きず、石人の手を撃ち折り石馬の頭を打ち堕《おと》しけり」と古老が伝える『筑後国風土記』の記事が真実に近いものを伝えているようにも思われる。

ともかく筑紫君磐井の乱は、わが国最初で最大の天下分け目の戦であった。筑紫王朝側は善戦も空しく敗退し、これを機にわが国は大和朝廷による西日本の実質支配と外交の一元化へと向かうのである。

なお、筑紫君磐井が支配した地域及び筑紫君磐井に与《くみ》する火君が支配する地域（筑後国地域及び肥後国八代以北の北西部地域）では、石人・石馬が死者を護り、豪華な装飾が石室内を飾る装飾古墳が発達するなど独特の文化地域を形成していたのである。

（継体二十二年）十二月《しはす》に、筑紫君葛子《つくしのきみくずこ》、父《かぞ》のつみに坐《よ》りて誅《つみ》せられむことを恐《おそ》りて、糟屋屯倉《かすやのみやけ》を献《たてまつ》りて、死罪贖《しぬるつみあがな》はむことを求《まう》す。

（『書紀』継体二十二年十二月）

国道三号線を挟んで岩戸山古墳の反対側（東側）にある乗場古墳が筑紫君葛子《くずこ》の墓とされる。葛子とは糟屋《かすやの》屯倉《みやけ》を献上することによって父の罪への連坐を免れたであろう筑紫君磐井の子である。また、最も東にある童男山《どうなんざん》古墳は六世紀末の築造とされ、八女古墳群を経営した最後の筑紫君の墳墓と見られている。筑紫君が率いる「筑紫王朝」は磐井の乱で滅亡したのではなく天智天皇の九（六七〇）年まで存続するのであるが、「宮」を筑後国御井郡高羅（高良）に置いたのは六世紀末までであり、以後は「新宮」が置かれた豊前国京都郡に墳墓も営まれたのであろう（第二部四章(3)「古代最大の内乱『筑紫君磐井の乱』」及び(4)「黄昏の筑紫王朝」に詳述）。

なお、童男山古墳は秦《しん》の始皇帝《しこうてい》に不老不死の仙薬の発見を命ぜられ、日本へ亡命した徐福《じょふく》の墓だと地元では伝えられている。時代は遙かに懸け離れているが、毎年地元の小学生による古墳内外の清掃が行われ徐福伝説の紙芝居などが行われている（童男山ふすべ）。

(3) 高羅の行宮

『書紀』では、景行天皇一行は八女県から藤山《ふじやま》を越え、高良山《こうらさん》の西麓を経て的　邑《いくはのむら》（浮羽）へ向ったように見える。藤山道は、現在の県道八二号線（久留米―立花線）から県道七五二号線（藤山―国分線）を経て県道八六号線（久留米―筑後線）へと続く道にほぼ重なっており、沿道近くには甲塚《かぶとづか》古墳・浦山古墳（国史跡）・祇園山古墳などが点在する。この藤山を越えた辺りで、天皇は南の粟岬《あわのさき》の方向を振り返って「山々の峰が重なってとても美しい。その山に神はいるのか」と尋ねられ、天皇に同行し案内役となっている水沼県主・猿大海が「八女津媛《やめつひめ》という女神《ひめがみ》がいて、いつも山の中に住んでいます」と答えている。

高羅行宮が置かれた戦略拠点・高良神社（久留米市御井町）

　しかし、久留米市藤山町の辺りで最も高い峠の場所から南の方向を望んでも、山々が重なって見えるという『書紀』の風景を見ることはできない。また、景行天皇が藤山から南の方向に見たという粟岬もどこなのか判然としない。粟岬を粟崎《くりさき》（「岬」を「崎」とする異文がある）の誤りとして大牟田市の黒崎を充てる説もあるが、粟岬の所在が不詳であることに変わりはない。

　一方、『肥前国風土記』の基肄《きい》郡の条に、「昔者《むかし》、纏向《まきむく》の日代《ひしろ》の宮に御《あめのしたしろしめ》宇しし天　皇《すめらみこと》（景行天皇）、巡《めぐ》り狩《いでま》しし時に、筑紫《つくし》の国御井《みい》の郡高《こほりかう》羅《ら》の行宮《かりみや》に御《いでま》して、国内《くぬち》（肥前国）を遊覧《あそ》びたまふに、霧、基肄《きゐ》の山を覆《おほ》へり」とあり、筑後の高羅《こうら》（高良）に景行天皇の行宮が設けられ、肥前国内を遊覧したとされる。現在の久留米市御井町の高良山に行宮が置かれ、ここを基地にして肥前国南東部地域への巡狩に発ったのである。景行天皇は八女県から藤山道を通って御井郡高羅の行宮に入るが、ここから向かったのは的《いくは》（生葉・浮羽）邑《むら》ではなく肥前国南東部諸郡であって、肥前国南東部地域の巡狩を終えて、改めて的（生葉・浮羽）邑へと路程を進めたものであろうと思われる。八女県に到った七月七日から的邑に到った八月までの最短でも二十日以上の日程は、高羅行宮滞在から肥前南東部地域の巡狩に要した期間であったと考えられよう。

高良大社と水沼君

久留米市御井町高良山（三一二m）の中腹に高良大社が鎮座している。高良大社の主祭神は高良玉垂命《こうらたまたれのみこと》で、住吉大神と八幡大神が併せ祀られている。高良玉垂命が『記紀』などに見えない神名であるため古くから祭神をめぐる論議が続いているという。九州の古社は八幡神を中心に国防に関連するものが多く、高良神も八幡神第一の伴神と位置づけられることから、武内宿禰に充てる説が行われている。また、神功皇后の妹・豊玉姫とか、阿《あ》曇連《ずみのむらじ》の祖・綿津見神《わたつみのかみ》などの諸説があり、最近では景行天皇の後裔を称する水沼君の祖先神であろうという主張もある。さらに御井郡は三潴郡を根幹とする水沼県に含まれる地域であり、宗像大社との関係も存在することから、海部《あまべ》、特に阿曇氏が率いていた阿曇海人の守護神として斎祭られていたとする説もある。

天皇一行の案内役を務める水沼県主・猿大海は、筑後川下流東岸（左岸）地域を支配する豪族である。水沼県は筑後国三潴《みずま》郡から御井《みい》郡の地域で、現在の福岡県三潴郡・大川市・筑後市・久留米市西部地域にあたる。水沼県主は、『書紀』神代第六段第三の一書に宗像《むなかた》三女神を斎祭る者として筑紫水沼君が見えており、『書紀』景行四年春二月の条では景行天皇と襲武媛《そのたけひめ》との間に生まれた国乳別皇子《くにちわけのみこ》が水沼別の始祖であるとしている。

宗像三女神（田心姫《たこりひめ》・湍津姫《たぎつひめ》・市杵嶋姫《いつきしまひめ》）は、『書紀』神代第六段の本文で筑紫の胸肩君《むなかたのきみ》などが祭《いつきまつ》る神とされているが、宗像三女神の祭祀にかかる胸肩君と水沼君の関係を谷川士清は「胸肩氏を左座と為し、水沼氏を右座と為す」としている。(2) 胸肩氏は玄界灘地域、水沼氏は有明海地域と元々は異なる出自の氏族であると考えられるが、いずれも海の民を統率する一族であって、相互に補完関係を保ちながら漁民の神・航海の神・交通の神として発展したものと考えられる。『肥前国風土記』基肄《きい》郡姫社郷《ひめこそのさと》の条に、筑前と筑後の国境近く、筑後川の支流の山道《やまじ》川の西に荒ぶる女神がいて旅人に危害を加えていたが、「筑前の国宗像《むなかた》の郡《こほり》の人、珂是古《かぜこ》をして、吾《あ》が社《やしろ》を祭らしめよ」との託宣を受け入れてからは危害を加えることがなくなったという説話も、両氏の緊張と融和の関係を垣間見せているようである。

▼謎の古城・神籠石

神籠石《こうごいし》は史書から消えた謎の古城である。小高い山の斜面や丘陵の側面に、〇・七―一m程度の方形の切石を延々二―三kmにわたって連ねた列石で、谷には石材を積み上げて水門が造られている。現在次の十一カ所が確認されている。

- 雷山《らいざん》（福岡県前原市）
- 宮地岳《みやじだけ》（筑紫野市）
- 高良山《こうらさん》（久留米市）
- 女山《ぞやま》（山門郡瀬高町）
- 杷木《はき》（朝倉市杷木町）
- 鹿毛馬《かげま》（飯塚市頴田町）
- 御所ケ谷《ごしょがだに》（行橋市）
- 唐原《とうばる》（築上郡上毛町大平）
- 帯隈山《おぶくまやま》（佐賀県佐賀市）
- おつぼ山（武雄市）
- 石城山《いわきやま》（山口県光市大和町）

唐・新羅侵攻の要路に築かれた雷山神籠石（前原市雷山）

神籠石が造られた目的には、列石に囲まれた内側を神聖な霊域とする説と、防備のための山城とする説がある。殊に高良山の場合は高良大社に伝わる縁起のなかに神籠石が描かれていることから霊域説がとられ、「神籠石」の名称の起源にもなったが、おつぼ山や帯隈山などの発掘調査で列石は土塁を築くための土留めであることが判明し、列石の前面には防備のための木柵跡も確認されたことなどから山城説が確定的となった。

神籠石は、極めて大きな土木工事でありながら『記紀』を始め古文献に全く記録されていない。これに比べて大野城《おおののき》（福岡県太宰府市・糟屋郡宇美町）・基肄城《きいのき》（佐賀県三養基郡基山町）などの神籠石に類似した朝鮮式山城は、『書紀』や『続日本紀』に関連の記事が見受けられる。

神籠石と朝鮮式山城との違いは、一部例外はあるものの神籠石が平野部に近い位置から尾根筋まで谷を取り込む形で列石を連ねており（包谷式）、門などに礎石はなく（石城山を除く）、域内からは若干の土器片を除いて特段の出土物が見られないのに対して、朝鮮式山城は列石を用いない土塁や石塁が山の頂上や尾根を取り囲む形で造られており（鉢巻式）、門や倉庫の跡などには礎石があり、域内からは使用されたであろう瓦や炭化米などの穀物痕が見つかっている。このことから朝鮮式山城には守備兵を常駐させているが、神籠石の山城は緊急非常時の応急的施設で、守備兵や貯蔵穀物などは常備されていなかったと思われる。つまり神籠石は戦闘のための城砦というよりも、住民のための短期避難施設であり、それ故に包谷式として最低限の飲料水のみは確保したのであろう。

なお、神籠石が造られた年代については諸説があるようだ。

①三世紀説……女山の神籠石は邪馬台国卑弥呼の城砦であるという説が「邪馬台国山門説」の地元（福岡県瀬高町）には広く流布している。しかし、神籠石の列石線が域内に作られた後期古墳の裾を横切っているため、この説は成立しないとされる。

②六世紀前半説……神籠石は継体二十一（五二七）年から翌年にかけての磐井の反乱に関係する城塞であるとする説である。神籠石が磐井の勢力圏外にも分布するので成立しないとの反論もあるが、磐井の勢力圏も変動しており、検討に値する説であろう。

③六世紀後半説……敏達天皇の十二（五八三）年、百済から帰った達率日羅《たつそつにちら》（火葦北国造阿利斯登《ありしと》の子）の「百済が筑紫の割譲を謀っているので、要害の所に堅固な塁塞を築く必要がある」との進言（敏達紀）に基づいて築かれたとする説である。表向き百済は大和朝廷への朝貢国であり友好国であるため、塁塞は密かに築かれ記録にも登載されなかったか、或いはこの情報を入手した筑紫王朝が、百済の要請に軟弱である大和朝廷の対応に不審を抱き、大和朝廷に秘密裏のうちに筑紫王朝傘下の地域豪族をして独自に築造させたのかもしれない。

④七世紀前半説……神籠石は朝鮮式山城の先駆的なもので、緊迫する朝鮮半島の状況下で造られたが、七世紀後半の朝鮮式山城の出現で神籠石の役目は消滅したとする説である。柱穴の間隔が唐尺の七間であることに関しては、神籠石の築造に関わったであろう百済の人たちが以前から唐尺を使っていても全く矛盾しないとしている。しかし、大和朝廷の軍事施設であれば『書紀』に全く記述されないことに疑問が残る。

⑤七世紀後半説……神籠石の列石の外には柱穴が唐尺の七尺間隔で並んでいる。日本で唐尺を採用したのは大化改新（六四五年）以降だとされているので神籠石も大化改新以降に築造されたとする説である。な

お、七世紀後半に築かれた朝鮮式山城も唐尺を基本にしている。

このほか、切石技術の面から神籠石と横穴式古墳とを時期的に関連づける説もある。神籠石の列石は整然と処理されているが、このように処理された切石が古墳で採用されるのは概ね終末期古墳であり、神籠石も六世紀末を遡ることはないだろうとされるのである。

なお、神籠石に関しては、第二部四章(4)「黄昏の筑紫王朝」において私見を述べている。詳細はそちらを参照していただきたいが、右の⑤説を踏まえつつ、白村江の敗戦（六六三年）による唐・新羅連合軍のわが国への侵攻を深刻に懸念した筑紫王朝が、対馬から九州、瀬戸内、畿内と大和防衛のための朝鮮式山城を構築する大和朝廷の行動を尻目に、独自に対唐・新羅施設、対大和朝廷施設として傘下の地方豪族に築造させたものと考えている。神籠石は、筑紫王朝の対大和朝廷施設でもあることから、大和朝廷の正史である『書紀』に搭載されないのは当然であろう。

水沼県主と三潴

水沼県主・猿大海《さるのおおみ》が景行天皇に臣従した功績に対して、天皇は皇子・国乳別皇子《くにちわけのみこ》を水沼氏に賜い、水沼別《わけ》として水沼氏に新たな発展の基礎を与えている。国乳別皇子は久留米市三潴《みずま》町高三潴《たかみずま》に鎮座する弓頭《ゆみがしら》神社に祀られており、すぐ北西の地に国乳別皇子を葬ったとされる烏帽子《えぼし》塚（弓頭御廟塚）古墳がある。この高三潴一帯が水沼君累代の拠点地域であったとされるのである。

また、久留米市と同市三潴町の旧市町境一帯には、烏帽子塚（弓頭御廟塚）古墳の西方の塚崎地区に弥生時代後期の銅剣を副葬する御廟塚《ごびょうづか》古墳があり、さらに北東二km程には御塚《おんつか》古墳と権現塚古墳（いづれも国史跡）が並んで営まれている。御塚古墳は直径六五mの後円部に短い前方部がつく帆立貝《ほたてがい》式前方後円墳で、見事な三重溝を廻らしており五世紀後半頃の築造とされる。権現塚古墳は直径五六mの墳丘に二重の大周溝を廻らし、外堤まで含めると直径一五二mにもなる六世紀前半の築造とされる壮大な円墳である。御廟塚古墳や烏帽子塚古墳、現在「史跡の広場」として整備されている御塚・権現塚の両古墳などは、この水沼県主一族（水沼君・水沼別）が営んだものと考えられる。なお、御塚・権現塚のすぐ南に高良大社の別宮である玉垂宮《たまたれぐう》（祭神玉垂姫）が鎮座しており、その供僧院「大善寺」は地名として現在に残っている。

肥前国南東部の巡狩

景行天皇による肥前国南東部地域の巡狩は、極めて穏やかで和気藹々とした雰囲気の中で続けられている。これは天皇一行を先導したと考えられる水沼県主・猿大海が、高良玉垂の神をはじめ阿曇（綿津見）三神、住吉三神、宗像三神など海人族が斎祭る神々を主宰する権力者であり、肥前国南東部地域の権力者・米多君《めたのきみ》もまた有明海と筑後川を共有する海人族であるため、ある種の緊張の中にも深い信頼関係を有していたからではないかと考えられる（肥前南東部地域の巡狩については、次章⑷「巡狩を受け容れ

上：水沼君発祥の地に遺る御廟塚古墳（久留米市三潴町高三潴）
下：水沼一族の墳墓とされている御塚古墳（右側）と権現塚古墳（左側）。（久留米市大善寺）

る諸郡」で詳述）。

景行天皇一行が肥前国南東部地域を巡狩した足取りを想定してみよう。景行十八（三一一）年七月十日前後に高羅（高良）行宮に入った天皇一行は、御井川（筑後川）に浮かべる渡し舟を調達するまでこの行宮に滞在（数日は要したであろう）していたに違いない。七月下旬になって肥前国養父《やぶ》郡曰理《わたり》の辺りで御井川（筑後川）を渡り、基肄《きい》郡酒井で食事を採り（鎧の奉納）、養父郡狭山《さやま》の行宮に宿泊する。養父郡狭山から三根《みね》郡米多《めた》（米多井の視察）、神埼郡神埼（櫛田《くしだ》神社・荒振神を謁見）を経て同郡三根に宿泊する。さらに神埼郡三根から三根川（城原《じょうばる》川）周辺を視察して琴木《ことき》の岡の適地を見つけ、それからの数日は琴木の岡を造成するため宮処《みやこ》の郷《さと》の行宮に滞在することになる。完成した琴木の岡で宴会を催した後、神埼郡を離れる最後の日は蒲田《かまた》に宿泊し、蒲田津から御井川（筑後川）を渡河して水沼県主・猿大海の本拠地である筑後国三潴郡高三潴に入ったものと思われる。船帆《ふなほ》の郷の人々が参集して天皇に供奉したのはこの時のことであろう。

(4) 生葉の行宮

八女から的（浮羽）へ

水沼県主・猿大海の本拠地・三潴郡高三潴を発った景行天皇一行は、八女県から的《いくは》（生葉・浮羽）邑《むら》へと向かうが、その行路は久留米市の藤山町を経由するのではなく、八女郡星野村の藤山地区を経由したのではないかと思われる。うきは市浮羽町には、八女郡星野村方面から耳納山系越えで入部する経路に沿って景行天皇にまつわる伝説が残っているのだ。景行天皇の的（生葉・浮羽）邑入りに際しては、うきは市浮羽町南部山間の内ケ原《うちがばる》に一泊し、ここの御座石に座り鉾立て石に鉾をたてて先祖を祭り、巨瀬《こせ》川沿いの朝田地区でも天神地祇を祭った後に畑田地区の浮羽島に行宮を営んだという。

この経路を現在の道路に準拠しながら辿ってみよう。八女市から国道四四二号線を東進し、八女市長野から更

地名「八女」の起源となった八女津媛神社（八女郡矢部村神窟）

に県道五二号線（八女－香春線）を星野川に沿って東進する。八女市上陽町北川内から横山川にそって同上横山まで県道七〇号線（田主丸－黒木線）を遡る。ここから東北東に県道八〇四号線（上横山－星野線）を古塚川に沿って上流に向かい、星野村古塚地区・藤山地区を経て耳納連山最高峰の鷹取山へと取り付くのである。鷹取山から尾根筋の耳納スカイラインを東進して合瀬耳納峠で県道五二号線（八女－香春線）を横断のうえ更に東進し、浮羽町の盗人馬場・平利山《へいりやま》から内ケ原へ下り、同町朝田から行宮の置かれた畑田に至るというものである。この経路にあたる鷹取山（八〇二m）から南を望めば、懐の深い奥八女の山々はまさに「山の峯岫《くき》重畳《かさな》りて、且《また》美麗《うるは》しきこと甚《にへさ》」であり、「若《けだ》し神其山《かみそのやま》に有《ま》しますか」との天皇の下問も自然に出てくるのではないかと思われる。(3)

しかし、八女郡から浮羽郡へ耳納越えで入るにあたって、この経路が天皇一行の採った唯一のものであったとは限らない。元々浮羽郡に属していた八女郡星野村（筑後国生葉郡星野郷。明治二十三〔一八九〇〕年、八女郡に編入）とうきは市浮羽町との間には、通婚をはじめとして古くから人的往来が頻繁であり、縦横に連絡通路網が設けられているからである。

天皇の下問に対して水沼県主・猿大海が「女神有します。名を八女津《やめつ》媛《ひめ》と曰す。常に山の中に居します」と紹介する八女津媛は、八女郡矢部村神　窟《かみのいわや》に鎮座する八女津媛神社の祭神で、景行天皇のこの故事から「八女」の地名起源となった神である。日向神《ひゅうがみ》峡を抱えた神秘の矢部村はまさに神の郷で、四、五年ごとの秋に行われる浮立は、村民総出で八女津媛神社に奉納する大掛かりなものである。矢部村は国道四四二号線沿いの八女郡でも最も東の奥に位置する県境の村で、竹原《たかはら》峠を越えて東

景行天皇が酒宴を催した的の浮羽島に立つ碑（うきは市浮羽町畑田）

は大分県日田市中津江村である。交通の難所であった竹原峠も、平成十七（二〇〇五）年隧道が完成して格段に利便性が向上した。

的邑での酒宴

水沼県主・猿大海に先導された景行天皇一行は、八女《やめの》県《あがた》から的邑《いくはのむら》（生葉郡・浮羽郡）へと旅程を進めており、耳納山地を越えて現在のうきは市浮羽町に入り、内ケ原、朝田地区を経て畑田に行宮を営んでいる。『豊後国風土記』にも見える「生葉の行宮」である。国道二一〇号線でうきは市吉井町から同市浮羽町に入ると、旧町境の南方一〇〇mほどに景行天皇の行宮の置かれた場所とされる「浮羽島」の石碑が見える。

八月《はつき》に、的邑《いくはのむら》に到りて進食《みをし》す。是の日に、膳夫等《かしはでたち》、盞《うき》を遺《わす》る。故、時人《ときのひと》、其の盞《うき》を忘れし処《ところ》を号《なづ》けて浮《うき》羽《は》と曰《い》ふ。今的《いくは》と謂《い》ふは訛《よこなま》れるなり。昔筑紫の俗《くにひと》、盞《うき》を号《なづ》けて浮羽《うきは》と曰《い》ひき。

（『書紀』景行十八年八月）

昔、景行天皇、巡国《くにめぐり》既に畢《おは》りたまひ都に還《かへ》りたまひし時、膳司《かしはで》、この村に御酒盞《おほみうき》を忘れつ。（云々）天皇、詔《みことのり》して曰《の》りたまはく「惜《あたら》しかも、朕《わ》が酒盞《うき》はや　俗語《くにつことば》に、酒盞を云ひて宇枳《うき》とせり」とのりたまふ。因《よ》りて宇《う》枳波夜《きはや》の郡《こほり》と曰《い》ふ。後《のち》の人、誤りて生葉《いくは》の郡《こほり》と号《なづ》けり。

（『釈日本紀』所引『筑後国風土記』逸文）

筑後国御木に入って以降、比較的穏やかに筑後国内や肥前国南東部地域を巡狩していたかに見える景行天皇にあっても、やはり大倭国の影響が及ぶ地域の巡狩には相当の気遣いがあったのであろう。筑後国最後の的《いくは》（生葉・浮羽）地域まで辿り着き、土地の豪族に迎えられた天皇はようやく晴れやかな気持ちとなり、君臣共々に大酒宴を催したのであろう。的の豪族から贈られたかも知れない酒杯を的邑に忘れたことを知り、「惜《あたら》しかも、朕《わ》が酒盞《うき》はや」と嘆く天皇にとって、的邑は思い出深い土地となったのである。

東西二四kmにものびる耳納山系北麓の旧浮羽地域は、五世紀から六世紀にかけて築造された装飾古墳の宝庫である。西から東に向かって下馬場古墳（国史跡）を中心とする草野装飾古墳群（久留米市草野）、寺徳《じとく》古墳（国史跡）を含む田主丸古墳群（久留米市田主丸町益生田）、大胆な図柄に加え中国や朝鮮の思想や文化との関連を物語り、古墳壁画中の逸品とされる珍敷塚《めずらしづか》古墳（国史跡。うきは市吉井町富永「山辺の道」筋）、若宮八幡宮を挟んで東西に営まれた日岡古墳（国史跡）と月岡古墳（同市吉井町若宮）、古墳時代を中心とする住居址の塚堂《つかんどう》遺跡と並存する塚堂古墳（同市吉井町徳丸・宮田）、巨石を用いた重定古墳や塚花塚古墳（国史跡。同市浮羽町朝田）など枚挙に暇がない。

なかでも、うきは市吉井町の若宮周辺には五世紀から六世紀までの六基の古墳で形成する壮大な古墳群があり、当地の大豪族・的臣《いくはのおみ》一族の墳墓であるとみられている。この墳墓群の代表格が月岡古墳で、的臣一族初代の墳墓と目され、五世紀中頃に造られたとされる全長九五mの前方後円墳からは、王者の石棺と言われる長持型石棺や金銅装眉庇付鉄兜・倉庫型埴輪（いずれも国重文）が出土しているのである。景行天皇を的邑で迎えた土地の豪族は、これら的臣の先祖であったことは間違いないであろう。

（1）森貞次郎「筑後国風土記逸文に見える筑紫磐井の墳墓」、「考古学雑誌」四十一巻三号（日本考古学会、昭和三十一年）所収。

（2）宗像三女神について『書紀』神代第六段の本文は「筑紫の胸肩君等が祭る神、是なり」とし、同段第三の一書は「此筑紫の水沼君等が祭る神、是なり」として宗像神社の祭祀者を異にする。この点について、岩波文庫『日本書紀』脚注は『日本書紀通証』に「丹斎日、胸肩氏為左座、水沼氏為右座」とあるとする。『日本書紀通証』は、谷川士清による『書紀』の注釈書である。全三十五巻、宝暦元（一七五一）年成立。

（3）八女郡の矢部村・黒木町・星野村及び八女市上陽町の地域は「奥八女」と呼ばれている。山から山が連なる奥八女地域は、時代が下がって天皇家を二分して覇権を争った十四世紀の南北朝時代、政治的に重要な役割を担った。

後醍醐《ごだいご》天皇の建武の新政に反旗を掲げた足利尊氏《あしかがたかうじ》は、一度は京都を敗走するものの九州多々良浜の合戦で天皇方の首魁・肥後の菊池氏を破り、その勢いで東上して室町幕府を開くことになるが、尊氏との和睦が破綻して吉野に移った後醍醐天皇（南朝）に対抗して京都に光明天皇（北朝）を擁立し、いわゆる「南北朝」を惹起することになる。これら中央の動きに連動し、九州でも極めて複雑で不安定な様相を呈しながら大宰府への覇権をかけて勢力地図の塗り替えが繰り返されるのである。

南朝方から派遣された後醍醐天皇の第十六皇子、征西将軍・懐良《かねよし》親王も、菊池氏などの支援を得て一時は行在所を大宰府に置くが、程なく九州探題・今川貞世（了俊）に追われることとなる。そして九州の南朝方は南北朝合一後も後征西将軍・良成《よしなり》親王を奉じて南朝の再興を図るべく努力を続けるのである。

この間、戦闘が繰り返される大宰府や筑後川周辺地域と菊池氏の本拠である肥後菊池との連絡や兵站《へいたん》輸送は、奥八女の山々とそこに生活する人々によって支えられ、懐良親王や良成親王の生活の多くもそこにあったとされている。懐良親王が征西将軍として九州に下向するに当たって同行した十二人の公卿の一人に大外記・明法博士・勘解由《かげゆ》次官の五条《ごじょう》頼元《よりもと》がいる。五条氏は四代・父子孫にわたって懐良親王と良成親王を奉じ、その後武将としての変遷を辿るものの、近世に旧地に復して以降今日まで黒木町大渕に居住し続けている。五条家には、十六巻三六五通の「五条家文書」、後醍醐天皇が五条頼元に授けたとされる八幡大菩薩旗（いずれも国重文）、伝懐良親王・伝五条頼元着用鎧各一領などが伝えられている。

八、『風土記』から見る西海の国々

『書紀』における景行天皇の筑紫（九州）巡幸記事には、肥前国（現在の長崎県及び佐賀県）に係るものがほとんど見られない。景行十八（三一二）年六月の条に、「高来県《たかくのあがた》より、玉杵名邑《たまきなのむら》に度《わた》りたまふ」とあり、火国《ひのくに》から玉杵名邑《たまきなのむら》へは肥前国の高来県を経由したことを示唆しており（景行天皇自身は玉名郡長渚浜の行宮に在って、高来県には神大野宿禰を派遣したと考えられる。第六章(2)「肥国は火国」参照）、また、同年七月の条で、筑後国御木《みけ》にあったとされる歴木《くぬぎ》の大木が倒れる前には「朝日の暉《ひかり》に当りて、則ち杵嶋山《きしまのやま》を隠しき」と、その大きさを表現する中で肥前国内の山名が見えているだけである。

これに比べて、現在に伝えられる『肥前国風土記』では、総記をはじめ基肄《きい》・養父《やぶ》・三根《みね》・神埼《かんざき》・佐嘉《さか》・小城《おき》・松浦《まつら》・杵嶋《きしま》・藤津《ふじつ》・彼杵《そのき》・高来《たかく》の十一郡と、これらの郡に属する十七郷について記録している。しかも、これらの記事の中に景行天皇の巡幸記事とこれに関連する記事が頻繁に見えるのである。

『肥前国風土記』はその体裁などから、大宰府の関与を受けながら『豊後国風土記』と同様の過程を経て編纂・成立したものとされている。『豊後国風土記』には、『書紀』と共通し酷似する記述が多く見受けられることから、この『風土記』を『書紀』成立以前のものとしたり、あるいは逆に『書紀』成立以後のものとしたりと、その説も定まらないのが現状である。しかし、いずれにしても密接な相互関係があったことは間違いなく、『書紀』と『豊後国風土記』との間には、全く引き写したとしか考えられないような記述すら見受けられるのである（両文献の同じ部分に傍点を付した。「血流」と「流血」は同じとした）。

則採海石榴樹、作椎為兵。因簡猛卒、授兵椎、以穿山排草、襲石室之土蜘蛛、而破于稲葉川上、悉殺其黨。血流至踝。故時人其作海石榴椎之處、曰海石榴市。亦血流之處曰血田也。

(則《すなは》ち海石榴樹《つばきのき》を採《と》りて、椎《つち》に作り兵《つはもの》にしたまふ。因《よ》りて猛《たけ》き卒《いくさ》を簡《えら》びて、兵《つはもの》の椎《つち》を授けて、山を穿《うが》ち草を排《はら》ひて、石室《いはむろ》の土蜘蛛《つちぐも》を襲ひて、稲葉《いなば》の川上に破りて、悉《ふつく》に其の党《ともがら》を殺す。血流れて踝《つぶなき》に至る。故、時人《ときのひと》、其の海石榴《つばき》の椎《つち》を作りし処を、海石榴市《つばきち》と曰《い》ふ。亦《また》血の流れし処を血田《ちた》と曰《い》ふ)

(『書紀』景行十二年冬十月)

伐採海石榴樹、作椎為兵、即簡猛卒、授兵椎、以穿山靡草、襲土蜘蛛、而悉誅殺。流血没踝。其作椎之処、曰海石榴市、亦流血之処、曰血田也。

(海石榴《つばき》の樹《き》を伐《き》り採《と》りて、椎《つち》に作りて兵《つはもの》と為《な》し、すなはち猛《たけ》き卒《いくさ》を簡《えら》みて、兵《つはもの》の椎《つち》を授けて、山を穿《うが》ち草を靡《なび》け、土蜘蛛《つちぐも》を襲ひて、悉《ことごと》に誅《つみな》ひ殺《ころ》さしめたまひき。流るる血は踝《つぶなき》を没《い》れき。その椎《つち》に作りし処を、海石榴市《つばいち》と曰《い》ひ、亦《また》血を流しし処を、血田《ちだ》と曰《い》ふ)

(『豊後国風土記』大野郡)

『書紀』の景行紀に、景行天皇の肥前国巡幸記事が採録されていない理由は定かではない。しかし、景行天皇の巡幸記事が多く採録されている『肥前国風土記』は『豊後国風土記』と同様の環境の中で編纂されたことが諸先達の研究で明確になっていることから、景行天皇の肥前国巡幸についても同様の方法で『肥前国風土記』に採録されたに違いない。よって、景行天皇の肥前国巡幸は『肥前国風土記』でその足跡を辿ることにしたい。

肥前国における景行天皇の巡幸には、大別して二群が認められる。

第一群は北西部地域六郡（高来・藤津・杵島・小城・松浦・彼杵）において武力を背景に各地の土蜘蛛などを征服するものである。ただし天皇は巡幸するものの、自ら軍を率いて討伐を行うことはなく、それぞれ地域事情に詳しい陪臣を派遣することによってその目的を遂げているのである。

さらに、第一群の征討記事は三分類することができる。

①　肥後国玉杵名邑の行宮から神大野宿禰を高来郡に派遣するものである。高来郡の有力豪族を臣従させるのみならず、肥前国北西部地域五郡（高来郡を除く）を征服するための調査派遣でもあったと思われる。天皇はこの調査を済ませて後、藤津・杵島・小城・松浦各郡の征討に乗り出すのである。

②　天皇が巡幸する途次において、陪臣を指揮官とする征討軍を派遣して近隣地域の土蜘蛛を討伐するというものである。大白《おおしろ》・中白《なかしろ》・少白《おしろ》（藤津郡）、八十女人《やそおみな》（杵島・小城郡）、海松橿媛《みるかしひめ》、大身《おおみ》、大耳《おおみみ》・垂耳《たりみみ》（松浦郡）が征討の対象である。

③　筑紫（九州）の巡幸を終えた後、豊前国宇佐の行宮から神代直《こうじろのあたい》を派遣し、彼杵郡の土蜘蛛速来津姫《はやきつひめ》・健津《たけつ》三間《みま》・篦簗《のやな》、浮穴沫媛《うきあなわひめ》を征服させるものである。

第二群は南東部地域四郡（基肄・養父・三根・神埼）の比較的限られた範囲を天皇が自ら巡狩するもので、支配に服さない土蜘蛛を討伐するなどの武力行使はなく、地域豪族や地域住民との和やかな交流が主題である。

また、これらの景行天皇による肥前国での版図拡大作戦は、三回に分けて実施されている。

①　肥後国八代県豊村から同国玉杵名邑に到るまでの景行十八年の五月初旬から六月初旬にかけての一カ月程で、高来郡への派遣調査と肥前国北西部地域四郡（藤津・杵島・小城・松浦）の征服である。

②　筑後国八女県から同的邑に到るまでの景行十八年七月初旬から八月にかけての一カ月程で、筑後国御井郡高羅の行宮から肥前国南東部四郡（基肄・養父・三根・神埼）への巡狩である。

③　筑紫（九州）巡幸を終えて豊前国宇佐の行宮に帰着の後、神代直に命じた肥前国彼杵郡の征討で、景行十八年八月から同十九年九月までの一定期間である。

［第一群］

『肥前国風土記』に景行天皇の足跡が記されているもの

・藤津郡託羅《たら》の郷　佐賀県藤津郡太良《たら》町多良《たら》が遺称地。

・杵嶋郡盤田杵《いわたき》の村　佐賀県武雄市朝日町上滝《うわたき》付近か。

・松浦郡志式《ししき》島　行宮がおかれる。長崎県平戸市志々伎町が遺称地。

『肥前国風土記』に景行天皇の陪臣の足跡が記されているもの

・高来郡　神大野宿禰《みわおおのすくね》を高来津座《たかくつくら》が迎える（神代直《こうじろのあたい》の臣従であろう）。

・藤津郡能美《のみ》の郷　穉日子《わかひこ》（紀直《きのあたい》らの祖）が土蜘蛛・大白、中白、少白を征す。佐賀県鹿島市能古見《のこみ》地区が遺称地。

・杵島郡嬢子《おみな》山　兵（指揮官は不詳）を派遣して土蜘蛛・八十女人《やそおみな》を滅す。佐賀県多久市両子山（別名・女山）が遺称地（『全集』）。

・松浦郡賀周《かす》の里　大屋田子《おおやたこ》（日下部君《くさかべのきみ》らの祖）が土蜘蛛・海松橿媛《みるかしひめ》を誅す。佐賀県唐津市見借《みるかし》地区が遺称地。

・松浦郡大屋《おおや》の嶋　勅命で土蜘蛛・大身《おおみ》を誅す（受命者は阿曇連百足《あずみのむらじももたり》であろう）。郷の南に窟がある。長崎県北松浦郡生月島《いきつきしま》か。

・松浦郡値嘉《ちか》の郷　阿曇連百足が土蜘蛛・大耳《おほみみ》、垂耳《たりみみ》を征す。長崎県北松浦郡小値賀《おぢか》島が遺称地。

・彼杵郡速来《はやき》の村　神代直が土蜘蛛・速来津姫《はやきつひめ》を征す。長崎県佐世保市早岐地区が遺称地。

・彼杵郡健《たけ》村の里　神代直が土蜘蛛・健津三間《たけつみま》を征す。長崎県佐世保市大岳台《おおたけだい》町・白岳《しらたけ》町付近か。

・彼杵郡川岸の村　神代直が土蜘蛛・篦簗《のやな》を征す。長崎県佐世保市宮地区か。

・彼杵郡浮穴《うきあな》の郷　神代直が土蜘蛛・浮穴沫媛《うきあなわひめ》を誅す。長崎県東彼杵郡川棚町から波佐見町付近（川棚川）か。

［第二群］

『肥前国風土記』に景行天皇の足跡が記されているもの

・基肄郡酒殿《さかどの》の泉　酒井の泉。佐賀県鳥栖市酒井町が遺称地。

・養父郡曰理《わたり》の郷　佐賀県鳥栖市水屋町・高田町・安楽寺町付近（『全集』）。福岡・佐賀県境の宝満川千歳橋（国道三号線）付近。

・養父郡狭山《さやま》の郷　行宮がおかれる。佐賀県鳥栖市村田町朝日山（『纂註』）。

・三根郡米多《めた》の郷　佐賀県三養基郡上峰町前牟田米多が遺称地。

・神埼郡三根《みね》の郷　佐賀県神埼市千代田町直鳥《なおとり》・姉《あね》付近（『考証』）。

・神埼郡船帆《ふなほ》の郷　佐賀県神埼市千代田町嘉納《かのう》付近（『考証』）。

・神埼郡蒲田《かまた》の郷　佐賀県佐賀市蓮池《はすいけ》町蒲田津が遺称地。

・神埼郡琴木《ことき》の岡　佐賀県神埼市千代田町余江《あまりえ》の香椎宮か（『全集』）。

・神埼郡宮処《みやこ》の郷　行宮がおかれる。佐賀県神埼市千代田町南西部付近か（『全集』）。

＊なお、『全集』は『日本古典文学全集／風土記』（植垣節也）、『纂註』は『肥前風土記纂註』（糸山貞幹）、『考証』は『肥前国豊後国風土記考証』（後藤蔵四郎）を指す。以下、本文中においても、それぞれ『全集』『纂註』『考証』という。また、『日本古典文学大系／風土記』（秋本吉郎）についても『大系』と表記する。いずれも『全集』の脚注に依拠するものである。

(1)　神が坐す高来郡

『書紀』によると、景行十八（三一二）年五月一日に肥後国葦北《あしきた》を発船した景行天皇の一行は、火国八代県の豊村《とよのむら》を経て六月三日に肥前国高来県から肥後国玉杵名邑に到着したとされている。しかし『肥前国風土記』では、肥後国玉名郡の行宮から臣下である神大野宿禰《みわおおののすくね》を肥前国高来郡に派遣し、雲仙岳を擁す島原半島であるのか島であるのかを確認させている。『風土記』の記事には年号がないが、雲仙岳が島であるか否かを調査させる『風土記』の事績が先行し、『書紀』の事績は、それに続いて肥前国西部及び北部地域四郡（藤津・杵島・小城・松浦）を巡幸（征討）した景行天皇軍が再び玉杵名邑に帰着した時のものであろう。

高来《たかく》の郡《こほり》。昔者《むかし》、纏向《まきむく》の日代《ひしろ》の宮に御宇《あめのしたしろ》しめしし天皇《すめらみこと》（景行天皇）、肥後《ひのみちのしり》の国玉名《くにたまきな》の郡長渚浜《こほりながすはま》の行宮《かりみや》に在《いま》して、この郡《こほり》の山を覧《め》して曰《い》ひしく、「その山の形、別《はな》れ嶋に似たり。陸《くが》に属《つ》く山か、別《はな》れ居《お》る嶋か。朕《あ》れ知らまく欲《ほ》りす」とのりたまふ。仍《よ》りて神大野宿禰《みわおほののすくね》に勅《おほ》せて看《み》しめたまふに、往《ゆ》きてこの郡《こほり》に到る。爰《ここ》に人あり、迎《むか》へ来て曰《い》はく、「僕《あ》はこの山の神、名は高来津座《たかくつくら》なり。天皇《すめらみこと》の使《つかひ》の来たまふを聞きて、迎《むか》え奉《まつ》らむのみ」といひき。因《よ》りて高来《たかく》の郡《こほり》と曰《い》う。

（『肥前国風土記』高来郡）

一度高来郡（現在の島原市・南島原市・雲仙市・諫早市）へ足を踏み入れた者は、島原半島が陸続きであることを容易に理解することができたはずであり、天皇軍の先遣隊として肥前国高来郡に入った神大野宿禰は、後に活躍する有力な地域豪族・神代直《こうじろのあたい》を傘下に加えて肥前国西部及び北部地域への巡幸（征討）を準備したに違いない。その後天皇軍は神代直らの情報と先導によって肥前国西部及び北部地域四郡への巡幸（征討）作戦を展開し、再び六月三日に肥後国玉杵名邑に凱旋したのである。

神大野宿禰は他に見えない名であるが、高来峰（雲仙岳）を神座《かみくら》とする神に対して同じく神の系譜にある者を派遣したと考えれば、三輪山《みわやま》の祭祀を担当する神《みわ》氏に連なる者で、豊後国大野郡を根拠とする神人《しんじん》ではないかと考えられ、後の時代の大神《おおが》氏や緒方《おがた》氏の系譜に繋がる者ではないかと思われる。

(2) 海の幸豊かな有明海西岸

託羅の郷

景行天皇十八年五月の上旬、先に派遣した神大野宿禰とこれに伴われた神代直の報告を受けた天皇の一行は、肥後国玉名郡長渚浜（熊本県玉名郡長洲町）の行宮から出航する。先導の一人である神代直は肥前国高来郡を抑えるこの地方最大の豪族で、現在の長崎県雲仙市国見町の神代地区に根拠を持っていたと考えられる。

託羅《たら》の郷《さと》。郡《こほり》の南に在り。海に臨む。同じき天皇（景行天皇）、行幸《いでま》しし時に、この郷《さと》に到りたまひ、御覧《みそなは》すに、海《わた》つ物豊《さ》多《は》なりしかば、勅曰《の》りたまひしく、「地《ところ》の勢《さま》は少《さ》くあれども、食物豊《くらひものゆた》けく足《た》らはす。豊足《たらひ》の村と謂《い》ふべし」とのりたまふ。今、託羅《たら》の郷《さと》と謂《い》ふは、訛《よこなま》れり。

（『肥前国風土記』藤津郡）

景行天皇が豊前国から豊後国へと軍船を進める中で、国前臣《くにさきのおみ》の祖・菟名手《うなで》という信頼すべき臣下の本拠地・豊後国国埼郡伊美の郷（現在の大分県国東市国見町伊美）に立ち寄っている。今回も菟名手の場合と同様に、神代直の本拠地・高来郡神代の郷（現在の長崎県南雲仙市国見町神代）を経由し、「海《わた》つ物《もの》豊《さ》多《は》なり」という藤津郡託羅の郷（現在の佐賀県藤津郡太良町多良）へ渡ったであろう。多良岳（九九六m）や経ケ岳（一〇七六m）の山塊が有明海に直接没する長崎県諫早市小長井町から佐賀県藤津郡多良町にかけては、「地《ところ》の勢《さま》は少《さ》くあれども、食物豊《くらいものゆた》けく足《た》らはす」の表現そのままの地域である。現在でも国道二〇七号線沿いのこの辺りでは、季節になるとカキの網焼きやサザエの壺焼きの簡易店舗が連なり、渡り蟹の竹崎地区が賑わうなど海産物に恵まれている。

土蜘蛛「大白・中白・少白」

天皇軍の本隊が託羅の郷から海路で北方の杵島郡盤田杵《いわたき》の村へと向かっている間、紀の直等の祖・穉日子《わかひこ》を指揮官とする別動隊が藤津郡能美《のみ》の郷を根拠とする土蜘蛛・大白《おおしろ》、中白《なかしろ》、少白《おしろ》の兄弟を討伐し服従させている。穉《わか》日子《ひこ》は『旧事紀』国造本紀に、成務天皇（第十三代）の時代に藤津の直・国造を賜ったとする若彦命とみられ、能美の郷は『和名抄』にも「藤津郡能美」とあり、現在の鹿島市能古見地区に比定される。

能美《のみ》の郷《さと》。郡の東に在り。昔者《むかし》、纏向《まきむく》の日代《ひしろ》の宮に御宇《あめのしたしろ》しめしし天皇《すめらみこと》（景行天皇）、行幸《いでま》し時に、この里に土蜘蛛《つちぐも》三人《みたり》あり。兄《え》の名は大白《おほしろ》、次の名は中白《なかしろ》、弟《おと》の名は少白《をしろ》なり。この人等、堡《をき》を造りて隠《かく》り居《す》み、降服《まつろ》ひ肯《あ》へず。その時、陪従《おもとびと》紀《き》の直《あたい》等の祖穉日子《おやわかひこ》を遣《や》りて、誅《つみな》ひ滅《ほろぼ》さしめたまはむとす。ここに、大白《おほしろ》等三人、但《ただ》、叩頭《のみ》て、己《おの》が罪過《つみ》を陳《の》べ、共に更正《またい》きむことを乞《こ》ひき。因《よ》りて能美《のみ》の郷《さと》と曰《い》ふ。（『肥前国風土記』藤津郡）

なお鹿島地域は、大穀倉地帯「筑紫平野」の西端に当たり、古くから文化の栄えた地域である。和泉式部《いずみしきぶ》の出身地である嬉野市塩田町には、和泉式部が賜ったとされる「五町田」の地名が遺っており、また、皇族や藤原氏など貴顕でもない身としては驚異的な若さ（四十歳）で高野山金剛峰寺の座主まで登り詰め、後に紀州根来《ねごろ》山大伝法院（根来寺）を興して新義真言宗の開祖となった覚鑁《かくばん》上人（興教大師）生誕の鹿島市には「誕生院」があって多くの信者の拠り所となっている。

盤田杵の村

肥後国玉名郡長渚浜から肥前国高来郡神代郷、藤津郡託羅郷と経由した景行天皇軍は、有明海の最も奥まった位置から六角川を遡り、現在の佐賀県武雄市朝日町の上滝《うわたき》（大町町福母《ふくも》とも）に比定される杵島郡盤田杵《いわたき》の村に到っている。

杵嶋《きしま》の郡《こほり》。昔者《むかし》、纏向《まきむく》の日代《ひしろ》の宮に御宇《あめのしたしろ》しめしし天皇《すめらみこと》（景行天皇）、巡《めぐ》り幸《いでま》しし時に、御船《みふね》、この郡《こほり》の盤田杵《いはたき》の村に泊《は》てたまふ。時に、船の牂牁《かし》（船を繋ぐ杭）の穴より、冷水《しみづ》自《おの》づから出《い》でき。一《ある》ひと云へらく、船泊《ふねは》てし処、自《おの》づから一嶋《しま》と成《な》りき。天皇《すめらみこと》御覧《みそなは》したまひ、群臣《まへつぎみたち》等に詔曰《の》りたまひしく、「この郡《こほり》は牂牁嶋の郡《こほり》と謂《い》ふべし」とのりたまふ。今、杵嶋《きしま》の郡《こほり》と謂《い》ふは、訛《よこなま》れり。郡《こほり》の西に湯《ゆ》の泉《いづみ》出《い》でたり。巖《いは》の岸《きし》、峻《さ》極《か》しくて、人跡《あと》罕《まれ》に及《いた》る。

（『肥前国風土記』杵島郡）

有明海は島原半島に大きく包み込まれて形成された、水深がほぼ二〇m以内の浅い海域である。大潮時の干満差は六mにも達し、干潮時には干潟が大きく広がるのである。「船を繋ぐ杭の穴から水が流れ出」たり「船を停泊していたところが島になった」という『風土記』の記述は、実にこの地域ならではのリアリティに溢れた表現といえよう。「湯の泉」とはかつて塚崎温泉と呼ばれていた武雄温泉であり、『風土記』編纂の時代にあっては人々が立ち寄り難い状況であったようだ[1]。

武雄市周辺は、杵島の郡家が六角川の上流潮見川東岸（右岸）の武雄市橘町芦原に置かれたとされるほか、矢の浦古墳・潮見古墳・玉島古墳・おつぼ山神籠石[2]（国史跡）などの史跡に見られるように、古くから交通の要衝であり文化の栄えた地域であった。また、廻里江《めぐりえ》川と塩田川に挟まれ、杵島山から東南へ伸びた丘陵の先端部には龍王崎古墳群が営まれている。同古墳群は、二十五基（現存十七基）ほどの集合墳で、多数の玉類・利器類・土器類のほか金銅を豊富に用いた装飾品を副葬品として持つ五世紀から六世紀頃の古墳群である。

歌垣の杵島山

おつぼ山神籠石（武雄市橘町大日）の北東に位置する杵島山《きしま》（三四五m）では、古くからの習俗として毎年春秋に歌垣《うたがき》が行われていた。歌垣とは、男女が集まって飲食しながら掛け合いで歌をうたいあうもので、男女の出

日本三大歌垣の１つ杵島山（武雄市・白石町の市町境）

会いの場、自由な性的交渉の許される場であり、求婚の場でもあった。杵島山の歌垣は『肥前国風土記』逸文に見えており、関東の筑波山《つくばさん》・関西の摂津山《せっつさん》と並んで日本三大歌垣の一つとされている。

杵嶋《きしま》の郡《こほり》。県《あがた》の南のかた二里《ふたさと》に一孤《あるひとつ》の山あり。坤《ひつじさる》（南西）のかたゆ艮《うしとら》（北東）のかたを指して三《みつ》の峰《を》相連《つらな》れり。名《なづ》けて杵嶋《きしま》と曰《い》ふ。峰の坤《ひつじさる》を比古神《ひこがみ》と曰ふ。中を比売神《ひめがみ》と曰ふ。艮《うしとら》を御子神《みこがみ》と曰ふ。一名《またのな》を軍神《いくさがみ》といひ動けば則《すなは》ち兵興《いくさおこ》るといふ。郷閭《さと》の士女《をとこをみな》、酒を提《さ》げ琴を抱《いだ》きて、毎歳《としごと》の春と秋とに携手《たづさは》り登望《のぼ》り楽飲《うたげ》し歌ひ舞へり。曲《うた》尽きて帰る。歌の詞《ことば》に云ふ、

霰《あられ》降る　杵嶋《きしま》の岳《たけ》を　さがしみと　草取りがねて　妹《いも》が手を取る

こは杵嶋曲《きしまぶり》なり。

（『万葉集註釈』所引『肥前国風土記』逸文）

杵島曲《きしまぶり》とは日本古代歌謡の歌曲名で、右の歌に基づくものである。歌詞が異なっても同じ曲節を持つものを「杵島曲」と称したとされる。『常陸国風土記』行方《なめかた》の郡の条に、崇神天皇時代の建借間命《たけかしま》の伝承として、「杵島の唱曲《うたぶり》」を七日七夜遊び楽しみ歌い舞ったとあり、全国的に広く流布していたことが分かる。筑紫発祥の歌曲が、全国各地で行われていたであろう歌垣などで盛んに歌われていたのである。

土蜘蛛「八十女人」

天皇軍が松浦郡方面へ巡幸するに当っての最初の行動は、現在の多久市東多久の両子山《ふたごさん》（別名・女山、三三七

m）或いは八幡岳東方二・二kmの女山（別名・船山、六八五m）に比定される嬢子山《おみなやま》を拠点に佐賀県多久及び小城地域を支配していた土蜘蛛・八十女人《やそおみな》を誅滅させることであった。肥前国内の征討作戦では指揮官が明らかにされることを常とするが、八十女人誅滅作戦では「兵を遣りて」滅ぼしたとあるのみである。このことから、この作戦は小規模軍による奇襲作戦であったと推測される。「掩《おそ》ふ」とは「備えざるに乗じて之を襲い取る、不意打ちにする」（『字源』）という意味である。

> 嬢子山《をみなやま》。郡の東北の方に在り。同じき天皇《すめらみこと》（景行天皇）、行幸《いでま》しし時に、土蜘蛛八十女人《つちぐもやそをみな》、この山の頂《いただき》にあり、常に皇命《おほみこと》に捍《さか》へ、降服《まつろ》ひ肯《あ》へざりき。ここに、兵《いくさびと》を遣《や》りて掩《おそ》ひ滅《ほろぼ》さしめたまひき。因《よ》りて嬢子山《をみなやま》と曰《い》ふ。
>
> （『肥前国風土記』杵嶋郡）

(3) 北辺の海に生きる海人族

天皇軍は、杵島郡嬢子山（多久市両子山）の土蜘蛛・八十女人の討伐を済ますと、杵島郡盤田杵（武雄市朝日町上滝）を発って松浦郡へと向かうこととなる。天皇軍は武雄市から伊万里市方面への進路を取ったものと思われるが、別途、天皇は陪臣の大屋田子《おおやたこ》を派遣して松浦郡賀周《かす》の里に住む土蜘蛛・海松橿媛《みるかしひめ》を誅滅させている。

土蜘蛛「海松橿媛」

賀周《かす》の里は、佐賀県唐津市見借《みるかし》地区が遺称地である。見借地区は、日本最古の水田遺跡を含む縄文時代から弥生時代にかけての重層的文化層が確認された菜畑《なばたけ》遺跡（国史跡。唐津市菜畑松円寺山）や後漢鏡二面・有鉤銅釧二十六個・巴型銅器三個などが出土した桜馬場遺跡（唐津市桜馬場四丁目）から西に二km程の佐志川上流にあたり、海松橿媛《みるかしひめ》はこの地域を本拠地にして周辺に影響力を行使していたのであろう。

海松橿媛討伐軍の指揮官・大屋田子は、『肥前国風土記』の本条で日下部君《くさかべのきみ》の祖であるとする。日下部君は開化天皇（第九代）の皇子・彦《ひこ》坐王《いますおう》の後裔であると共に、『肥前国風土記』松浦郡鏡の渡の条では弟日《おとひ》姫子《ひめこ》（松浦佐用比売《まつらさよひめ》）を祖としている。松浦佐用比売は大伴狭手彦《おおとものさでひこ》（大伴金村の子）との悲恋逸話から大伴狭手彦と同時代（六世紀中頃）の人物であるので、大屋田子は松浦佐用比売の祖という可能性もあるであろう。

松浦佐用姫伝説を伝える鏡山（唐津市鏡）

賀周《かす》の里《さと》。郡の西北にあり。昔者《むかし》、この里に土蜘蛛《つちぐも》あり、名を海松橿《みるかし》媛《ひめ》と曰《い》ふ。纏向《まきむく》の日代《ひしろ》の宮に御宇《あめのしたしろ》しめしし天皇《すめらみこと》（景行天皇）、国巡《くにめぐ》りましし時に、陪従《おもとびと》大屋田子《おほやたこ》日下部《くさかべ》君等の祖なり。を遣《や》りて誅《つみな》ひ滅《ほろぼ》さしめたまふ。時に霞《かすみ》四《よ》もを含みて、物の色見えず。因《よ》りて霞《かすみ》の里と曰ふ。今、賀周《かす》の里《さと》と謂《い》ふは、訛《よこなま》れり。

（『肥前国風土記』松浦郡）

唐津地域は、『魏志倭人伝』に「又一海を渡る千餘里、末盧《まつろ》国に至る。四千餘戸有り。山海に濱《そ》うて居る。草木茂盛し、行くに前人を見ず。好んで魚鰒《ぎょふく》（魚と鮑《あわび》）を捕え、水深浅と無く、皆沈没して之を取る」と記され、末盧国に比定される地域である。中国や朝鮮半島と日本列島との文化交流の大動脈に位置しているので当然遺跡も多彩であり、特に弥生時代の墳墓と副葬品に南部朝鮮との関連が見られると指摘される。

唐津地域には、松浦川西岸（左岸）地域の菜畑遺跡や桜馬場遺跡の他に、松浦川東岸（右岸）地域に柏崎遺跡群（柏崎貝塚・田島遺跡・割石支石墓群）、宇木遺跡群（瀬戸口支石墓群・森田支石墓群・宇木汲田《うきくんでん》甕棺墓群・

宇木汲田貝塚）、鶴崎遺跡群（迫頭《さこがしら》古墳群・鶴崎遺跡・東宇木遺跡）、葉山尻《はやまじり》遺跡群（葉山尻支石墓群・岸高支石墓群）などの弥生時代を中心とする遺跡群があり、唐津市浜玉町を東から西へ流れる玉島川[3]の周辺には五反田支石墓群、谷口古墳（国史跡。四世紀末頃）、経塚山古墳（四世紀後半頃）などの遺跡群がある。また、[4]鏡山周辺に横田下古墳（国史跡。五世紀前半頃）、樋の口古墳（五世紀後半頃）、島田塚古墳（六世紀中頃）などがあり、松浦川中流の久里《くり》地区には北九州最大規模の前期古墳である久里双水《くりそうずい》古墳などの古墳群がある。

しかし、海松橿媛が影響力を行使し覇を唱えた地域は、最大でも松浦川の西岸（左岸）地域までであったと考えられる。松浦川の東岸（右岸）地域は末盧国であり、末盧国は伊都国が掌握する海洋漁労国家群の一員として大倭国を構成する国であったと考えられるからである。景行天皇は筑紫（九州）巡幸に当たって大倭国の主要領域には踏み込まないことを原則としているようであり、また、緩やかではあるが大倭国との関係があると懸念される日向国（旧投馬国）・筑後国・肥前国南東部地域においても、地域の協力を得ながら注意深く友好的に巡狩しており、征討記事は皆無なのである。

阿曇連百足

大屋田子が土蜘蛛・海松橿媛を誅滅させるのと並行して、天皇軍は杵島郡盤田杵村から北西に、伊万里方面に向かったと思われる。北松浦地域への征討の始まりである。天皇軍は、現在の国道四九八号線に沿って、武雄市朝日町上滝から戸坂峠を越え、川古《かわご》地区、鹿路《ろくろ》峠、桃川地区を経由し浪瀬峠を越えて伊万里に到ったことであろう。

伊万里周辺は、遠く先土器・縄文時代から注目を集めていた地域である。伊万里富士の名で呼ばれる腰岳《こしだけ》（四八八m）からは良質の黒曜石を産し、腰岳産の黒曜石は九州のみならず一部は中国・四国の西部地域まで運ばれており、韓国釜山《プサン》広域市東三洞《トンサムドン》貝塚からも出土しているのである。また、有田川西岸（左岸）の東山代《ひがしやましろ》地区には先土器・縄文時代の白蛇山岩蔭《はくじゃさんいわかげ》遺跡が発見されている。

天皇軍と阿曇連百足が合流した行宮跡・淀姫神社（松浦市志佐大浜）

さらに伊万里湾の左岸地域には、佐代川東岸（右岸）の山代町立岩に弥生から古墳時代にかけての太田堤遺跡があり、また腰岳の北西山麓の二里《にり》町川東地区には三角縁神獣鏡・鉄剣などを出土した杢路寺《もくろじ》古墳（前方後円墳。現在消滅）があり、そのすぐ南の二里町橋本地区の水田には弥生時代の甕棺墓群が埋っている（発掘の後埋め戻す）のである。

長崎県松浦市志佐《しさ》町に鎮座する淀姫《よどひめ》神社は、祭神を神功皇后の妹である淀姫《よどひめ》命のほか景行天皇および豊玉姫命としている。神社の由緒では、景行天皇が同十八年の巡幸に際して、この地に行宮を建てたとされており、また、淀姫命は神功皇后の新羅出兵に際して松浦地方の族長・磯良《いそら》の協力によって兵と船を集めて出陣し、沙伽羅龍王から借りた潮満つ玉・潮干る玉により神功皇后軍を戦勝に導いたとされている。磯良は志賀海神社の摂社である今宮神社の祭神の一人である阿曇磯良丸《いそらまる》であると考えられ、海神の女《むすめ》である豊玉姫命が火遠理命《ほおりのみこと》（山幸彦）に塩盈珠《しおみつたま》・塩乾珠《しおひるたま》を与えて火照命《ほてりのみこと》（海幸彦）を服従させたとする神話にも阿曇氏が深く関与していると思われる。

『肥前国風土記』松浦郡値嘉《ちか》郷の条では、景行天皇が志式嶋《ししき》（平戸島）から阿曇連百足《あづみのむらじももたり》を値嘉郷（五島列島北部）へ派遣している。景行天皇は各地域や各職群の実力者をそれぞれの地域などにおいて適宜に征討軍指揮官として登用していることから、阿曇連百足を淀姫神社が鎮座する松浦市志佐で天皇軍に合流させ、北松浦地域の巡幸を海路から先導させたと考えられる。

阿曇氏は北部九州を中心に全国の海部《あまべ》を支配する海人族の首魁である。『古事記』によれば、黄泉《よみ》の国から脱出した伊耶那岐《いざなぎ》命が竺紫《ちくし》の日向《ひむか》の橘《たちばな》の小戸《おど》の阿波岐原《あはぎはら》で禊祓《みそぎばら》いをした時に、墨江《すみのえ》三神（底筒之男命・中筒之男命・上筒之男命）と共に海神《わたつみ》三神（底津綿津見神・中津綿津見神・上津綿津見神）を化成するが、阿曇連は海神三神を祖神として奉斎する氏族である。『書紀』神代第五段第六の一書においてもほぼ同様の内容が記されている。阿曇氏は『和名抄』の筑前国糟屋郡阿曇郷（福岡市東区志賀島）を本拠としながら摂津《せっつ》・伯耆《ほうき》・因幡《いなば》・近江《おうみ》・信濃《しなの》などに広く分布している。「海神三神の総本社」である志賀海《しかのうみ》神社は、古くから玄界灘に臨む海上交通の要衝として聖域視されてきた志賀島に鎮座し、海の守護神として篤く信仰されている。海神三神は、住吉三神（墨江三神）、宗像三神（多紀理毘売命・市寸島比売命・田寸津比売命）と共にわが国で最も有力な海神の一つなのである。

土蜘蛛「大身」

松浦郡志佐郷を出航した景行天皇一行は、西方の大家《おおや》嶋方面を目指すこととなる。星鹿《ほしか》半島をまわり平戸島の北の海を南に回り込み、平戸島と生月《いきつき》島間の辰《たつ》の瀬戸を通過したものと思われる。そして、大家の嶋はこの平戸市の生月島であろうと推測される。

大家《おほや》の嶋《しま》。郡の西に在り。昔者《むかし》、纏向《まきむく》の日代《ひしろ》の宮に御宇《あめのしたしろ》しめしし天皇《すめらみこと》（景行天皇）、巡《めぐ》り幸《いでま》しし時に、この村に土蜘蛛《つちぐも》あり、名を大身《おほみ》と曰《い》ふ。恒《つね》に皇命《おほみこと》に拒《さか》へて降服《まつろ》ひ肯《あ》へざりき。天皇、勅命《みことのり》して誅《つみな》ひ滅《ほろぼ》さしめたまふ。それより以来《このかた》、白水郎等《あまども》、この嶋に就《つ》きて、家《いへ》を造《つく》りて居《す》めり。因《よ》りて大家《おほや》の郷《さと》と曰《い》ふ。郷《さと》の南に窟《いはや》あり。鍾乳《いしのち》、また木蘭《もくらに》あり。廻縁《めぐり》の海は、蚫《あはび》・螺《さざえ》・鯛《たひ》・雑魚《くさぐさのうを》、また海藻《め》・海松《みる》、多《さは》なり。

（『肥前国風土記』松浦郡）

『肥前国風土記』には大家の嶋を特徴付けるものとして「郷の南に窟《いわや》あり」とある。南部に洞窟のある島は、北松浦郡地域では生月島しか見当たらない。生月島には南西端の断崖下に「はなぐり洞門」がある。天皇一行が辰の瀬戸を通過するにあたり、服従しない土蜘蛛・大身《おおみ》を阿曇連百足《ももたり》が降したのであろう。

土蜘蛛「大耳・垂耳」

大家の島の土蜘蛛・大身を降した景行天皇一行は志式《ししき》嶋の行宮に入っている。志式嶋は現在の平戸島で、志々《しじ》伎《き》町や志々伎神社にその名前が伝わっている。景行天皇の行宮が平戸島のどこにあったか確かなことは分からないが、神船崎《しぶねざき》などの地名が伝わる平戸市神船町の若宮浦、志々伎神社の地宮と沖宮が鎮座する同市宮ノ浦など平戸島の南部に良港が見られるので、これらのいずれかであったと思われる(5)。

平戸島の西南端から西方に目をやれば五島列島は指呼の間に見える。値賀《ちか》の郷《さと》である。人が住む第一の小近《おぢか》嶋は現在の小値賀《おぢか》島、第二の大近《おおぢか》嶋は宇久《うく》島であろうと推測され、それぞれに土蜘蛛・大耳《おほみみ》と土蜘蛛・垂耳《たりみみ》が住んでいたという。天皇は阿曇連百足を派遣してこれらの島を巡察させ、大耳などを確保して天皇への服従を誓わせている。天皇はこれらの土蜘蛛を誅殺させようとしたが、大耳などは贄《にえ》として海産物を献上し、天皇に対する食事を作る条件と懸命の謝罪で一命を取りとめている。阿曇連百足の取り成しであろうと思われるこれらの説話の中に、阿曇氏が宮廷での御膳奉仕をすることになる由来を見ることができ、阿曇氏の海人族支配の状況が理解できる。『書紀』によれば応神三（三九二）年十一月の条に「処処の海人《あま》、さばめきて命に従はず。則ち阿曇連祖大浜宿禰を遣《つかわ》して、そのさばめきを平《たひら》ぐ。因《よ》りて海人《あま》の宰《みこともち》とす」とあり、阿曇氏は応神天皇から「海人の宰」つまり海部《あまべ》の長官に任じられているのである。

値嘉《ちか》の郷《さと》。郡の西南の海中《わたなか》に在り。烽《とぶひ》の処三所あり。昔者《むかし》、同じき天皇《すめらみこと》（景行天皇）、巡《めぐ》り幸《いでま》しし時に、志式嶋《ししきしま》の行宮《かりみや》に在《いま》して、西の海を御覧《みそなは》したまふ。海中《わたなか》に嶋あり、烟気《けぶり》多《さは》に覆《おほ》へり。陪従《おもとびと》阿曇《あづみ》の連百足《むらじももたり》に勅《おほ》せて、遣《や》

宮ノ浦湾の小島に鎮座する志々伎神社沖の宮（平戸市宮ノ浦）

りて祭《み》しめたまふ。爰《ここ》に八十《やそ》余りあり。就中《そのなか》の二つの嶋には、嶋別《しまごと》に人あり。第一《はじめ》の嶋の名は小近《をちか》、土蜘蛛《つちぐも》大耳居《おほみみす》み、第二《つぎ》の嶋の名は大近《おほちか》、土蜘蛛垂耳居《たりみみす》めり。自余《そのほか》の嶋は、並《とも》に人在《あ》らず。ここに、百足《ももたり》、大耳等《おほみみら》を獲《とら》へて奏《まを》し聞《きこ》ゆ。天皇《すめらみこと》、勅《みことのり》して、誅《つみな》ひ殺《ころ》さしめむとしたまふ。時に、大耳等《おほみみら》、叩頭《のみ》て陳《の》べ聞《きこ》えて曰《い》はく、「大耳等《おほみみら》の罪《つみ》は、実《まこと》に極刑《しぬるつみ》に当《あた》れり。万《よろづ》たび戮殺《ころ》さるるとも、罪《つみ》を塞《ふさ》ぐに足《た》らじ。若《も》し恩情《おほみめぐみ》を降《くだ》したまひて、再生《またい》くること得《え》ば、御贄《みにえ》を造《つく》り奉《まつ》りて、恒《つね》に御膳《みけ》に貢《たてまつ》らむ」とまをして、すなはち木の皮を取りて、長蚫《ながあはび》・鞭蚫《むちあはび》・短蚫《みじかあはび》・陰蚫《かげあはび》・羽割蚫《はわりあはび》等の様《ためし》を作りて御所《みもと》に献《たてまつ》りき。ここに、天皇《すめらみこと》、恩《みめぐみ》を垂《た》れて赦《ゆる》し放《や》りたまひき。

更《また》、勅云《みことの》りたまひしく、「この嶋は遠《とほ》けども、猶《な》ほ近きがごとく見ゆれば、近嶋《ちかしま》と謂《い》ふべし」とのりたまふ。因《よ》りて値嘉《ちか》と曰《い》ふ。嶋にはすなはち、檳榔《あぢまさ》・木蘭《もくらに》・枝子《くちなし》・木蓮子《いたび》・黒葛《つづら》・篁《なよたけ》・篠《しの》・木綿《ゆふ》・荷《はちす》・莧《ひゆ》あり。海にはすなはち、蚫《あはび》・螺《さざえ》・鯛《たひ》・鯖《さば》・雑魚《くさぐさのうを》・海藻《め》・海松《みる》・雑海菜《くさぐさのもは》あり。その白水郎《あま》、馬・牛に富む。

或《ある》は一百《もも》余《あま》りの近き嶋あり。或《ある》は八十《やそ》余《あま》りの近き嶋あり。西に船を泊《は》つる停二処《とまりふたところ》あり。一処の名は相子田《あいこだ》の停と曰ふ。廿余りの船を泊つべし。一処の名は川原《かはら》の浦と曰ふ。一（ママ）十余りの船を泊つべし。遣唐《けんたう》の使《つかひ》は、この停《とまり》より発《た》ちて、美弥良久《みねらく》の埼 すなはち川原浦の西の埼、是なり。に到り、ここより発船《ふなたち》して、西を指《さ》して度《わた》る。この嶋の白水郎《あま》、容貌《かたち》は隼人《はやひと》に似て、恒《つね》に騎射《うまゆみ》を好み、その言語《ことば》は、俗人《くにひと》と異《こと》なり。

（『肥前国風土記』松浦郡）

本条（値賀《ちか》の郷《さと》）の後段、「或は一百余りの近き嶋あり、或は八十余りの近き嶋あり」以下については、前段とは別の地理記述であり、時代も五島列島が遣唐使の南路の寄港地とされた八世紀初頭以降で、『風土記』が撰進された頃の知見であろう。相《あい》子田《こだ》の停《とまり》は中通島《なかどおり》の新上五島町相河《あいかわ》郷であり、川原《かはら》の浦は福江島の五島市岐宿《きしく》町川原《かわら》郷であり、美弥良久《みねらく》の埼は五島市三井楽《みいらく》町の柏崎《かしわざき》に比定されよう。

ただ本条（値賀の郷）の最終段、「この嶋の白水郎《あま》、容貌は隼人《はやひと》に似て、恒に騎射《うまゆみ》を好み、その言語《ことば》は、俗人《くにひと》と異なり」について、若干の検討を加えておこう。

五島列島には、弥生時代の宇久松原遺跡（宇久島）や弥生時代から古墳時代にかけての神ノ崎遺跡（小値賀島黒島）などがある。これらの遺跡からは多くの箱式石棺墓が確認されている。なかでも板石を持ち送りする特異な形態の石棺墓群があり、弥生時代のものは小田富士雄によって「板石積石棺墓」と命名され、古墳時代のそれは南九州の熊襲・隼人の墳墓とされる「地下式板石積石室墓」と同様の系譜であると評価されて五・六世紀の墳墓と位置づけられている。

海幸彦・山幸彦神話の登場人物は、山幸彦が皇祖・彦火々出見命《ひこほほでみのみこと》、海幸彦が隼人《はやと》の祖・火蘭降命《ほのすそりのみこと》であり（『書紀』）、山幸彦の妃となる豊玉姫《とよたまひめ》の父神が綿津見《わたつみ》神（海神）で阿曇《あずみ》氏の祖と考えられている。綿津見神は山幸彦を助けて海幸彦の制圧に協力する。実際、海人族の首魁である阿曇氏（綿津見神）が化外の海人族（海幸彦）を服従させ、叛乱する海人族を抑えて大和朝廷（山幸彦）の版図拡大に貢献しているのである。半ば化外の民族である隼人と海の道を介して類似の文化を共有し、世間（俗人）には理解できない言葉を話す値嘉嶋《ちかのしま》（五島列島）の人々は、一般の人々にとって蔑視の対象であるとともに畏怖の対象でもあったろう。このような人々を朝廷の権威に服従させることができる阿曇氏が神話に現れるのも当然かもしれない。

五島列島で認められる高塚古墳は、現在のところ小値賀島の神方《かみかた》古墳と水ノ下古墳の二基のみとされる。前者は六世紀末から七世紀初頭、後者は七世紀末から八世紀中頃に位置づけられているが、いずれの古墳も長期間にわたって追葬や祭儀が行われていたであろうことを考慮して六世紀末頃に成立したものであろうとされている。つまり、五島列島が名実共に中央政権に組み込まれたのは六世紀になってからだと考えられるのである。

さらに、宇久島の宮ノ首遺跡では、古墳時代の六世紀末から奈良時代にかけてアワビを主体とする特殊な貝塚が営まれている。宮崎貴夫は、「遺跡は、『肥前国風土記』の値嘉嶋の説明にある干アワビなどの水産加工品を製造し、律令制における租庸調の古代税制、特に土地の特産物である調に関係する古代生産遺跡であった可能性が高く、出土した遺物から六世紀末から七世紀初頭頃に萌芽的な貢納体制に組み込まれたことが予想される」とし、「後期古墳の出現と萌芽的な貢納体制の確立とが連動した政治的な事象であったことが看取される」としている。(6) 長蚫《ながあわび》・鞭蚫《むちあわび》・短蚫《みじかあわび》・陰蚫《かげあわび》・羽割蚫《はわりあわび》などはアワビの肉を乾かして種々の形に加工した食品で、『延喜式』に筑前や肥前からの貢納品としてその名が見える。

景行天皇が通った早岐の瀬戸（佐世保市早岐）

値嘉嶋の征討を終えた景行天皇とその一行は、佐世保湾から早岐瀬戸《はいきのせと》（西海橋の架かる針尾瀬戸《はりおのせと》の潮流は早く危険であり、潮流の比較的緩やかな早岐瀬戸を通過したであろう。早岐瀬戸を見下ろす位置に鎮座する住吉神社と速来神社に景行天皇の征西との関連が伝えられている）を抜け、早岐瀬戸を抑《おさ》え大村湾東岸に跋扈《ばっこ》する土蜘蛛（速来津《はやきつ》姫・健津三間《たけつみま》・篦簗《のやな》・浮穴沫《うきあなわ》媛）の討伐は別の機会に期しつつ大村湾を南下し、大村湾から諫早市の東大川を遡った小船越にて有明海へ下る本明川へと軍船を曳航《えいこう》し、あるいは杵島郡盤田杵村から回航させた軍船を駆って、肥後国玉杵名邑へ凱旋したと考えられよう。

(4) 巡狩を受け容れる諸郡

『書紀』によれば、景行天皇は景行十八（三二一）年七月七日に筑後国御木《みけ》の高田の行宮《かりみや》（大牟田市）から八女県《やめのあがた》（八女市）に到っており、八月（日の記載はない）には的邑《いくはのむら》（うきは市）に到って進食《みおし》をしている。この間一カ月前後の空白期間に天皇一行は何をしていたのか。筑後国御井《みい》郡《こおり》高羅《こうら》（久留米市）に行宮を営むとともに、肥前国南東部地域の筑紫平野の各地を巡狩したのである。『書紀』には、高羅の行宮のことや肥前南東部の巡狩のことなど一切触れられていない。しかし、この間のことであろう景行天皇の巡狩記事が『肥前国風土記』の基肄《きい》郡・養父《やぶ》郡・三根《みね》郡・神埼《かんざき》郡の各条に詳しく記されているのである。

再び高羅の行宮

景行天皇が営んだ筑後国御井郡の高羅《こうら》の行宮《かりみや》は、高良《こうら》大社とほぼ重なる場所に営まれたであろうと考えられる。高良大社を擁する高良山（三一二m）は耳納《みのう》連山の最西端にあって、筑後国北部から西部にかけての広い範囲が手に取るように把握でき、肥前国東部から筑前国南部も一望の下に見渡すことができる。大規模な神籠石《こうごいし》の列石に囲まれ戦略的に重要な高良山は、景行天皇の時代からおよそ二百年後の継体天皇の時代に、中央の大和朝廷と九州の筑紫王朝という二つの対立する政治勢力が筑紫の御井郡で大会戦を行った際、筑紫王朝の大王である筑紫《ちくしの》君《きみ》磐井《いわい》が本拠地としたところである。現在においても、磐井城・磐井川・磐井清水などの地名を山麓に探すことができる。

> 基肄《きい》の郡《こほり》。昔者《むかし》、纏向《まきむく》の日代《ひしろ》の宮に御宇《あめのしたしろ》しめしし天皇《すめらみこと》（景行天皇）、巡《めぐ》り狩《いでま》しし時に、筑紫《つくし》の国御井《みゐ》の郡高羅《かうら》（高良）の行宮《かりみや》に御《いでま》して、国内《くぬち》を遊覧《あそ》びたまふに、霧《きり》、基肄《きい》の山を覆《おほ》へり。天皇、勅曰《の》りたまひしく、「その国は、霧の国と謂《い》ふべし」とのりたまふ。後《のち》の人、改めて基肄《きい》の国《くに》と号《なづ》く。今以《いまも》ちて郡《こほり》の名と為《な》す。
>
> （『肥前国風土記』基肄郡）

筑後国御井郡の高羅の行宮から景行天皇が肥前国基肄《きい》郡方面を眺めたときに霧が覆い隠していたという基肄の山は現在の基山（四〇五m）で、後に天智天皇によって朝鮮式山城・基肄城《きいのき》が築かれた国境の山である。日本軍が朝鮮半島百済の白村江《はくすきのえ》において唐・新羅の連合軍に大敗を喫した二年後の天智四（六六五）年、天皇は百済の亡命指揮官である憶礼福留《おくらいふくる》と四比福夫《しひふくふ》の指導の下、大宰府を防衛する施設として大野城と基肄城（いずれも国特別史跡）を築いている。基肄城は、城門・石垣・水門などがある総延長四・三kmの土塁で囲まれ、城内では有事の際の食料や兵器の倉庫であろう四十棟以上の建物群も発見されている。基肄城からは、博多湾・大野城・高良山・筑後川などが一望でき、まさに大宰府防衛の南の要衝を占めているといえる。

朝日山から望む基肄城の基山（写真中央。三養基郡基山町）

鎧を求める長岡の神

基肄《きい》郡は、北に筑前・筑後・肥前三国の国境・三国峠を控えながら基肄駅を抱えるなど、古代から交通の要衝とされた地域であり、現在でも、九州自動車道・国道三号線・鳥栖筑紫野道路・JR鹿児島本線・西鉄大牟田線などが犇《ひし》めいている。

『肥前国風土記』の基肄郡姫社《ひめこそ》の郷の条に「昔、この川の西に荒ぶる神あり、行路《みちゆ》く人、多《さは》に殺害《ころ》され、半ばは凌《しの》ぎ半ばは殺《し》にき」とある姫社の神も通行を管理する神であった。姫社の郷は永世《ながよ》神社（佐賀県鳥栖市永吉町）から長崎自動車道を隔てたすぐ南の姫方町が遺称地で姫古曽《ひめこそ》神社が鎮座している。長岡の神（永世の神）も通行を管理する神の一人であったと考えられる。長岡の神が天皇の身に着ける鎧を欲したということは、天皇の傘下に入ることを意味しているであろう。なお、天皇が食事をしたという酒殿《さかどの》の泉は、地名から鳥栖市内の酒井や今泉《いずみ》ではないかと思われる。

長岡《ながをか》の神《かみ》の社《やしろ》。郡の東に在り。同じき天皇（景行天皇）、高羅《かうら》（高良）の行宮《かりみや》より還《かへ》り幸《いでま》して、酒殿《さかどの》の泉の辺《へ》に在《いま》しき。ここに、膳《みにへ》を薦《すす》むる時に、御具《みそなへ》の甲鎧《よろひ》、光明《かがや》きて常に異《こと》なりき。仍《よ》りて占問《うらと》はせたまふに、卜部《うらべ》の殖坂《ゑさか》、奏云《まを》ししく、「この地《くに》にいます神、甚御鎧《いとみよろひ》を願《ほ》りす」とまをす。天皇宣《の》りたまひしく、「実《まこと》に然《しか》らば、神の社《やしろ》に納《い》れ奉《たてまつ》らむ。永き世の財《たから》と為《な》るべし」とのりたまふ。因《よ》りて永世《ながよ》の社《やしろ》と号《なづ》く。後の人、改めて長岡《ながをか》の社《やしろ》と曰《い》ふ。その鎧《よろひ》の貫緒《ぬきを》、悉《ことごと》に爛《くさ》り絶《た》えたり。但《ただ》、冑《よろひ》并《あわ》せて甲《かぶと》の板《いた》は、今も猶《なほ》しあり。

（『肥前国風土記』基肄郡）

基肄郡の弥生遺跡は、安永田《やすながた》遺跡（国史跡）が特筆されよう。永世神社から二km西の柚比《ゆび》丘陵に展開する遺跡群は、弥生時代から古墳時代の住居址や墳墓など多くの遺跡を包摂しており、中でも青銅器を鋳造していたとされる弥生時代中期の遺跡が注目を集めている。昭和五十四（一九七九）年にこの遺跡から銅鐸《どうたく》鋳型（国重文）が発見されたからである。それまで北部九州地方中心の銅剣《どうけん》・銅矛《どうほこ》文化圏に対して近畿地方中心の銅鐸《どうたく》文化圏として模式図化されてきた弥生時代における青銅器文化圏の定説に決定的な見直しを迫る発見だったのである。

この地域には、庚申堂塚《こうしんどうつか》古墳・剣塚《けんつか》古墳など多くの前方後円墳が営まれているが、装飾古墳の田代太田古墳（国史跡・円墳）が特に有名である。六世紀後半に築造されたもので後室奥壁の彩色壁画は圧巻である。奥壁いっぱいに、朱・緑・黒と石肌の四色を組み合わせた幾何学文や騎馬人物・船・盾などの具象図が埋め尽くしている。

曰理の郷

養父《やぶ》郡は現在の三養基郡の中央部で、東の基肄郡と西の三根郡に挟まれている。

養父《やぶ》の郡。昔者《むかし》、纏向《まきむく》の日代《ひしろ》の宮に御 宇《あめのしたしろ》しめしし天 皇《すめらみこと》（景行天皇）、巡り狩《いでま》しし時に、この郡の佰姓《おほみたから》、部挙《ともこぞ》りて参り集《つど》ひしに、御狗《みいぬ》出でて吠《ほ》えき。ここに、産婦《うぶめ》あり、御狗を臨《のぞ》み見れば、すなはち吠え止みき。因りて犬の声止むの国と曰ふ。今 訛《よこなま》りて養父の郡と謂ふ。

（『肥前国風土記』養父郡）

今回の肥前国南東部地域の巡狩は討伐などの軍事行動を伴わないもので、言葉通り狩猟を楽しみながらの巡幸であったことが窺える。養父郡の人々は一般民衆まで揃って天皇一行を迎えており、天皇も狩猟のための猟犬を伴っているからである。ここに産婦が登場するのは、妊婦は出産に纏《まつ》わる霊力が具わった存在として特別な能力があると考えられているからであり、これからの旅程が順調に運ばれ、実り多い巡狩であることを願ってのことであろう。

巡狩であっても一旦緩急あれば軍事行動に移る事ができるので、巡狩と巡幸は同義に用いられることが多いが、『肥前国風土記』では肥前国南東部地域各郡への巡幸に専ら「巡狩」が用いられている。これに対し、本章(2)「海の幸豊かな有明海西岸」及び(3)「北辺の海に生きる海人族」で見てきた西部及び北部地域のそれには全く見えず、景行天皇の対応において西部及び北部地域の「征討される諸郡」と南西部地域の「巡狩を受け容れる諸郡」との差が歴然としているのである。

曰理《わたり》の郷《さと》。郡の南に在り。昔者《むかし》、筑後の国の御井《みゐ》川（筑後川）の渡瀬《わたりぜ》（徒歩で渡れる浅瀬）、甚《いと》広く、人も畜《けもの》も渡り難かりき。ここに、纏向《まきむく》の日代《ひしろ》の宮に御 宇《あめのしたしろ》しめしし天 皇《すめらみこと》（景行天皇）、巡《めぐ》り狩《みそなは》しし時に、生葉《いくは》山に就《つ》きて船山と為し、高羅《こうら》山に就きて梶山（舵材）と為《な》して、船を造り備へて人物《ひとけもの》（人や動物）を漕ぎ渡しき。因りて曰理《わたり》の郷《さと》と曰《い》ふ。

（『肥前国風土記』養父郡）

狭山の行宮跡と推定される村田神社（鳥栖市村田町）

景行天皇は、御井川（江戸時代に幕府の許可を得て、久留米藩が「筑後川」と改称）の川幅が広くて人々が通行に難渋していることから、浮羽郡の山から船体の材を採り、高良山から船舵の材を調達して渡し舟を造って住民の便に供したという。天皇が高羅行宮から基肄郡方面へ巡狩するに当っての必要性もあったであろう。『古事記』によれば、大国主神は八上比売《やがみひめ》と結婚して木俣神《きまた》を生み、木俣神は「御井神」であるとしている。木俣神・御井神は「木の神」である。『書紀』によれば、木の種類によって使用する用途が決まっていたとされ、「杉《すぎ》及び櫲樟《くす》、此の両《ふたつ》の樹《き》は、以《も》て浮宝《うくたから》（船舶）とすべし。檜《ひのき》は以て瑞宮《みつのみや》（宮殿）を為《つく》る材《き》にすべし。柀《まき》は以て顕見蒼生《うつしきあをひとくさ》の奥津棄戸《おきつすたへ》に将《も》ち臥《ふ》さむ具《そなへ》（木棺）にすべし（神代第八段第五の一書）」とある。浮羽郡の杉材で船を造り、高良山の樟で艪や舵を造ったのであろう。

御井川（筑後川）は川幅が広く荒れ川であったことから架橋が難しく、古来「渡し」で対応している。架橋技術が発達した江戸時代にあっても、政策的に架橋が厳しく制限されていたこともあり、筑後川中・下流地域では昭和四十年代まで多くの「渡し」が道路の一部として橋の役目を果していたのである。『纂註』所収の青柳種麻呂説によれば、曰理の郷は『和名抄』の屋田郷で、現在の鳥栖市南東部の安楽寺町・高田町・水屋町付近であるとする。当時の御井川は、現在では福岡県と佐賀県との県境となっている宝満川筋まで北に大きく蛇行していたのであろう。

狭山の郷

景行天皇が肥前国南東部を巡狩するに当って、最初に行宮を置いたところが狭山《さやま》の郷である。天皇があたりを歩き回って遙かに周囲を眺めたところ全方角がよく見えたという場所がJR長崎本線と国道三号線に挟まれた鳥栖市村田町の朝日山（一三三ｍ）であり、行宮は村田八幡宮の地に置かれたのではないかと思われる。

狭山《さやま》の郷《さと》。郡の南に在り。同じき天皇（景行天皇）、行幸《いでま》しし時に、この山（狭山）の行宮《かりみや》に在《いま》して、徘徊《たちもとほ》り四《よ》もを望《みそな》はししに、四方《よも》分明《さや》けりき（明るくはっきり見えた）。因りて分明《さやけ》の村と曰《い》ふ。分明を、さやけしと謂ふ。今訛《いまよこなま》りて狭山《さやま》の郷と謂《い》ふ。（『肥前国風土記』養父郡）

『肥前国風土記』の「狭山の郷」は「曰理の郷」に続いて採録されており、景行天皇の次の巡狩先は「米多《めた》の郷」である。曰理の郷（鳥栖市南東部）と米多の郷（三養基郡上峰町前牟田上米多・下米多）の中間にあって、全方位の眺望が利く場所は朝日山のみである。『風土記』が撰録された奈良時代には養父《やぶ》郡でただ一カ所の烽《とぶひ》（狼煙台《のろし》）が朝日山に設けられており、『纂註』も「狭山の郷」を朝日山付近とし定説化している。

村田八幡宮には景行天皇に係る特別な伝承はないが、同八幡宮の西に隣接する高台に地元の人が「おあん」と呼ぶ限られた一郭がある。庵寺があった訳でもない現在では意味不明の「おあん」は、「御行宮《おあんぐう》」であり、景行天皇の「行宮《あんぐう》」の場所であったことを伝えているのではなかろうか。

海部の直鳥

三根《みね》郡は「昔者《むかし》、この郡《こほり》と神埼《かむざき》の郡《こほり》と、合せて一つの郡為《こほりた》りき。然るに海部《あま》の直鳥《なほとり》、請《こ》ひて三根《みね》の郡《こほり》を分ち、すなはち神埼《かむざき》の郡三根《こほりみね》の村の名に縁《よ》りて、以《も》ちて郡《こほり》の名と為《な》す（『肥前国風土記』三根郡）」とあり、海部《あま》の直鳥《なおとり》の請願によって神埼郡の一部を割いて新しく設置されたのである。海部の一族が、神埼郡から三根郡にかけて、一郡の設置を奏請し実現できるほどの強大な政治権力を掌握していたことが分かる。海部は阿曇《あづみ》氏が支配する氏族である。阿曇氏については、一族の長であろう阿曇連百足《あづみのむらじももたり》が松浦郡の海域で大活躍しているので、景行天皇はすでに大きな信頼を寄せていたであろう。なお、直鳥は地名として神埼市千代田町に伝わっている。

米多の郷は、現在の三養基《みやき》郡上峰《かみみね》町前牟田の上米多・下米多地区であろうと考えられるが、米多井《めたゐ》の伝承を持った古井戸が神埼郡三田川《みたがわ》町吉田目達原《めたばる》にもあった（『角川地名大辞典』）とされている。この辺りは郡境であり、上峰町坊所《ぼうじょ》の目達原古墳群[7]を中心に筑紫米多君《つくしのめたのきみ》の本拠地としての「米多《めた》の郷」が広がっていたと思われる。

米多《めた》の郷《さと》。郡の南に在り。この郷《さと》の中に井あり、名を米多井《めたゐ》と曰ふ。水の味は鹹《から》し。曩者《むかし》、海藻《め》、この井の底に立つ。纏向《まきむく》の日代《ひしろ》の宮に御宇《あめのしたしろ》しめしし天皇《すめらみこと》（景行天皇）、巡《めぐ》り狩《みそなは》しし時に、井の底の海藻《め》を御覧《みそなは》したまふ。すなはち勅《みことのり》して名を賜《たま》はり、海藻《め》立《た》つ井《ゐ》と曰《い》ふ。今訛《よこなま》りて米多井《めたゐ》と謂《い》ひ、以《も》ちて郷《さと》の名と為《な》す。

（『肥前国風土記』三根郡）

佐賀平野の首長墓について論じた蒲原宏行は、初代筑紫米多国造・都紀女加王《つきめかおう》の墳墓に比定されている上《かみ》のびゅう塚古墳（帆立貝型前方後円墳・五世紀中頃）を含む目達原古墳群（目達原大塚・無名塚・塚山・古稲荷塚・稲荷塚の各古墳）は、五世紀中頃から六世紀前半にかけて筑紫嶺県主《みねのあがたぬし》一族の累世的墳墓群として展開されているもので、目達原古墳群の北西三km程に営まれた志波屋《しわや》古墳群の被葬者が筑紫米多国造一族であろうとし、近接する二基の前方後円墳（下三津西・伊勢塚の両古墳）から成る志波屋《しわや》古墳群は目達原古墳群の断絶と時を合わせるように造墓を開始しており、嶺県主と米多国造の両者は本来同一の氏族（米多君）と見做すべきで、「国造の補任や屯倉の設置など北部九州におけるヤマト政権の支配形態の再編・強化と連動して、米多君内部の分裂が喚起され、一支族の興隆に結びついた可能性が考えられる」としている[8]。

五世紀から七世紀における肥前国三根郡から同神埼郡にかけては、筑紫米多君以外に傑出した政治的権力者も見当たらないことから、三根郡の新設を奏請した「海部《あま》の直鳥《なおとり》」は筑紫米多君（嶺県主または米多国造）その人であったと考えられる。このため一部に主張されている「海部《あま》の直《あたひ》・鳥《とり》」との読法は採用されないことになろう。

博多櫛田宮の本家とされる神埼櫛田宮（神埼市神埼）

神埼の櫛田宮

『肥前国風土記』には、肥前国南東部地域で交通を妨害する神が旅人に手荒な行為をする例が見られる。基肄《きい》郡姫社《ひめこそ》の郷の条に「この川（山道川《やまぢ》）の西に荒ぶる神あり。行路く人、多《さは》に殺害され、半ばは凌《しの》ぎ半ばは殺《し》にき」と見える姫古曾《ひめこそ》の神は、筑前宗像の珂是古《かぜこ》が祭事を行うことによって和《やわ》らぎ、佐嘉《さが》郡の項に「この川（佐嘉川）上に荒ぶる神あり、往来の人の半ばを生かし半ばを殺しき」と見える神は、佐嘉県主《さがのあがたぬし》の祖・大荒田《おおあらた》が土蜘蛛の大山田女《おおやまだめ》・狭山田女《さやまだめ》の進言を取り入れた祭事を行うことによって軟化している。佐嘉川（嘉瀬川）中流の佐賀市大和町川上に河上神社があり、付近に東山田・西山田の地名が伝わっている。そして、神埼郡で交通の妨害をしていた荒ぶる神は、景行天皇の巡狩をもって和《やわ》らぎ静かになったとされるのである。景行天皇の時代に創建されたと伝えられる神埼市神埼町神埼に鎮座する櫛田《くしだ》宮が、この説話に関係していると思われる。

昔者《むかし》、この郡《こほり》に荒ぶる神ありて、往来《かよ》ふ人、多《さは》に殺害《ころ》されき。纏《まき》向《むく》の日代《ひしろ》の宮に御宇《あめのしたしろ》しめしし天皇《すめらみこと》（景行天皇）、巡《めぐ》り狩《みそなは》しし時に、この神《かみ》仁平《にき》びき（和らぎ穏やかになる）。尓《それ》より以来、更《また》、殃《まが》（災い）あることなし。因《よ》りて神埼の郡と曰《い》ふ。

（『肥前国風土記』神埼郡）

工業団地造成に先立って昭和六十一（一九八六）年から始められた吉野ケ里丘陵における発掘調査は、邪馬台国出現直前の「倭国大乱」を彷彿《ほうふつ》とさせる空前の大遺跡「吉野ケ里《よしのがり》遺跡」（国特別史跡）を現代に甦らせた[9]。しかし肥前国南東部地域は、「吉野ケ里」を持ち出すまでもなく、弥生時代から奈良・平安時代までの多くの遺跡が連綿として繁栄と相克の歴史を物語っている。九州最大の筑紫平野を背景にしつつ、古来から現代に至るまで交通の要衝であった基肄・神埼・佐嘉の各郡は、権力にとっては重要な戦略拠点ともなり、これら「荒ぶる神」の伝承を残したものと思われる[10]。

三根の郷

三根《みね》の郷《さと》は三根郡ではなく神埼郡に属している。これは三根郡の新設を奏請した海人《あま》の直鳥《なほとり》（米多君）が神埼郡の三根の郷に居住していたなどの関係から、新郡の設置にあたって縁の深い「三根」を郡名にしたからである。

三根《みね》の郷《さと》。郡の西に在り。この郷《さと》に川あり。その源は郡の北の山より出で、南へ流れて海へ入る。年魚《あゆ》あり。同じき天皇（景行天皇）、行幸《いでま》しし時に、御船《みふね》、その川の湖《みなと》ゆ来て、この村に御宿《やど》りましき。天皇、勅曰《の》りたまひしく、「夜裏《よる》は御寐《みね》、甚安穏《いとやす》かりき。この村は天皇の御寐安《みねやす》き村と謂《い》ふ可《べ》し」とのりたまひき。因りて御寐《みね》と名づく。今、寐《び》の字を改めて根《こん》と為《な》す。

（『肥前国風土記』神埼郡）

神埼市千代田町に直鳥《なおとり》という地区がある。この地区が三根の郷であり、その真ん中を北から南に流れる城原川《じょうばる》が三根川に充てられよう。景行天皇が船で城原川を遡り、千代田町の旧役場付近に想定される直鳥の居館で安らかな夜を過したのであろう。

船帆と蒲田の郷

この地域で最も南に位置する佐賀市諸富町徳富の弥生遺跡（村中角遺跡・徳富権現堂遺跡）の土器など遺物の出土状況から、森田隆志の「弥生時代後期から古墳時代前期にかけて盛んに対外交渉を行っていたようであり、港湾（貿易港）的集落であったと考えられる。また、河川を利用した上流域の集落への玄関口として重要な役割を果していたようであり、吉野ケ里との密接な関係が窺える」との興味深い研究がある。(11) これらの成果を得て、船帆《ふなほ》の郷は蒲田津から二㎞ほど南の佐賀市諸富町徳富の船津地区であろうと考える。また、蒲田《かまた》の郷は佐賀市蓮池町の蒲田津《かまたのつ》が遺称地として伝わっているので、この地区にほぼ間違いないであろう。蒲田津は、三根川（城原川）と佐賀江川が合流する地点にあり、古くからの良港で多くの船が行き来していたものと思われる。同時に多くの漁民が集う漁港であり干物作りなど魚介類の加工も行われていたと想定できるので、蠅もまた多かったであろう。

船帆《ふなほ》の郷《さと》。郡の西に在り。同じき天皇（景行天皇）、巡《めぐ》り行幸《いでま》しし時に、諸《もろもろ》の氏人《うじびと》等、落挙《むらこぞ》りて船に乗り、帆を挙げて三根川の津《つ》に参《まゐ》り集《つど》ひて、天皇に供《つか》へ奉《まつ》りき。因《よ》りて船帆《ふなほ》の郷《さと》と曰《い》ふ。（略）

蒲田《かまだ》の郷《さと》。郡の西に在り。同じき天皇（景行天皇）、行幸《いでま》しし時に、この郷《さと》に御宿《やど》りしたまふ。御膳《みけ》を薦《すす》むる時に、蠅甚多《はへいとさは》に鳴き、その声大《いた》く囂《かまびす》し（喧し）かりき。天皇勅云《の》りたまひしく、「蠅《はへ》の声《こゑ》甚囂《あなかま》し」とのりたまふ。因《よ》りて囂《かま》の郷《さと》と曰ふ。今、蒲田《かまだ》の郷と謂《い》ふは、訛《よこなま》れるなり。

（『肥前国風土記』神埼郡）

景行天皇一行は、蒲田津を肥前国南東部地域の巡狩における最終地として、福岡県大川市道海島の北水路（御井川の本流であった可能性もある）を経由して御井川（筑後川）対岸の水沼《みぬまの》県主《あがたぬし》・猿大海《さるおおみ》の本拠地・福岡県久留米市三潴《みずま》町高三潴へと渡ったのであり、船帆の郷の人々が船に乗り、村落を挙げて景行天皇に供奉し、別れを惜しんだのはこの時のことであったろう。

琴木の岡と宮処の郷

琴木《ことき》の岡《おか》に対応する遺称地はないが、『全集』は神埼市千代田町余江の香椎宮の場所だという説を紹介している。景行天皇が滞在したとされる同町直鳥から二km程の近距離である。香椎宮の境内は、見渡す限りの筑後川沖積地の平原の中にあって、幾分高さを感じる部分がある。岡に登っての宴は、時を定めて複数の共同体の男女が集い、恋歌の掛け合いによって合一にいたるという杵島山《きしまさん》などで行われた歌垣に通ずるものであろう。歌垣は豊穣や繁栄の呪力を更新するものであり、貴神の巡行に際しては神を手厚く遇する者が富み栄えるという。

琴木《ことき》の岡。高さは二丈、周りは五十丈なり。郡の南に在り。この地《ところ》は平原《ひら》にして、元来《もとより》岡なかりき。大足彦《おほたらしひこ》の天皇（景行天皇）、勅曰《の》りたまひしく、「この地《ところ》の形《かたち》、必ず岡あるべし」とのりたまひ、すなはち群下《まちぎみたち》に令《おほ》せて、この岡を起こし造らしめたまふ。造り畢《をは》る時に、岡に登りて宴賞《うたげ》したまふ。興《あそび》、闌《つ》きて後に、その御琴《みこと》を竪《た》てたまひしかば、琴樟《ことくすのき》と化為《な》りき。高さは五丈、周りは三丈なり。因《よ》りて琴木《ことき》の岡と曰ふ。

宮処《みやこ》の郷《さと》。郡の西南に在り。同じき天皇（景行天皇）、行幸《いでま》しし時に、この村に行宮《かりみや》を造り奉る。因《よ》りて宮処《みやこ》の郷《さと》と曰《い》ふ。

（『肥前国風土記』神埼郡）

宮処の郷の遺称地は見つからず、景行天皇の行宮の場所は特定できない。いずれにしても蒲田津や船津の近くであり、琴木の岡の近くであったと考えられるので、佐賀市諸富《もろどみ》町大堂神社付近か佐賀市蓮池《はすいけ》町蓮池の蓮池公園（蓮池城跡）辺りであったと推測されよう。

(5) 早岐瀬戸を護る土蜘蛛

熊襲征討を主たる目的として、景行十二（三一五）年八月十五日に開始された景行天皇の筑紫（九州）巡幸は、同十九（三二二）年九月二十日に大和の纒向の日代宮に帰還して終了するのであるが、景行十八年八月から同十九年八月までの一年程の期間、『肥前国風土記』の「球磨噌唹《くまそ》を誅《つみな》ひ滅《ほろぼ》して凱旋《かちかへ》りましし時に、天皇、豊前《とよくにのみちのくち》の国宇佐《うさ》の海浜《はま》の行宮《かりみや》に在《いま》します」により、景行天皇は豊前国宇佐に行宮を営み滞在したと考えられる。しかし、景行天皇の筑紫（九州）巡幸に係る『書紀』最後の段落に若干の疑義が寄せられている。

十九年の秋九月《ながつき》の甲申《きのえさる》の朔 癸 卯《ついたちみずのとうのひ》（二十日）に、天皇《すめらみこと》、日向《ひむか》より至《かへりいた》りたまふ。

（『書紀』景行十九年秋九月）

『書紀』景行十八年八月の筑後国的邑《いくは》の記事に続く右の記事について、読み方によれば、同天皇は豊前国宇佐（『書紀』のみの記述によれば筑後国的邑）から何らかの理由があって再び日向国へ巡幸し、日向国から大和の日《ひ》代宮《しろのみや》に還御《かんぎょ》したかに見えるのである。

しかし、この段落は、景行天皇の筑紫（九州）巡幸に係る最初の段落である同天皇十二年の「八月《はつき》の乙未《きのとのひつじ》の朔 己 酉《ついたちつちのとのとりのひ》（十五日）に、筑紫（九州）に幸《いでま》す」と対応するものであり、「日向より至りたまふ」は、筑紫（九州）から大和への還御を意味していると理解すべきである。景行天皇の筑紫（九州）巡幸は、日向国の熊襲の親征こそ最大の目的であったからである。巡幸の始めに大和から周芳《すは》の娑麼《さば》には二十日間で到っているので、帰りも豊前国宇佐から大和の纏向まで同程度の日程で帰還できたであろう。結局『肥前国風土記』の記事により、九州最後の行宮は豊前国の宇佐に一年ほど置かれたと推測できるのである。

土蜘蛛「速来津姫・健津三間・箆簗」

景行天皇は宇佐の行宮において、肥前国彼杵郡の土蜘蛛の征討を陪臣・神代直《こうじろのあたい》に命じている。神代直は肥前国高来郡神代を本拠にする高来郡屈指の有力豪族で、天皇の使者・神大野宿禰《みわおおののすくね》の高来郡への先遣訪問にあたって高来津座《たかくつくら》（神）を立てて率先奉迎した中心人物であったと思われる。神代直は肥前国西部及び北部地域の巡幸（征討）では先導役の一人として活躍し、その信頼の結果として今回の派遣を命ぜられたのであろう。

神代直はまず速来《はやき》の村で速来津姫《はやきつひめ》を臣従させることに成功する。速来の村は現在の佐世保市早岐《はいき》地区であろう。早岐地区は、JR線（佐世保線・大村線）、西九州自動車道（武雄・佐世保道路）、主要国道（三五号・二〇二号・二〇五号）が交差する陸上交通の要衝であり、ハウステンボスが立地する針尾島と本土との間に長く延びる早岐の瀬戸を控えて佐世保湾と大村湾とを結ぶ海上交通の最重要地帯でもある。速来津姫・健津三間・篦簗の三者は、速来地域において交通を管理することで権力を得た豪族であろうと考えられる。

彼杵《そのき》の郡《こほり》。（略）昔者《むかし》、纏向《まきむく》の日代《ひしろ》の宮に御 宇《あめのしたしろ》しめしし天 皇《すめらみこと》（景行天皇）、球磨噌唹《くまそ》を誅《つみな》ひ滅《ほろぼ》して凱旋《かちかへ》りましし時に、天皇、豊 前《とよくにのみちのくち》の国宇佐《うさ》の海浜《はま》の行宮《かりみや》に在《いま》します。陪従《おもとびと》神代《かみしろ》の直《あたひ》に勅《おほ》せて、この郡《こほり》の速来《はやき》の村に遣《や》りて、土蜘蛛《つちぐも》を捕へしめたまふ。ここに、人あり、名を速来津姫《はやきつひめ》と曰《い》ふ。この婦女《をみな》、申《まを》して云《い》ひしく、「妾《あ》が弟《おと》、名を健津三間《たけつみま》と曰《い》ひ、健村《たけむら》の里に住めり。この人、美《うるは》しき玉《たまも》有ちたり。名を石上《いそのかみ》の神の木蓮子玉《いたびだま》と曰《い》ふ。愛《め》でて固《かた》く蔵《かく》し、他《ひと》に示《しめ》し肯《あ》へず」と申《まを》す。神代《かみしろ》の直《あたひ》、尋《たづ》ね覓《ま》ぐに、山を越えて逃げ、落石《おちいし》の岑《みね》郡の以北の山なり。に走りき。すなはち逐《お》ひ及《し》きて捕獲《とら》へ、虚 実《いつはりまこと》を推《かむが》へ問ふ。健津三間《たけつみま》云《い》ひしく、「実《まこと》に二色《ふたくさ》の玉《たまも》有てり。一つは石上《いそのかみ》の神の木蓮子玉《いたびだま》と曰《い》ひ、一つは白珠《しらたま》と曰《い》ふ。嘯砆《しゅくふ》（『山海経』に見える玄嘯《げんしゅく》・砆石《ふせき》の美玉）に比《たぐ》へつれ雖《ど》も、願《ねが》はくは以《も》て献《たてまつ》らむ」といひき。亦《また》、申《まを》して云《い》ひしく、「人あり、名を篦簗《のやな》と曰《い》ひ、川岸《かわぎし》の村に住めり。この人、美 玉《うるはしきたまも》有ちたり。愛《いつく》しむこと極《きわ》み罔《な》し。定《さだ》めて命《みこと》に服《したが》ふこと無《な》けむ」といひき。ここに、神代《かみしろ》の直《あたひ》、迫《せ》めて捕獲《とら》へと問ふ。篦簗《のやな》云《い》ひしく、「実《まこと》に有《も》てり。御に貢《みもとたてまつ》らむ。敢《あ》へて愛惜《お》しまじ」とまをす。神代《かみしろ》の直《あたひ》、この三色《みくさ》の玉《たま》を捧《ささ》げて、還《かへ》りて御《みもと》に献《たてまつ》りき。時に、天皇、勅《の》りたまひしく、「この国は具足玉《そなひだま》の国と謂《い》ふべし」とのりたまひき。今、彼杵《そのき》の郡《こほり》と謂《い》ふは、訛《よこなま》れり。

（『肥前国風土記』彼杵郡）

速来津姫は自らが天皇へ臣従するにあたり、弟の健津三間《たけつみま》や近隣の篦簗《のやな》という仲間に対しても天皇への臣従を期待したようだ。延長一〇㎞余に及び、平均幅一〇〇m程の早岐の瀬戸とその周辺を三者で共同管理していたもののようである。(12) 健津三間《たけつみま》の住む健村の里は早岐の瀬戸の北の出入り口となる佐世保市の白岳や大岳付近に比定され、健津三間が逃げ込んだ落石の岑は白岳地区の北方三㎞にある烏帽子岳（五六八m）が想定される。また、箆簗《のやな》の住む川岸の村は早岐の瀬戸の南の出入り口となる佐世保市の宮地区ではないかと想定される（『大系』では健村の里を佐世保市東南の宮村付近とし、『考証』では落石の岑を佐世保市の北境・隠居岳の如き山としている。川岸の村は三川内《みかわち》から早岐へ流れる小森川に沿う地、波佐見から川棚へ流れる川棚川の流域地などの説がある）。

なお、健津三間《たけつみま》と箆簗《のやな》が献上した三種類の美玉は、大村湾などで採取される真珠であったろうことが「この国は具足玉《そなひだま》の国（玉が十分に備わった国）と謂《い》ふべし」と「玉」が地域の特産品であることを窺わせる表現から理解できる。速来津媛・健津三間・箆簗の三名とも献上物を差し出すことで誅殺されずに済んだようであるが、以後大和朝廷への真珠の貢納を誓ったに違いない。

土蜘蛛「浮穴沫媛」

浮穴沫媛《うきあなわひめ》の居住する浮穴《うきあな》の郷について特別な遺称地は見当たらない。長崎県諫早市の有喜《うき》地区とする説もあるが、同地は高来郡なので、彼杵郡にあったとする浮穴の郷を有喜地区に充てることには無理があろう。『肥前国風土記』では、彼杵郡に「郷《さと》は四所」と見える。『和名抄』に見える大村・彼杵《そのぎ》の各郷に加えて『風土記』の浮《うき》穴《あな》・周賀《すか》の各郷である。大村の郷が現在の大村市、彼杵の郷が長崎県最大級の前方後円墳・ひさご塚古墳（五世紀）を有し、古代の郡家が置かれていたとする東彼杵郡東彼杵町、周賀の郷が『考証』『大系』の言う時津町を含む西彼杵郡地域であるとすれば、浮穴の郷は「郡の北に在り」とされていることもあり、速来津姫の速来の村・健津三間の健村の里・箆簗の川岸の村を含む、佐世保市南部・東彼杵郡川棚町・同郡波佐見町の地域であったと推測できる。浮穴の郷には、北から健津三間・速来津姫・箆簗の三人の土蜘蛛が勢力を張っているので、浮穴

景行天皇巡幸に由来する早岐住吉神社（佐世保市広田町）

沫媛の勢力地域は浮穴の郷の最南部となる東彼杵郡川棚町・同郡波佐見町にわたる川棚川沿いの地域であろう。

浮穴《うきあな》の郷《さと》。郡の北にあり。同じき天皇《すめらみこと》（景行天皇）、宇佐浜《うさはま》の行宮《かりみや》に在《いま》して、神代《かみしろ》の直《あたひ》に詔《の》曰りたまはく、「朕《あ》れ、諸《もろもろ》の国を歴巡《へめぐ》りて、既《すで》に平《ことむ》け治《をさ》むるに至《いた》れり。朕《あ》が治《ことむけ》を被《かがふ》らざる異《け》しき徒《ともがら》有《あ》りや」とのりたまふ。神代《かみしろ》の直《あたひ》、奏《まを》して云《い》ひしく、「その烟《けぶり》の起《た》てる村は、猶《なほ》し治《ことむけ》を被《かがふ》らず」とまをしき。すなはち直《あたひ》に勅《おほ》せてこの村に遣《や》りたまふ。土蜘蛛《つちぐも》あり、名を浮穴沫媛《うきあなわひめ》と曰《い》ふ。皇命《おほみこと》に捍《さか》へて甚《いた》く礼《ゐや》なし。すなはち誅《ころ》しき。因《よ》りて浮穴の郷《さと》と曰《い》ふ。（『肥前国風土記』彼杵郡）

速来津姫の速やかな臣従（『全集』では速来津媛を、大和朝廷に他よりも早く従ってきたという語呂合わせを含む一族とする）と同姫の協力で健津三間・篦簗を服従させることで浮穴の郷の北部を版図に組み込んだ神代直は、大和朝廷への臣従を拒む浮穴沫媛を武力により誅殺している。『肥前国風土記』では、景行天皇が神代直に対して二度にわたって彼杵郡への派遣を命じたようにも見えるが、神代の直は天皇から彼杵郡北部一帯を征討する全権を与えられていたのであろうと推測される。そして、これらの神代直による一連の活躍が、景行天皇軍の早岐瀬戸通過の史実とともに景行天皇の征西の記憶として、JR早岐駅南五〇〇mの早岐瀬戸を見下ろす小丘に鎮座する住吉神社や同駅北西五〇〇mの同様に早岐瀬戸を見下ろす小丘（愛宕山・早岐城址）に鎮座する早岐神社（速来宮）と関連付けられ両神社の草創縁起として伝えられたのであろう。

（1）嬉野温泉も『肥前国風土記』に「（塩田川の轟ノ滝の）東の辺に湯の泉ありて、能《よ》く人の病《やまい》を愈《いや》す」と病気治療に効能があることが記されている。

（2）杵島山の西麓にある標高六六mの小丘陵を取り巻くように築かれた列石が、おつぼ山神籠石である。列石線は全長一・八kmにわたり、水門四カ所、城門二カ所が設けられている。神籠石には、神に対する祭祀場とする霊域説と防衛のための山城説があるが、おつぼ山神籠石の発掘調査で列石全面に約三m間隔の柵柱が並べられ、列石は土塁の基礎であることが明らかにされて山城説を決定的なものとした。

（3）唐津市浜玉町から、国道二〇二号線から分かれた国道三二三号線が東に向いている。この三二三号線に沿って東から西へ流れ、浜崎で唐津湾に注ぐ川が玉島川である。『肥前国風土記』には神功皇后が三韓出兵に際して戦勝を占い、裳裾《もすそ》から抜いた糸を釣り糸として鮎を釣ったという伝承があり、『万葉集』が取り上げる「松浦川《まつらかわ》に遊ぶ序」はわが国最初の物語とも言われる。なお、この松浦川は玉島川のことで、唐津城下を流れる現在の松浦川《まつうらがわ》を指すものではない。

足日女《たらしひめ》　神の命《かみのみこと》の　魚《なつ》釣らすと　み立《た》たしせりし　石《いし》を誰見《たれみ》き
（『万葉集』巻第五・八六九）

松浦川《まつらかわ》に遊ぶ序

余《やつかれ》、暫《たまさか》に松浦の県《あがた》に往《ゆ》きて逍遥《せうえう》し、聊《いささ》かに玉島《たましま》の潭《ふち》に臨みて遊覧するに、忽《たちま》ちに魚《うを》を釣る女子等《をとめら》に値《あ》ひぬ。花の容双《かほなら》びなく、光《て》りたる儀匹《すがたたぐひ》なし。柳の葉を眉《まよ》の中《うち》に開き、桃の花を頬《つら》の上に発《ひら》く。意気雲を凌《しの》ぎ、風流世に絶えたり。僕《やつかれ》問ひて曰く、「誰《た》が郷誰《さとた》が家《いへ》の児らそ。けだし神仙《しんせん》ならむか」といふ。娘等皆笑《をとめらみなゑ》み答えて曰く、「児等《われ》は漁夫《あま》の舎《いへ》の児、草の庵《いほ》の微《いや》しき者《ひと》なり。郷《さと》もなく家もなし、何ぞ称《あ》げ云ふに足らむ。ただ性《ひととなり》水に便《なら》ひ、また心山を楽しぶ。あるときには洛浦《らくほ》に臨みて、徒《いたづら》に玉魚を羨《とも》しび、あるときには巫峡《ぶかふ》に臥《ふ》して空《むな》しく煙霞を望む。今邂逅《たまさか》に貴客《まらひと》に相遇《あ》ひぬ。感応に勝《あ》へず、輒《すなは》ち欵曲《わんきよく》を陳《の》ぶ。今より後《のち》に豈偕老《あにかいらう》にあらざるべけむ」といふ。下官対《やつかれこた》へて曰く、「唯々《をを》。敬《つつし》みて芳命を

奉《うけたま》はらむ」といふ。時に、日は山の西に落ち、驪馬《りばい》去なむとす。遂に懐抱《くわいはう》を申《の》べ、因りて詠歌《えいか》を贈りて曰く

あさりする　漁夫《あま》の子《こ》どもと　人《ひと》は言《い》えど　見《み》るに知《し》らえぬ　うまひとの子《こ》と

答ふる詩《うた》に曰く

玉島《たましま》の　この川上《かはかみ》に　家《いへ》はあれど　君《きみ》をやさしみ　顕《あら》はさずありき

蓬客《ほうかく》の更に贈る歌三首

松浦川《まつらがは》　川《かは》の瀬光《せひか》り　鮎釣《あゆつ》ると　立《た》たせる妹《いも》が　裳《も》の裾濡《すそぬ》れぬ
松浦《まつら》なる　玉島川《たましまがは》に　鮎釣《あゆつ》ると　立《た》たせる児《こ》らが　家道知《いへぢし》らずも
遠《とほ》つ人《ひと》　松浦《まつら》の川《かは》に　若鮎《わかゆ》釣《つ》る　妹《いも》が手本《たもと》を　我《われ》こそまかめ

娘等《おとめら》の更に報《こた》ふる歌三首

若鮎《わかゆ》釣《つ》る　松浦《まつら》の川《かは》の　川《かは》なみの　なみにし思《も》はば　我恋《われこ》ひめやも
春《はる》されば　我家《わぎへ》の里《さと》の　川門《かはと》には　鮎子《あゆこ》さ走《ばし》る　君待《きみま》ちがてに
松浦川《まつらがは》　七瀬《ななせ》の淀《よど》は　淀《よど》むとも　我《われ》は淀《よど》まず　君《きみ》をし待《ま》たむ

後《のち》の人の追和《ついわ》する詩三首　帥老《そちのおきな》

松浦川《まつらがは》　川《かは》の瀬速《せはや》み　紅《くれなゐ》の　裳《も》の裾濡《すそぬ》れて　鮎《あゆ》か釣《つ》るらむ
人皆《ひとみな》の　見《み》らむ松浦《まつら》の　玉島《たましま》を　見《み》ずてや我《われ》は　恋《こ》ひつつ居《を》らむ
松浦川《まつらがは》　玉島《たましま》の浦《うら》に　若鮎《わかゆ》釣《つ》る　妹《いも》らを見《み》らむ　人《ひと》のともしさ

（『万葉集』巻第五・八五三―八六三）

（4）鏡山（領巾振山《ひれふりやま》）は唐津のシンボルである。『肥前国風土記』『万葉集』にも取り上げられ、大伴狭手彦《おおとものさでひこ》（大連大伴《おおむらじおおともの》金村《かなむら》の次男）と松浦佐用姫《まつらさよひめ》（弟日姫子《おとひめこ》）のロマンスの舞台として余りにも有名である。

遠《とほ》つ人《ひと》　松浦佐用姫《まつらさよひめ》　夫恋《つまごい》に　領巾《ひれ》振《ふ》りしより　負《お》へる山《やま》の名《な》

後《のち》の人の追和《ついわ》
山《やま》の名《な》と　言ひ継《つ》げとかも　佐用姫《さよひめ》が　この山《やま》の上《へ》に　領巾《ひれ》を振《ふ》りけむ
最後《いとのち》の人の追和
万代《よろづよ》に　語《かた》り継《つ》げとし　この岳《たけ》に　領巾《ひれ》振《ふ》りけらし　松浦佐用姫《まつらさよひめ》
最々後《いといとのち》の人の追和二首
海原《うなはら》の　沖行《おきゆ》く舟《ふね》を　帰《かへ》れとか　領巾《ひれ》振《ふ》らしけむ　松浦佐用姫《まつらさよひめ》
行《ゆ》く舟《ふね》を　振《ふ》り留《とど》みかね　いかばかり　恋《こほ》しくありけむ　松浦佐用姫《まつらさよひめ》
（『万葉集』巻第五・八七一―八七五）
三島王《みしまのおほきみ》、後《のち》に松浦佐用姫の歌に追和する歌一首
音《おと》に聞《き》き　目《め》にはいまだ見《み》ず　佐用姫《さよひめ》が　領巾《ひれ》振《ふ》りきとふ　君松浦山《きみまつらやま》
（『万葉集』巻第五・八八三）

また、松浦佐用姫は大伴狭手彦を追って加部島（唐津市呼子町）までやってきたうえ、別離の悲しみで石になったと伝えられる。田島神社に伝わる望夫石の伝説である。なお、田島神社の由緒は古く、『神名帳』に肥前国四坐の一つに数えられており、祭神は多紀理比売《たぎりひめ》・市寸島比売《いつきしまひめ》・多岐都比売《たきつひめ》のいわゆる宗像三女神である。海上の安全を掌る神であり、表参道は海からの参拝者を直接迎え入れる形式を採っている。

（5）平戸島の最南端に円錐形の山容をみせる志々伎山《しじきさん》山頂に上宮《かみつみや》を鎮座させ、北西方向宮ノ浦に向かって順に中宮《なかつみや》・地の宮・沖の宮と配される志々伎《しじき》神社は、神功皇后の三韓出兵に従軍した仲哀天皇の皇弟・十城別王《とわきわけのみこ》を祭神とする。社伝によると創建は平安時代初期と伝えるが定かではなく、起源は更に遡るのではないかと思われる。『神名帳』に記載される肥前国内の式内社四坐の内の一坐で、景行天皇の行宮の所在地として最も有力である。

（6）宮崎貴夫「五島列島の弥生・古墳時代の墓制と文化――西九州地域との比較を中心として」、小田富士雄編『風土記の考古学5』所収。

（7）目達原《めたばる》古墳群（佐賀県吉野ケ里町三田川《みたがわ》、上峰《かみみね》町坊所《ぼうしょ》）には前方後円墳七基と円墳四基以上が存在したとされるが、

第二次世界大戦時に飛行場建設のために大部分が失われた。中でも五世紀頃の築造とされる上《かみ》のびゅう塚古墳は現存する貴重な前方後円墳で、応神天皇の孫とされる筑紫米多国造《めたのくにのみやつこ》の都紀女加王《つきめかおう》墓に比定されて宮内庁が管理する。

（8）蒲原宏行「古墳と豪族——佐賀平野の首長墓」、小田富士雄編『風土記の考古学5』所収。

（9）大正末期から昭和初期にはすでに地元の研究者から注目されていたが、昭和六十一（一九八六）年、工業団地計画に起因する本格的な発掘調査が開始され、弥生時代の竪穴住居跡・膨大な甕棺墓群・墳丘墓などが発見されて大規模な弥生集落と墓地の存在が明らかになった。発掘が進むにつれ、『魏志倭人伝』の「宮室・楼観・城柵、厳かに設け、常に人有り、兵を持して守衛す」とする「邪馬台国」の状況が現出し、一躍衆目を集める遺跡となった。吉野ケ里遺跡は平成三（一九九一）年、国の特別史跡に指定され、平成十三（二〇〇一）年には国営吉野ケ里歴史公園として開園した。

（10）九州最大の平野・筑紫平野の中心地域である肥前国南東部地域は、南部には穏やかな内海の有明《ありあけ》海が開け、有明海に向かって九州最大の筑後川（御井川）が流れ下り、その他の中小河川が筑後川に合流し、あるいは有明海に直接注いでいる。これら幾多の河川群が豊かな沖積平野を形成したのであり、弥生時代に伝えられたとする水稲耕作も他地域に比べて格段に有利な条件で始められたことは明らかであろう。これらの地理的環境を背景に、佐賀市北部の金立山《きんりゅうさん》（五〇二m）や金立《きんりゅう》地域、同市南部の諸富《もろどみ》町寺井津浮盃《ぶばい》地域に、秦《しん》の始皇帝《しこうてい》二十八（前二一九）年に童男女数千人を率いて入海求仙し、海中で見つけた平原に留まり王となったという徐福《じょふく》伝説が色濃く伝わるのも当然と思われる。

（11）森田孝志「吉野ケ里と弥生のクニグニ」、小田富士雄編『風土記の考古学5』所収。

（12）大村湾は針尾島により栓をされた格好で佐世保湾から切り離されており、佐世保湾の北部と早岐瀬戸、佐世保湾南部と針尾瀬戸によってわずかに大村湾への海路が繋がっている。早岐瀬戸は延長一〇km・平均幅一〇〇m・平均水深四mの細長い瀬戸である。近年では海底の堆積により小船しか通行できないが、西海橋が架かる針尾瀬戸が急流であることから、古くから大村湾への出入には早岐瀬戸が多く利用されたようだ。創建は弘仁四（八一三）年とされ、景行天皇の巡幸に由来するという早岐住吉神社（佐世保市早岐町広田）が早岐瀬戸を見守るように鎮座する。

九、巡幸を拒む国々

『書紀』や『風土記』によれば、景行天皇の筑紫（九州）巡幸は、周防国娑麼《さば》から豊前国長峡《ながお》へ渡ることから始まり、豊後国・日向国（大隅国を含む）・肥後国・筑後国・肥前国を経て豊後国日田郡から周防灘の最奥部・豊前国の宇佐《うさ》で終わっている。現在の福岡県の大部分を占める筑前国への巡幸は行われていないのである。景行天皇の筑紫（九州）巡幸を検討するに当たって、この疑問の解決は欠くことができないであろう。第一部の括りとして、この時代の筑紫（北部九州）はどのような状況だったのか、景行天皇による筑前国地域への巡幸が行われなかった理由及び景行天皇の筑紫（九州）巡幸がもたらした筑前国地域への影響について考えてみよう。

(1)　邪馬台国以後の筑紫（北部九州）

二世紀の後半、玄界灘沿岸地域から福岡平野までを一つのまとまりとする「倭国」内の二大勢力、すなわち玄界灘沿岸の海洋漁労国家群と福岡平野の農業国家群とは、後の人々が「倭国大乱」と位置付ける内乱の状況であったが、二世紀の最終盤には隣国・狗奴《くぬ》国との紛争への対処を優先させる目的で双頭指導体制の国家を形成して内乱を収束させた。『魏志倭人伝』に登場する「邪馬台国」の誕生である。本節では邪馬台国以後の北部九州の状況を把握し、景行天皇の筑紫（九州）巡幸が筑前地域に及ばなかった理由を探ることにする。

伊都国の隆盛と衰退

次に掲げる「北部九州における副葬品を持つ弥生時代の墳墓」の表を見てみよう。弥生中期（前二世紀－一世紀前半頃）に隆盛を極めた地域は、佐賀県北部地域（末盧国）、同南部地域（狗奴国）、福岡西部地域（室見川流域。奴国）、福岡中部及び旧筑紫郡地域（邪馬台国）、小郡・甘木及び旧朝倉郡地域（邪馬台国を構成する其の余の旁国など）、福岡県北部地域（遠賀川流域。不彌国の説がある）など多方面・広範囲にわたっている。概ね『魏志倭人伝』の記述に則していると言えよう。

なお、この一群の中には糸島地域（伊都国）も含めるべきであると考える。弥生中期において糸島地域が一時衰退したように見受けられるのは、社会的収斂が逸早く進んだことによる社会分化の結果であろうと思われるからである。一部の支配者と大部分の被支配者とに分化し、副葬品を埋納できる階級が王族に限定されてきたのであろう。遺跡単位の副葬品埋納状況では、糸島地域の遺跡は他地域に比して群を抜いているのである（第二部二章(1)「海洋漁労国家群と伊都国」で詳述）。

引き続く弥生後期（一世紀後半－三世紀頃）において弥生中期よりさらに発展を遂げている地域は、対馬・佐賀県南部地域・糸島地域・筑後地域・福岡県東部地域（豊前地域）・大分県南部地域である。対馬（対馬国）・佐賀県南部（狗奴国）・糸島（伊都国）の各地域は『魏志倭人伝』に登場する国々が引き続いて繁栄しているのであり、筑後（水沼君の国）・福岡県東部（豊前国）・大分県南部（豊後国）は次の時代に繁栄を約束された地域と見ることができよう。

北部九州における副葬品を持つ弥生時代の墳墓

区分	弥生前期	弥生中期	弥生後期	主な弥生墳墓
長崎県対馬	○□	□□□□□□□	■■■■■□□ □□□□□□□ □□□□□□□	塔の首
同　壱岐		○△	○	原の辻
同　その他	◎◎○□△△△	◎◎○○○○○ □□□□△	◎○□□□	富の原、根獅子、神の崎 里田原、大野台
佐賀県北部地域	◎○○○□	○○○○○○○ ○○○△△	●○○△	桜馬場、中原、宇木汲田、田島、
同　南部地域	◎◎○○○△△	◎○○○○○○ ○○○△△	■○○○○○○ □□□△△△△ △△△	安永田、切通、二塚山、三津永田、丸山、礫石、惣座、椛島山、吉野ヶ里
福岡県糸島地域	◎◎◎○○□	●○○□	■◆○○○□	三雲南小路、井原鑓溝、平原、志登
同　今宿地域	◇	△	□	カルメン修道院
同　福岡西部（室見川流域）	○○○○○○○	◆○○○○○○ ○◇	■□◇	吉武高木、吉武大石、吉武樋渡、野方中原
同　福岡中部及旧筑紫郡地域	○○○○○◇◇ △△△△△△△ △△	●○○○○○○ ○○○○○○○ △△	○○○□□△△ △△△△△	須玖岡本、小笹、門田、丸尾台、宝満尾、永岡、板付田端、

同　小郡甘木及旧朝倉郡地域	○◇◇◇△	●○○○○○○ □△△△	△	峰
同　筑後地域（筑後川以南）		○□	●□□	高三潴御廟塚
同　糟屋宗像	◇	○◇	◇	朝町竹重
同　北部地域（遠賀川流域）	△	●○○○□□◇ ◇△△△	○□□◇△	立岩、鎌田原、スダレ、原田
同　東部地域（旧豊前地域）	□□△△	○□△	■■○□□□□ □□□△△△	
大分県北部地域（旧豊前地域）		△△△	□□△	
同　南部地域（旧豊後地域）			○□□□□△	
熊本県　全域		○○	□△	

＊本表の時代区分は、弥生前期を前四世紀中頃－前二世紀前半頃、弥生中期を前二世紀頃－一世紀前半頃、弥生後期を一世紀後半頃－三世紀頃とした。ただし、近年、国立歴史民俗博物館が弥生式土器に付着した煤《すす》を用いてＡＭＳ（加速器質量分析計）による炭素⑭年代測定を行い、弥生早期の開始を前一〇〇〇年（従来説前五〇〇年）、前期の開始を前七五〇年（前三五〇年）、中期の開始を前四〇〇年（前二〇〇年）と発表した。しかし、炭素⑭の生成に関わる宇宙線の強度により炭素⑭の濃度が必ずしも一定ではないこと、炭素⑭の半減期が従来の説より遅いことが明らかになりつつあること、樹木年輪の炭素⑭測定による年輪年代法によっても前八世紀から前四世紀は炭素⑭年代と暦年代との関係を示す較正曲線による確率密度分布の幅が広く年代推定の誤差が大きくなることなどを勘案して、本表の時代区分

は従来説を踏襲した。

＊表中の記号は、◎が支石墓、○は甕棺墓、□は石棺墓、◇は木棺墓、△は土壙墓をそれぞれ示し、●■◆▲は、そのうち同一墓から鏡・刀剣（矛・戈・刀子・鏃を含む）・玉類、いわゆる三種の神器を併せて副葬するもの（王墓の可能性）を示す。なお、同一遺跡群であっても、時代区分が異なる遺構及び異なる墓形態は別計とし、時代区分や墓形式が不明な遺跡などは計上していない。

＊本表は、特設展図録「早良王墓とその時代」（福岡市立歴史資料館）所収史料を参考に作成した。

次に「北部九州の主要古墳」の表を見てみよう。弥生時代に隆盛を極めた福岡中部及び旧筑紫郡地域、つまり邪馬台国の中心地域では、古墳前期（三世紀末－四世紀頃）の時点ですでに全く精彩を欠いている。三世紀後半、農業国家群を率いる邪馬台国（狭義）が急速に衰退したか、あるいは活動の中心地を他地域に遷した[1]と考えられる。これに引き換え糸島地域は、弥生時代の隆盛を古墳前期にまで引き継いでいることが分かる。

北部九州の主要古墳

区分	古墳前期	古墳中期	古墳後期
長崎県対馬	◎鶴の山○大将軍山	◎根曾一号	◎根曾二号
同　壱岐		○大塚山	○百田頭五号○対馬塚○兵瀬 ○双六○鬼の窟○鬼屋窪
同　その他		○ひさご塚	○上杉古墳群○一本松○高下
佐賀県北部地域	◎谷口○双水柴山古墳群 ○久里双水○経塚山	○横田下○迫頭○樋の口	◎島田塚○玉葛窟○夏崎 ○小島
同　南部地域	◎金立銚子塚○赤坂	◎熊本山◎西隈○前隈山	◎田代太田○道祖谷○鬼塚

同　南部地域	○茶筅塚○風楽寺	○目達原大塚○丸山○関行丸 ○西原○導善寺 ○上のびゅう塚	○船塚○伊勢塚○岡寺 ○庚申堂○玉島○剣塚 ○龍王崎古墳群
福岡県糸島地域	◎銚子塚○権現塚○井原一号 ○御道具山○有田一号○端山 ○本林崎○泊大塚○徳正寺山 ○稲葉一号○稲葉二号○築山 ○元岡池の浦	◎狐塚◎釜塚◎ワレ塚◎兜塚 ○開○井田原	◎銭瓶塚○古賀崎○東二塚 ○井原トリノス○波呂二塚 ○石ケ原○日明古墳群
同　今宿地域	○山の鼻一号○若八幡宮	◎鋤崎◎丸隈山	◎今宿大塚○飯氏二塚
同　福岡西部 （室見川域）	◎野方○高崎		
同　福岡中部 及旧筑紫郡地域	○那珂八幡○安徳大塚	◎老司○見徳寺	◎日拝塚○竹ケ本大塚 ○赤井手○観音山○今里不動 ○東光寺剣塚○下白水大塚
同　小郡甘木 及旧朝倉郡地域	○焼ノ峠○津古生掛○神蔵 ○津古一号○津古二号○津古 ○三国の鼻一号○原口	◎小田茶臼塚○横隈山	◎仙道◎五郎山○鬼の枕 ○狐塚○菱野剣塚○穴観音
同　筑後地域 （筑後川以南）	○祇園山◎潜塚○黒崎観音塚 ○倉永茶臼塚	◎日輪寺◎浦山◎御塚 ◎権現塚◎石人山◎石神山 ○月岡○石櫃山○塚堂 ○藤山甲塚○経堂○欠塚 ○十連寺○車塚	◎下馬場◎寺徳◎楠名重定 ◎日岡◎塚花塚◎珍敷塚 ◎田主丸大塚◎岩戸山◎乗場 ◎弘化谷◎善蔵塚◎茶臼塚 ◎丸山塚◎萩ノ尾○カンス塚

同　筑後地域 （筑後川以南）			○宮ケ浦古墳群○九折大塚 ○西館○前畑○童男山
同　糟屋宗像	○松の尾古墳群 ○平塚○東郷高塚 ○宮の下	◎七夕池◎光正寺○多田 ○神領古墳群○永浦四号 ○勝浦古墳群○津屋崎 ○新原奴山古墳群 ○須多田古墳群	◎桜京○花見 ○久原澤田古墳群
同　北部地域 （遠賀川流域）	○尾蔵山○忠隈 ○島津丸山古墳群 ○漆生古墳群	○山ノ神	◎桂川王塚◎竹原○川島 ○寺山○桂川古墳群 ○小正西○垣生羅漢百穴
同　東部地域 （旧豊前地域）	◎石塚山○豊前坊	◎御所山○琵琶隈○番塚 ○ビワノクマ	◎綾塚◎橘塚◎穴ケ葉山 ○彦徳甲塚○猫石丸山 ○箕田丸山○上口山○甲塚 ○扇八幡○庄屋塚○恩塚 ○山口南
大分県北部地域 （旧豊前地域）	◎赤塚◎免ケ平○古稲荷	◎福勝寺◎角房◎車坂◎葛原 ○高倉○扇塚	◎鶴見
同　南部地域 （旧豊後地域）	○亀甲山○蓬莱山○七ツ森 ○鑑堂○狐塚○田崎古墳群	◎鬼の岩屋◎築山◎下山 ○大臣塚○御陵○亀塚○大塚 ○小亀塚○猫石丸山○世利門 ○大蔵○上ノ坊○番所ケ鼻 ○入津原丸山○野間古墳群	◎鬼塚◎法恩寺山古墳群 ○丑殿○千代丸○七双子 ○鬼ケ城○鬼塚○臼塚

熊本県北部地域	○柳町○山下○竜王山○中通	◎虚空蔵塚◎岩原双子塚 ◎江田船山○稲荷山○伝左山 ○別当塚東○慈恩寺経塚 ○持松塚原○久米若宮 ○津袋古墳群	○大坊◎塚坊主◎チブサン ◎オブサン◎弁慶ケ穴 ◎石貫ナギノ横穴群 ◎鍋田横穴墓群○別当塚 ○永安寺○横山○四ツ山 ○三宮○御倉○野原古墳群

＊本表の時代区分は、古墳前期を三世紀末−四世紀頃、古墳中期を五世紀頃、古墳後期を六世紀以降とし、終末期古墳及び時代区分が不明確な古墳は省略した。
＊表中の記号は、◎は国史跡（特別史跡を含む）、○はその他（県・市町村史跡を含む）を示す。
＊本表は、小田富士雄編著『九州考古学散歩』などを参考に作成した。

古墳の築造が被葬者の活動時期からやや遅れることを考慮すれば、伊都国は三世紀中葉には邪馬台国の時代に引き続いて大きく勢力を伸ばしていたと考えられる。伊都国が関門海峡を含む地域まで勢力圏としていたことは『書紀』による都怒我阿羅斯等《つぬがあらしと》の来日譚にも見ることができる。

御間城天皇《みまきのすめらみこと》（崇神天皇）の世《みよ》に、額《ぬか》に角有《つのお》ひたる人、一《ひとつ》の船に乗りて、越国《こしのくに》の笥《け》飯浦《ひのうら》に泊れり。故《かれ》、其処《そこ》を号《なづ》けて角鹿《つぬが》と曰《い》ふ。問ひて曰《い》はく、「何《いづれ》の国の人ぞ」といふ。対《こた》へて曰《まう》さく、「意富加羅国《おほからのくに》の王の子、名は都怒我阿羅斯等《つぬがあらしと》。亦《また》の名は于斯岐阿利叱智干岐《うしきありしちかんき》と曰《い》ふ。伝《つて》に日本国《やまとのくに》に聖皇《ひじりのきみ》有《ま》すと聞《うけたまは》りて、帰化《まうおもぶ》く。穴門《あなと》に到る時に、其の国に人有り。名は伊都都比古《いとつひこ》。臣《やつかれ》に謂《かた》りて曰《い》はく、『吾《われ》は是の国の王《きみ》なり。吾を除《お》きて復二《またふたり》の王無《きみあらず》。故《かれ》、他処《あたしところ》にな往《い》にそ』といふ。然《しか》れども臣《やつかれ》、究《つらつら》其《そ》の為人《ひととなり》を見るに、必《かなら》ず王《きみ》に非《あら》じといふこ

とを知りぬ。即ち更還《またまか》りぬ。（略）」とまうす。　（『書紀』垂仁二年一云）

三世紀の後半になると、畿内大和に崇神王朝（大和朝廷）が勃興し、四道（北陸・東海・西道・丹波）や朝鮮半島の任那に将軍を派遣するなど、同王朝は武力による版図拡大政策を積極的に推進することとなる。これに危機感を抱いた筑紫（北部九州）の二大勢力、すなわち邪馬台国（倭国）と狗奴国とは、長い反目の歴史を超えて大同団結し、「大倭国」とでも言うべき連合政権を樹立したと考えられる。

この大倭国も、邪馬台国とは趣を異にするものの双頭指導体制国家であったと考えられ、その中心は伊都国と狗奴国である。両勢力は相互に旧来の杞憂を除くことにより、それぞれ大和朝廷に対抗するための軍備の増強に専念できたであろう。

景行天皇が筑紫（九州）巡幸を行った四世紀前半（三一五―三二二）は、大倭国が創始されて三十年ほど経過した時代であり、大倭国が最も充実し強大な軍備を保有し得た時代であったと考えられる。景行天皇は大倭国の強大な軍事力に対抗できないことを認識し、筑紫（九州）巡幸にあたって、大倭国との間で「筑前国内には踏み込まないこと」などの了解が約束されたものであろう。

しかし、仲哀《ちゅうあい》天皇が筑紫（北部九州）に御幸《みゆき》する四世紀中葉にあっては、遠賀川河口付近を本拠地とする岡県主《おかのあがたぬし》の祖・熊鰐《わに》が響灘や周防灘地域に勢力を伸ばしており、それまで広範囲に覇を唱えていた伊都国王も響灘や周防灘での覇権を熊鰐に譲らざるを得ず、仲哀天皇の御幸においても、熊鰐が周芳《すは》の沙麼《さば》まで参迎しているのに対して伊都国王は穴門の引島《ひこしま》（下関市彦島）までの参迎に留まっているのである。伊都国王の勢力が景行天皇の筑紫（九州）巡行後、四半世紀の間に急速に衰退したことが理解できるし、このことは前掲表「北部九州の主要古墳」からも裏付けられよう。

また、『書紀』垂仁三年（巻末年表は崇神天皇即位前十五（二六二）年と推定）に新羅の王子・天日槍《あめのひぼこ》（『古事記』では天之日矛《あめのひぼこ》）が帰化するが、後に仲哀天皇が球磨噌唹《くまそお》を討つため筑紫（北部九州）に御幸した折、怡土《いとの》県主《あがたぬし》の祖・五十跡《いと》（迹）手《で》が自らを「日桙《ひほこ》の苗裔《はつこ》なる五十跡手《いとで》、是なり」として天日槍の子孫だと申し立てる場面が『筑前国風土記』逸文に見える。第二部三章(1)「畿内大和における新政権の勃興」で詳述する通り、都怒我阿羅斯等と天日槍は同一人物であり、後の崇神《すじん》天皇その人であると考えられることから、強大な勢力を背景に筑紫を圧迫する大和朝廷に対して、伊都県主の祖・五十迹手は逸早く恭順の意を表すと共に大和朝廷との浅からぬ自らの縁を述べている。「吾《われ》は是の国の王《きみ》なり。吾を除《お》きて復《また》二《ふたり》の王《きみ》無《あらず》」としたおよそ八十年前とは隔世の感があると言わざるを得ない。(2)

岡県主の祖・熊鰐らの勃興

景行天皇の筑紫（九州）巡幸から四半世紀を経過した頃、仲哀天皇は、熊襲が叛いて朝貢しないことから熊襲討伐を行うことを決意し、滞在中の紀伊《きい》国・徳勒津宮《ところつのみや》を発って仲哀二（三四四）年六月には豊浦津《とゆらのつ》に到り、神功《じんぐう》皇后の到着を待って同年九月に穴門豊浦宮《あなとのとゆらのみや》を興している。今回の討伐対象である熊襲とは「大倭国」のことである。近年やや衰微しているとは言え、伝統のある大国である。友軍の確保などそれなりの準備が必要であったろう。『書紀』によれば仲哀天皇と神功皇后は、五年四カ月ほど穴門豊浦宮に滞在したとされているが、実際には四カ月ほどであったと考えられ、翌年の正月には筑紫の橿日宮《かしひのみや》(3)に移ったものと思われる。しかし、この四カ月は仲哀天皇と神功皇后の二人にとって極めて重要な期間だったのである。

岡県主《おかのあがたぬし》の祖熊鰐《わに》、天皇（仲哀天皇）の車駕《みゆき》を聞《うけたまは》りて、（略）周芳《すは》の沙麼《さば》の浦に参迎《まうむか》ふ。魚塩《なしほ》の地《ところ》を献《たてまつ》る。因《よ》りて奏《まう》して言《まう》さく、「穴門より向津野大済《むかつののおほわたり》に至るまでを東門《ひむがしのみと》とし、名籠屋大済《なごやのおほわたり》を以ては西門《にしのみと》とす。（略）」とまうす。

（『書紀』仲哀八年正月）

仲哀天皇と神功皇后が穴門に豊浦宮を営み、友軍を募り情報を収集するなど筑紫（北部九州）巡幸（大倭国討伐）の準備をする中で、この地域に勢力を張っていた中堅豪族が豊浦宮の天皇・皇后に取り入り、大和朝廷を背景に大きな権力を掌握したようである。岡県主の祖・熊鰐が広大な魚塩《なしほ》の地《ところ》を、穴門直《あたひ》の祖・践立《ほむたち》が「大田《おほた》」という水田《こなた》を天皇・皇后に献上したのを始め、岡県主の祖・熊鰐、沙麼《さば》県主の祖・内避高国避高松屋種《うちひたかくにひたかまつやたね》、穴門直の祖・践立《ほむたち》、津守連《つもりのむらじ》の祖・田裳見宿禰《たもみのすくね》などは、住吉三神（表筒男命《うわつつのおのみこと》・中筒男命《なかつつのおのみこと》・底筒男命《そこつつのおのみこと》）を現出させ、天皇・皇后を支援しつつも天皇・皇后に強い影響力を与えたのである。

このような時大和朝廷に方針転換を迫るべき重大事態が発生している。景行天皇の事例に倣い、仲哀天皇の即位に事寄せて新羅に質として求めていた花嫁の派遣を新羅が拒否したのである。大倭国の討伐か、新羅への出兵か、仲哀天皇と神功皇后は厳しい選択を余儀なくされたのである。折しも伊都国王は大和朝廷への恭順の意思を逸早く示し、天皇・皇后を参迎するため引島《ひこしま》（彦島）に待機しているという。遂に神功皇后は、伊都国王などが率いる「大倭国」を絶滅させようとする当初の計画を退け（仲哀天皇はこの作戦変更に反対し不慮の死を遂げる）、朝鮮半島に目を向けたのである。熊鰐などの新興勢力も「大倭国」の存続の意義を認め、神功皇后の判断を支持したものであろう（第二部三章(4)「神功皇后の筑紫巡幸」に詳述）。

(2)　筑紫（北部九州）に見る景行天皇の影響

景行天皇が筑紫（九州）を巡幸し熊襲を親征した時期は、仲哀天皇・神功皇后の筑紫（北部九州）巡幸に先立つこと四半世紀である。景行天皇は大倭国の伝統的中枢領域（旧邪馬台国の領域）である筑前国の地域には足を踏み入れていないが、仲哀天皇の頃になると景行天皇の筑紫（九州）巡幸による様々な影響が筑前国の地域にも現れている。その第一が岡県主の祖・熊鰐《わに》などの台頭であり、その第二は狗奴国や筑後地域の勃興である。

高羽の麻剥と遠賀川

景行十二（三一五）年九月、周芳《すは》の娑麼《さば》に坐す景行天皇は、多臣の祖・武諸木《たけもろき》、国前臣の祖・菟名手《うなで》、物部君の祖・夏花《なつはな》の三将軍を派遣し、周防灘沿岸の豊前国内で賊者《やつこ》（鼻垂《はなたり》・耳垂《みみたり》・麻剥《あさはぎ》・土折猪折《つちおりいおり》）を討伐させた後に豊前国へ御幸し長峡行宮《ながおのかりみや》を営むのであるが、関門海峡から西の響灘方面には足を踏み入れていない。関門海峡以西に強大な勢力を張る大倭国に軍事力で到底及ばなかったからである。

景行天皇軍は、豊前国平定に当って鼻垂・耳垂・土折猪折の三者を悉《ことごと》く誅殺するも高羽《たかは》（田川）の麻剥《あさはぎ》のみは殺害していないようだ。金属採鉱・精錬技術や陶器製造技術をもつ利用価値の高い新羅系渡来人の集団を掌握していたからだと考える。高羽の人々は、今川水系を利用して周防灘海域に出るだけでなく、遠賀川水系を利用して玄界灘海域にも足を延ばしていたに違いない。景行天皇は、麻剥の勢力を取り込み、高羽を根拠にして遠賀川河口周辺にまで影響力を及ぼそうとしたのではないか。

遠賀川河口は、田川方面に加えて直方・飯塚方面を含む広大な地域の集散地となるばかりでなく、洞海《くきのうみ》（北九州市洞海《どうかい》湾）を利用することにより遠見の鼻（北九州市若松区）を迂回することなく容易に響灘一帯を管理下に置くことが出来るのである。しかも遠賀川河口付近は良質な砂鉄の産地である。四半世紀後、遠賀川河口付近に親大和朝廷の岡県主の祖・熊鰐が勃興したのが全くの偶然であったとは思われない。

天霧《あまぎ》らひ　日方《ひかた》吹《ふ》くらし　水茎《みづくき》の　岡《をか》の水門《みなと》に　波立《なみた》ち渡《わた》る

（『万葉集』巻第七・一二三一）

なお、仲哀天皇・神功皇后の筑紫（北部九州）巡幸に伴って頭角を表した岡県主の祖・熊鰐を始めとする響灘・関門の政治権力は、神功皇后の畿内大和への東進が完結すると急速に求心力を失い、彼らが現出させた住吉神とともに歴史の表舞台から去ることになる。仲哀天皇・神功皇后が穴門の豊浦宮滞在中に現出した住吉神は、神功皇后の東進時（三四六年）の守護を最後に向こう三四〇年間沈黙するのである。

狗奴国と筑紫平野

景行天皇の筑紫（九州）巡幸以降、筑紫（北部九州）での権力地図は極めて大規模に激変する。その一つが筑後川中下流一帯に広がる大穀倉地帯を背景にした狗奴《くぬ》国及び筑後地域の台頭である。

『肥前国風土記』によれば、景行天皇は筑紫（九州）巡幸の最終過程を高羅の行宮を中心に展開しており、すでに見たように、同天皇は肥前国南東部地域をゆっくり巡狩している。御井《みい》川（筑後川）に渡し舟を設け、犬を連れ、住民の歓迎を受けながら地域を廻り、地域権力者に対しても一切武力を行使することなく、最後には人工の丘（琴木《ことき》の岡）を造らせ宴までしているのである。また、筑後地域では八女県《やめのあがた》で八女津媛《やめつひめ》の存在を知り得ても特段の動きをする訳でもなく、的邑《いくはのむら》でもゆったりと酒宴を催しているのである。「天皇悪《あしみ》したまひて、進行《いでま》すこと得ず。即ち来田見邑《くたみのむら》に留りて、権《かり》に宮を興《た》てて居《ま》します」（直入県来田見邑）、「天皇、更に城原《きばる》に返《かへ》りまして、水上《かはのほとり》にト《ましま》す。便《すなは》ち兵《いくさ》を勒《ととの》へて、先づ八田《やた》を禰疑野《ねぎの》に撃《う》ちて破《やぶ》りつ」（直入県禰疑野）、「熊襲を討たむことを議《はか》る」（日向の高屋宮）、「其の集《つど》へるは何人《た》ぞ。若《けだ》し賊《あた》か」（日向の夷守）など他地域で見られる緊張感は全く見られない。

景行天皇の心情は、肥後国から筑後国に入った時点を境にして明確に変化している。『書紀』においても、景行十八年六月までは肥後国の玉杵名邑《たまきなのむら》での土蜘蛛・津頬《つら》の討伐について記しているものの、翌七月の筑後国御木《みけ》の高田行宮《たかたのかりみや》に至っては、歴木《くぬぎ》（『筑後国風土記』では棟木《おうちのき》とする）の大樹伝説を掲げて景行天皇の弥栄《いやさか》を祈るとともに、その倒れた大樹を踏み越えて往来する百寮群臣の様子を宮廷寿歌として取り上げているのである。

阿佐志毛能《あさしもの》　瀰概能佐烏麼志《みけのさをばし》　魔幣菟者瀰《まへつきみ》　伊和哆羅秀暮《いわたらすも》　瀰開能佐烏麼志《みけのさをばし》
（朝霜の　御木の些小橋　群臣　い渡らすも　御木の些小橋）

肥後国から筑後国へ入ったと同時に窺える景行天皇の安堵感はどこから来るのであろうか。一般に考えられる次の三説について検討してみよう。

① 筑紫（九州）巡幸は、北部九州を根拠とする大倭国の王が行ったのであり、九州平定の事象を景行天皇に仮託して伝えられたのである。よって景行天皇は自らの支配領域に帰着したのであり、筑後国御木（福岡県大牟田市）はすでに自国内であるとする説がある。

しかし、『豊後国風土記』日田郡の項や『肥前国風土記』彼杵郡の項によれば、景行天皇の巡幸は、筑後国的邑から豊後国日田（大分県日田市）を経て豊前国宇佐（大分県宇佐市）へと続き、宇佐の行宮にあって肥前国彼杵郡の征討を神代直《こうじろのあたい》に命じ、この報告を受けた後に都（大和）への帰路につくもののようである。よって北部九州の王による九州平定の事実を景行天皇の事績として『書紀』が取り入れたとする説は容認できない。

② 景行天皇は、大倭国の中枢から分離した有力勢力が北部九州以外の地（畿内大和）に築いた国の王であるか、あるいは大倭国の中枢そのものが東征して建設した国の王であり、北部九州の残存勢力とは極めて親しい関係にあるとするもので、邪馬台国が畿内大和に進出して大和朝廷になったとする邪馬台国東征説の考え方である。

しかし、仮に出自が同じであっても、弱小国となった大倭国を大国の王である景行天皇が礼を尽くして外縁から見守るとは考えられず、また逆に、出自が同じで親しい関係であれば、景行天皇は大倭国王を訪問し長旅の疲れを癒すと考えられるのではないか。よってこの説も取り入れることは出来ないであろう。

③ 景行天皇は、北部九州の勢力とは別に発展した畿内大和勢力の王であり、初代の王である崇神天皇の勢力拡大方針を引き継ぐ大和朝廷の大王として筑紫（九州）平定に乗り出したが、その際に筑紫（北部九州）に君臨する大倭国とは「不戦」の方針を採用し、相互に了解したものと考える。大倭国との「不戦」は、大和朝廷にとって大倭国の軍事力・戦闘力が思いのほか強大であったことが最大の理由であったとするものである。

すでに本章(1)「邪馬台国以後の筑紫（北部九州）」で論じた通り、この説が最も事実に近いものであると考えられる。

肥前南東部地域及び筑後地域は、いずれも大倭国を構成する地域ではあるが大倭国の中枢部（伊都国を中心とする旧邪馬台国）からは隔たっており、大倭国からの自由度が高い地域であったと考えられる。肥前南東部はかつての狗奴《くぬ》国が実効支配する地域であり、筑後地域は水沼県主《みぬまのあがたぬし》が実効支配する地域である。景行天皇は、筑紫（九州）巡幸当初から随伴する物部君の祖・夏花などを介して、肥前南東部及び筑後地域に根を下ろす物部氏集団と十分な連携が取れていたであろう。なお景行天皇の肥前南東部・筑後地域の巡幸は極めて順調に進められているが、この背景には水沼県主・猿大海《さるおおみ》が常時随伴していたと推測され、景行天皇にとって最も信頼できる地方豪族となった水沼県主は皇子・国乳別皇子《くにちわけのみこ》を賜るなど新たな発展の基礎を与えられたのである。筑後国御木《みけ》の高田宮へ往来《かよ》う百寮《つかさつかさ》には、水沼県主を始め肥前南東部・筑後地域の大小多くの支配者層の訪問も含まれていたであろう。これが景行天皇の醸し出す安堵感の源泉であろうと思われる。

仲哀天皇・神功皇后の筑紫（北部九州）巡幸に端を発した大和朝廷による大倭国の併合以降、伊都国に代わって頭角を現わした筑紫平野の権力集団（旧狗奴国の系譜を受け継ぐであろう米多君《めたのきみ》・嶺県主《みねのあがたぬし》など肥前地域の勢力及び水沼君《みぬまのきみ》など筑後地域の勢力）は、五世紀冒頭（四〇四年に倭が高句麗と戦って敗退）頃から旧勢力の伊都国などを包含しながら新興の宗像神とも結びつき、五世紀初頭（四一三年に倭王・讃が東晋へ遣使）には「筑紫王朝」とも言うべき政治権力を構築したものと考えられる。「筑紫王朝」は「倭の五王」として知られる讃（仁徳）・珍《ちん》（反正）・済《さい》（允恭）・興《こう》（木梨軽皇子）・武《ぶ》（雄略）の遣宋使の実質的な派遣者（形式的には大和朝廷とみられる）となるなどの具体的な行動を通して力を蓄え、「筑紫王朝」の絶頂期となる六世紀の筑紫君磐井《ちくしのきみいわい》の時代を迎えるのである。

「筑紫王朝」については、第二部四章で詳述するので本項では重ねて述べないが、このように北部九州なかんずく筑前国地域にとって景行天皇の筑紫（九州）巡幸の影響は極めて甚大なのである。

▼遠の朝廷・大宰府

大宰府《おほみこともちのつかさ》は、律令《りつりょう》制下における朝廷と国府との中間的な統治機関として、西海道九国二島（筑前・筑後・肥前・肥後・豊前・豊後・日向・薩摩・大隅の各国と対馬・壱岐の二島）に対する内政府として機能するとともに対外交渉における前線機関として重要な役割を担ったわが国唯一の地方特別官庁である。「遠《とお》の朝廷《みかど》」と呼ばれた古代の大宰府は、政庁を大野山南麓の中央に置き、東西は左右の郭それぞれ十二坊ずつ（左右計約二・五km）・南北二十二条（約二・三km）の平城京の四分の一ほどの広さを持つ計画都市で、七大寺（観世音寺・安楽寺・国分寺・国分尼寺・般若寺・塔原廃寺・武蔵寺）を配置した壮大な都城でもあった。政庁は二回ないし三回建て替えが行われているが、機構が整備された八世紀の政庁建造物群は朝堂院《ちょうどういん》形式で整然と配置され、南門・中門・正殿・後殿が一直線上に並び、正殿前の東西には二棟ずつの脇殿が配置され、さらに正殿と中門は回廊で結ばれ、残余の南門と後殿の一画は築地が囲むといったものであった。

なお、大宰府の官制や職制は浄御原令《きよみはらりょう》や大宝令《たいほうりょう》によって整備され、帥《そち》（権）・弐《に》（大・少）・監《げん》（大・少）・典《てん》（大・少）の四等官のほか主神《かんずかさ》・判事（大・少）・令史《れいし》（大・少）・工《く》（大・少）・博士・陰陽師《おんみようじ》・医師・竿《さん》師《し》・防人司《さきもりのつかさ》（正・祐・令史）・主船《ふねのつかさ》・主厨《くりやのつかさ》などの職があり、長官である帥の職掌は幅が広く、祠社《ししゃ》（神社管理）・戸口《ここう》（人口管理）・簿帳《ぼちょう》（戸籍・租帳・正税帳などの作成管理）・字養百姓《じようひゃくせい》（国民育成）・勧課農《かんかのう》桑《そう》・糺察所部《きゅうさつしょぶ》（治安維持）・貢挙《こうきょ》（人材発掘）・孝義（人材表彰）・田宅・良賤・訴訟・租調・倉廩《そうりん》（穀米と脱穀米倉庫の管理）・徭役《ようえき》・兵士・器杖・鼓吹《こすい》・郵駅・傳馬・烽候《ほうこう》（狼煙《のろし》）・城牧・過所《かしょ》（通行手形）・公私馬牛・闌遺《らんい》雑物（逃げた牛馬や遺失物）・寺僧尼名籍・蕃客《ばんきゃく》（入国手続）・帰化・饗讌事《きょうえんのこと》の二十八項目にわたっていた。

大宰府《だざいふ》の発祥は「筑紫君磐井《いわい》の乱」の直後にまで遡り、対外関係が緊張する中で徐々に整備されている。継体二十二（五二八）年の筑紫君磐井の滅亡により、わが国の新羅と百済に対する均衡外交が完全に崩壊した結果、新羅は継体二十六（五三二）年に朝鮮南部の金官国《きんかん》を支配下に置くが、これに対応して大和朝廷は対外対策を目的として宣化元（五三六）年に那津官家《なのつのみやけ》を設置し、九州のみならず全国から穀物を調達して非常に備えたのである。

遠の朝廷・大宰府政庁跡と大野城址（太宰府市観世音寺・坂本）

夏五月《さつき》の辛丑《かのとうし》の朔《ついたちのひ》に、詔《みことのり》して曰《のたま》はく、「食《くらひもの》は天下《あめのした》の本《もと》なり。黄金万貫《こがねよろづはかり》ありとも、飢《いひうゑ》を療《いや》すべからず。白玉千箱《しらたまちはこ》ありとも、何《なに》ぞ能《よ》く冷《こい》を救《すく》はむ。夫《そ》れ筑紫国は、遐《とほ》く邇《ちか》く朝《まう》で届《いた》る所、去来《ゆきき》の関門《せきと》にする所なり。是《ここ》を以《も》て、海表《わたのほか》の国は、海水《しほ》を候《さもら》ひて来賓《まう》き、天雲《あまくも》を望《おせ》りて貢奉《みつきたてまつ》る。胎中之帝《ほむだのすめらみこと》より、朕《わ》が身に洎《いた》るまでに、穀稼《もみいね》を収蔵《をさ》めて、儲粮《まうけのかて》を蓄《たくは》へ積《つ》みたり。遙に凶年《いひうゑのとし》に設け、厚く良客《たかきまらうと》を饗《あへ》す。国を安《やす》みする方《さま》、更に此《これ》に過ぐるは無し。故《かれ》、朕《われ》、阿蘇仍君《あそのきみ》未だ詳ならず。を遣《つかは》して、加《また》、河内国《かふちのくに》の茨田郡《まむたのこほり》の屯倉《みやけ》の穀《もみ》を運ばしむ。蘇我大臣稲目宿禰《そがのおほおみいなめのすくね》は、尾張連《おはりのむらじ》を遣して、尾張国《おはりのくに》の屯倉の穀を運ばしむべし、物部《もののべの》大連麁鹿火《おほむらじあらかひ》は、新家連《にひのみのむらじ》を遣して、新家《にひのみ》の屯倉《みやけ》の穀を運ばしむべし。安倍臣《あへのおみ》は、伊賀臣《いがのおみ》を遣して、伊賀国《いがのくに》の屯倉の穀を運ばしむべし。官家《みやけ》を、那津《なのつ》の口《ほとり》に脩《つく》り造《た》てよ。又其《か》の筑紫・肥《ひのくに》・豊《とよのくに》、三つの国の屯倉、散《あか》れて懸隔《とほきところ》に在り。運び輸《いた》さむこと遙に阻《へだた》れり。儻《も》如し須要《もち》ゐむとせば、以て率《にはま》に備《そな》へむこと難かるべし。亦諸郡《またもろもろのこほり》に課せて分《くば》り移して、那津の口に聚《あつ》め建《た》てて、非常《おもひのほか》に備へて、永《ひたす》ら民《おほみたから》の命《いのち》とすべし。早く郡県《こほりこほり》に下《くだ》して、朕《わ》が心を知らしめよ」とのたまふ。

（『書紀』宣化元年夏五月）

那津官家《なのつのみやけ》の所在地は比恵《ひえ》遺跡（福岡市博多区）付近であろうと推定されるが、これが大宰府の前身である。那津官家は任那《みまなの》官家《みやけ》（任那日本府）が滅んだ欽明二十三（五六二）年以降は更に充実したであろうし、推古十七（六〇九）年の段階までには名称も「筑紫大宰《つくしのおおみこともちのつかさ》」と改称されている。

大宰府を一段と充実させたのは「白村江《はくすきのえ》の敗戦」である。天智二（六六三）年、天智天皇は百済救援のために上毛野君稚子《かみつけののきみわかこ》・間人連《はしひとのむらじ》大蓋《おおふた》を将軍とする前軍（東国兵中心）、巨勢神前臣《こせのかむさきのおみ》訳語《をさ》・三輪君根麻呂《みわのきみねまろ》を将軍とする中軍（西国兵中心）、安倍引《あべのひけ》田臣比邏夫《たのおみひらぶ》・大宅臣鎌柄《おおやけのおみかまつか》を将軍とする後軍（北陸兵中心）、総勢二万七千を興して朝鮮半島に派遣したのである。朝鮮半島南部に上陸した前軍は新羅の城を攻略しながら進むが、盧原臣《いおはらのおみ》に率いられた中軍（将軍が率いない中軍の先鋒軍か）は百済王救出のために錦江（白村江）へ直行し、三軍合流を待たずに唐と新羅の連合軍と戦って惨敗したのであり、後軍が白村江近くに及んだ時にはすでに戦いは終わっていたという。後軍は中軍の敗残兵や百済の遺臣を収容して引き揚げたが、大敗北の末の撤退でもあり敵軍の追撃を防がねばならず、このためほとんど無傷であった前軍を対馬と壱岐に留めたのである。これが防人《さきもり》の始まりであり、防人に東国兵が充て

大宰府防衛線・水城跡（太宰府市水城・大野城市大利）

られる由来であるとともに、防人司《さきもりのつかさ》が大宰府に置かれた理由でもある。白村江の大敗北を受け、唐・新羅連合軍によるわが国への攻撃に備えねばならず、「筑紫大宰」を現在地（太宰府市観世音寺・坂本）に移し、水城《みずき》を築き、大野城《おおののき》・基肄城《きいのき》などの防衛施設を相次いで建設したのである。[1] 防人司は延暦十四（七九五）年に廃止されるが、ここに至ってようやく臨戦態勢下に置かれた軍政大宰府が行政府としての大宰府へと質的転換を図ったと見ることができよう。

一方、神亀五（七二八）年に大宰帥として大伴旅人《おおとものたびと》を迎えると、臨戦態勢下とはいえ華やかな筑紫歌壇が構成されて多くの人々によって数多くの歌が誦み競われ、北部九州一帯は俄に『万葉集』を飾る歌枕の宝庫となっている。大宰府近くを歌った数首を挙げてみよう。

大宰大監大伴宿禰百代の恋の歌四首（のうち一首）
思《おも》はぬを　思《おも》ふと言《い》はば　大野《おほの》なる　三笠《みかさ》の社《もり》の　神《かみ》し知《し》らさむ　（『万葉集』巻第四・五六一）

日本挽歌一首の反歌（のうち一首）
大野山《おほのやま》　霧立《きりた》ち渡《わた》る　我《わ》が嘆《なげ》く　おきその風《かぜ》に　霧立《きりた》ち渡《わた》る　（『万葉集』巻第五・七九九）
神亀五年七月二十一日に、筑前国守山上憶良上《たてまつ》る。

帥大伴卿、次田《すきた》の温泉《いでゆ》に宿りて鶴《たづ》が音を聞きて作る歌一首
湯《ゆ》の原《はら》に　鳴《な》く葦鶴《あしたづ》は　我《あ》がごとく　妹《いも》に恋《こ》ふれや　時《とき》わかず鳴《な》く　（『万葉集』巻第六・九六一）

（天平二年冬十二月、大宰帥大伴卿、京に上る時に娘子の作る歌二首に）
大納言大伴卿の和《こた》ふる歌二首（のうち一首）
ますらをと　思《おも》へる我《われ》や　水茎《みづくき》の　水城《みづき》の上《うへ》に　涙拭《なみだのご》はむ　（『万葉集』巻第六・九六八）

大宰の諸卿大夫并せて官人等、筑前国《つくしのみちのくち》の蘆城《あしき》の駅家《はゆまうまや》に宴《うたげ》する歌二首

をみなへし　秋萩交《あきはぎま》じる　蘆城《あしき》の野《の》　今日《けふ》を始《はじ》めて　万代《よろづよ》に見《み》む
玉《たま》くしげ　蘆城《あしき》の川《かは》を　今日見《けふみ》ては　万代《よろづよ》までに　忘《わす》らえめやも

（『万葉集』巻第八・一五三〇―一五三一）

なお、九世紀以降の大宰府は、外交以外に貿易活動も活発化するとともに帥は親王の名誉職となって遙任《ようにん》化し、(2)権帥《ごんのそち》・大弐《だいに》が事実上の長官となる。十二世紀以降ではこれも遙任となり、府の実務は府官《ふかん》と呼ばれた在庁官人からなる大少の監《げん》・典《てん》に委ねられた。さらに十三世紀には鎮西《ちんぜい》奉行との一体化が進み、元寇《げんこう》後に鎮西探題《ちんぜいたんだい》が置かれるに及んで完全に形骸化したのである。

（1）天智二（六六三）年、白村江《はくすきのえ》で唐・新羅連合軍に壊滅的な敗戦を喫した大和政権は、唐・新羅連合軍の来襲に備えて対馬から畿内までの要所に防衛施設を築いており、なかでも最重要施設が大宰府を直接防衛する水城《みずき》と大野城であった。大宰府政庁の西二kmにおいて、四王寺山と西部丘陵地域とを結んだ防衛ラインが水城である。博多湾方面からの敵に対する施設で、博多湾側に幅六〇m、深さ四・五mの水濠を備えた長さ約一km、高さ一四m、基底幅七二mの大土塁は、『書紀』に「筑紫に、大堤《おほつつみ》を築《つ》きて水を貯《たくは》へしむ。名づけて水城と曰《い》ふ」と見える。また、大宰府政庁の北に広がる標高四〇〇m程の山が四王寺山《しおうじやま》で、山頂付近の尾根沿いに約六・五kmの土塁を廻らした城塞が大野城《おおののき》である。谷には石塁を築き、三カ所の城門と一カ所の水門を有し、城内には七十棟ほどの建造物群があったとされる。

（2）地方官に任命された後も赴任の義務を免除され、在京のまま得分のみを受けること。赴任して執務を行う受領に対する呼び方。

（1）大倭国の成立（二八〇年代）によってその主導権が伊都国と狗奴国に移ったこと、また伊都国の勢力が福岡平野北部にまで拡大したことが原因となり邪馬台国（狭義）の主体は福岡平野の南部、小郡・甘木及び朝倉郡地域に後退したものと考えられる。

（2）『書紀』の記事から見えてくる三世紀中頃の伊都国は、関門海峡を越えて長門国（山口県西部地域）まで支配しており、伊都国王（伊都都比古）が穴門に常駐していたとも受け取れる。伊都国王が穴門に常駐していたとすれば、伊都国王は関門海峡の要所を押さえると共に、さらに東方に向けて勢力拡大を図っていたのではなかろうか。この勢力拡大過程（景行天皇による筑紫巡幸直後の三三〇―三四〇年頃）で岡県主の祖・熊鰐や仲哀天皇の筑紫（北部九州）巡幸で顕在化する長門国や周防国による連合勢力から軍事的な抵抗を受け、これに敗れたのであろう。

（3）熊襲征討のために九州に下向した仲哀天皇は橿日宮で崩御するが、神功皇后が天皇をその地に祀ったのが香椎宮の起源とされる。後に神功皇后も祀られ、合せて香椎廟といわれた。新任の大宰帥はまず香椎廟に参詣して政務を執ることを例とし、現在でも朝廷の勅使奉幣の勅祭が十年ごとに行われる由緒ある神社である。本殿（国重文）は香椎造の建築様式で知られる。本殿の東門を出て一〇〇ｍの場所に古宮跡があり、仲哀天皇の橿日宮跡と伝承される。

（神亀五年）冬十一月、大宰の官人等、香椎《かしひ》の廟《みや》を拝《をろが》みまつること訖《を》はり、退《まか》り帰る時に、馬を香椎の浦に駐《とど》めて、各《おのもおのも》　懐《おもひ》を述べて作る歌

帥大伴卿の歌一首

いざ子《こ》ども　香椎《かしひ》の潟《かた》に　白《しろ》たへの　袖《そで》さへ濡《ぬ》れて　朝菜《あさな》摘《つ》みてむ

大弐小野老朝臣《おゆあそみ》の歌一首

時《とき》つ風《かぜ》　吹《ふ》くべくなりぬ　香椎潟《かしひがた》　潮干《しほひ》の浦《うら》に　玉藻《たまも》刈《か》りてな

豊前守《とよくにのみちのくちのかみ》宇努首《うののおびと》男人《をひと》の歌一首

行《ゆ》き帰《かへ》り　常《つね》に我《わ》が見《み》し　香椎潟《かしひがた》　明日《あす》ゆ後《のち》には　見《み》むよしもなし

（『万葉集』巻第六・九五七―九五九）

第二部

大和王権に先行する筑紫王権

その曙光から終焉まで

一、倭国のあけぼの（紀元前五世紀終盤—一世紀頃）

紀元前後の時代からわが国に厳然として存在し続けた国は、諸外国から「倭国《わこく》」とよばれ、自らも対外的には「倭国」と称していた。『後漢書《ごかんじょ》』から『舊唐書《くとうじょ》』まで中国正史の十書に「倭《わ》」「倭人《わじん》」「倭国《わこく》」の伝を載せ、『三国史記』などの朝鮮史書や碑文にも頻繁に記録されている。しかし、長期にわたって中国や朝鮮半島諸国と外交交渉を持った「倭国」が、その後の「日本国」へと連続的に移行したのかなど、「倭国」を取り巻く諸問題については未だ解明されていない事柄が余りにも多いと言わざるを得ない。

戦後の歴史研究の中で、わが国の黎明期を新しい視点から考え直そうという活動が精力的かつ活発に行われるようになったことは極めて喜ばしい。大和朝廷とは異なる「九州王朝」が存在し、中国や朝鮮半島諸国と外交交渉を持ったわが国を代表する政権は、七世紀までにあっては概ね「九州王朝」であった[(1)]とする考えも提起されている。

玄界灘に開けた北部九州は、大陸からの文明をわが国で最も早く受け入れた地域である。朝鮮半島と長崎県対馬との距離はわずかに五〇㎞弱であり、韓国の釜山《プサン》広域市と北部九州の福岡市とは二〇〇㎞を少し超える程度の距離でしかない。朝鮮半島南部と北部九州との一衣帯水の関係は、有史以前から今日まで少しも変わることはないのである。

わが国は、縄文時代晩期から弥生時代にかけて、農耕稲作と金属器の文化を大陸から受け入れることによって飛躍的な発展を遂げるのであるが、北部九州はこれらの先進文化を最初に受容した窓口であり、そのため、わが国で最も早く社会分化が進み「国」が生まれた地域でもあった。

なお、本章を進めるに当たっての時代区分は、北部九州の土器編年に基づき、相互に重複時期はあるものの縄文晩期・弥生早期を紀元前五世紀終盤−紀元前四世紀頃、弥生前期を紀元前四世紀中頃−紀元前二世紀前半頃、弥生中期を紀元前二世紀頃−紀元前一世紀前半頃、弥生後期を一世紀後半頃−三世紀頃とする。

(1) 玄界灘に向かって立つ百余国

『漢書』や『後漢書』に見える次の一文は、『魏志倭人伝』による魏と邪馬台国との詳細な交渉記事を待つまでもなく、倭人が古くから風波を越えて大陸と通交していたことを証明している。

夫《そ》れ楽浪《らくろう》海中に倭人《わじん》あり、分れて百餘国となる。歳時《さいじ》を以て来り献見《けんけん》すと云う。（『漢書地理志』）

建武中元二（五七）年、倭奴国、奉貢朝賀す。使人自ら大夫と称す。倭国の極南界なり。光武賜うに印綬を以てす。（『後漢書倭伝』）

また、中国に現存する最古の地理書『山海経《せんがいきょう》』や後漢時代の江南人・王充《おうじゅう》の『論衡《ろんこう》』には、中国の周《しゅう》（−前二五六）や燕《えん》（−前二二二）と倭人の関係が記されるなど、倭人の大陸との通交をさらに紀元前にまで遡らせる記録すらある。このように遙かに遠い時代から国際的な舞台で活躍し中国にまで広く周知された倭人は、中国史書に初めて具体的に現れる国々が北部九州のそれであるように、対馬・壱岐から玄界灘沿岸地域に居住する人々を中心とする海の民であったと思われる。

成王の時（前一〇二〇年頃）、越常雉を献じ、倭人暢を貢ず。　（『論衡』恢国篇五十八）

周の時（前二五六年以前）、天下太平、倭人来りて暢草を献ず。　（『論衡』異虚篇十八）

蓋国《がいこく》は鉅燕《きょえん》の南、倭の北に在り、倭は燕《えん》に属す。　（『山海経』海内北経条）

これを『三国史記』新羅本紀に見ても、朝鮮半島南岸地域と倭国との通交が古くから頻繁に行われていたことが分かる。新羅の始祖・赫居世《かつきよせい》の時代（紀元前後）から倭人が新羅に侵入する記事が随所に見られるからである。また、赫居世に仕え、第四代・脱解《だつかい》王から大輔《たいほ》（神話時代の新羅の最高官職）に任じられた瓠公《ここう》という人物はもともと海を渡ってきた倭人であるとされており（始祖赫居世居西干《きょせいかん》紀）、また、何らかの事情があって海に流されたものの（『三国史記』は卵生であったためとする）新羅に漂着して成長した脱解王その人も倭国の東北一千里にある多婆那国《たばなこく》王と女国《じょこく》の王女との間に生まれた王子であるとされる（脱解尼師今《にしきん》紀）。神話時代のことでもあり時代的に若干の差異はあるが、倭国が女国を含む博多湾岸地域を本拠にする国であるとした場合、倭国の東北一千里（古田武彦の魏晋の短里約七五―九〇m／里で換算すると約七五―九〇km）にある多婆那国は響灘に突出する北九州市戸畑（鳥旗・飛幡）付近に存在した国であろうと推測することができよう。

ほととぎす　飛幡《とばた》の浦《うら》に　しく波《なみ》の　しくしく君《きみ》を　見《み》むよしもがな　（『万葉集』巻第十二・三一六五）

今から二千年も時代を遡った頃である。西暦紀元前後の北部九州では、政治的・経済的に勢力を蓄えた百余の国々が並び立ち、前漢の楽浪郡《らくろう》(2)に使者を派遣するまでになっていた。『漢書』に見えるこれらの国々は、『後漢書』や『魏志』に登場する「倭国」や「邪馬台国《やまだいこく》」という国々にとって連続的な先駆をなすものと考えられることから、北部九州に並立した国家群と見ることができる。後漢の光武帝《こうぶてい》から「漢委奴国王《かんのわのなのこくおう》」の金印を下賜された「委奴国王」は、これらの国々の中にあって卓越した王者であったに違いない。この時代の代表的遺跡は、大きく開花した朝顔の花のように、玄界灘に沿った北部九州に半円弧を描いて分布しているのである。

① 宇木汲田《うきくんでん》遺跡

北部九州の玄界灘沿岸地域では、弥生前期から中期にかけての遺跡を数多く見ることができる。佐賀県唐津市の宇木川周辺地域には、柏崎・宇木・鶴崎・葉山尻などの各遺跡群があり、なかでも昭和五（一九三〇）年に発見された宇木汲田遺跡（宇木遺跡群）は弥生前期中葉から後期前半にわたる遺跡で、一三〇基ほどの甕棺墓から多紐細文鏡・銅剣・銅矛・銅戈・玉類など優良な副葬品（国重文）が多数発見された。これらの遺跡群は、弥生中期前半における武器所有形態に重要な論点を与えることとなった。

② 葉山尻支石墓群《はやまじりしせきぼ》

支石墓は朝鮮半島から移入され、北部九州にのみ存在する弥生時代の代表的な墓制の一つで、甕棺や土壙などの上に数個の塊状の柱（板）石で支えられた一枚の大きな蓋石を置くというものである。佐賀県の鏡山周辺には瀬戸口・森田の両支石墓群（宇木遺跡群）、葉山尻・岸高《きしたか》の両支石墓群（葉山尻遺跡群）、五反田支石墓群などがあり、なかでも昭和二十六（一九五一）年に発見された葉山尻支石墓群（国史跡）は、弥生前期から中期にかけてのもので、わが国における支石墓研究の先駆となった。

また、福岡県の糸島地域には、前原市志登《しと》の標高六mの沖積台地に十基営まれる志登支石墓群（国史跡）をはじめ、井田用江《いたようえ》・井田御子守《いたおごもり》・石ケ埼・長野宮の前など地域全域に支石墓を見ることができる。

③ 松原御床《まつばらみとこ》遺跡

大正六（一九一七）年、福岡県志摩町の可也山《かやさん》西南麓で発見された松原御床遺跡は、弥生土器とともに中国・新《しん》（八―二三年）の王莽《おうもう》の貨泉《かせん》（新・王莽の時代に鋳造され、後漢の光武帝の頃まで使用された貨幣）を伴っており、わが国の弥生時代が西暦紀元前後であることを証明した遺跡となった。

また、福岡市西区元岡《もとおか》には弥生時代の大型蛤刃石斧《はまぐりばせきふ》製造所として知られる今山《いまやま》遺跡（国史跡）がある。今山は優れた石斧原材料の供給地で、製造された石斧の利用範囲は北部九州一帯から熊本県宇土半島にまで及んでいる。頂上付近の熊野神社拝殿裏には玄武岩が露出しており、石斧の未完成品を探すことができる。

④ 三雲南小路《みくもみなみしょうじ》遺跡

文政五（一八二二）年、福岡県前原市の三雲で発見された三雲南小路遺跡は、甕棺に前漢鏡三十五面のほか有柄銅剣・細型銅矛・璧・玉類などが副葬された紛れもない王墓で、福岡藩の青柳種信が『柳園古器略考《りゅうえんこきりゃくこう》』に詳細な記録を遺したことによって現在に伝わっている。また、昭和四十九（一九七四）年から始められた調査では、隣接して埋葬された王妃墓と推定される甕棺も出土し、前漢鏡二十二面以上・ペンダント・玉類が副葬されていた。いずれも弥生中期後半（紀元前後）の遺跡である。

また、付近には、後漢鏡二十一面や刀剣などを副葬し弥生後期初頭（紀元前後）の遺跡と考えられる井原鑓《いわらやり》溝《みぞ》遺跡、仿製鏡を中心に四十二面の鏡・素環頭大刀・多数の玉類を副葬した二〇〇年頃の王墓とされる平原《ひらばる》遺跡がある。

⑤ 吉武高木《よしたけたかき》遺跡

福岡市西区姪浜から室見川《むろみがわ》を遡った地域で、昭和五十八（一九八三）年から発掘調査が行われ、一二〇〇を超える甕棺墓が十カ所以上に分散分布していることが明らかになった。吉武高木・吉武大石・吉武樋渡《ひわたり》など吉武遺跡群の発見である。なかでも吉武高木遺跡（国史跡）では弥生前期末から中期初頭の甕棺十三基と木棺四基が見つかり、多紐細文鏡や青銅武器などを含む夥しい副葬品（国重文）が発見された。また、この遺跡からは、五間×四間（一二・六×九・六m）の外周に加えて一間の廻縁を持つ同時期の大型堀立柱高床建造物も発見された。吉武遺跡群は、弥生前期にすでに突出した権力を有する首長が存在していたことを証明している。

⑥ 須玖岡本《すくおかもと》遺跡

明治三十二（一八九九）年、福岡県春日市岡本で偶然発見された甕棺支石墓から、前漢鏡三十面のほか銅剣・銅戈・璧・玉類など王墓に相応しい副葬品が出土した。三雲南小路遺跡と同時代の弥生中期後半（紀元前後）の須玖岡本遺跡である。この付近には弥生遺跡が群集しており、岡本遺跡（甕棺墓主体の共同墓地・小銅鐸鋳型）・岡本辻遺跡（銅矛）・西方《にしかた》遺跡（銅矛）・紅葉ケ丘遺跡（銅戈）・原町遺跡（銅戈）・大南遺跡（小銅鐸・銅戈鋳型）・赤井手遺跡（銅矛鋳型・銅戈鋳型）・大谷遺跡（銅鐸・銅矛・銅剣・銅戈の各鋳型）・須玖永田遺跡（鏡の鋳型）などがある。

縄文人の足跡を遺す板付遺跡（福岡市博多区板付）

⑦ 板付《いたづけ》遺跡

狩猟や漁労に糧を得る生活をしていた日本列島に大陸から農耕の技術が最初に伝えられたのは北部九州である。福岡平野の中央、福岡空港の南西台地上に広がる板付遺跡（国史跡）は、水稲農耕が縄文晩期に始まったとして「教科書の書き換えを迫った」画期的な遺跡で、当時の水田跡に縄文人の足跡が残っている。これに続く早期遺跡として、縄文晩期の炭化米・籾圧痕を伴う土器などを出土した福岡県二丈町の曲《まが》り田《た》遺跡や縄文晩期後半の水田跡・炭化米・農耕具などを出土した佐賀県唐津市の菜畑《なばたけ》遺跡（国史跡）などがある。

⑧ 立屋敷《たてやしき》遺跡

昭和十五（一九四〇）年、福岡県水巻町の立屋敷で発見された立屋敷遺跡は、その後におけるわが国農耕文化の進展過程の解明に大きく貢献した遺跡である。現在はすでに遠賀川の川床になって遺跡そのものは残されていないが、ここで発見された弥生土器が「遠賀川式土器」として弥生前期の標識土器となり、弥生文化の東進を象徴的に示す土器となった。

(2) 金印「漢委奴国王」の謎

天明四（一七八四）年、筑前国那珂郡志賀島《しかのしま》[3]で発見された「漢委奴国王《かんのわのなのこくおう》」の金印は余りにも有名である。第一部一章(1)「倭国から邪馬台国へ」で若干触れたが、この金印授受に係る「倭奴国」の後漢への奉貢朝賀こそ、わが国初の国家となる「倭国」の萌芽を告げる画期的な外交使節団の派遣であったと考えられる。

建武中元二（五七）年、倭奴《わのな》国、奉貢朝賀す。使人自ら大夫と称す。倭国の極南界なり。光武《こうぶ》賜うに印綬を以てす。安帝の永初元（一〇七）年、倭の国王帥升等、生口百六十人を献じ、請見を願う。

（『後漢書倭伝』）

しかし、金印に陰刻された文字の読み方については多くの意見が提起され現在なお論議が続いており、発見された場所の歴史的意義についても有力な意見は提起されていない。

委奴国とは？

金印に陰刻された文字はどのように読み、後漢の光武帝から金印を下賜された国はどのように呼ばれ、どこにあったのか。金印を巡る第一の謎である。最大の問題は「委奴」の解読である。古くは上田秋成が『漢委奴《ゐど》国王金印考』（天明四年）、藤井貞幹が『好古日録』（寛政九年）でそれぞれ「委奴《ゐど》国」は「伊都《いと》国」である（他に伴信友・青柳種信・久米邦武など）として定説化したかに見えた「委奴」の解読は、三宅米吉が『史学雑誌』（明治二十五年）に発表した『漢委奴《わのな》国王印考』において「漢委奴国王」の五字は「漢《かん》の委《わ》の奴《な》の国の王」と読むべ

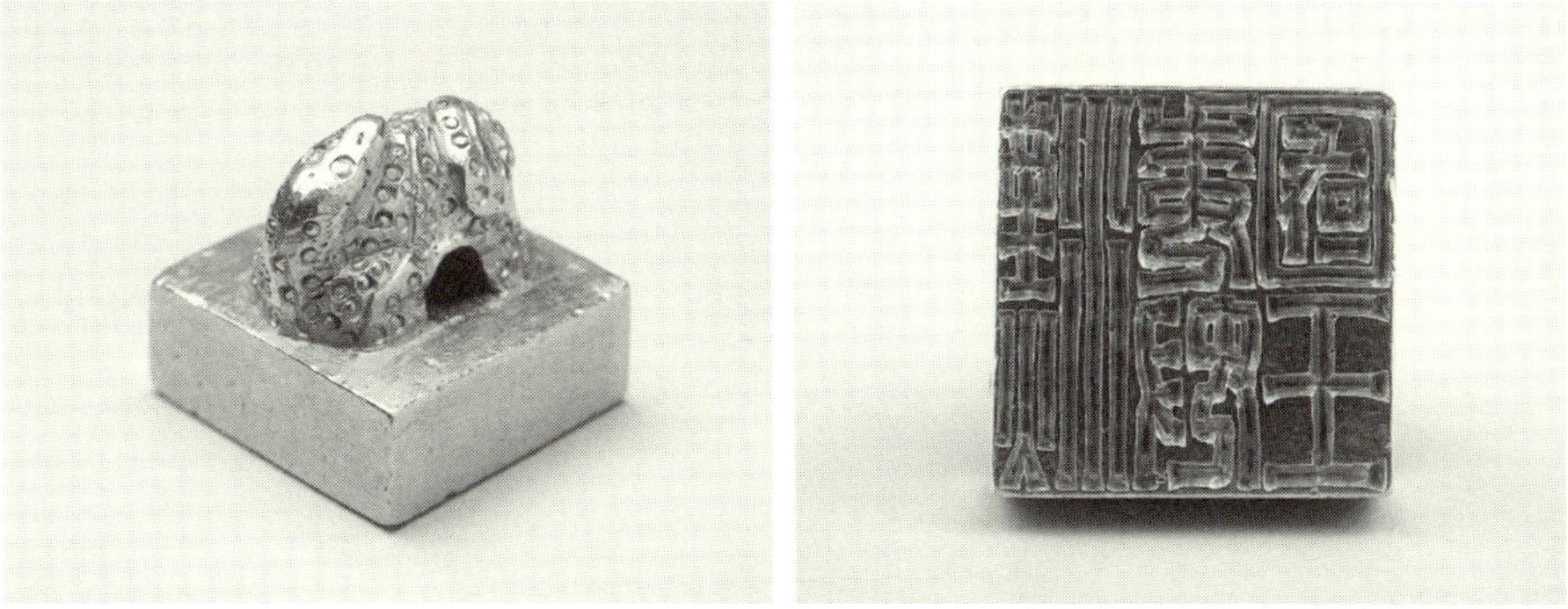

志賀島から発見された金印（福岡市博物館蔵）

きであるとの新説を発表して一転した。従来の「委奴《ゐど》＝伊都《いと》」説を音韻の点で欠陥があるとして退け、「委奴国」を「倭《わ》の奴国《なこく》」と読んで『魏志倭人伝』の「奴国」に比定する三宅の説には喜田貞吉などの賛同者も多く、現在では最も妥当な見解であると考えられている。

しかし、三宅の説に対しても、中国印璽《いんじ》に関する諸研究から授与者「漢」と被授与者「奴」の二国間に第三者の「委」国が介在することは有り得ないとして古田武彦が『失われた九州王朝』（昭和五十四年）で真っ向から疑問を投げかけており、他にも異なる見解や学説が提起されている。

この謎への回答は一つのみ可能であろう。後漢では「委奴」を一つの国名として認識しており、音韻の点から「伊都《いと》」の転訛でもないとすれば、唐の陸徳明の『経典釈文』に「倭もとまた委に作る」とあるように、光武帝が金印を下賜した国は『後漢書倭伝』に見える「倭奴国」なのである。『漢書地理志』には「楽浪の海中倭人有り、分れて百餘国と為る」とあり、『後漢書倭伝』の冒頭でも「倭は韓の東南大海の中に在り、（略）凡そ百餘国あり」として「倭」を種族や地域として捉えており、そこに百余の国があるとしているのである。北部九州に百余国が並立した一世紀中頃には、未だ統一国家としての「倭国」は存在していないのであって、わが国では「倭（地域）の奴国」と呼んで差し支えないとしても後漢の認識ではあくまでも「倭奴国」なのである。

中国の王朝が「倭国」として「倭」を初めて国として認識するのは『後漢書倭伝』に見える永初元（一〇七）年の「倭国王帥升《すいしょう》等」であり、建武中元二（五七）年の記事に見える「倭国之極南海也」の「倭国」は、『後漢書』に先行して撰された『魏志倭人伝』の主題である邪馬台国時代（三世紀）の状況に惹《ひ》かれた表現に過ぎない。このように、北部九州に並び立つ百余国の中には、二世紀初頭に至って突出した実力を有する国が現われ、この強国を中心に統一国家としての「倭国」の成立を見るのである。

なお、モンゴル高原で猛威を振るった北アジア最初の遊牧国家を「乱れ騒ぐ（匈）卑賤の者（奴）」との意味で「匈奴《きょうど》」と呼んだと同様に、「倭奴」も漢王朝から「従順な（倭）卑賤の者（奴）」と呼ばれたとする見解があり、また、「匈奴」と同様に「奴」という卑字を、種族や地域を表す「倭」に加えて「倭奴」としたとする意見もある。これらの見解に従えば、すでに建武中元二（五七）年の段階で「倭国」が成立していたことになるが、『後漢書倭伝』の「倭奴国」に連続する永初元（一〇七）年の記述は「倭国王」であり、決して「倭奴国王」ではない。同じ書籍に連続して現れる記事の国名表記に異同が生じることは考えられないので、これらの見解を採用することはできない。「奴」は卑字であるとしても表音文字として使われており、「倭奴国」は「イド国」「イヌ国」「イノ国」「ワナ国」「ワノ国」などのいずれかで呼ばれたのであろう。

なぜ志賀島から発見されたか？

第二の謎は「漢委奴国王」の金印が福岡市の北方、博多湾を隔てた志賀島の土中から発見されたことである。発見者の百姓・甚兵衛の口上書では大人二人（直接の発見者は秀治・喜平の二人）で動かすことのできる大石の下から出土したというが、王墓とは言うに及ばず墓とさえ言えないような場所からの出土であり、他の出土品も特に記録されていないのである。誠に不思議な出土状況と言わざるを得ない。

金印が届けられた福岡黒田藩では、同（一七八四）年開館したばかりの藩校、西の修猷館《しゅうゆうかん》と東の甘棠館《かんとうかん》の教授たちが鑑定するが、竹田定良の修猷館では金印を後漢の光武帝から垂仁天皇《すいにん》（十三代）に授けられたものとし、「平家滅亡時に安徳帝が路に落したか入水の時に海中に没したものが志賀島に漂着した」とするなど説明に苦慮している。これについては古くから支石墓説・墳墓説・磐座《いわくら》説・祭祀遺跡説などがあり遺棄説・隠匿説・隔離説などもあるが、大方を納得させる説は見当たらず論争に着地点すら見えない状況である。

ここに一つの考えを提起しておこう。一世紀の中頃には未だ統一国家は存在せず百余国の中の幾つかの有力な国が覇権を競っていたが、二世紀初頭にはすでに統一国家が成立しているのである。永初元（一〇七）年に後漢に遣使する国王・帥升《すいしょう》の率いる「倭国」がこれであり、その中心となる国は『魏志倭人伝』に見える伊都《いと》国であろう。これは、弥生中期後半頃（紀元前後）の三雲南小路《みくもみなみしょうじ》遺跡やこれに続く弥生後期初頭（紀元前後から一世紀初頭頃）の井原鑓溝《いわらやりみぞ》遺跡など連続する「王墓」の存在から裏付けられる。この時代背景と地理的立地こそ金印を志賀島に埋没せしめた理由であると考える。

綺羅星のように並び立つ百余国の中で後漢に遣使するほどの実力を備えた「委奴国」は、北部九州にあっては「奴《ぬ》」と呼ばれ『魏志倭人伝』に「奴国」と記録された国であったに違いない。「奴国」は一般には福岡平野中央部に展開したとされるが、福岡平野西部の室見川中流域に広がる早良《さわら》平野に発展した国であったと考えられ、その繁栄の証は吉武遺跡群及び野方遺跡などとして現在に遺されている。ところが「委奴国」に勝るとも劣らぬ実力を備えた「伊都国」が委奴国の眼前に立ちはだかるのである。次の時代に生起する所謂「倭国大乱」の前哨戦とも位置付けられる小国家間の緊張関係である。

> 女王国より以北には、特に一大率《だいそつ》を置き、諸国を検察せしむ。諸国之を畏憚す。常に伊都国に治す。国中に於いて刺史《しし》の如き有り。（『魏志倭人伝』）

邪馬台国時代（二世紀後半から三世紀中頃まで）の伊都国は、女王国より以北の対馬《つしま》・一支《いき》・末盧《まつろ》・奴《ぬ》・不彌《ふみ》の各国を極めて強大な権力を背景に実効支配していたと考えられるが、この時代を遡ることおよそ一世紀の頃、「委奴国（奴国）」が「伊都国」の支配下に入るに当たり、「委奴国」は「伊都国」の了解または指示の下に、所持する「漢委奴国王」金印を玄界灘地域に立地する海洋漁労国家群の共同聖地である志賀島《しかのしま》において、同国家群

交流のあった飯盛神社（上。福岡市西区飯盛）と志賀海神社（同東区志賀島）

が共同して斎祭《いつきまつ》る「海神」志賀《しかの》海《うみ》神社（福岡市東区志賀島勝山に鎮座する。社伝によれば、古来同島北部の勝馬に奉斎されていた同社は、二世紀頃現在地に遷座したとする）に奉納したものであろうと推測する。

委奴国（奴国）は吉武遺跡群を擁する室見川中流地域の早良平野に展開したのであるが、この地の神奈備《かんなび》であり天孫降臨の霊峰であると伝わる飯盛山《いいもりやま》を神域とする飯盛《いいもり》神社に、「かゆ占《うら》」という弥生時代に起源を持つと言われる古式祭（県無形民俗文化財）が現在まで伝承されている。粥《かゆ》に生じる黴《かび》によって稲作の吉凶を占うのであるが、飯盛宮由緒によれば、この祭りの「洞《とう》の口鈴抜《くちすずびらき》」に供え用いる鮑貝《あわび》は志賀の海人《あま》が献納し、志賀の海人は飯盛山の賢木《さかき》（榊）を持ち帰ることを慣例にしているという。また、飯盛山には志賀処《しかど》という場所があり、志賀海神社にも「鈴納《すずおさめ》・鈴抜《すずびらき》」という古式祭が伝えられている。室見川中流域と志賀島の両地域には、古くから山の幸と海の幸を交換する互恵の関係があったと考えられ、これらも「漢委奴国王」金印が志賀島から出土した背景の一つであるに違いない。

飯盛神社から志賀海神社を結ぶ線は、博多湾に浮かぶ能古島《のこのしま》を通って真北に一直線であり、この最短線上で能古島の最北端・也良《やら》岬に最も近い志賀島の最南端地点が金印公園のある叶崎《かなのさき》であることから、委奴国時代の叶崎（金印発見場所）には物々交換のための何らかの施設、例えば志賀海神社の浜宮などがあったのではないかと推測されるのである。

（1）古田武彦『失われた九州王朝』角川文庫、昭和五十四年

（2）前一〇八年、前漢・武帝が衛氏朝鮮を滅ぼして朝鮮半島に置いた四郡の一つ。現在の平壌付近に治所を置き、朝鮮の北西部を支配するも三世紀の初めに南半を帯方郡として分離した。三一三年頃、高句麗に滅ぼされる。

（3）志賀島には志賀海《しかうみ》神社（福岡市東区志賀島勝山）が鎮座する。『神名帳』に志加海神社三座として挙げられる同社は、元志賀島の北端・勝馬において表津宮・中津宮・沖津宮の三社で奉祀されていたという。古来、玄界灘に臨む交通の要衝にあって「龍の都」「海神の総本社」と称えられ、『万葉集』にも「志賀の皇神《すめがみ》」と歌われ、海の守護神として海事従事者に篤く信仰されてきた。祭神は綿津見《わたつみ》三神（底津綿津見神・仲津綿津見神・表津綿津見神）であり、阿曇《あずみ》氏によって奉祀されている。志賀海神社の南西一・五kmの南ノ浦岬に金印公園があり、「漢委奴国王金印発光之処」の碑が建てられている。

なお、志賀島を題材に歌った万葉歌は多いが、数首を掲げてみよう。

石川の少郎の歌一首

志賀《しか》の海人《あま》は　め刈《か》り塩焼《しほや》き　暇《いとま》なみ　くしげの小櫛《をぐし》　取《と》りも見《み》なくに　（『万葉集』巻第三・二七八）

右、今案《かむが》ふるに、石川朝臣《あそん》君子、号を少郎子《せうらうし》といふ。

大宰大監大伴宿禰百代《だざいのだいげんおおとものすくねももよ》ら、駅使《はゆまづかひ》に贈る歌二首（の内一首）

草枕《くさまくら》　旅行《たびゆ》く君《きみ》を　愛《うるは》しみ　たぐひてそ来《こ》し　志賀《しか》の浜辺《はまへ》を　（『万葉集』巻第四・五六六）

志賀《しか》の海人《あま》の　塩焼《しほや》く煙《けぶり》　風《かぜ》をいたみ　立《た》ちは上《のぼ》らず　山《やま》にたなびく

（『万葉集』巻第七・一二四六）

志賀《しか》の浦《うら》に　いさりする海人《あま》　明《あ》け来《く》れば　浦回《うらみ》漕《こ》ぐらし　梶《かぢ》の音《おと》聞《き》こゆ

（『万葉集』巻第十五・三六六四）

筑前国《つくしのみちのくち》の志賀《しか》の白水郎《あま》の歌十首（の内一首）

志賀《しか》の山《やま》　いたくな伐《き》りそ　荒雄《あらを》らが　よすかの山《やま》と　見《み》つつ偲《しの》はむ

（『万葉集』巻第十六・三八六二）

二、倭国及び邪馬台国の時代（二世紀初頭―三世紀中頃）

二世紀になると中国史書に「倭国王」が登場する。この倭国王が中国に使節を派遣するに際して「生口《せいこう》」を献じているが、「生口」とはいわゆる奴隷であるから、明らかに王権が強まり、戦争による敗者か経済的な要因による敗者かは別にして、階層差が大きくなった社会を垣間見ることができる。漠然とした種族や地域を表した「倭」から小国家群を糾合し、後漢王朝から「倭国」として認められた政治権力が現れたのである。特に二世紀の半ばから後半にかけて（桓《かん》・霊《れい》の間）[1]、倭国内の国家間では覇権と生き残りを懸けた壮絶な戦闘が繰り返されている（いわゆる「倭国大乱」）が、これも二世紀末頃になるとある程度淘汰されたもののようである。倭国大乱の終盤には「伊都国」を盟主とする国家群と「邪馬台国（狭義）」を盟主とする国家群という二大勢力にまで収斂されるが、両勢力が雌雄を決することなく巫女王「卑弥呼《ひみこ》」を立てて連合した国を「邪馬台《やまだい》（大）国《こく》」と呼んだのである（以下本章に限り、混乱を避けるため三十カ国を統率する広義の邪馬台国＝倭国を「邪馬台国（大）」といい、農業国家群の盟主としての狭義の邪馬台国を「邪馬台国（小）」という。なお、『魏志倭人伝』は双方の邪馬台国＝女王国を混同して表記している）。

倭は韓の東南大海の中に在り、山島に依りて居を為す。凡そ百餘国あり。武帝、朝鮮を滅してより、使譯漢に通ずる者、三十許国なり。国、皆王を称し、世世統を傳う。其の大倭王は、邪馬台国に居る。（略）

安帝の永初元（一〇七）年、倭の国王帥升《すいしょう》等、生口百六十人を献じ、請見を願う。桓《かん》・霊《れい》の間（一四七―一八八年）、倭国大いに乱れ、更々《こもごも》相攻伐し、歴年主無し。一女子有り、名を卑弥呼《ひみこ》と曰う。（略）是に於いて、共に立てて王と為す。

（『後漢書倭伝』）

倭人は帯方の東南大海の中に在り、山島に依りて国邑を為す。舊《もと》百餘国。漢の時朝見する者有り、今、使譯通ずる所三十国。郡より倭に至るには、海岸に循《したが》って水行し、韓国を歴《へ》て、乍《あるい》は南し乍《あるい》は東し、其の北岸狗邪韓国《くやかんこく》に到る七千餘里。始めて一海を度《わた》る千餘里、對馬国《つしまこく》に至る。其の大官を卑狗《ひこ》と曰い、副を卑奴母離《ひなもり》と曰う。居る所絶島、方四百餘里可《ばか》り。土地は山険しく、深林多く、道路は禽鹿の徑《みち》の如し。千餘戸有り。良田無く、海物を食して自活し、船に乗りて南北に市糴《してき》す。又南一海を渡る千餘里、名づけて瀚海《かんかい》と曰う。一大国《いちだいこく》に至る。官を亦卑狗と曰い、副を卑奴母離と曰う。方三百里可り。竹林・叢林多く、三千許《ばか》りの家有り。差々《やや》田地有り、田を耕せども猶食するに足らず、亦南北に市糴す。又一海を渡る千餘里、末盧国《まつろこく》に至る。四千餘戸有り。山海に濱《そ》うて居る。草木茂盛し、行くに前人を見ず。好んで魚鰒《ぎょふく》を捕え、水深浅と無く、皆沈没して之を取る。東南陸行五百里にして、伊都国《いとこく》に到る。官を爾支《にし》と曰い、副を泄謨觚《せつもこ》・柄渠觚《ひょうごこ》と曰う。千餘戸有り。世々王有るも、皆女王国に統屬す。郡使の往来常に駐まる所なり。東南奴国《ぬこく》に至る百里。官を兕馬觚《じまこ》と曰い、副を卑奴母離と曰う。二萬餘戸有り。東行し不彌《ふみ》国に至る百里。官を多模《たも》と曰い、副を卑奴母離と曰う。千餘家あり。南、投馬国《とうまこく》に至る水行二十日。官を彌彌《みみ》と曰い、副を彌彌那利《みみなり》と曰う。五萬餘戸可り。南、邪馬壹国《やまいちこく》に至る、女王の都する所、水行十日陸行一月。官に伊支馬《いきま》有り、次を彌馬升《みましょう》と曰い、次を彌馬獲支《みまかき》と曰い、次を奴佳鞮《ぬかて》と曰う。七萬餘戸可り。女王国より以北、其の戸数・道里は略載す可きも、其の餘の旁国は遠絶にして得て詳《つまび》らかにす可からず。次に斯馬《しま》国有り、次に己百支《いひゃくし》国有り、次に伊邪《いや》国有り、次に都《と》（郡）支《し》国有り、次に彌奴《みぬ》国有り、次に好古都《こうこと》国有り、次に不呼《ふこ》国有り、次に姐奴《しゃぬ》国有り、次に對蘇《ついそ》国有り、次に蘇奴《そぬ》国有り、次に呼邑《こおう》国有り、次に華奴蘇奴《かぬそぬ》国有り、次に鬼《き》国有り、次に為吾《いご》国有り、次に鬼《き》奴《ぬ》国有り、次に邪馬《やま》国有り、次に躬臣《くじん》国有り、次に巴利《はり》国有り、次に支惟《しゆい》国有り、次に烏奴《うぬ》国有り、次に奴《ぬ》国有り。此れ女王の境界の盡くる所なり。其の南に狗奴《くぬ》国有り、男子を王と為す。其の官に狗古智卑狗《くこちひこ》有り。

女王に屬せず。郡より女王国に至る萬二千餘里。（『魏志倭人伝』）

『後漢書倭伝』は、王国を称する三十許国[2]が連合して「倭国」となり、その「大倭王」は邪馬台国《やまだいこく》（小）に居住するという。卑弥呼を擁した倭国連合が「邪馬台国（大）」であり、邪馬台国（大）の女王・卑弥呼がすなわち「大倭王」であるとされる。これについて、女王・卑弥呼《ひみこ》が居住する「邪馬台国（小）」は、博多湾を取り囲む平野部とそれに続く丘陵部にあったとする画期的な研究があり、[3]また、すでに見たようにいわゆる「倭国大乱」は「伊都国」を中心とする玄界灘沿岸の小国群（海洋漁労小国家群）と「邪馬台国（小）」に指導された筑紫平野の小国群（農業小国家群）との争いであり、邪馬台国（小）はそれに勝利して、後の筑前、筑後、肥前、壱岐、対馬の五国の盟主になったとする見解（第一部一章(1)「倭国から邪馬台国へ」参照）もある。いずれも傾聴すべき見解である。

しかし、紀元前後に百余国存在した倭国内の国々がおよそ一世紀を経て三十カ国に淘汰され、これらの三十カ国が「倭国大乱」を経て三世紀初頭までに海洋漁労国家群と農業国家群の二つの連合勢力として収斂されたのであって、引き続いて敵対を余儀なくされる南の大国「狗奴《くぬ》国」との対応を軸として二大勢力は平和的な方法で妥協し、「邪馬台国」として大連合を果したのである。つまり「邪馬台国（大）」は、小国が乱立していた「倭の国々」が「倭国」として次第に淘汰され収斂される過程において、その終末期に成立した一つの特殊な政治指導形態であったと理解することができよう。

(1) 海洋漁労国家群と伊都国

邪馬台国（大）が、「倭国大乱」で最後に残った二つの勢力、海洋漁労国家群と農業国家群との連合政権であることはすでに述べた。海洋漁労国家群は、『魏志倭人伝』にいう狗耶韓国から不彌国までの七カ国（『翰苑《かんえん》』所収の『広志』に見える「邪《や》は、伊都《いと》に届《いた》り、傍《かたわら》、斯馬《しま》に連《つら》なる」の条に特筆される斯馬国・巴百支国・伊邪国を加えれば十カ国(4)であろうが、ここでは筑前国内の主要三カ国、伊都国・奴国・不彌国について見ることにしよう。

屹立する伊都国

伊都国は、『魏志倭人伝』に現れる国々の中では、最も特異な国として記され、その立地する地域が明確に特定されている稀有な国である。末盧国から伊都国へは東南方向へ陸行で五百里（古田武彦の魏晋短里約七五－九〇m／里で計算すると約三七－四五km）とあるので、方向（実際は東北東）はともかく距離は福岡県前原市付近に当たる。邪馬台国（大）の中心国として、邪馬台国（小）と共に一方の権力の中核を担った伊都国は、前原市の三雲《みくも》・井原《いわら》・平原《ひらばる》遺跡群にその実力の跡を見ることができる。同市三雲の細石《さざれいし》神社一帯は、地区の全域が弥生遺跡であると言えるほどの弥生遺跡の集積地であり、伊都国の中心地もこの辺りであろうとされる。その中の三《み》雲南小路《くもみなみしょうじ》遺跡（一号墳は文政五〔一八二二〕年の発見で黒田藩の国学者・青柳種信が『柳園《りゅうえん》古器略考《こきりゃくこう》』に記録しており、二号墳は昭和四十九、五十〔一九七四、七五〕年に福岡県教育委員会が調査した）は西暦紀元前後のもので、東西南北を仕切られた特定墓域内の一号甕棺墓からは、前漢王朝から冊封された伊都国王（男）を想起させる副葬品が現出している。

・前漢鏡三十五面
・有柄銅剣一本、銅矛二本、銅戈一本
・金銅製四葉座飾金具八個以上、ガラス璧八個
・ヒスイ勾玉一個、ガラス勾玉十五個、ガラス製ペンダント一個、ガラス管玉百個以上

続いて、同墓域内で一号墳に平行する二号甕棺墓には武器類の埋納はなく、伊都国王の妻女に相応しい副葬品が出土している。

前原市有田の平原遺跡（左）から出土した国内最大の仿製鏡・内行花文鏡（国宝。国〔文化庁〕保管，伊都国歴史博物館提供）

・前漢鏡二十二面

・ガラス製垂飾一個、玉類十三個

また、三雲南小路遺跡の南一〇〇mで井原《いわら》鑓溝《やりみぞ》遺跡（一世紀後半の遺跡。天明年間〔一七八一－八八年〕の発見で、青柳種信が『柳園古器略考』に併記した「井原村所穿出古鏡図」に記録する。平成十七〔二〇〇五〕年には、さらにこれを補強する発掘調査結果も得られた）が発見されている。三雲南小路遺跡と次の平原《ひらばる》遺跡とをつなぐ墳墓で、大型鏡（直径二〇㎝以上）が副葬されていないなど両遺跡の出土品に比べてやや劣るが、決して王墓として否定されるものではない。

・前漢鏡を含む後漢鏡二十一面以上

・刀剣、鎧の板、巴型銅器三個

さらに、昭和四十（一九六五）年には三雲南小路遺跡の西に広がる曽根丘陵の一角で、竹割形木棺を伴う画期的な方形周溝墓が発見された。平原遺跡（二〇〇〇年頃[5]の遺跡）と呼ばれるこの遺跡は福岡県教育委員会の主宰で調査され、直径が四六・五㎝もある超大型仿製鏡五面（五面目は破片）を含む膨大な副葬品が姿を現した。

・前漢鏡一面、後漢鏡三十六面、仿製鏡五面（日本最大の内行花文八葉鏡）

・鉄素環頭鉄刀一本、鉄刀子一本

・銅環一個、瑪瑙管玉十一個、琥珀管玉一個、琥珀丸玉六百個以上

・ガラス勾玉三個、ガラス管玉二十個、ガラス小玉四百個以上

方形周溝墓とはいえ大型前方後円墳にも匹敵する夥しい副葬品（すべてが国宝）からは、強大な権力を得て最盛期を迎えていた伊都国王（または女王）の存在を窺うことができよう。

伊都国の特異権力

『後漢書倭伝』には「使譯漢に通ずる者、三十許国なり。国、皆王を称し、世世統を傳う」とあり、『魏志倭人伝』には「(伊都国は) 世々王あるも、皆女王国に統属す」とある。『魏志倭人伝』の中で「王」の存在が明確な国は伊都国、邪馬台国（小）、狗奴国の三カ国のみである。伊都国よりも人口の多い奴国や投馬国にも「王」の存在は記録されていない。卑弥呼が居住する邪馬台国（小）は、邪馬台国（大）＝倭国最大の国であり、狗奴国は邪馬台国（大）と対峙《たいじ》する程の大国である。伊都国は邪馬台国（大）を構成する一国であるものの、これら二国に匹敵する特別の立場を確保する「王国」であり、『魏志倭人伝』に見える残余の国々に比して格段に強い独立性を維持していたと考えられる。

女王国より以北には、特に一大率《だいそつ》を置き、諸国を検察せしむ。諸国之を畏憚す。常に伊都国に治す。国中に於いて刺史《しし》の如き有り。王、使を遣わして京都（洛陽）・帯方郡・諸韓国に詣《まい》り、及び（帯方）郡の倭国に使するや、皆津《しん》に臨みて捜露《そうろ》し、文書・賜遺の物を傳送して女王に詣《いた》らしめ、差錯《ささく》するを得ず。

（『魏志倭人伝』）

伊都国には、特に「女王国より以北」の諸国（海洋漁労国家群）を検察するために「大率」を置く特権が与えられており、また、諸外国から邪馬台国（大）へ来訪する外交使節も一旦伊都国王が受け入れ、文書や贈り物についてのみ女王に伝送していたのである。

なお、伊都国王が外国使節を留めて捜露した「津《しん》」は、伊都国王が管理する軍事的な港湾施設であると同時に奈良時代から平安時代に外国使節の迎接施設として機能した「筑紫館《つくしのむろつみ》」や「鴻臚館《こうろかん》」の先駆を担う役所であったろう。後に大宰府官制の「主船司《しゅせんし》」として受け継がれたであろう「津」は、今津湾の奥深く瑞梅寺《ずいばいじ》川河口（福岡市西区周船寺《すせんじ》）に置かれていたと思われる。

　伊都国の官制について、『魏志倭人伝』は「官を爾支《にし》と曰い、副を泄謨觚《せつもこ》・柄渠觚《ひょうごこ》と曰う」とする。『魏志倭人伝』に見える国々の中で、支配層の官職を明らかにするのは八カ国であるが、邪馬台国の四等官制を除けば副官を二人制とする国は伊都国のみである。また、対馬国・一大国・奴国・不彌国の副官のすべてが「卑奴母離《ひなもり》」であり、辺境警備を主たる任務とする「鄙守《ひなもり》（または夷守）」であろうと考えるとき、これらの副官「卑奴母離」は、「大率」と共に海洋漁労国家群の盟主である伊都国王により任命され、「大率」の指揮のもと、邪馬台国（小）より北の国々（海洋漁労国家群）に派遣配置された独自性の強い官職であったと考えられる。邪馬台国（大）＝倭国（特に海洋漁労国家群）の生命線である国際海洋通交ルートの確保及び防衛と海外情報の収集が主たる職務であったと推測される。

　次に、伊都国の戸数について『魏志倭人伝』は「千餘戸有り」とするが、『翰苑《かんえん》』所収の『魏略《ぎりゃく》』(6)には「至伊都国、戸萬餘」とある。『魏志倭人伝』で戸数を明らかにする国は、伊都国のほか対馬国（有千余戸）、一大国（有三千許家）、末盧国（有四千余戸）、奴国（有二万余戸）、不彌国（有千余家）、投馬《とうま》国（可五万余戸）、邪馬台国（小）（可七万余戸）の各国である。伊都国が極めて重要な位置付けを与えられ

『魏志倭人伝』に記される国家群の官制

	官（長官）	副（次官）	三等官	四等官
対馬国	卑狗	卑奴母離	―	―
一大国	卑狗	卑奴母離	―	―
伊都国	爾支	泄謨觚・柄渠觚	―	―
奴国	兕馬觚	卑奴母離	―	―
不彌国	多模	卑奴母離	―	―
投馬国	彌彌	彌彌那利	―	―
邪馬台国	伊支馬	彌馬升	彌馬獲支	奴佳鞮
狗奴国	狗古智卑狗	―	―	―

ていることから考えても、伊都国の戸数は『魏略』の「戸萬餘」を採用することが適当であろう。

なお、投馬国と邪馬台国（小）においては、他の国々に対する確定的な「有《あり》」を用いず、不確定な表現となる「可《ばかり》」を用いている。投馬国は遙かに遠く日向国に存在する国であることから、また、邪馬台国（小）は「其の餘の旁国」二十一カ国（農業国家群。斯馬国・己百支国・伊邪国を海洋漁労国家群とすれば十八カ国）との一帯不可分な連合体であることから、いずれも魏使に報告した倭国の役人が正確に把握していなかったからであろう（邪馬台国（小）「可七万餘戸」は邪馬台国（小）及び「其の餘の旁国」十八カ国の総戸数であった可能性も否定できない）。

また、『魏志倭人伝』の記述の中で最も注目を惹き百家争鳴の感がある帯方郡から邪馬台国（小）までの行程についても、この二国以外の国々までの距離はすべて里数を用いて明確に示されているのに対し、この二国に至る行程の記載では不明確な日数表現が用いられている。邪馬台国（小）については、古田武彦の見解のとおり[7]、すでに不彌国までの距離として邪馬台国（小）までの距離は明らかになっている（最終行程〇の論理。後述）ので帯方郡からの日程を再掲したのであり、投馬国は遠国であることに加えて海路のみの行程で到達できるため、邪馬台国（小）の例に倣って帯方郡からの日程を掲載したのであろう。

この投馬国と邪馬台国（小）を別枠とすれば、二万余戸の奴国に次いで一万余戸を擁する伊都国は、王の存在、独自官職の設置、外交の独占、特殊な検察職及び地方組織の確保などから理解できる通り、玄界灘沿岸域における大国として、邪馬台国（大）の中にあって特別かつ重要な機能を担っていたのである。

奴国と不彌国

『魏志倭人伝』には、帯方郡から倭（邪馬台国（小））までの行程が示されているが、その読み方や解釈によって様々な説が行われている。その中で、すべての国々を連続的に読む従来の説とは大きく異なる読み方が榎一雄および古田武彦から提起された。

両者の説を紹介する前に『魏志倭人伝』による行程記事を整理しておこう。

・郡より倭に至るには、海岸に循《したが》って水行し、（略）其の北岸狗邪韓国に到る七千餘里。
・始めて一海を度《わた》る千餘里、對馬国に至る。（略）方四百餘里可り。
・又南一海を渡る千餘里、名づけて瀚海と曰う、一支国に至る。（略）方三百里可り。
・又一海を渡る千餘里、末盧国に至る。
・東南陸行し五百里、伊都国に到る。
・東南奴国に至る百里。
・東行し不彌国に至る百里。
・南投馬国に至る水行二十日。
・南邪馬台国に至る、女王の都する所、水行十日陸行一月。
・郡より女王国に至る萬二千餘里。
・倭の地を参問するに、（略）周旋五千餘里可り。

榎一雄の説は、帯方郡から伊都国までは連続式に記述され、伊都国から先は伊都国を中心に放射式に記述されているとする（榎一雄『邪馬台国』昭和三十五年）。つまり、奴国以下に示される里程や距離は、伊都国から奴国・不彌国・投馬国・邪馬台国（小）のそれぞれに至る路程であるとし、その理由を次のとおり説明する。しかし、①②③には疑問が残ると言わざるを得ない。

① 伊都国までは方位・距離・到着地の順に記載されるが、伊都国から後は方位・到着地・距離の順になっているという。

しかし、語順の違いが直ちに連続式読み方と放射式読み方の違いになるのであろうか。

② 伊都国以前には「又南渡一海」のように、「又」という接続詞が用いられるが、それ以後には見られないという。

しかし、「又」が用いられるのは「始めて一海を度る」に引かれて海を渡る対馬国から一大国、一大国から末盧国に用いられたのであり、伊都国以前と以後の相違ではなかろう。

③ 帯方郡から邪馬台国（小）までの距離は、帯方郡から伊都国までの一万五百余里に水行十日陸行一月の行程を加えた数字になる。『唐六典』巻三・戸部の条によれば、陸上歩行一月の行程は一五〇〇里とされ、「水行十日陸行一月」を「水行すれば十日、陸行すれば一月」とすれば帯方郡から邪馬台国（小）までの距離が一万二千余里となり、『魏志倭人伝』による距離の総和と一致するという。

しかし、「水行十日陸行二十日」を「水行すれば十日、陸行すれば二十日」と読むのは恣意的に過ぎよう。

④ 帯方郡から邪馬台国（小）に至る、一万二千余里から帯方郡・狗邪韓国間の七千余里を引いた五千余里は「周旋五千余里」に一致する。

⑤ 伊都国に刺史にも似た大率がいて女王治下の諸国督察に任じたこと、それが倭と大陸との通交の取り締まりに当っていたという点において、伊都国が女王国の中でも特異の地位を占めていた。

これに対して、古田武彦は、独自の研究成果による総合的知見に基づき、邪馬台国（小）の所在地を「現在の福岡市域を中心とし、博多湾を前にした平野部とその周辺丘陵部の一帯」と特定する（古田武彦『「邪馬台国」はなかった』昭和五十一年）。この結論に至った基本的な考え方を次の通り説明しており、概ね合理的な理解ができるものと思う。

① 「南、邪馬台国に至る、女王の都する所、水行十日陸行一月」は帯方郡から邪馬台国（小）までの総日程である。不彌国と邪馬台国とは隣接した国であり、不彌国から邪馬台国（小）間の最終里程は「〇《ゼロ》」である。
（最終行程〇の論理）

②奴国・投馬国・邪馬台国（小）は、「至る」に先行動詞「水行」「渡」「陸行」が結合していない。（邪馬台国（小）は①の「最終行程〇の論理」で説明できるが）奴国は伊都国を、投馬国は不彌国を分岐点にしてそれぞれ傍線行程が述べられている。（道行き読法）

ただし、本書では、「道行き読法」を支持しつつも、「投馬国に至る水行二十日」については邪馬台国（小）の場合と同様に帯方郡から投馬国までの「所要日数」であるとする。

③対馬国は「土地は山険しく、深林多く、道路は禽鹿の径の如し」、一大国（壱岐）は「竹木・叢林多く」とあり、『魏志倭人伝』は両島の「陸路」による実地経験を述べている。対馬の下県島が一辺四百里、一大国が一辺三百里で、それぞれを半周すれば合計は一四〇〇里であり陸行に加えられる。（島めぐり読法）

④三国志の「一里」は通常いわれている約四三四m／里ではなく、七五－九〇m／里とする「魏晋朝短里」が使われている。これは谷本茂がすでに「周髀算経《しゅうひさんきょう》」の研究で発見している。

⑤帯方郡から狗奴韓国までが七千余里、狗奴韓国から邪馬台国（小）までの倭地周旋が五千余里で、総計が帯方郡から邪馬台国（小）までの一万二千余里である。また、個々に積み上げた距離も次の通り一万二千余里となる。

帯方郡（水行）→狗奴韓国　七千余里
狗奴韓国（水行）→対馬国　千余里　対馬国内（陸行）　八百里
対馬国（水行）→一大国　千余里　一大国内（陸行）　六百里
一大国（水行）→末盧国　千余里
末盧国（陸行）→伊都国　五百里
伊都国（陸行）→不彌国　百里　総計一万二千余里
（伊都国→奴国、不彌国→投馬国は「道行き読法」によって直接行程には含めない）

⑥「水行十日陸行一月」は「郡より女王国に至る萬二千餘里」と同一区間の路程を記しているのであり、『漢

書』西域伝の例に見られるように、一方が「所要日数」、一方が「里程」で表記されている。

『魏志倭人伝』によれば、伊都国から東南に百里（古田武彦の魏晋の短里約七五－九〇ｍ／里で計算すると約七－九㎞）で奴国である。伊都国の中心地である前原市三雲《みくも》・曽根《そね》地区から古代の主要道路であった現在の県道四九号線（大野城－二丈線）を東南に日向《ひなた》峠を越えれば福岡市西区の吉武《よしたけ》地域である。昭和六十（一九八五）年、この地域で青銅武器を副葬した弥生中期初頭（前二世紀後半頃）のものとされる金海《きめ》式甕棺墓が発見され多くの耳目を集めたが、群集した甕棺墓十六基、木棺墓四基が調査され、鏡一面、銅剣九本、銅矛一本、銅戈一本、銅釧二個をはじめ勾玉・管玉多数などの副葬品が現出した。なかでも一つの木棺墓からは、多紐細文鏡一面、銅剣二本、銅矛・銅戈各一本、勾玉一個、管玉多数が発見され、「三種の神器」を副葬する「最古の王墓」として注目されたのである。

奴国を髣髴とさせる野方遺跡（福岡市西区野方）

これに続く時代の遺跡は、弥生後期後半（三世紀）の環濠集落と古墳時代前期（四世紀）の集落の複合遺跡である野方《のかた》遺跡（国史跡。福岡市西区野方）などがあり、縄文時代から古墳時代にかけての遺跡は八十カ所前後にものぼっている。野方遺跡は、伊都国方面から古代の官道を辿れば、丸隈山古墳（国史跡。五世紀頃）、大塚古墳（国史跡。六世紀前半頃）を経て広石《ひろいし》峠を下った地域にあり、『延喜式』に見える額田駅《ぬかたのえき》が置かれたとされる地区である。今後の本格的な調査が待たれるが、この室見川中流域が古くから多くの人口を擁してきた地域であったことは確実である。奴国は、一般には須玖岡本《すくおかもと》遺跡（奴国最大の王墓とされる）を中心にした春日市付近にあったとされるが、伊都国からの距離などから奴国は室見川中流域に存在した「野国《のこく》」で、野方《のかた》や野芥《のけ》が遺称地であろうと考えられる。

また、古田武彦の説によれば、『魏志倭人伝』は帯方郡から伊都国を経て不彌国までを具体的な行程として連続的に捉えているのであり、不彌国は伊都国の東に百里（魏晋朝の短里約七五―九〇m／里で計算すると約七・五―九km）の地域に存在することになる。不彌国は「海国《うみこく》」であろうと考えられることから、博多湾に開けた現在の福岡市西区姪浜または同市早良区藤崎付近に比定されるであろう。ここでは、昭和五十（一九七五）年に着手された福岡市営地下鉄の工事に際し、国道二〇一号線の藤崎から西新にかけて夥しい甕棺墓が発見されている。そして、帯方郡使が来訪したであろう邪馬台国（小）は、古田武彦の主張するとおり不彌国と一帯連続的な位置に存在したと考えるべきであろう（『魏志倭人伝』による帯方郡から邪馬台国までの路程距離については、第一部五章の注3を参照）。

(2) 農業国家群としての邪馬台国

邪馬台国（小）は博多湾を取り囲む平野部とそれに続く丘陵部であることが示されたが、その中心は弥生時代最大の王墓とされる須玖岡本《すくおかもと》遺跡を中心とする春日丘陵地であろう。従来から一貫して奴国の中心地とされてきた地域である。

福岡平野に展開する邪馬台国

『魏志倭人伝』に見える邪馬台国（大）の国々の中で最も人口の多い国は邪馬台国（小）である。邪馬台国（小）では女王・卑弥呼の下に伊支馬《いきめ》・彌馬升《みめしょう》・彌馬獲支《みめかき》・奴佳鞮《ぬけたい》の四等官を有し、他の国々と比較しても絶対

「奴国の丘歴史公園」で保存する須玖岡本遺跡の王墓の蓋石（春日市岡本町）

的に多い七万余戸を擁している。投馬《とうま》国は五万余戸、奴《ぬ》国は二万余戸、伊都国は戸万余（『魏略』）、末盧国は四千余戸、一支《いき》国は三千許家、対馬国は千余戸、不彌《ふみ》国は千余家である。伊都国の七倍にも達する七万余戸を擁する邪馬台国（小）は、考古学的な遺跡の存在からも福岡平野の中心部・福岡市南部から春日市付近にその中心を置いていたと考えられる。

明治三十二（一八九九）年、住家を建築していて偶然発見された須《す》玖《く》岡本《おかもと》遺跡（国史跡。福岡県春日市岡本町）は、一世紀後半から二世紀前半頃の弥生時代最大級の甕棺支石墓である。甕棺の上には長さ三・三m、幅一・八m、重さ四tの大石が置かれていた。この甕棺墓は他の墓から離れて作られており、副葬品も多く手厚く葬られているので王墓と考えられる。

・前漢鏡三十面
・銅剣、銅戈数十本
・ガラス製璧及び勾玉多数

この須玖岡本遺跡の被葬者を一般には奴《な》国王であろうとするが、邪馬台国（小）の王級墓であると考えられる。
福岡平野を北流し博多湾へ注ぐ三笠川と那珂川の両河川に挟まれた春日丘陵一帯は、驚異的に弥生遺跡が密集する地域であり、青銅武器や小銅鐸に加えてこれらの鋳型である銅矛鎔笵や小銅鐸鋳型なども発見されている。
・岡本遺跡――総数二百基超の甕棺墓主体の集団墓地・完形小銅鐸鋳型
・岡本辻遺跡――銅矛九本
・西方遺跡――銅矛十本

・紅葉ケ丘遺跡――銅矛二十七本
・原町遺跡――銅戈四十八本
・大南遺跡――高さ一〇㎝の小銅鐸・銅矛鎔笵
・熊野神社――銅矛鎔笵（国重文）
・赤井手遺跡――勾玉・銅戈・銅矛鎔笵
・大谷遺跡――銅鐸・銅戈・銅剣・銅矛鎔笵
・須久永田遺跡――鏡鋳型

これらの夥しい弥生遺跡の存在から、福岡平野には縄文時代から弥生の全時代を通して強大な権力が存在したことが確実である。周辺の他の地域を遙かに凌駕する夥しい出土品は、「邪馬台国（小）」が、須玖岡本遺跡のある福岡県春日市から福岡市南部地域を中心に展開されたことを明確に示している。邪馬台国（小）の所在を福岡平野であるとした場合、奴《ぬ》国は本章(1)「海洋漁労国家群と伊都国」で述べた通り福岡市西区の早良平野に展開される吉武遺跡群及び野方《のかた》遺跡の中に求められよう。

なお、「邪馬台国（小）」は福岡平野中央の丘陵地帯から南の筑紫野平野（筑紫平野との地峡付近まで）及び筑後川以北の甘木・朝倉地域まで版図に組み入れていたであろう。つまり、投馬国を除く狗邪韓国・対馬国・一大国・末盧国・伊都国・奴国・不彌国の七カ国が伊都国を盟主とする海洋漁労国家群を形成し、「其の餘の旁国」の二十一カ国（斯馬国・己百支国・伊邪国を海洋漁労国家群とすれば十八カ国）のすべての国が邪馬台国（小）を盟主として筑後川以北の地域で農業国家群を形成していたと考えられる。

脆弱な双頭権力国家

海洋漁労国家群と農業国家群のそれぞれを率いる両雄が並び立つ倭国においては、隣国・狗奴《くぬ》国との間に深刻な緊張関係が続いている事情により、倭国内の戦争状態の終結が強く求められていた。このような背景の中、二大勢力が双頭権力国家としての性格を有しつつ、特殊な予知能力を持つ巫女《ふじょ》として広く崇敬を集めていた卑弥呼《ひみこ》を女王に仰ぎ「邪馬台国（大）」として連合したことはすでに述べた。この場合、海洋漁労国家群の盟主が伊都国であることは明らかであろうが、農業国家群の盟主は必ずしも明らかではない。しかし次章(4)「神功皇后の筑紫巡幸」で見る通り、邪馬台国（小）滅亡時の状況（神功皇后が野鳥《のとり》の羽白熊鷲《はしろくまわし》を誅滅する）から判断すると、筑前甘木の秋月の地にあって古処山《こしょさん》を神奈備《かんなび》とした「邪馬（山）国」が福岡平野中央部に進出する過程で農業国家群の盟主としての力量を得たのであろうと考えられる。従って、『魏志倭人伝』の「其の餘の旁国」の一国に数えられる「邪馬国」は邪馬台国（小）の故郷であり、邪馬台国（小）が福岡平野で覇権を得て農業国家群の盟主となった後も、秋月の地において引き続き一国を成していたものであろう。

其の国、本男子を以って王と為し、住《とど》まること七、八十年。倭国乱れ、相攻伐すること歴年、乃《すなは》ち共に一女子を立てて王と為す。名づけて卑弥呼《ひみこ》と曰う。鬼道に事え、能く衆を惑わす。（略）卑弥呼以って死す。（略）更に男王を立てしも、国中服せず。更々《こもごも》相誅殺し、当時千餘人を殺す。復《ま》た卑弥呼の宗女臺與《とよ》年十三なるを立てて王と為し、国中遂に定まる。

（『魏志倭人伝』）

『魏志倭人伝』は、邪馬台国（大）の成立条件が男王ではなく巫女王《ふじょおう》・卑弥呼を共立することにあったとし、卑弥呼の後継者も男王ではなく巫女王（卑弥呼の宗女・臺與）でなければならなかったことを明らかにしている。邪馬台国（大）の最終盤の頃から三十年ほど後になるが、『書紀』の景行天皇の筑紫（九州）巡幸に係る記事や『豊後国風土記』『肥前国風土記』の同天皇関連記事において、筑紫（九州）には頻繁に女酋の存在が示されており、女性の指導者は必ずしも珍しいものではない。

豊後国　神夏磯媛（『書紀』）・速津媛（『書紀』『風土記』）・久津媛（『風土記』）
日向国　泉媛（『書紀』）
筑後国　八女津媛（『書紀』）
肥前国　海松橿媛・八十女人・速来津姫・浮穴沫媛（以上『風土記』）

しかし、邪馬台国（大）が女王国とされる理由は一般的な社会傾向の問題ではなく、倭国内の二大勢力、海洋漁労国家群と農業国家群が「邪馬台国（大）」として連合するに当たって提起された必要絶対条件であったと思われる。倭国内の二大勢力が連合する直接の理由は倭国と狗奴《くぬ》国との緊張関係であると考えられるが、これは肥前国南東部の筑紫平野に根拠を持つ狗奴国と直接対峙《たいじ》せざるをえない邪馬台国（小）が率いる倭国中南部の農業国家群においては深刻な問題ではあっても、狗奴国からやや距離のある玄界灘沿岸の海洋漁労国家群にとってはそれ程の問題ではなかったのである。

このため、倭国の一方の政治権力を掌握する伊都国王は、連合の条件として統一政権のシンボルである女王は邪馬台国（小）に置くものの、邪馬台国（大）女王には巫女（祭祀者）としての人心収攬能力のみを求めたのであり、邪馬台国（大）の実質的な政治権力は伊都国王が掌握したのである。邪馬台国（大）内において伊都国王の権能が極めて特異かつ強大であるのは、邪馬台国（大）の成立に当って伊都国の強い政治的意図が働いた結果であったに違いない。邪馬台国（大）成立後における伊都国と邪馬台国（小）との両者の政治的立場の差は自ずから明らかであろう。このようにして西暦紀元前後に百余国あった北部九州の国々は、「倭国大乱」を経た二世紀末から三世紀中葉までには三十カ国程度に収斂されて「邪馬台国（大）」を構成したが、巫女である女王に建国の鍵を託す国家が大きな指導力を発揮することは不可能であったろう。ともかく『魏志倭人伝』に記録される狗耶韓国《くやかんこく》から邪馬台国（小）までの九カ国にその余の旁国《ぼうこく》二十一カ国を加えた三十カ国がこれに当ると考えられよう。[8]

(3) もう一つの筑紫権力・狗奴国

百余国であった倭国の国々が三十カ国となり、この三十カ国が海洋漁労国家群と農業国家群の二つの連合体に収斂され、まさに一つの国家になるための覇権戦争を直前にして、急遽「邪馬台国（大）」として協議による大連合国家が成立した背景は、大きな戦闘能力を有する隣国・狗奴《くぬ》国との緊張関係に対処するためであったことはすでに述べたところである。

其（邪馬台国）の南に狗奴《くぬ》国有り、男子を王と為す。其の官に狗古智卑狗《くこちひく》有り。女王国に属せず。（略）倭の女王卑弥呼、狗奴国の男王卑弥弓呼《ひみくこ》と素《もと》より和せず。倭、載斯烏越《さいしうおつ》等を遣わして郡（帯方郡）に詣《まい》り、相攻撃する状を説く。塞曹掾史張政《さいそうえんしちょうせい》等を遣わし、因って詔書・黄幢《こうとう》を齎《もた》らし、難升米《なんしようまい》に拝仮せしめ、檄を為《つく》りて之を告喩す。

（『魏志倭人伝』）

『魏志倭人伝』によれば、狗奴《くぬ》国は邪馬台国（大）の南にあるという。狗奴国の所在については、熊襲・日向・熊野・毛野・菊池などの諸説があるが、当時の日本列島には多くの小国が点在していたであろう中にあって『魏志倭人伝』が殊更に狗奴国を取り上げているのは、狗奴国が邪馬台国（大）のすぐ南に存在する国であるにもかかわらず邪馬台国（大）には属さず、元々友好的ではない邪馬台国（大）と狗奴国とではあるが近年極度な緊張状態が続き戦争状態にまでなっていたからであろう。つまり、『魏志倭人伝』における邪馬台国（大）と狗奴国とは隣接する両国関係として描かれていると見るべきで、邪馬台国（大）の支配領域である福岡平野とわずかに筑紫地峡を隔てた筑紫平野中部地域（筑紫平野のうち筑後川北西地域の「佐賀平野」）こそ狗奴国の所在地であったと考えられるのである。

佐賀平野には、小城市牛津町・佐賀市・神埼市千代田町託田《たくた》・三養基《みやき》郡みやき町江見《えみ》を結ぶ海抜四m等高線以北の平野部に弥生遺跡が多く分布しており、森田孝志はそれらの遺跡を地形や集落の存在、青銅器やその鋳型の出土状況などから六つの地域に分類する。(9)

① 鳥栖《とす》地域（安永田《やすながた》遺跡・柚比本村《ゆびほんそん》遺跡を中心とする旧基肄《きい》郡・養父《やぶ》郡一帯）

筑前・筑後・肥前の分岐点であり、地域北東部の柚比《ゆび》丘陵には九州初の銅鐸《どうたく》鋳型を出土した安永田《やすながた》遺跡（国史跡）をはじめ、大規模な集落や墓地遺跡があり、弥生前期後半以降の環濠集落も形成されている。

稀に見る大集落・吉野ケ里遺跡（神埼郡吉野ケ里町）

② 中原《なかばる》地域（原古賀《はらこが》三本谷《さんぼんだに》遺跡を中心とする旧三根《みね》郡一帯）

佐賀平野東部の切通《きりどおし》川・寒水《しょうず》川の流域で、支石墓の船石《ふないし》遺跡のほか、多くの環濠集落があり、島根県簸川《ひかわ》郡斐川《ひかわ》町の荒神谷《こうじんだに》遺跡と共通点を有する銅戈十二本の埋納遺跡である三養基郡みやき町北茂安の検見谷《けみだに》遺跡などがある。

③ 神埼《かんざき》地域（吉野ケ里《よしのがり》遺跡・二塚山《ふたつかやま》遺跡を中心とする旧神埼郡一帯）

城原《じょうばる》川・田手《たで》川の流域地域で、農業生産性の高い好立地条件から弥生遺跡が最も濃厚に分布する。弥生の全時代を通して大規模な環濠集落が営まれた吉野ケ里遺跡（国特別史跡）を始めとして多くの環濠集落や青銅器遺跡が見られ、貿易港としての性格を持つ集落が存在するなど特徴的である。

④ 佐賀《さが》地域（惣座《そうざ》遺跡を中心とする旧佐嘉《さが》郡一帯）

現在の佐賀市北部一帯で弥生の全時代を通して集落や墓地遺跡が存

在するが、弥生前期から中期の集落遺跡は小規模である。支石墓が確認され、朝鮮系無文土器が出土するなど朝鮮半島との関係が考えられる。中期以降は惣座遺跡の環濠集落など大規模な集落が形成されている。

⑤　小城《おぎ》地域（土生《はぶ》遺跡を中心とする旧小城郡一帯）

佐賀平野のほぼ中央を占める地域で、土生遺跡などから朝鮮系無文土器や青銅製槍鉋《やりがんな》鋳型などが出土し、朝鮮半島との密接な関係が考えられる。

⑥　武雄《たけお》地域（みやこ遺跡を中心とする旧杵島《きしま》郡一帯）

武雄盆地北部の小楠《おぐす》遺跡において吉野ケ里の前期環濠に匹敵する前期初頭の大規模な環濠集落が出現しており、みやこ遺跡では前期後半から後期終末まで集落が継続している。また、杵島山東部の船野《ふなの》遺跡や湯崎《ゆざき》東《ひがし》遺跡では、非常に高度な建築技術である建物柱の沈下防止構造なども検出されている。

佐賀平野には、弥生時代の全期間を通じた夥《おびただ》しい遺跡群が全域に存在するが、神埼市と吉野ケ里町にまたがる丘陵地帯に広がる「吉野ケ里《よしのがり》遺跡」（国特別史跡）は、その規模や出土物から見て格別である。邪馬台国（大）の時代に重なる弥生後期には、四〇haを超えるわが国最大規模の環濠集落にまで発展しており、吉野ケ里遺跡の所在地こそ狗奴《くぬ》国の中心国（狗奴国も邪馬台国（大）と同様に、幾つかの国の連合体であったと理解すべきであろう）が存在した候補地として最も相応しいと考えられる。

福岡地域の邪馬台国（大）と佐賀平野の狗奴国との積年の確執は、『筑後国風土記』逸文や『肥前国風土記』に見える「行路《みちゆ》く人、多《さは》に殺害《ころ》され、半《なか》ばは凌《しの》ぎ半《なか》ばは殺《し》にき」（姫社の郷）などとする「荒ぶる神」、つまり交通妨害神として国境地域に伝承されているのではないだろうか。筑前国筑紫《ちくし》郡（筑紫の神）・肥前国基肄《きい》郡（姫社《ひめこそ》の神）・同神埼郡（櫛田の神）・同佐嘉郡（川上の神）などである。

これに続く時代、有明海と佐賀平野を根拠にする狗奴国と玄界灘地域と福岡平野を根拠にする邪馬台国（大）の両国は、畿内大和に発生し次第に大きな脅威となりつつある大和朝廷の圧力に対抗するため、魏の塞曹掾史《さいそうえんし》・

張政《ちょうせい》(10)などの努力もあり、積年の蟠《わだかま》りを捨て「大倭国《だいわこく》」として大同団結することとなるのである。

(4) 日向に拠点を遷した投馬国

邪馬台国(大)の一構成国である投馬《とうま》国にも触れておこう。景行天皇の筑紫(九州)巡幸の時代にはすでに南九州にあった投馬国も、元々は北部九州に存在した国であったと考えるからである。『魏志倭人伝』による投馬国は、不彌国の南にあって、帯方郡から水行二十日で到達できる地域にあるとされる。帯方郡から末盧国までの海路部分が水行十日(帯方郡から邪馬台国までが水行十日陸行一月)であるから、投馬国は不彌国から遙かに遠い南九州に存在したと考えられる。

(不彌国の)南、投馬国に至る水行二十日。官を彌彌《みみ》と曰い、副を彌彌那利《みみなり》と曰う。五萬餘戸可り。(略)女王国より以北、その戸数・道里は略載す可きも、其の餘の旁国は遠絶にして得て詳らかにす可からず。

(『魏志倭人伝』)

邪馬台国(小)より以北にあって戸数や道里を略載できる国々とは、狗邪韓国から投馬国までの八カ国であろう。投馬国を南九州に存在する国とした場合、「(不彌国の)南」と「女王国より以北」が矛盾するように見受けられるが、前者は正確な方角や距離を示そうとする文脈の中にあり、後者は「其の餘の旁国」に対応する形で「これまで所在を記載した国」に主体を置いた表記であると考えられるので特段の矛盾はない。しかし『魏志倭人伝』に略載できない遠絶の二十一カ国が北部九州にあったと考えるとき、投馬国は余りにも遠きに過ぎるようである。

この状況を理解するには、邪馬台国(大)の時代から遠くない過去に投馬国が北部九州から南九州へ生活基盤を遷したと考える視点が必要である。邪馬台国（大）が成立する以前の二世紀終盤の段階で、「倭国大乱」からの避難であったか、『三国史記』新羅本紀に記載される「倭国大飢饉」（一九三年）からの脱却であったか、あるいは双方が複合した理由からか、とにかく投馬国は国を挙げて南九州の未開の地に新天地を求めたのである。恐らく投馬国の日向国入部は、西臼杵郡高千穂から始まり、続いて延岡・美々津・西都方面へと順次進出展開したのであろう。そして投馬国は、邪馬台国（大）の国々、特に海洋漁労国家群が共通に伝えていた朝鮮半島からの移住や新国家建設に係る伝説を南九州に持ち込み、自らの境遇に合わせて転化させ根付かせたのである(11)。

南九州が神話の宝庫であることに異論はなかろう。天孫降臨や日向三代の神話は、宮崎県西臼杵郡高千穂周辺、宮崎県西都市、宮崎市、鹿児島県と宮崎県に跨る霧島山麓、鹿児島県南さつま市周辺などに顕著であり、神武東征神話も日向から始まっている。

一般的な常識では理解し難い部分の多い南九州の神話群も、北部九州の「筑紫神話」が基礎にあり、倭国、特に海洋漁労国家群の神話が南九州の神話として転化し伝えられたのであれば容易に納得できるであろう。「倭国」（倭人集団→倭国→〈邪馬台国〉→大倭国→筑紫王朝と変遷し、最終的には大和朝廷に吸収される）が伝えた「筑紫」の神話や伝説は、大和朝廷の作為によって消滅させられる運命を余儀なくされたが、一方で大和朝廷がわが国の統一政権となるに当って深い関わりをもった日向国の神話や伝説は、大和朝廷の記録として『記紀』に大幅に採録されたのである（三章(3)「景行天皇の筑紫巡幸」に詳述）。

（1）後漢第十一代の桓《かん》帝（一四七―一六七年）と第十二代・霊《れい》帝（一六八―一八八年）の頃をさす。

（2）『魏志倭人伝』の「使訳通ずる所三十国」と呼応しており、『魏志倭人伝』に見える狗邪韓国以下の九国と斯馬国以下の二十一国の合計であろう。なお、次の四条件を基本に考えると斯馬国以下の二十一国が筑前国内に存在したことが分かり、大国は市郡程度、小国は町村程度、またはさらに狭い範囲であったようだ。

(1)『魏志倭人伝』には、二十一国を列挙した直後に「此れ女王の境界の盡くる所なり」とあるので二十一国は邪馬台国

（大）の構成国である。邪馬台国の圏域は第四章で述べる筑紫王国の圏域に含まれるので、二十一国の分布の最大範囲は同王国の圏域内であり（投馬国を除く）、同王国の最終且つ最大圏域は狗奴国を含み神籠石の分布に重なると思われるので、邪馬台国（大）は筑紫王国つまり神籠石の分布範囲より相当程度に狭い範囲であること。

(2)邪馬台国（大）は、共通の歴史と文化を共有する国々の連合国家であると考えられる。文化の中でも葬送儀礼は最も重要で、邪馬台国（大）は北部九州の弥生時代墳墓遺跡に特徴的に現れる甕棺墓の文化を共有する国々で構成されていたと思われ、しかも甕棺墓が濃密に発見される佐賀県唐津以東・福岡地域三郡山脈以西・筑紫平野の東部（佐賀平野）及び筑後川以北の範囲であると考えられること。

(3)『魏志倭人伝』には「次に○○国有り」のように、次に次にと連続的に国名が記載されている。ある法則性（芋づる式）を持った記述がなされていると考えられ、その南（奴国の南ではなく邪馬台国〔大〕の南であろう）には狗奴国という強大国が存在すること。

(4)筑紫野市南部から鳥栖市にかけての筑紫地峡地域には「行路《みちゆ》く人、多《さわ》に殺害《ころ》され、半ばは凌《しの》ぎ半ばは殺《し》にき」と祟る荒ぶる神の説話（『肥前国風土記』）があり、これは敵対勢力が競合する緊張地域の状況描写であると考えられ、筑紫地峡地帯を境に邪馬台国（大）と対峙する狗奴国は、近年の発掘調査で強大国の存在が裏付けられた佐賀県「吉野ケ里」を中心とする国々であったと想定されること。

①斯馬《しま》国→糸島郡志摩町（御床松原遺跡）
②巳百支《しをき》国→福岡市西区草場白木神社
③伊邪《いや》国→福岡市西区今宿・今津（今山《いまやま》遺跡）
④都支《つき》国→福岡市博多区月隈（板付遺跡）
⑤彌奴《みぬ》国→福岡市博多区美野島（比恵遺跡）
⑥好古都《こうこと》国→大野城市仲畑（金隈遺跡）
⑦不呼《ふこ》国→筑紫郡那珂川町恵子《えこ》
⑧姐奴《しゃぬ》国→太宰府市佐野（大佐野・向佐野）
⑨対蘇《ついそ》国→朝倉郡筑前町夜須・四三嶋《しそじま》
⑩蘇奴《そぬ》国→朝倉郡筑前町夜須・安野《やすの》
⑪呼邑《こおう》国→朝倉市朝倉町古毛《こも》
⑫華奴蘇奴《かぬそぬ》国→久留米市北野町金島《かねしま》
⑬鬼《き》国→佐賀県三養基郡基山町
⑭為吾《いご》国→小郡市津古《つこ》（三沢遺跡）

⑮鬼奴《きぬ》国→久留米市北野町
⑯邪馬《やま》国→朝倉市秋月（野鳥。羽白熊鷲）
⑰躬臣《くじん》国→三井郡大刀洗町甲条《こうちょう》
⑱巴利《はり》国→朝倉市杷木《はき》町
⑲支惟《しゆい》国→朝倉市杷木町志波《しわ》
⑳烏奴《うぬ》国→朝倉市烏集院《うすのいん》
㉑奴《ぬ》国→筑前町三輪・野町

なお、「其の餘の旁国（二十一カ国）」が「遠絶にして得て詳《つまびら》かにす可からず」との『魏志倭人伝』の記述は、魏使が直接訪れていない国々について、魏使への倭国側の説明が曖昧であったか、あるいは魏使の本国への報告が誇大であったかのいずれかであろう。

（3）古田武彦『「邪馬台国」はなかった』角川文庫、昭和五十二年
（4）『翰苑《かんえん》』の倭国の段「邪は、伊都に届《いた》り、傍《かたわら》、斯馬《しま》に連なる」条の記事は、斯馬国・巴百支国・伊邪馬台国（小）以北の国であるとも取れる表現である。

邪は、伊都に届《いた》り、傍《かたわら》、斯馬に連なる。広志に曰く、倭国、東南に陸行すること五百里にして、伊都国に到る。又南して邪馬臺国に至る。女王国より以北は、其の戸数道里、略載することを有べし。次に斯馬国。次に巴百支国。次に伊邪《いや》国。案ずるに、倭の西南に海行すること一日に、伊邪分《いやぶ》国有り。布帛無く、革を以て衣と為す。盖し伊邪国なり。

（『翰苑』倭国の段）

斯馬《しま》国・巳《し》（已《い》）百支《おき》国・伊邪《いや》国は、それぞれ福岡県糸島郡志摩町付近、福岡市西区草場の白木《しらき》神社付近、福岡市西区今宿《いまじゅく》付近に当てられると思われるので、これら三国は海洋漁労国家群の一角であろう。これに続く「案ずるに、倭の西南に海行すること一日に、伊邪分《いやぶ》国有り。布帛無く、革を以って衣と為す。盖し伊邪国なり」の伊邪分国は、生活習慣の乖離から五島地域かとも思われ、海洋漁労国家群の伊邪国が支配する分国であると思われるがなお不明である。

（5）柳田康雄は、副葬品として出土した銅鏡の制作年代から、平原王墓は紀元二〇〇年頃とした（柳田康雄『伊都国を掘

る――邪馬台国に至る弥生王墓の考古学』大和書房、平成十二年）。

なお、平原遺跡（国史跡）は、一八m×一四mの方形周溝墓《ほうけいしゅうこうぼ》が主体をなし、出土した直径四六・五㎝の日本最大の鏡である仿製内行《ほうせいないこう》花文《かもん》八葉鏡《はちようきょう》五面を含む四十二面の鏡・多数の玉類・素環頭太刀《そかんとうたち》などは一括して国宝とされている。平原遺跡の周辺は近年「平原歴史公園」として整備されており、出土品は近くの前原市伊都国歴史博物館で見学できる。

(6)『魏略』は『三国志』に先立つ二八〇年代に魚豢《ぎょけん》が私撰した三国時代の魏の歴史書で、『三国志』の裴松之《はいしょうし》の注などをはじめ、唐宋時代の多くの本に引用されている。『魏略』は『魏志倭人伝』などの先行史書であり、陳寿《ちんじゅ》が『魏志』を編纂する際『魏略』を参考にしたという説と、『魏略』『魏志』共に他の先行史書に拠ったとする説がある。大正六（一九一七）年に発見された太宰府天満宮・西高辻宮司家の『翰苑《かんえん》』（国宝）に『魏略』の逸文が見られる。

(7) 古田武彦『「邪馬台国」はなかった』角川文庫、昭和五十二年

(8)「邪馬台《だい》国」は、底本では「邪馬壹《いち》国」とするが、宋本『太平御覧』に引く『魏志』や『後漢書』『梁書』『隋書』などに従い「邪馬臺《だい》国」とし、「臺」は略して「台」とする。「台」は「大」であろう。なお邪馬台国（大）を構成する三十カ国については、第一部一章注3及び第一部二章注2を参照のこと。

(9) 森田孝志「吉野ケ里と弥生のクニグニ」、小田富士雄編『風土記の考古学5』（同成社、平成七年）所収。

(10)『後漢書』百官志に「郡国皆諸曹掾史を置く」とあるので、これを継承する官の一であろう。

(11) 国生みを行った伊耶那岐命・伊耶那美命の神名から、邪馬台国（大）に含まれる伊邪（耶）国が、筑紫神話に関して重要な役割を果しているのではないかと思われる。

三、大倭国の時代（三世紀後半－四世紀頃）

邪馬台国《やまだい》（広義）は、元々文化的に近い関係にあるにもかかわらず覇を競っていた倭国内の二大勢力、すなわち海洋漁労国家群と農業国家群が、戦闘による疲弊で敵対関係にある隣国・狗奴《くぬ》国に漁夫の利を与えることを避け、寧ろ二大勢力が団結して狗奴国に対抗するために成立した国であった。

その邪馬台国と狗奴国とが相攻伐する状況を改善するため、魏の帯方郡太守・王頎《おうき》は塞曹掾史《さいそうえんし》・張政《ちょうせい》らを派遣し、すでに正始六（二四五）年、魏少帝から帯方郡に仮授されていた詔書・黄幢《こうとう》を邪馬台国にもたらすが、卑弥呼の死を倭国で見届けたであろう張政の活躍などから、邪馬台国と狗奴国との交戦状態はこの時点でひとまず収まったように見受けられる。

しかし邪馬台国では、正始九（二四八）年頃に死亡した女王・卑弥呼の後任に男王を立てたことから再び国内紛争が生じ、互いに誅殺《ちゅうさつ》して犠牲者が千余人にも達したという。この紛争は当時十三歳であった卑弥呼の宗女・台与《とよ》を王にすることで小康を得るものの邪馬台国の政治体制の更なる脆弱化《ぜいじゃくか》は免れるものではない。邪馬台国を構成する一方の雄・伊都国から徐々に圧迫される台与の邪馬台国（狭義）は、本拠地を福岡平野から南の甘木・小郡地域へと移しつつ[1]、邪馬台国（広義）＝倭国統合の精神的象徴へと更にその存在を特化縮小させていったものと考えられる。

(1) 畿内大和における新政権の勃興

北部九州から畿内大和《やまと》へ目を転じてみよう。邪馬台国の女王・卑弥呼が没し女王・台与が擁立される三世紀半ば過ぎ、わが国では畿内大和を中心に出雲《いずも》・播磨《はりま》から紀伊《きい》・尾張《おわり》に跨《また》がる新しい政治権力の胎動が始まっていた。邪馬台国の終盤以降、四百年にわたって北部九州の政治権力に重大な影響を与え続けることとなる東方畿内の新興政治権力「大和朝廷」の勃興である。大和朝廷は「崇神《すじん》王朝」から始まると考えられ、その創始者はもちろん崇神天皇(この時代には「天皇」号は未だ使われておらず「大王」号が相当であるが、便宜的に大和朝廷の最高権力者を「天皇」という)である。

大和朝廷の創始

漢風諡号《しごう》に「神」を含む天皇(皇后)は、神武天皇・崇神天皇・神功皇后・応神天皇の四者のみであり、それぞれ重要な役割を担う天皇(皇后)である。神武天皇・神功皇后は神にも匹敵する武功を立てた天皇(皇后)であり、崇神天皇は天神地祇(神)を崇敬し、応神天皇は神の意思に応《したが》って天皇となり天下の経営に当ったという意味であろう。また、神武・崇神の両天皇には特に尊称が奉呈されている。神武天皇は「始馭天下之天皇」(『書紀』)、崇神天皇は「所知初国之(御真木《みまき》)天皇」(『古事記』)・「御肇国天皇」(『書紀』)であり、いずれも「ハツクニシラススメラミコト」と訓じられる。『書紀』の歴史観(讖緯説《しんいせつ》)により即位を紀元前六六〇年とする神武天皇の実在を俄《にわか》に信ずることはできず、神武天皇は崇神・神功・応神各天皇(皇后)の引き写しであろうと考えざるを得ないが、『記紀』は四道将軍を北陸・東海・西道・丹波に派遣し、出雲を服属させ、近畿を中心とする大規模な政治勢力圏の盟主となった崇神天皇を大和朝廷の創始者として認識しているのであって、これは『記紀』編纂時においてそのように伝えられていたからに他ならないであろう。漢風諡号に関しても、撰進した淡海《おうみの》三船《みふね》（七二二―七八五年）が生きた奈良時代にあっては、まだ大和朝廷の草創の記憶が伝えられており、学者である淡海三船自身も『書紀』編纂の実態を承知していたと考えられることから、各天皇の実態や性格を最も適切に表す諡号を厳選したに違いない。

なお、ここで明確にしておきたいが、神武天皇の実在を疑うことは、必ずしも神武天皇から開化天皇までの九代の王朝そのものの存在、言い換えれば大和における崇神王朝より前の政治勢力の存在を否定するものではない。北部九州と同様に、日本列島の各地に多くの「国」が存在したはずであり、吉備・播磨・出雲・但馬・近江・紀伊・尾張などの各地域と同じく大和盆地でも幾つかの国々の消長があったに違いない。崇神王朝が出現する前から、葛城山の麓に大きな政治勢力があったのも事実であり、銅鐸という祭器を中心にした文化圏が実際に存在したのである。そのような状況の中で、大所高所から意識的かつ計画的に、乱立する政治勢力の統合を図り、劇的な成功を収めたのが崇神天皇の「大和朝廷」であったと考える。比較的成熟した九州の政治勢力でさえ、当面する敵には応急的対応はするものの、必ずしも既存の権力を幅広く俯瞰《ふかん》し新しい政治権力へと止揚《しよう》できる意識状況にはなかったのである。時代は下るものの『隋書俀国《たいこく》伝』に見るように、一般的には仲間内では「遞《たが》いに相攻伐す」るものの域外の他者に向かっては「兵有りと雖も征戦無し」であったのであり、『魏志倭人伝』にも「兵」を持ち卑弥呼の宮室を守衛する記述は見えるものの、倭国内の攻伐や隣国である狗奴国との争乱（相攻撃）以外には侵略戦争らしき記述は見当たらない。また、『三国史記』新羅本紀に見える倭国の新羅への度々の侵入も、領土的野心を有する侵略戦争ではなく、単なる略奪紛争が繰り返されていると見受けられる。所謂「大和朝廷」の創始は、「恒《つね》に天業《あまつひつぎ》を経綸《をさ》めむとおもほす心《みこころ》有します」（『書紀』崇神天皇即位前紀）崇神天皇だからこそ出来た偉業であったと思う。

なお、崇神天皇（十代）の出自は『記紀』共に開化《かいか》天皇（九代）と伊香色謎命《いかがしこめのみこと》（孝元妃であり開化皇后でもある）の間に出生したとするものの、必ずしも十分な説明がなされている訳ではない。

崇神王朝の真実

崇神天皇の和風諡号《しごう》「御間城入彦五十瓊殖命《みまきいりひこいにえのみこと》」は、「任那《みまな》国（城）の五十瓊殖《いにえ》からやって来た男」という意味であろう。崇神王朝は『書紀』垂仁三年一云《あるにいはく》の天日槍《あめのひぼこ》説話に見えるとおり、但馬を中心に播磨・淡路・近江・若狭などを権力基盤とし、更に婚姻により紀伊・尾張を取り込み、天日槍の来日（二六二年）から崇神天皇の即位（二七七年）までの十五年の歳月を経て成立した朝鮮系の新興王朝であると考えられる。つまり、次の諸点から崇神天皇は新羅から来日した「天日槍」の十五年後の姿であると思う。

初め天日槍《あめのひほこ》、艇《はしぶね》に乗りて播磨《はりま》国に泊《とま》りて、宍粟邑《しさはのむら》に在り。時に天皇《すめらみこと》、三輪君《みわのきみ》が祖大友主《おほともぬし》と、倭直《やまとのあたひ》の祖長尾市《ながをち》とを播磨に遣《つかは》して、天日槍を問《と》はしめて曰《のたま》はく、「汝《いまし》は誰人《たれ》ぞ、且《また》、何《いづれ》の国の人ぞ」とのたまふ。天日槍対《こた》へて曰《まう》さく、「僕《やつこ》は新羅国の王の子《こきし》なり。然れども日本国《やまとのくに》に聖皇《ひじりのきみ》有《ま》すと聞《うけたまは》りて、則《すなは》ち己《おの》が国を以て弟知古《ちこ》に授けて化帰《まうけ》り」とまうす。（略）是に、天日槍、菟道河《うぢ》より泝《さかのぼ》りて、北近江《きたのかたあふみ》国の吾名邑《あなのむら》に入りて暫《しばら》く住む。復更《また》近江より若狭《わかさ》国を経て西但馬《にしのかたたぢま》国に到《いた》りて則ち住処《ゐどころ》を定む。

（『書紀』垂仁三年一云）

『書紀』によれば、崇神六十五（二八七）年には「任那国、蘇那曷叱知《そなかしち》を遣《また》して、朝貢《みつぎたてまつ》らしむ」とわが国最初の対外関係記事が見え、また、垂仁二（二九二）年是歳《ことし》の一云《あるにいはく》は崇神天皇の御代に都怒我阿羅斯等《つぬがあらしと》、別名・于《う》斯岐阿利叱智干岐《しきありしちかんき》が日本国に帰化したとしており、垂仁三年には新羅の王の子《こきし》・天日槍《あめのひほこ》の来日記事が見える。さらに、『古事記』応神段には「昔、新羅の国王の子《こにきし》有り」として来日する天之日矛《あめのひぼこ》の記事が見える。

朝鮮語の「ソ」は「牛」であることから、蘇那曷叱知の「蘇《そ》」と于斯岐阿利叱智干岐の「于斯《うし》」は同義であり、更に尊称「叱知《しち》」「叱智《しち》」が同様に含まれており、都怒我阿羅斯等は「角がある人」の義で于斯岐阿利叱智干岐が別名であるから三者は同一人である。都怒我阿羅斯等の「都怒我」は新羅や金官加羅の最高官位である「角《ツヌ》干《カン》」であるとされるが、牛の角を強調した兜を持っており、折に触れパフォーマンスしていたのではないか。

崇神天皇の陵墓・山辺道上陵（天理市柳本）

また、都怒我阿羅斯等と天之日矛は、両者が付属させる説話の類似性から同一人と考えられ[2]、天日槍（『書紀』）と天之日矛（『古事記』）は共に但馬諸助《たじまもろすく》（多遅摩母呂須玖）を子供とし、以下但馬日楢杵《たじまひならき》（多遅摩比那良岐）・清彦《きよひこ》（清日子）・田道間守《たじまもり》（多遅麻毛理）など子孫の同一化が見られることから同一人である。結局三者（蘇那曷叱知・于斯岐阿利叱智干岐＝都怒我阿羅斯等・天之日矛＝天日槍）は同一人物と考えて間違いないであろう。

このように崇神天皇及び垂仁天皇の時代に天日槍の来日譚が集中し、『記紀』ともに重要人物として扱っていること自体、崇神天皇が天日槍であることの示唆ではないか。なお、『古事記』の天之日矛の説話が崇神天皇の時代から一世紀以上も離れた応神天皇の段に取り上げられている理由は、この説話の目的が神功皇后の出自を説明するためのもの（神功皇后は天之日矛の六世の子孫）であったからである。

崇神天皇の皇后は御間城姫《みまきひめ》である。天皇の「ミマキイリヒコ」と皇后の「ミマキヒメ」は一対の名前として一般には姫彦制で説明されるが、『三国遺事』[3]巻一の「新羅東海の濱から延烏郎《えんうろう》が日本に渡って王となり、その妻細烏女《さいうめ》が追い至って貴妃となる」説話は崇神天皇（天日槍）夫妻の物語であろうと考えられ、崇神天皇のみでなく崇神皇后・御間城姫もまた新羅から渡来したのであろう。「ミマキ」は、新来の「今来《いまき》」か、任那から来たという意味の「任那来《みまき》」であるか、あるいは任那国（城）の出身であると出自を表す「任那城」であろうと思われるが、いずれにも理解できよう。

なお、崇神天皇の和風諡号に含まれる「五十瓊殖《いにえ》」は、安閑二年に屯倉が置かれた朝鮮南部の任那の「婀娜国《あな》」

の胆殖《いにえ》」に相応するものであり、天皇（天日槍）はこの地からわが国へ向けて渡海したのであろう。婀娜国は三国時代に「阿那加耶《あなかや》」とも呼ばれた「阿尸良国《あしりよう》」であり、後に新羅の法興王《ほうこう》（五一四－五四〇年）が滅ぼして新羅咸安《かんあん》郡とした現在の咸安である。婀娜国は天日槍がしばらく住んだとする近江国の吾名邑《あなのむら》（『和名抄』に坂田郡阿那郷と見える）とも考えられようが、近江国の屯倉（葦浦屯倉《あしうらのみやけ》）は『書紀』の同一記事の別箇所に見え、同一国の屯倉は連続記述されているので、吾名邑は婀娜国から派生した邑名であったとしても婀娜国そのものではなく、婀娜国の胆殖屯倉《いにえのみやけ》は任那の咸安（安羅）に置かれたものと見るのが妥当であろう。この「五十瓊殖」からも崇神天皇の出自が朝鮮半島に有ったことが裏付けられるであろう。

天日槍《あめのひぼこ》は、新羅を弟・知古《ちこ》に授けて来日（垂仁紀三年一云）していることから、新羅十三代・味鄒《みすう》王（金氏《きむし》。別称に味照《みしよう》・味祖《みそ》・未召《みしよう》・未鄒《みすう》・未祖《みそ》・未古《みこ》など。父は葛文王・仇道《きゆうどう》）の夫人・光明《こうみよう》の同母兄にあたる昔氏《せきし》・

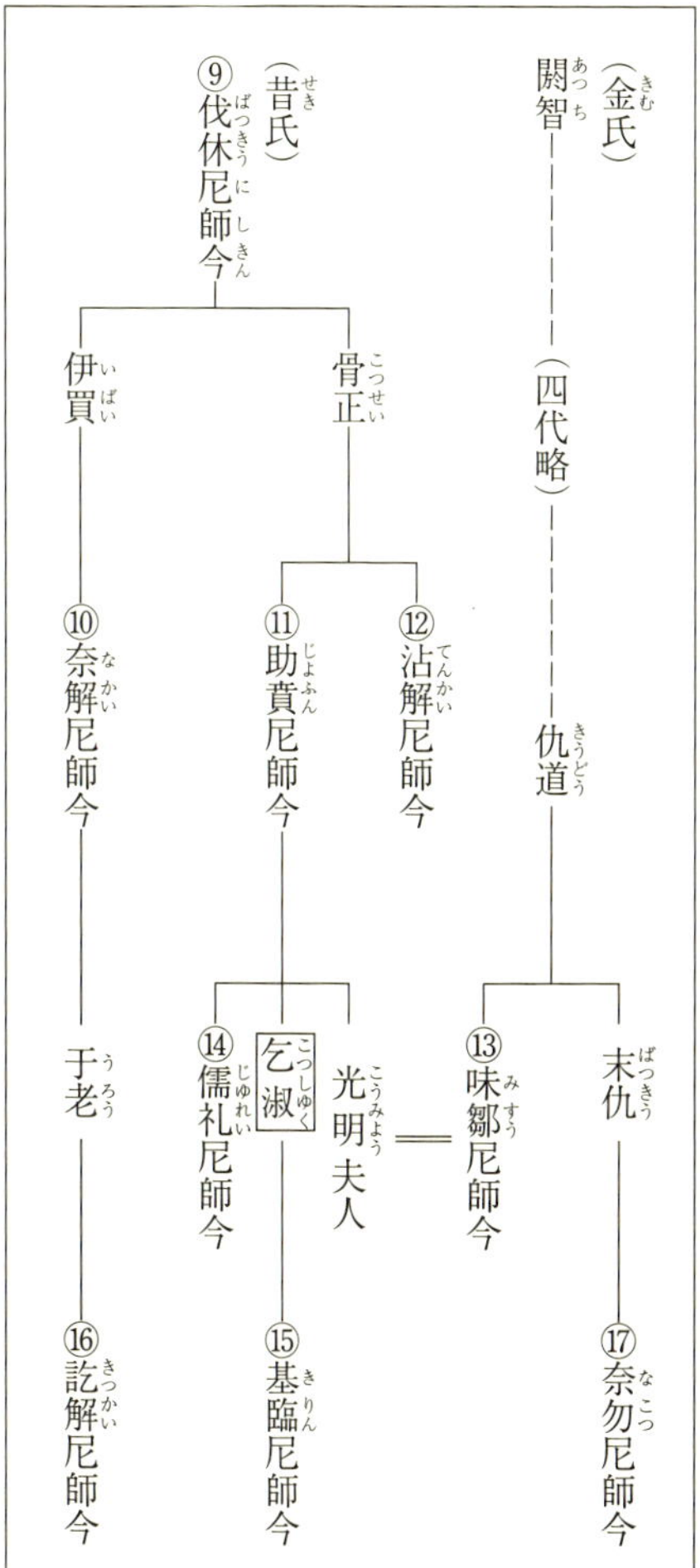

乞淑《こつしゆく》を巡る新羅王朝の系譜

乞淑《こつしゅく》（新羅十五代・基臨《きりん》王の父）であると考えられる。乞淑は昔氏から金氏への政権移転期における新羅での王位抗争に敗れてわが国に亡命したものであろう。

前ページの乞淑《こつしゅく》を巡る新羅王朝の系譜で見るとおり、十二代昔氏の沾解《てんかい》王から十三代金氏の味鄒《みすう》王に政権が移っている。沾解王に子がなかったからであるが、沾解王の兄・助賁《じょふん》王には二人の王子がいるのである。沾解王が急病で薨去した（『三国史記』新羅本紀・沾解尼師今紀。尼師今は新羅の王位名）ことといい、国人が全く系譜の異なる金氏から味鄒王をたてた（同・味鄒尼師今紀）ことといい、何か新羅の宮廷内に不穏な空気が漂っていたことが窺える。しかも味鄒王は、金氏による初めての王である。このため味鄒王の伝承は多く、別称は味照や未古のほか多岐にわたるとされるのである。助賁王の二子である乞淑は、兄（後の十四代・儒礼《じゅれい》王）の存在もあり、しかも政権が金氏に渡ったことから、新羅での自らの尼師今（王位）即位は望むべくも無く、自意識と向上心の強い乞淑は新天地を目指す決意をしたのであろう。『書紀』垂仁三年一云の「知古」は、味鄒王の別称の一つであったか、あるいは「味古」などとの転写誤記であったと思われる。

『書紀』は崇神紀冒頭に敢えて「識性《みたましひ》聡《さ》敏《か》し。幼《わか》くして雄略《をしきこと》を好みたまふ。既に壮《をとこざかり》にして寛博《ひろ》く謹慎《つつし》みて、神祇《あまつかみくにつかみ》を崇《かた》て重《あが》めたまふ。恒《つね》に天業《あまつひつぎ》を経綸《をさ》めむとおもほす心《みこころ》有《ま》します」と記している。新羅で王位抗争に敗れた崇神天皇（天日槍）は、わが国への亡命当初から新王朝（大和朝廷）創業の確固たる意思を持ち、それがために既存勢力に剛毅かつ柔軟に対処したことが特記されているのであろう。

崇神天皇の御代に、次項で示すとおり任那国からの要請により鹽乗津彦《しおのりつひこ》を任那の鎮守として派遣しているが、出兵要請は崇神天皇の出自に基づくものであろう。この軍事力を背景に崇神天皇（天日槍。新羅の昔氏・乞淑）は第四子の彦五十狭茅命《ひこいさちのみこと》（『古事記』では伊邪能真若命《いざのまわかのみこと》）を新羅の第十五代・基臨《きりん》王（昔氏。二九八―三一〇年）として擁立することとし、後継の垂仁天皇に託したものと思われる。天日槍（崇神天皇）が来日途上に一時期を過した北部九州で生を受け（『筑前国風土記』逸文によれば、仲哀《ちゅうあい》天皇筑紫行幸の折、怡土《いと》（伊都）の県主《あがたぬし》の祖・五十跡手《いとで》（五十迹手）も「日桙《ひほこ》（天日槍）の苗裔《はつこ》なる五十跡手」と自ら紹介している）、伊都国に近接する伊邪《いざ》国で育てられたと推測される基臨王は、即位三年には早くも倭国と国使を交換して友好関係を樹立するものの、倭国により惨殺された于老《うろう》を父に持ち基臨王との血縁も遙かに遠い第十六代・訖解《きっかい》王（昔氏。三一〇－三五六年）や第十七代・奈勿《なこつ》王（金氏。三五六－四〇二年）以降の時代には、新羅と倭国との間に再び緊張関係が生起することとなるのである。

以上、天日槍の渡来説話・崇神天皇の和風諡号・新羅の政変・新羅基臨王について、『記紀』『三国史記』新羅本紀などに取り上げられ、互いに脈絡の無いかに見える記事を一本の線に繋いでみた。驚くことにその結果は、大和朝廷を創始したとされる第十代・崇神天皇（ハツクニシラススメラミコト）は新羅から渡来した天日槍（天之日矛）その人であり、天日槍（天之日矛）は新羅王・助賁尼師今の第二王子・乞淑であることが明らかになった。しかも考察を進めることにより、新羅第十五代・基臨王は崇神天皇の第四皇子・彦五十狭茅命（伊邪能真若命）であることが推測されたのである。更に推論できることは、伊都国に隣接する伊邪国で基臨王が誕生し、伊都国王にも天日槍（日桙）の血が混入されているのであれば、天日槍は一定の期間筑紫（北部九州）に滞在したはずであり、筑紫王権の奪取をも一時検討したかも知れない。しかし、倭国（邪馬台国）の組織は比較的堅固であったことから早々に断念し、未だ組織的には未熟であった畿内大和へと転進したものであろうと思う。

(2) 筑紫連合政権「大倭国」の成立

魏の塞曹掾史《さいそうえんし》・張政《ちょうせい》などの尽力もあって交戦状態が収まった邪馬台《やまだい》国（倭国）と狗奴《くぬ》国とは、新しい共通の脅威に備えねばならない状況に直面していた。急速に台頭した東方畿内の大和朝廷が徐々に領域拡大路線を採り始めたからである。大和朝廷を率いる崇神《すじん》天皇は、畿内における疫病の流行や武埴安彦《たけはにやすひこ》の謀反などを収め、天神地祇を篤く祭って足元の政治の安定を得るや、近畿域内を越えて支配領域の拡大に乗り出し、大彦命《おおびこのみこと》を北陸、武渟川別《たけぬなかわのわけ》を東海、吉備津彦《きびつひこ》を西道、丹波道主命《たんばのちぬしのみこと》を丹波にそれぞれ将軍として派遣する（崇神紀十年・二八六年）と共に、任那《みまな》国の要請によって鹽乗津彦《しおのりつひこ》を同国の鎮守として派遣する（『姓氏録』吉田連の譜）のである。四道将軍の派遣に当たっての崇神天皇の詔は「若《も》し教《のり》を受けざる者あらば、乃《すなは》ち兵《いくさ》を挙げて伐《う》て（崇神紀十年九月）」というもので、まさに日本列島の統一的掌握に向けて崇神戦略の第二段が踏み出されたのであり、大和朝廷による侵略軍の派遣そのものであった。

崇神天皇の御代に、任那国より奏《まを》して曰《まをさ》く、「臣《やつがれ》が国の東北、三己汶《さんこもん》の地、地方《ほう》三百里、土地人民亦た富饒なれども、新羅と相争ひ、彼此摂治《おさ》む能《あた》はず。兵戈相尋《つ》ぎ、民聊《しばら》くも生《やす》まず。臣、将軍を請ひて此地を治め令《し》め、即ち貴国の部と為さむ」と。天皇大きに悦び給ひ、群卿に勅して、応《まさ》に遣《また》すべき人を奏さ令《し》む。卿等奏して曰く、「彦国茸命《ひこくにふくのみこと》の孫鹽乗津彦命《しほのりつひこのみこと》、頭上に贅《ふすべ》（瘤の古名）三岐あり。松樹の如し、其長さ五寸、力衆に過ぎ、性亦勇悍なり」と。天皇、鹽乗津彦命に令《おほ》せて、遣《また》して鎮守と為《し》たまふ。彼の俗、宰《くにびと》と称し吉《きし》と為《い》ふ。（『新撰姓氏録』左京皇別・吉田連の譜）

鹽乗津彦《しおのりつひこ》の任那派遣は、新羅・儒礼《じゅれい》王四（二八七）年の「夏四月、倭人が一礼部（一利郡と解すれば、現在の慶尚北道星州郡星州面）を襲い、村々に火をつけて焼き払い、一千人もの人々を捕えて立ち去った」という『三国史記』新羅本紀の記事及び崇神十一（二八七）年の「是歳《ことし》、異俗《あたしくにのひと》多く帰《まうき》て、国内安寧《やすらか》なり」という『書紀』の記事に対応するものであろう。

崇神天皇が率いる大和朝廷の征服拡大路線の開始は、直ちに邪馬台国（倭国）や狗奴国の知るところとなったであろう。『隋書俀国《たいこく》伝』に倭国（俀国《たいこく》が倭国であることは後述する）は「兵有りと雖《いえど》も征戦無し」とある。北部九州域内での覇権戦争や朝鮮半島南部地域での略奪紛争は経験していたものの、基本的には域外や海外への侵略征服の意図を持っていない両国にとって、大和朝廷の積極的侵略征服行動は全く予想外のことであったろう。中でも任那国からの派遣要請に基づく鹽乗津彦《しおのりつひこ》の朝鮮半島への出兵は、崇神天皇の出自との関係から生じたものとはいえ、中国や朝鮮半島諸国との対外関係を一手に握ってきた邪馬台国（倭国）にとって大きな驚きであり脅威であったに違いない。

ここに至り、邪馬台国（倭国）と狗奴国とは大同団結して筑紫連合政権（以下「大倭国《だいわこく》」という）(4)を形成し大和朝廷の脅威に備えたのである。「大倭国」の結成は、大和朝廷による四道将軍の派遣（二八六年）や鹽乗津彦《しおのりつひこ》の任那への派遣（二八七年）直後の二八八年から崇神天皇が崩御する二九〇年頃までの間であったと考えられよう。

(3) 景行天皇の筑紫巡幸

四世紀になると、近畿に勃興した大和朝廷の大勢力が遂に筑紫（九州）に及ぶことになる。景行《けいこう》天皇や仲哀《ちゅうあい》天皇・神功《じんぐう》皇后による筑紫巡幸が行われ、大和朝廷の傘下に入った九州各地には畿内型の古墳が次々と造営されるようになる。石塚山古墳（福岡県苅田町）、赤塚古墳（大分県宇佐市）、西都原八十一号墳（宮崎県西都市）、弁天山古墳（熊本県宇城市）、山の鼻一号古墳（福岡市西区）、御道具山古墳、井原《いわら》一号古墳、本林崎《ほんはやしざき》古墳、端山《はやま》古墳（いずれも福岡県前原市）などの九州各地に分布する、四世紀前半までに築造された畿内型前期古墳がそれである。

景行天皇の筑紫（九州）巡幸は大和朝廷による九州経略の第一段階であって大倭国の勢力の及ばない九州の周辺地域を大和朝廷の版図に加えようとするものであり、第二段階の仲哀天皇・神功皇后の筑紫（北部九州）巡幸によって北部九州において営々と歴史を刻んできた大倭国をも大和朝廷の傘下に加えるのである。

南九州の熊襲《くまそ》征伐という名目で始められた景行天皇の筑紫（九州）巡幸が、大和朝廷の九州における新勢力構築の基礎となり、神功皇后・応神天皇の活躍に発展する足掛かりを作ったことは極めて重要である。景行天皇の筑紫（九州）巡幸と仲哀天皇・神功皇后の筑紫（北部九州）巡幸が一連の継続する政策であり、これらの二度にわたる（日本武尊《やまとたけるのみこと》の熊襲征伐を加えれば三度となる）筑紫巡幸が、結果として神功皇后と応神天皇の母子にわが国の全権力を掌握させ、強大な王権を持つ中央集権国家に脱皮させるための計画的長期行動であったと考えるとき、その歴史的意義は極めて深遠である。(5)

崇神・垂仁王朝における皇位継承の謎

崇神《すじん》天皇（十代）・垂仁《すいにん》天皇（十一代）と続いた大和朝廷の創始たる崇神王朝（両天皇の和風諡号《わふうしごう》に「入彦《いりひこ》」が含まれるので「イリ王朝」という）は、次の景行天皇（十二代）に至って異質の王朝（景行天皇から神功皇后までの和風諡号に「足彦《たらしひこ》（姫）」が含まれるので「タラシ王朝」という）へと大きく変貌を遂げたと考えられる。

景行天皇は即位の翌年には播磨稲日大郎姫《はりまのいなびのおおいらつめ》を皇后に立てている。『播磨国風土記』賀古《かこ》郡の条に見える印南《いなみ》の別嬢《わきいらつめ》であり、天皇が皇后を娶るにあたり、息長命《おきながのみこと》が媒酌人となっている。皇后の父母の名は『書紀』には見えないが、『古事記』は父を吉備臣等の祖・若建吉備津日子《わかたけきびつひこ》とし、母・吉備比売も吉備の出自とする。また、息長《おきなが》帯比売《たらしひめ》（神功皇后）の弟・息長日子《おきながひこ》は、吉備の品遅《ほむち》君・播磨の阿宗《あそ》君の祖（開化記）であるという。

このように、景行天皇は吉備・播磨を支配する息長《おきなが》氏の支援を受けた新興政権であり、朝鮮半島系の政治権力である崇神・垂仁朝に反旗を掲げる旧守勢力を糾合して実力をつけ、政権交代を実現させたものであろう。

景行天皇の皇位継承に当って次の二点に注目したい。

第一は、景行天皇が垂仁天皇の皇位継承者とされた経緯である。垂仁天皇が兄である五十瓊敷入彦命《いにしきいりびこのみこと》と弟の大足彦尊《おおたらしひこのみこと》（景行天皇）の二人の皇子に希望を尋ね、兄の「弓矢を得むと欲《おも》ふ」に対して弟が「皇位《きみのくらい》を得むと欲《おも》ふ」と答えたことで弟の大足彦尊を皇位継承者とするのであるが、このような決め方は異例であり、崇神天皇

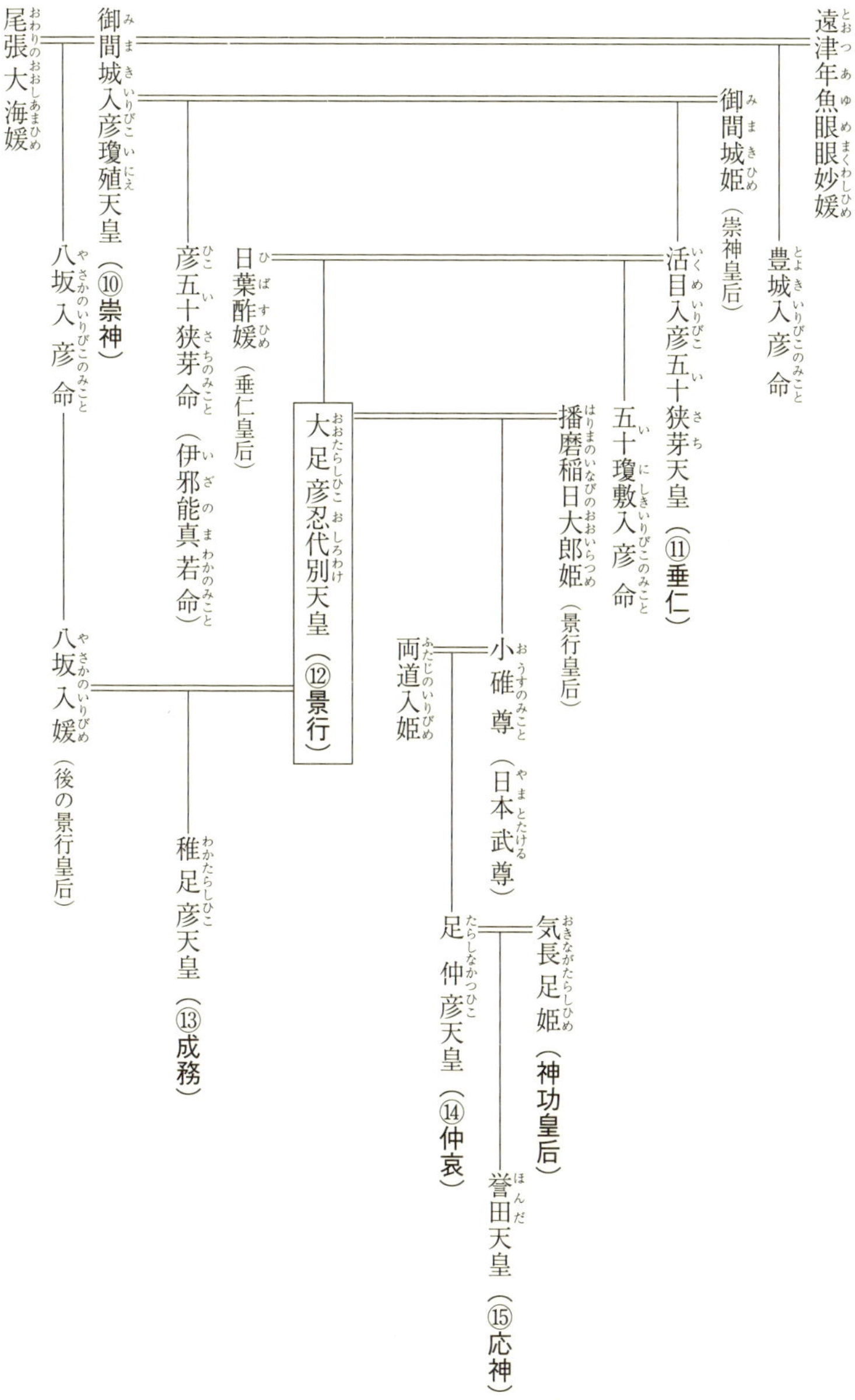

崇神天皇から応神天皇に至る主な系譜（『日本書紀』による）

が兄・豊城入彦命《とよきいりびこのみこと》と弟・活目入彦尊《いくめいりびこのみこと》（垂仁天皇）の二人の皇子に夢を告げさせ、兄が「自ら御諸山《みもろのやま》（三輪山）に登りて東に向きて、八廻弄槍《やたびほこゆけ》し、八廻撃刀《やたびたちかき》す」と答え、弟が「自ら御諸山の嶺《たけ》に登りて、縄を四方《よも》に絚《は》へて、粟《あは》を食《は》む雀を逐《や》る」と答えたことにより、崇神天皇は弟である活目入彦尊（垂仁天皇）を皇位継承者とし、兄である豊城入彦命を東国へ転出させた方法に酷似している。

五十瓊敷入彦命の「弓矢を得むと欲ふ」が皇位辞退を意味しているとは必ずしも言えず、しかも和風諡号に「入彦」「五十」を含む類似性から垂仁天皇（活目入彦五十狭茅尊《いくめいりびこいさちのみこと》）は景行天皇（大足彦忍代別尊《おおたらしひこおしろわけのみこと》）よりも五十瓊敷入彦命に近い関係にあるはずであるにもかかわらず、兄である五十瓊敷入彦命が皇位継承から外されているのである。さらに、大足彦尊の立太子まで高石池や茅渟池《ちぬのいけ》の構築など第一線で目立つ活躍をしていた五十瓊敷入彦命が、その後は茅渟の菟砥川上宮《うとのかわかみのみや》（和泉国日根郡）に引き込んで刀剣製作を専らにし石上《いそのかみ》神宮の神宝の管理にのみ当っているのである。

これらのことは、垂仁天皇から五十瓊敷入彦命へと受け継がれるべき政権が、垂仁天皇の意に反して景行天皇へ移ったことを示唆していると考えられよう。崇神と垂仁の両天皇は、二代続けて意にそわない人物を後継者に指名せざるを得なかったのである。それは崇神・垂仁王朝（イリ王朝）が多くの有力豪族の信頼を充分には得ていなかったからであり、大王の権力構造が極めて脆弱であったことを証明しているからに他ならないであろう。

第二は、景行天皇が自らの皇居を定めるために時間を要したことである。景行天皇が吉備国を本拠とする若建吉備津日子の支援を受けて即位するにあたり、屋主忍男武雄心命《やぬしおしおたけおごころのみこと》に紀伊国を掌握させつつ、自らも美濃国・近江国を巡幸している。屋主忍男武雄心命は景行天皇の命を受け、紀伊の阿備《あび》の柏原に九年留まって紀伊国を掌握し、その際、紀直菟道彦《きのあたいうじひこ》の女《むすめ》・影媛《かげひめ》を娶って武内宿禰《たけしうちのすくね》（『古事記』では建内宿禰と書いて彦太忍信命《ひこふとおしのまことのみこと》の子とする）を生ませている。また、美濃国は崇神天皇の皇子で垂仁天皇の異母弟とされる八坂入彦命《やさかいりひこのみこと》が本拠とする地域で、景行天皇は皇子の女《むすめ》・八坂入媛《やさかいりひめ》を娶って七男六女を儲けており、垂仁天皇の皇子で三尾君《みおのきみ》の始祖・磐撞《いわつき》別命《わけのみこと》が本拠とする近江国高島郡では命《みこと》の妹・水歯郎媛《みずはのいらつめ》を娶って一女を儲けている。

皇位継承当初において自らの権力基盤が十分でない景行天皇は、周到にその強化に取り組んでおり、即位の九カ月後に至ってようやく美濃国から畿内大和に還御《かんぎょ》し、わざわざ垂仁天皇の珠城宮《たまきのみや》が置かれた纒向《まきむく》の同じ場所（奈良県桜井市穴師）に日代宮《ひしろのみや》を造営するのである。自らの王権（タラシ王権）と崇神・垂仁王権（イリ王権）との不連続を自覚する景行天皇は、崇神・垂仁王権の正当な継承者であることを内外に高らかに宣言するため、敢《あえ》て宮を纒向《まきむく》に造営する必要があったのであろう。

景行巡幸に係る二つの疑問

景行天皇は景行十二（三一五）年から同十九年までの足掛け八年間にわたって筑紫（九州）を巡幸するのであるが、以下二つの疑問に回答が与えられなければならない。

第一の疑問は、天皇が都を長期間不在にすることが実際可能であったかである。景行天皇が導く新しい大和朝廷の体制がいかに強固であっても八年間の天皇不在は余りにも長期に過ぎるようである。この点から景行天皇の筑紫（九州）巡幸そのものに疑問を差し挟む向きもあるが、この時代の政治はしばしば双頭体制で行われたことが一つの回答になるであろう。

『隋書俀国伝』には倭国の宮廷を説明して「倭王は天を以って兄と為し、日を以って弟と為す。天未《いま》だ明けざる時、出でて政《まつりごと》を聴き跏趺《かふ》して坐し、日出ずれば便《すなわ》ち理務を停め、云う我が弟に委《ゆだ》ねんと」とある。倭国の宮廷習俗が必ずしも大和朝廷のそれと同じであるとは言えないが、崇神天皇と垂仁天皇とは協力して政務に当ったと思われる節があり、仲哀天皇と神功皇后、神功皇后と応神天皇もそれぞれ相応の補完関係で政務を行っており、応神天皇と仁徳天皇に至っても一時的には双頭体制の王権であったとさえ見えるのである。景行天皇（十二代）と次の成務天皇（十三代）も、協力補完体制による双頭王権を構成していたと見るべきで、景行天皇の不在時には成務天皇が代わって政務を執っていたのである。

『書紀』によると景行天皇と成務天皇はいずれも在位六十年で、当然ながら即位の年も辛未《かのとひつじ》で同じであり、崩御年齢すらわずかに一歳、一〇六歳と一〇七歳の違いである。作為の構図が見えるようである。また、成務天皇は六十年の在位中、景行天皇の事績を集成したのみで特段の事績がない。しかも、成務天皇紀の記事は極めて短く妻子の記載もなく、『古事記』には妻子の記載はあるものの景行紀五十一年の日本武尊の妻子（弟橘媛と稚武彦王）の伝が紛れた可能性があり、記事全体も極めて乏しい。さらに成務天皇の和風諡号の稚足彦《わかたらしひこ》は景行天皇の和風諡号である大足彦《おおたらしひこ》忍《お》代別《しろわけ》に酷似し、しかも軽々しい。このようなことから、成務天皇の実在が否定され、成務天皇の事績は景行天皇のそれを分割したものであるとも考えられるが、景行朝は明確な双頭政治体制であり、『記紀』編纂に当ってこれを前後の天皇として組み替えたと考えるべきであろう。『記紀』の編纂者は、実在しない架空の成務天皇を天皇系譜に臆面も無く挿入したのではなく、双頭体制で同時に存在した景行・成務の両天皇を時間軸の上で前後の天皇として配置したのである。

第二の疑問は、「熊襲反《そむ》きて朝貢《みつきたてまつ》らず」を理由に景行天皇の筑紫（九州）巡幸は始められるが、北部九州に「大倭国」という強国が存在する中にあって、大倭国の支配地域を跨《また》いだ地域への巡幸そのものが実際に行われたのであろうか。また、巡幸があったにしても余りにも無謀で危険な遠征ではないのか、である。

この点について、大和朝廷と大倭国が「不可侵」の約束をしたであろう点はすでに述べたので、ここでは友軍の有無について検討してみよう。大和朝廷は近攻遠交の観点から、大倭国の影響下にあるものの遠く離れた地域で独自の国づくりを進める南九州の新興国との間にすでにある種の二国間関係を形成しており、景行天皇の筑紫（九州）巡幸は熊襲との間に紛争が絶えないという南九州の当該国からの情報を足懸りとして実施されたものであろうと推測される。なお、この新興国は『魏志倭人伝』に記録されるかつての「投馬《とうま》国」であると考えられる。『魏志倭人伝』には「南、投馬《とうま》国に至る水行二十日。官を彌彌《みみ》と曰《い》い、副を彌彌那利《みみなり》と曰《い》う。五萬餘戸可《ばか》り」とあり、投馬国は邪馬台国に次ぐ人口を擁する大国で、帯方郡から船で二十日の旅程を必要とする場所にあるとされる。「南」は伊都国または不彌国からの方向を示し、「水行二十日」は魏の帯方郡から邪馬台国までの「水行十日陸行一月」と同様に帯方郡から投馬国までの全旅程を示していると理解すべきであって、投馬国は帯方郡から邪馬台国までの二倍の「水行」距離にあり、しかも「水行」のみで到達できる地域にあることから、海または大河に沿った地域にあったと考えられる。神武天皇が東征に船出した伝説の地である日向市美々津《みみつ》は耳川《みみ》河口の良港であり、一ツ瀬川中流域は西都市妻地区や西都原古墳群など伝説と史跡の宝庫である。投馬国はこれらの地域に展開しており、西臼杵郡高千穂地域から日向市美々津地域へ、美々津地域から西都市西都原地域へと中心拠点を移していったのであろう。

三世紀中頃の築造とされる西都原81号墳（西都市西都原）

北部九州の国々が百余国から三十国へと淘汰され、続いて邪馬台国へと収斂される「倭国大乱」の二世紀にあって、戦乱の地を逃れて未開の南九州に新しい国を求めた集団があったとしても不思議はない。あるいは二世紀の終盤から三世紀の初頭にかけて倭国を襲った大飢饉が直接の原因であったかもしれない。新羅《しらぎ》・伐休王《ばつきゅうおう》十（一九三）年には多くの倭人が食料を求めて朝鮮半島にまで渡っているのである（『三国史記』新羅本紀）。このような筑紫神話を共有し水田稲作を行う北部九州の一団が最初に落ち着いた土地は、水の豊かな高千穂の郷（宮崎県五ケ瀬川上流地域）であったと考えられる。邪馬台国を構成する一国でもある「投馬《とうま》国」の再起の地であり、現在に伝えられる日向神話における天孫降臨の舞台である。投馬国の人々が、故郷の北部九州に伝わる先祖の渡海移住伝説を自らの高千穂移住に投影して伝えたものが「日向神話」であったろう。これは『万葉集註釈』所引の『日向国風土記』逸文が、瓊《に》々杵尊《にぎのみこと》が天降った「日向の高千穂の二上の峰」を「（臼杵の郡の内）知《ち》鋪《ほ》の郷《さと》（後の人、改めて智鋪と号《なづ》く）」にあるとしており、『風土記』の解《げ》を進上した奈良時代の日向国の官人も宮崎県西臼杵郡高千穂を天孫降臨の地と理解しているのであって、高千穂が古くから根づく神話の郷であることが裏付けられるであろう[6]。

高千穂の郷に雌伏し体力をつけた投馬国は、五ケ瀬川を下り三世紀中頃までには一ツ瀬川流域の西都原地域まで進出していたと考えられる。柳沢一男（宮崎大学）の調査によれば、西都原古墳群の第八十一号墳は三世紀中頃に築造された国内最古級の「纒向型」前方後円墳であることが確認され、景行天皇の筑紫（九州）巡幸に先立つ早い段階での大和朝廷との関わりが指摘されている。

ともかく、筑紫（九州）における景行天皇は必ずしも孤立無援の状況ではなく、投馬国という強力な受け容れ基盤が備わっていた（と景行天皇及び大和朝廷は考えた）のであり、景行天皇が日向国の高屋宮《たかやのみや》に滞在した足掛け七年間は、日向国や後の大隅国を中心に大和朝廷の重要拠点を南九州に構築する出発点となったのである。一ツ瀬川流域（宮崎県中部地域）の西都原《さいとばる》古墳群や新田原《にゅうたばる》古墳群をはじめとする夥《おびただ》しい古墳群、肝属《きもつき》川流域（鹿児島県大隅地域）の唐仁《とうじん》古墳群や塚崎古墳群などは、景行天皇の筑紫（九州）巡幸と密接な関係が窺われるのである。

なお、ここでは特に述べないが、景行天皇の時代にはある程度大和朝廷の影響力が大倭国を除く九州各地（豊後国及び肥後国以北の北部九州地域）に及んでおり、個別的には第一部で見た通り、様々な形で友軍を得ることができたのである。

日向三代の秘密

南九州を旅しながら疑問に思うことがある。日向三代と云われる日子番能邇々芸命《ひこほのににぎのみこと》（彦火瓊々杵尊）・日子穂《ひこほ》々手見命《ほでみのみこと》（彦火々出見尊）・鵜草葺不合命《うがやふきあへずのみこと》がなぜ南九州に祀られているのか、日向三代の墳墓がなぜ南九州に存在するのかということである。ある人は「天孫邇々芸命《てんそんににぎのみこと》が天上から天降った場所が日向の襲の高千穂の峯であり、日向三代に続く神武天皇も日向から畿内大和に東征したのであり、日向三代の遺跡が南九州に存在することは当然だ」と言うだろう。そしてある人は「あくまでも神話であり、実在の歴史とは全く無縁のものだ。『古事記』や『日本書紀』を編纂する過程で、神武天皇の東征伝説とも整合する都合の良い物語が創作されたのだ」と言うに違いない。果たしてそうだろうか。

日向三代	主な神社	御陵
日子番能邇々芸命	霧島神宮（鹿児島県霧島市霧島田口）	可愛山陵（鹿児島県薩摩川内市神亀山）
日子穂々手見命	鹿児島神宮（鹿児島県霧島市隼人町）	高屋山上陵（鹿児島県霧島市溝辺町）
鸕草葺不合命	鵜戸神宮（宮崎県日南市宮浦）	吾平山陵（鹿児島県鹿屋市吾平町）

「稲穂が賑やかに実る」意味の「ホノニニギ」や「稲穂が出る」意味の「ホホデミ」を名前に持つ神々は明らかに稲作の神々であり、水稲農耕が最初に伝わった北部九州にこそ最も相応しい神々であり、水稲農耕の定着には更に数世紀を要したと考えられる南九州には馴染まない神々のようである。特に宮崎県南西部や鹿児島県には水稲農耕に適さない火山灰台地（シラス）が広く分布しているからである。しかし、南九州における日向三代は、現在に至るまでの遙かな時空を超えて地元の人々があらゆる困難を乗り越えながら斎祭《いつきまつ》ってきた神々でもある。歴史的事実を全く含まない単なる創作物語の主人公を、人々は世代を超えて斎祭ることができるものだろうか。そこには人々が感謝し記憶に留めたいと願う類稀《たぐいまれ》な英雄の存在が必要であると思われるのである。

景行天皇は、日向の高屋宮《たかやのみや》に六年四カ月という長期間にわたって滞在し、熊襲を服従させたのみでなく水稲農耕を含む新しい文明を南九州一帯にもたらし、地元の女性（日向髪長大田根《ひむかのかみながのおおたね》・襲武媛《そのたけひめ》・御刀媛《みはかしひめ》）を娶って子孫を残すなど、南九州地域発展の礎《いしずえ》を創っている。景行天皇は、最初の七カ月で大隅国鹿屋《かのや》郷を本拠にする肝属郡（現在の鹿児島県肝属郡と鹿屋市・垂水市・志布志市）の熊襲を平定し、以後、贈於《そお》郡（現在の鹿児島県曽於市・霧島市）や日向国那珂《なか》郡（現在の宮崎県南那珂郡・串間市・日南市）などの熊襲を平定しつつ、日向国（大隅国を含む）入りして五年四カ月目の春三月に「妻（投馬）国」として繁栄する日向国・子湯県《こゆのあがた》（現在の宮崎県児湯郡・西都市・日向市）に御幸《みゆき》し、以後の一年間は当地に行宮《かりみや》を置いて滞在したものと思われる。

天孫降臨神話そのものは他地域からの借用であった(7)としても、地域の人々が記憶に留め子孫に伝えたいと願う英雄は厳然として存在したのである。未開の新天地に入った文明人・景行天皇はまさに天から天降《あまくだ》った日子番能《ひこほの》邇々芸命《ににぎのみこと》（天津彦彦火瓊々杵尊）であり、景行天皇が御刀媛《みはかしひめ》との間に儲けた豊国別皇子《とよくにわけのみこ》（日向国造の始祖）こそ日子穂々出見命《ひこほほでみのみこと》（彦火々出見尊）ではなかったか。

岩波文庫『日本書紀』注（神代十一段）によれば「津田左右吉は、神代史の元の形では、瓊瓊杵尊《ににぎのみこと》の子の彦火《ひこほ》火出見尊《ほでみのみこと》が東征の主人公とされていたが、後になって物語の筋が改作され、彦火火出見尊に海幸山幸の話が付会されたり、豊玉姫《とよたまひめ》や玉依姫《たまよりひめ》の話が加わったり、鸕草葺不合尊《うがやふきあへずのみこと》が作られたりした。また他方では、東征の主人公として新たにイワレヒコが現れた」としており、同書の別注（神代九段）でも、「鸕草葺不合尊の話は後から挿入されたもので、本来は、瓊々杵尊の子として火々出見尊（神武）があり、それが東征の事業をする話になっていたものと推測される」としている。これらを踏まえるとき、豊国別皇子（彦火々出見尊）が神武東征（実は神功皇后の後見による応神天皇の東進）に加わっていたことから、豊国別皇子が神武天皇（彦火々出見尊）であるとの伝説が生じたのであろうと思われる。

(4)　神功皇后の筑紫巡幸

景行天皇の筑紫巡幸から四半世紀を経た『書紀』仲哀二（三四四）年、仲哀《ちゅうあい》天皇と神功《じんぐう》皇后は熊襲（大倭国）討伐のため筑紫へ向けて御幸《みゆき》するが、この頃になると北部九州の勢力地図も大きく変化していたようだ。

時に、岡県主《をかのあがたぬし》の祖熊鰐《おやわに》、天皇の車駕《みゆき》を聞《うけたまは》りて、（略）周芳《すは》の沙麼《さば》の浦に参迎《まうむか》ふ。魚塩《なしほ》の地《ところ》を献《たてまつ》る。（略）

既にして海路《うみつじ》を導《みちび》きつかへまつる。（略）又、筑紫の伊覩県主《いとのあがたぬし》の祖《おや》五十迹手《いとて》、天皇の行《いでま》すを聞《うけたまは》りて、（略）穴門《あなと》の引嶋《ひこしま》に参迎《まうむか》へて献《たてまつ》る。（『書紀』仲哀八年春三月）

且《また》、荷持田村《のとりたのふれ》荷持、此をば能登利《のとり》と云ふ。に、羽白熊鷲《はしろくまわし》といふ者有り。其の為人《ひととなり》、強《こは》く健《こは》し。亦《また》身に翼《つばさ》有りて、能《よ》く飛びて高く翔《かけ》る。是を以て、皇命《おほみことのり》に従はず。毎《つね》に人民《おほみたから》を略盗《かす》む。戊子《つちのえねのひ》に、皇后《きさき》、熊鷲を撃たむと欲《おもほ》して、橿日宮《かしひのみや》より松峡宮《まつをのみや》に遷《うつ》りたまふ。時に、飄風《つむじかぜ》忽《たちまち》に起りて、御笠堕風《みかさふけおと》されぬ。故《かれ》、時人《ときのひと》、其の処を号《なづ》けて御笠《みかさ》と曰《い》ふ。辛卯《かのとのうのひ》に、層増岐野《そそきの》に至りて、即《すなわ》ち兵《いくさ》を挙りて羽白熊鷲《はしろくまわし》を撃《う》ちて滅《ころ》しつ。左右《もとこひと》に謂《かた》りて曰《のたま》はく、「熊鷲《くまわし》を取り得つ。我が心則《すなは》ち安《やす》し」とのたまふ。故《かれ》、其の処を号《なづ》けて安《やす》と曰《い》ふ。

（『書紀』神功皇后摂政前紀）

岡県主《おかのあがたぬし》の祖・熊鰐《わに》が響灘から周防灘にかけての海域を支配し、周芳《すは》の沙麼《さば》（山口県防府市）まで天皇軍を参迎して広大な魚塩《なしお》の地を献上している。(8) また、沙麼県主《さばのあがたぬし》の祖・内避高国避高松屋種《うちひたかくにひたかまつやたね》、穴門直《あなとのあたい》の祖・践立《ほむたち》、津守連《つもりのむらじ》の祖・田裳見宿禰《たもみのすくね》、岡県主の祖・熊鰐《わに》など関門地域の新しい権力者が表筒男命《うわつつのおのみこと》・中筒男命《なかつつのおのみこと》・底筒男命《そこつつのおのみこと》の住吉三神を現出させ、(9) 神功皇后の筑紫巡幸や新羅親征、さらに引き続いて行われる神功東進を支援している。

橿日宮の怪事件

熊襲（大倭国）を征伐するために仲哀天皇は徳勒津宮《ところつのみや》（和歌山市）から、神功皇后は笥飯宮《けひのみや》（敦賀市）からそれぞれ六月と七月に豊浦津《とゆらのつ》に到着し、九月には穴門豊浦宮《あなとのとゆらのみや》を営むが、そのわずか四カ月後（『書紀』は六年後とする）の仲哀八（三四五）年春正月、遂に両者は筑紫に御幸し儺県《なのあがた》（福岡市）の橿日宮《かしひのみや》に入ることとなる。豊浦宮に滞在した期間は、仲哀天皇と神功皇后にとって筑紫（大倭国）及び朝鮮半島諸国に係る情報収集の期間であり、この過程で行われた友軍の確認と情報戦の中にこそ地方新興勢力の台頭する余地が与えられ、岡県主祖・

香椎宮の北東100mに営まれた橿日宮跡（福岡市東区香椎）

熊鰐や沙麼県主を始めとする関門地域の諸豪族が力をつけ住吉神の急浮上となるのである。

橿日宮《かしひのみや》に入って半年以上を経過した秋九月のこと、仲哀天皇は群臣に熊襲（大倭国）征伐のことを討議させるが、この時、神功皇后に懸《かか》った神が「熊襲の討伐は止め、新羅に目を向けるよう」に託宣する。天皇は神の意思を退け熊襲と戦火を交えるが勝利できず、これが原因となり急病を得て崩御《ほうぎょ》するのである[10]（『書紀』本文による。『書紀』一云《あるにいはく》は「天皇親《みずか》ら熊襲を伐《う》ちたまひて、賊《あた》の矢に中《あた》りて崩《かむあが》りましぬ」と伝える）。この件を『古事記』は極めて神秘的に説明している。仲哀天皇が熊曾国《くまそ》を討とうとして神託を求めたときのこと、天皇が招神の琴を弾き、建《たけし》内宿禰《うちのすくね》が神託を受ける庭に居て、皇后が神懸りして神託を下すのであるが、「西に豊かな国があるのでその国を賜おう」という神託に対して、「西には大海があるだけだ。嘘つきの神だ」と決め付ける天皇を神はひどく怒り「この国は汝《いまし》が統治する国ではない。汝は一道《ひとみち》（黄泉の国）へ行け」と託宣するのである。それでも建内宿禰の助言もあり天皇は厭々《いやいや》琴を弾くが、音が聞こえなくなったので灯《あかり》をともしてみると天皇はすでに崩御していたというのである。そして神功皇后に懸かった神は『記紀』共に表筒男《うわつつのお》・中筒男《なかつつのお》・底筒男《そこつつのお》の三柱の神、つまり住吉大神であったとする。

仲哀天皇と神功皇后による筑紫（北部九州）巡幸の目的は、元々熊襲討伐という名目での大和朝廷による大倭国の征服であったが、穴門の豊浦宮《とゆらのみや》に滞在する間に新羅親征（三韓征伐）も政治課題として急浮上している。景行天皇は自らの即位に合わせ、新羅が大和朝廷に服従することの証《あかし》（人質）として王族の娘を求めており（『三国史記』新羅本紀・訖解尼師今《きっかいにしきん》三〔三一二〕年、新羅は阿飡急利《あさんきゆうり》の娘を送る）、仲哀天皇も同様に即位に合わせて新羅に花嫁（人質）を求めたが拒否されている（三四四年）。このため大和朝廷は直ちに新羅との国交を断絶し、ここに新羅を親征すべき大義名分と面子が生じたのである[11]。

そして橿日宮では、大倭国の征服をこそ優先すべきだとして新羅親征を軽んずる仲哀天皇と、新羅親征こそ重要でありこれを実現するためには大倭国の協力が必要であるとする神功皇后の意見が真っ向から対立したのである。大倭国を軍事力で壊滅しようとする仲哀天皇の強行方針と大倭国を穏やかに併合して三韓征伐に協力させようとする神功皇后の柔軟方針とでは、大倭国を構成する北部九州の権力者たちの多くが神功皇后に同調したのも至極当然であったろう。

なお、大倭国の盟主である伊都国王（伊都県主の祖・五十迹手《いとで》）が逸早く大和朝廷に恭順し、穴門の引嶋《ひこしま》（彦島）まで参迎したうえ三種神器を献上して忠誠を誓っているが、このことが大和朝廷にとって大倭国を誅滅させる名目を失わせることとなり、神功皇后の関心を新羅親征へ向けさせる大きな要因となったであろう。

邪馬台国の消滅

大和朝廷の元々の意思は、先に述べたように北部九州で大きな政治権力を形成し、中国や朝鮮半島諸国との外交をも掌握する大倭国の完全征服であったに違いない。しかし神功皇后は、新羅に関する新たな事態が急浮上すると共に大倭国が強力な軍事力を保持していることを知るや方針転換し、新羅親征に人心の求心力を求めつつ、大倭国を緩やかな併合に留めることを余儀なくされたのである。仲哀天皇と神功皇后の意見対立はまさにこの点であり、大倭国壊滅強行方針の仲哀親征軍には屈服するどころか天皇を死にさえ至らしめた大倭国（『書紀』は熊襲国とし、前掲の『書紀』一云のとおり、天皇は賊の矢に当たって崩御する）軍も、神功皇后が派遣した併合柔軟方針を採る吉備臣《きびのおみ》の祖・鴨別《かものわけ》軍には「未《いま》だ浹辰《しばらく》も経ずして、自《おの》づから服《まつろ》ひぬ」（『書紀』神功皇后摂政前紀）となるのである。これは大倭国にあって政治的にも軍事的にも最大級の勢力を有する伊都国王・五十迹手《いとで》が、すでに仲哀天皇及び神功皇后の筑紫入りに際して穴門の引嶋《ひこしま》（山口県下関市）まで参迎し、「臣《やつかれ》、敢《あ》へて是の物

伊都国王の協力で神功皇后が挙兵した層増岐山（前原市雷山）

（八尺瓊《やさかに》・白銅鏡《ますみのかがみ》・十《と》握剣《つかのつるぎ》）を献《たてまつ》る所以《ゆえ》は、天皇《すめらみこと》、八尺瓊《やさかに》の勾《まが》れるが如くにして、曲妙《たへ》に御　宇《あめのしたしろしめ》せ、且《また》、白銅鏡《ますみのかがみ》の如くにして、分明《あきらか》に山川海原《うなばら》を看行《みそなは》せ、乃《すなは》ち是の十《と》握剣《つかのつるぎ》を提《ひきさ》げて、天下《あめのした》を平《む》けたまへ」（『書紀』仲哀八年正月）と奏して逸早《いちはや》く大和朝廷への忠誠を誓っていたことからも当然であろう。

しかし、大和朝廷が大倭国を併合するに当たっての神功皇后の最後の関心は、かつての邪馬台国を引き継ぎ、大倭国の精神的象徴として筑前国夜須《やす》郡野鳥《のとり》（福岡県甘木市秋月野鳥）にあった「耶馬国」（かつての「邪馬台国《やまだいこく》」の本貫であろう）の壊滅であった。これは大倭国征服作戦で後退せざるを得なかった神功皇后にとって引くことの出来ない一線であり、筑紫（大倭国）併合の「けじめ」であったに違いない。

神功皇后は武内宿禰から穴門の豊浦宮における仲哀天皇の殯《もがり》の報告を受けた後、程なく「邪馬（台）国」壊滅作戦を自ら実行することとなる。相手は荷持田村《のとりたのふれ》（筑前国夜須郡野鳥）に居住する「羽白熊鷲《はしろくまわし》」である。神功皇后は行宮《あんぐう》を橿日宮（福岡市東区香椎）から松峡宮《まつおのみや》（福岡県筑前町三輪栗田）に遷すと共に、すでに大和朝廷の傘下に入り「伊都県主」となっていた伊都国王・五十《い》迹《と》手《で》の支援を受けて伊都国の層増岐野《そぞきの》（雷山）において挙兵するのである。神功皇后の行動は、大倭国内の一小国を相手にするにしては頗《すこぶ》る大袈裟に過ぎるようであるが、皇后の並々ならぬ決意の程が窺えるであろう。羽白熊鷲は邪馬台国の系譜を直接継承する「邪馬国」の王であると考えられるのであって、神功皇后は大倭国内の最強国である伊都国の支援を受け、大倭国における精神的な象徴としてわずかに命脈を保っていた「邪馬国」を壊滅させたのである。羽白熊鷲を撃滅した神功皇后をして「熊鷲を取り得つ。我が心則《すなは》ち安《やす》し」（『書紀』神功皇后摂政前紀）と言わしめたものは、羽白熊鷲に偉大な邪馬台国女王・卑弥呼の影を見ていたからであり、景行天皇から引き続いての悲願であった大倭国併合作戦の完了、すなわち筑紫島（九州）全域の征服併合の完了を意味していたからであろう。

かくして、「大倭国」が誕生した二八八―二九〇年頃から次第に存在感を逓減させていたであろう邪馬台国も、この度の神功皇后軍の徹底した攻撃によって敢え無く壊滅し、かつての大国は、遂に仲哀九（三四六）年三月、その残影「邪馬国」も含めて名実共に栄光の歴史を閉じたのである。

神功皇后創始の大己貴神社（朝倉郡筑前町弥永）

ところが、同年秋九月になって神功皇后は新羅親征のための軍卒を募るが思うように集まらない。これは「邪馬台国」撃滅の呪《のろい》であるとして鎮魂のために大三輪《おおみわ》神社を祀り、ようやく「軍衆自《おの》ずから聚《あつま》る」ことになるのである。現在、福岡県朝倉郡筑前町三輪弥永に鎮座する大己貴《おおなむち》神社の起源である。なお、神功皇后の新羅親征（三韓征伐）については次章で詳述する。

神武東征と神功東進

新羅から凱旋した神功皇后は、仲哀九（三四六）年十二月に筑紫の蚊《か》田《だ》（福岡県前原市長野）で誉田別皇子《ほむたわけのみこ》（後の応神天皇）を生み、[12] 翌年二月には海路京（大和）を目指すことになる。しかし、行く手に誉田別皇子の異母兄で景行天皇とも濃い血縁を有する麛坂王《かごさかのみこ》・忍熊王《おしくまのみこ》という二人の皇子が立ちはだかるのである。[13]

神功軍は、皇后と行動を共にする大臣《おおおみ》武内宿禰・中臣烏賊津連《なかとみのいかつのむらじ》・大《おお》三輪大友主君《みわのおおともぬしのきみ》・物部胆咋連《もののべのいくひのむらじ》・大伴武以連《おおとものたけもつのむらじ》など直属の軍勢に加えて、響灘から周防灘に至る海域を支配する岡県主祖・熊鰐などの軍勢、伊覩《いと》（都）県主《あがたぬし》の祖・五十迹手《いとで》の配下や大三輪神社に結集する大倭国の軍勢、さらに景行天皇の皇子で日向国造の始祖・豊国別皇子《とよくにわけのみこ》などが率いる南九州の軍勢などを糾合して数万に膨れていたとされる。

誉田別皇子《ほむたわけのみこ》を擁しての神功皇后軍の東進は、後世に広く語り継がれた「神武天皇東征」伝説の中核として取り込まれ、『記紀』編纂の過程で神功皇后東進の歴史的事象が神武天皇東征伝説として再構成されたものであろう。また、日向国では景行天皇の皇子である豊国別皇子が東征の主人公であると伝えられていたもののごとく、日向神話を多用する『記紀』においては、豊国別皇子と神武天皇の両者を重ね合わせて編集・作成されたと思われるのである。

以下、神武天皇東征と神功皇后東進の類似性を『記紀』から拾ってみよう。(A)が神武東征、(B)が神功・応神東進関連である。

(A) 神武天皇は日向国から東征を開始する。

(B) 日向国は景行天皇の巡幸を奇禍として投馬国（宮崎県西都市妻付近）が発展した国であり、四世紀中頃には応神天皇の大叔父・豊国別皇子（日向国造の始祖）が統治していたと考えられる。豊国別皇子は神功東進に馳せ参じたのであり、日向国美々津から船出した神武天皇とは即ち同皇子であったろう。応神天皇を神武天皇に充て世代を対応させると、景行天皇が邇々芸命（瓊々杵尊）であり豊国別皇子が日子穂々出見命（彦火々出見尊）に充たる。そして「彦火々出見」という名を共有する神武天皇と彦火々出見尊＝豊国別皇子が同一人として重なるのである。

なお、第一部五章(4)「夷守と諸県君泉媛」で述べた通り、景行天皇には豊国別皇子（生母は御刀媛《みはかしひめ》）とは異なる日向国所生のもう一人の皇子（生母は泉媛《いずみひめ》か）が存在し、この皇子も錦江湾《きんこう》に面する大隅国宮浦《みやのうら》から船出して豊国別皇子と共に神功東進に参加したであろうと思われる。

(A) 神武天皇は豊前国の宇沙《うさ》（菟狭）に立ち寄り、足一騰宮《あしひとつあがりのみや》（一柱騰宮）で、宇沙都比古《うさつひこ》・宇沙都比売《うさつひめ》（菟狭津彦・菟狭津媛）の饗応を受ける。

(B) 豊前国は景行天皇の筑紫巡幸に際し、鼻垂《はなたり》・耳垂《みみたり》・土折猪折《つちおりいおり》などの土蜘蛛を討伐して筑紫（九州）において最初に足跡を残し行宮を置いた国であり、また宇佐は同天皇が筑紫（九州）巡幸における最後の行宮《あんぐう》を一年弱という長期間にわたって置いた極めて重要な地域である。豊前国地域は、景行天皇の時代から四半世紀を経ても大和朝廷との結びつきは強く、景行天皇の皇子・豊国別皇子《とよくにわけ》に対しても良き理解者であったのであり、神武天皇（この場合は豊国別皇子）が東征（神功皇后の東進）に参加する途次において、天種子命《あまのたねのみこと》と菟狭津媛《うさつひめ》を結婚させたとする伝承も十分に肯《うなず》けるのである。

(A) 神武天皇は竺紫《ちくし》の岡田宮《おかだのみや》（岡水門《おかのみなと》、福岡県遠賀川河口付近）に滞在する。

(B) 岡水門は岡県主の本拠地であり、仲哀天皇・神功皇后の時代にあっては響灘から周防灘にかけての広大な海域を掌握する岡県主の祖熊鰐《わに》が権勢を誇っていた。岡田宮は熊鰐を筆頭とする関門地域の新しい権力者たち（沙麼県主《さばのあがたぬし》の祖内避高国避高松屋種《うちひひたかくにひたかまつやたね》・穴門直《あなとのあたい》の祖践立《ほむたち》・津守連《つもりのむらじ》の祖田裳見宿禰《たもみのすくね》など）によって支持・支援された神功皇后にとって筑紫最大の拠点である。神功東進軍は岡水門《おかのみなと》に集結したのであり、日向国から岡田宮に至る神武東征軍は神功東進軍に合流する豊国別皇子の軍勢などであろう。これにより、周防灘から畿内大和に向けて直接瀬戸内海へと進むべき神武東征軍が、わざわざ関門海峡や響灘を経て、玄界灘に開かれた遠賀川河口の竺紫《ちくし》岡田宮へ迂回し滞在しなければならなかったか、その理由が理解できよう。

(A) 神武天皇は浪速《なみはや》の日下《くさか》の楯津《たてつ》（大阪府東大阪市日下町付近）で那賀須泥毘古《ながすねびこ》（長髄彦）と大決戦を行うが、天皇の兄・五瀬命《いつせのみこと》が負傷し退却する（『古事記』による。『書紀』では「胆駒山《いこまやま》を踰《こ》えて、中洲《うちつくに》（大和）に入らむ」と欲して孔舎衙坂《くさかのさか》（草香山麓）で長髄彦《ながすねひこ》と会戦し、敗れて草香津《くさかのつ》に退却する）。

(B) 神功皇后は忍熊王《おしくまのみこ》が屯《いは》む難波《なにわ》の住吉《すみのえ》（大阪市住吉区）を大決戦の場として直接難波を目指すが、軍船を進めることができず務古水門《むこのみなと》（兵庫県武庫川河口付近）へ退却して神託を仰いでいる（『書紀』による）。神武東征軍と神功東進軍は、戦闘対象が長髄彦《ながすねひこ》と忍熊王《おしくまのみこ》とで異なるもののいずれも退却しているのである。

また、神武紀の「方《まさ》に難波碕《なにはのみさき》に到るときに、奔《はや》き潮《なみ》有りて太《はなは》だ急《はや》きに会ひぬ」に対して、神功紀は「皇后《きさき》の船《みふね》、直《ただ》に難波《なには》を指《さ》す。時に、皇后の船、海中《わたのなか》に廻《めぐ》りて、進むこと能《あた》はず」と極めて類似の状況が表現されていることにも注目すべきであろう。

(A) 神武天皇は兄・五瀬命を紀国の竈山《かまやま》（和歌山市和田）に祀り、熊野の荒坂津《あらさかのつ》またの名は丹敷浦《にしきのうら》（三重県度会郡大紀町錦）から陸路で大和の菟田《うだ》の穿邑《うかちのむら》（奈良県宇陀市菟田野区宇賀志）に入る。

(B) 神功皇后は、誉田別皇子《ほむたわけのみこ》の待つ紀国の日高（和歌山県御坊市付近）で軍を建て直し、小竹宮《しののみや》（和歌山県紀の川市粉河町志野）に遷《うつ》って武内宿禰及び和珥臣《わにのおみ》の祖・武振熊《たけふるくま》に忍熊王攻撃を命ずる。紀国は景行天皇が即位後最初に征した国であり武内宿禰の母方の郷里（生誕地）でもあって、神功母子にとって最も安心できる場所であったろう（神武東征にあたり熊野の荒坂津から大和の菟田《うだ》までは、現在の国道四二号線〔熊野街道〕を北上し、続いて国道一六六号線〔伊勢街道〕を西進したものと考える。これは天照大神が神武東征を助ける譚などから、大和朝廷の東方経略が進み伊勢に皇室神が祭られる雄略朝頃の参宮街道開闢譚などが取り込まれたものと思われる）。

(A) 神武天皇の和風諡号・神日本磐余彦《かむやまといわれひこ》に含まれる「磐余《いわれ》」は、大和の平野部と宇陀《うだ》の山地を結ぶ戦略的に重要な地域であり、神武東征では兄磯城《えしき》軍が神武軍を悩ました要害の地であるが、神武天皇の諡号に含まれなければならない特段の理由はない。

(B)　神功皇后が応神天皇を奉じての東進を完了させ、大和で都と定めた場所が「磐余」であって、神功皇后は磐《いわ》余《れ》稚桜宮《わかざくらのみや》で生涯を終えている。つまり「磐余」は応神天皇にとって幼少期から即位までの前半生を過した原点であり、神武天皇が応神天皇と重なることを承知する『記紀』の編纂者が、神武天皇を生成するに当って創出した御名が神日本磐余彦であったと考えられる。

なお、応神天皇の系譜に繋がる多くの天皇の都が磐余に置かれた。履中《りちゅう》天皇の稚桜宮《わかざくらのみや》・清寧《せいねい》天皇の甕栗《みかくりの》宮《みや》・継体《けいたい》天皇の玉穂宮《たまほのみや》・用明《ようめい》天皇の池辺双槻宮《いけのべのふたつきのみや》がそれである。大和入りに時間を費やした継体天皇（応神天皇五世の子孫）の磐余入部は「応神天皇の系譜に繋がる」という特段の意味があったものと思われる。

(A)　神武天皇の和風諡号は神日本磐余彦火々出見尊《かむやまといわれひこほほでみのみこと》であり、諱《いみな》を彦火々出見《ひこほほでみ》（神武紀冒頭）とするなど、祖父の彦火々出見尊の御名を加える表記（『書紀』神代第八段第六の一書・第十一段第二─第四の一書・神武元年条）がある。

(B)　日向国造一族が伝える物語では、東征の主人公は日子穂々出見命《ひこほほでみのみこと》（彦火々出見尊）に比定される豊国別皇子であり、応神天皇を奉じた神功皇后の東進に参戦して大和朝廷との絆を更に進め、日向国と日向国造一族を繁栄に導いた同皇子の「神功東進参戦譚」が「彦火々出見東征譚」として受け継がれていたのではないか。瓊々芸命（瓊々杵尊）の天孫降臨から神武天皇の東征へと続く一連の日向神話を『記紀』に取り込む過程で、『記紀』の編纂者は新しく想起し誕生させた神武天皇＝彦火々出見尊の説話として、豊国別皇子のものとして伝えられた「彦火々出見東征譚」を大幅に転用したのであろう。[14]

（1）伊都国地域には弥生時代に連続する前期古墳（三世紀末─四世紀頃）が数多く造営されており、垂仁紀二年一云の「意富加羅国《おほからくに》の王の子、名は都怒我阿羅斯等《つぬがあらしと》（略）穴門《あなと》に到る時に、其の国に人有り。名は伊都都比古《いとつひこ》。臣《やつかれ》に謂《かた》りて曰《い》はく、『吾は是《こ》の国の王《きみ》なり。吾を除《お》きて復二《またふたり》の王無《きみあらず》。故《かれ》、他処《あたしところ》にな往《い》にそ』といふ」に見るとおり、伊都国王・伊都都比古は関門海峡を越えて穴門（山口県下関付近）まで支配地域を広げ、自ら「王」を名乗っている。

これに対して、三世紀中頃までは邪馬台国の中心地域として確実に隆盛を誇っていた福岡市南部・春日市地域における前期古墳の造営は明らかに低調となり、代わって甘木・小郡地域にその隆盛が見られる。前期古墳の造営で見る限り、邪馬台国（狭義）の中心が甘木・小郡地域に移ったと考えられる。北部九州における地域別古墳比較表は、第一部九章(1)「邪馬台国以後の筑紫（北部九州）」を参照のこと。

（2）第一部三章(2)「姫島と神夏磯媛」を参照のこと。

（3）高麗僧の一然が編纂した朝鮮古代史の外史。一二八〇年代の成立と推定される。五巻九部門からなる。前半の王暦・紀異に朝鮮古代史に係る遺聞・伝説を収め、『三国史記』を補う部分がある。

（4）大倭国の領域は、筑紫国（筑前国・筑後国）の全域と肥前国の南東部（現在の佐賀県南部）であり、①玄界灘及び響灘沿岸地域は福岡県前原地域を本拠にする伊都国が実効支配し、②佐賀平野一帯は佐賀県神埼地域を本拠にする狗奴国が実効支配し、③大倭国統合の精神的中心でありながら勢力を徐々に弱体化させる邪馬台国（狭義）は甘木・小郡地域を本拠にしながら筑前内陸部を支配していたであろう。なお、④筑後地域は後の水沼君に繋がる権力が御廟塚古墳のある三潴で生起し支配していた、と考えられる。

（5）河村哲夫も、「応神・仁徳の時代に日本は飛躍的な発展を遂げる。その基礎を築いたのが景行天皇とヤマトタケルであった」とする（河村哲夫『九州を制覇した大王』海鳥社、平成十八年）。

（6）鹿児島・宮崎県境の霧島と宮崎県西臼杵郡の南九州に伝わる二カ所の「高千穂」について、いずれが天孫降臨の地であるか本居宣長の『古事記伝』以来論者の意見が分れている。喜田貞吉は、両者を詳細に検討することによって宮崎県西臼杵郡の高千穂を天孫降臨の地であると結論付けている。和銅六（七一三）年と神亀三（七二六）年の改字令により「郡・里等の名には、並びに二字を用ひ必ず嘉き名を取れ」（『延喜式』民部上）とされたが、喜田は「知鋪」または「智鋪」を高千穂の省略形であるとし、「少なくも此の記事のある風土記の編纂奏上せられし時代に於ては、日向の民衆が古伝説上の天孫降臨の故地を以て、此の臼杵郡なる智鋪郷なりとなすの説を有せしものにして、国郡の当局者が之を採用せし事実、亦最も明白なりと謂はざるべからず」（喜田貞吉『日向国史』）と論じている。

（7）天孫瓊々杵尊が天降った場所は、『古事記』には、

①竺紫《ちくし》の日向の高千穂の久士布流多気《くしふるたけ》

とあり、『書紀』には、

②日向の襲の高千穂峯《たけ》……槵日《くしひ》の二上《ふたがみ》の……（神代九段本文）

③筑紫の日向の高千穂の槵触之峯《くしふるのたけ》（右段第一の一書）

④日向の槵日の高千穂の峯（右段第二の一書）

⑤日向の襲の高千穂の槵日の二上峯（右段第四の一書）

⑥日向の襲の高千穂の添山《そほりのやま》の峯（右段第六の一書）

とある。

地域は①と③から筑紫国であり、殊に『古事記』の竺紫（チクシ）から狭義の筑紫（北部九州）である。場所はすべてが日向（ヒナタ）の高千穂を指していることから、前原市から福岡市西区へと抜ける日向峠付近であろう。付近には多くの天降神社（福岡市西区泉の天降神社・前原市新田の天降神社・同市瀬戸の天降神社・糸島郡二丈町波呂の天降天神社・同町石崎の天降天神社・糸島郡志摩町桜井の天降天神社）が鎮座し、天孫降臨神話のふる里に相応しい。

（8）皇室御料の魚や塩をとる区域で、「向津野大済《むかつののおおわたり》（大分県宇佐市向野川河口）に至るまでを東門とし、名籠屋大済《なごやのおおわたり》（福岡県北九州市戸畑区の北方にあった名籠屋崎）を以て西門とする」（仲哀紀八年）広大な水域である。済《わたり》は港。

（9）『古事記』によると、黄泉《よみ》国からのがれた伊耶那伎命《いざなぎのみこと》は「竺紫《ちくし》の日向《ひむか》の小門《おど》の阿波岐原《あはぎはら》」で禊《みそぎ》をして身の穢《けが》れを祓《はら》うのであるが、海水で身を洗い清めた時に生まれた神のうち阿曇連《あずみのむらじ》等が斎《いつ》く神が綿津見《わたつみ》三神（底津《そこつ》・中津《なかつ》・上津《うはつ》綿津見神）であり、同時に生まれた底筒之男命《そこつつのをのみこと》・中筒之男命《なかつつのをのみこと》・上筒之男命《うはつつのをのみこと》の三柱の神が墨江《すみのえ》（住吉）の三前《みまえ》の大神《おほかみ》であるとする。

（10）仲哀天皇が筑紫の橿日宮《かしひのみや》で崩じた後、神功皇后が天皇の遺体を一旦安置して殯宮《もがりのみや》としたのが穴門豊浦宮《あなとのとゆらのみや》の旧地で、征韓後改めて奉祭したのが忌宮《いみのみや》神社（下関市長府宮の内町）である。同社の東の沖に浮かぶ干珠《かんじゅ》島と満珠《まんじゅ》島の二つの小島

は忌宮神社の神域で、神功皇后が朝鮮出兵の際に竜神から授けられた潮の干満を繰れる二つの珠を、帰途海に返したところ両島になったとの伝承を持つ。

(11) 仲哀天皇が即位直後に派遣したであろう花嫁を求める使者は、新羅訖解王三十五（三四四）年春二月に至って訖解王に伝奏しており（『三国史記』新羅本紀）、訖解王による辞退の使者は直ちに発遣せられて同年九月頃には豊浦宮に滞在中の仲哀天皇及び神功皇后に奏上されたと推測される。また、遅滞なく発出されたであろう国交断絶を告げる倭国の国書は、翌（三四五）年二月に訖解王の許へ届けられている（『三国史記』同）。

(12) 神功皇后摂政前紀に「誉田天皇《ほむたのすめらみこと》を筑紫に生《あ》れたまふ。故《かれ》、時人《ときのひと》、其の産処《みうみのところ》を号《なづ》けて宇瀰《うみ》と曰《い》ふ」とあり福岡県糟屋郡宇美町の宇美八幡宮が鎮座する場所を応神天皇の生誕地とする説が一般的であるが、宇瀰説は単に地名付会説話であるとも考えられる。糟屋郡宇美町辺りは『魏志倭人伝』に見える不彌国（海国）の領域内であったか、あるいは福岡市姪浜・藤崎辺りにあった不彌国が伊都国や奴国の勢力に押されて博多湾東部（糟屋郡）地域に移動したとも考えられ、宇瀰は不彌国に由来し、これに「生み」が結びついたと思われるからである。この場合、応神紀に「筑紫の蚊田《かだ》に生《あ》れませり」と見える「蚊田《かだ》」は別伝として伝えられたものであり、鈴木重胤はこれを福岡県前原市長野に充てている。『筑紫国風土記』逸文（乙類）には「逸都《いと》の県《あがた》。子饗《こふ》の原。（略）凱旋之日、芋湄野《うみの》に至りたまふに、太子誕生《あ》れませり。この因縁ありて、芋湄野と曰ふ」とあり、「逸都《いと》の県《あがた》」の項に「芋湄野《うみの》」が見える。「子饗《こふ》の原」は鎮懐石《ちんかいせき》八幡宮が鎮座する福岡県糸島郡二丈町子負《こふ》ケ原であることから、応神天皇生誕地「蚊田」を「子饗の原」に近い福岡県前原市長野であるとする鈴木重胤の説は的を得ている。現在、前原市長野川付には宇美八幡宮が鎮座しており、社伝によると上宮は仲哀天皇の陵墓であると伝えられ、付近には土地の人々から「蚊田」と呼ばれる地域がある。

(13) 麛坂《かごさか》王・忍熊《おしくま》王は、仲哀天皇と彦人大兄《ひこひとおほえ》の女《むすめ》・大中姫《おほなかつひめ》との間に生まれた同腹の兄弟である。仲哀天皇は景行天皇の孫であり、『古事記』によれば彦人大兄は景行天皇と針間伊那毘大郎女《はりまのいなびのおほいらつめ》（播磨稲日大郎姫）の妹である伊那毘若郎女《いなびのわかいらつめ》との間に生まれたとしているので、仲哀天皇と大中姫はいずれも景行天皇の孫である。母系から見る麛坂王・忍熊王の出自は、誉田皇子（応神天皇）に比して明らかに優れているのである。近年の研究によれば、当時大和朝廷の最高権力を掌握していたのは、佐紀盾列《さきたたなみ》西古墳群を築造し、大和東北部から山城南部にかけて勢力を有した集団で、麛坂王・忍熊王はこの集団の後継者であったが、神功皇后・応神天皇はこれを倒して「河内王朝」を樹立したとする。

（14）神武天皇の年少時の号を狭野尊《さののみこと》とする伝（『書紀』神代十一段第一の一書）があり、宮崎県西諸県郡高原町の蒲牟田に鎮座する狭野《さの》神社が神武天皇誕生の聖地に営まれているとされる。この件については第一部五章(4)「夷守と諸県君泉媛」に述べた通り、豊国別皇子《とよくにわけのみこ》とは異なる諸県《もろかた》の泉姫《いずみひめ》を母とする景行天皇の皇子（『記紀』での記録など一切ない）が存在し、同皇子も豊国別皇子と共に神功東進に参加したのであり、諸県に伝わる同皇子の英雄伝説の一部が鵜草葺不合尊《うがやふきあへずのみこと》の伝説として『記紀』に織り込まれたのであろうと推測する。

四、筑紫王朝の時代（四世紀後半－七世紀頃）

大倭国（旧邪馬台国と旧狗奴国との連合国家）の中で最強の勢力を維持している伊都国を逸早く傘下に加え、筑紫の野鳥（福岡県甘木市秋月野鳥）で大倭国の精神的象徴として細々と命脈を保っていた「邪馬（台）国」を壊滅させた神功皇后は、一部には山門県《やまとのあがた》（福岡県みやま市）の田油津媛《たぶらつひめ》の抵抗などを受けたものの、比較的平穏に北部九州の連合国家「大倭国」を併合し、引き続く朝鮮半島への親征も順調に推移できたようである（ただし後述するように、朝鮮半島への親征は神功皇后にとって満足する結果ではなかったと思われる）。

神功皇后は大倭国の併合と新羅親征の余力を駆って畿内大和への東進を敢行し、麛坂王《かごさかのきみ》・忍熊王《おしくまのきみ》の抵抗を近江の瀬田《せた》に退けて畿内大和入りを果すのであり、前年に仲哀天皇を河内国の長野陵に葬った神功皇后は、神功摂政三（三四九）年、誉田別皇子《ほむたわけのみこ》を皇太子とし、畿内大和の磐余《いわれ》の地を都と定めて稚桜宮《わかさくらのみや》を営むのである。景行天皇に始まる「タラシ」王朝の壮大な夢が実現した瞬間である。[1]

(1) 雌伏する筑紫権力

邪馬台国と狗奴国の系譜を引く大倭国が大和朝廷に併合された筑紫（北部九州）では、以後、継体天皇の時代に至るまでの約一八〇年間、応神三（三九二）年の海人の騒動、同九年の武内宿禰の筑紫派遣など若干の動きはあるものの、わが国内での特筆すべき政治的・軍事的紛争は影を潜め、表面的には比較的平穏な時代が続いたようだ。

しかし、大和朝廷が大倭国を自らの版図に加え中国や朝鮮半島諸国との関わりを積極的に展開することとした以上、倭国・邪馬台国の時代を通して中国や朝鮮半島諸国と密接な関係を持ち、外交・通交の窓口としての豊富な経験を積んできた大倭国が、これら大和朝廷の対外積極政策の中で無縁であり無風であったはずはあり得ない。多くの外交使節や通詞が徴用され、多くの兵船や兵士・水夫・水先案内人が徴発され、また幾度となく兵站《へいたん》基地としての経済的重圧を受けたことであろう。

神功皇后の三韓親征

応神天皇を奉じて神功皇后が畿内大和へ東進する直前の仲哀九（三四六）年、邪馬台国の残影であった筑前国野鳥の羽白熊鷲を誅滅して大倭国を併合した神功皇后は、夫である仲哀天皇との確執の中で同天皇を死に至らしめてまで主張した朝鮮半島への親征（新羅・高麗・百済の「三韓征伐」と言われるが、実は新羅への親征である）を遂に決行することとなる。

しかし、摂津国の美奴売《みぬめ》の神（『万葉集注釈』所引『摂津国風土記』逸文）、播磨国餝磨《しかま》郡因達里《いだてのさと》の伊太代《いだて》の神（『播磨国風土記』餝磨郡）、播磨国の爾保都比売《にほつひめ》命（『釈日本紀』所引『播磨国風土記』逸文）など各地からの助勢はあるものの、三韓親征軍の主体をなす筑紫（大倭国）の軍率が容易に集まらなかったようである。『書紀』には「大三輪社《おほみわのやしろ》を立てて、刀矛《たちほこ》を奉《たてまつ》りたまふ」ことによって「軍衆《いくさびと》自づからに聚《あつま》る」とあるが、肥前国松浦県玉嶋里の松浦《まつら》川（玉島川）での鮎釣り（『書紀』神功皇后摂政前紀、『肥前国風土記』松浦郡）、新たに定めた筑前国那珂《なか》郡の神田に水を引くための裂田溝《さくたのうなで》の開削（『書紀』同）、筑前国橿日浦《かしひうら》（香椎浜）での髻結《みずらゆ》い（『書紀』同）、筑前国怡土《いと》郡染井《そめい》の鎧染《よろいぞ》め（染井神社伝説）などの各故事から、神功皇后が自ら瑞兆《ずいちょう》を顕し吉凶《きっきょう》を占うことによって人心を掴むことに腐心している姿を見ることができる。

同年の冬十月三日、神功皇后の三韓親征軍は和珥津《わにつ》（対馬の最北端・鰐浦）を発って新羅に向かっている。三韓親征について『書紀』は、順風満帆に労せずして新羅に到り、波沙寐錦《はさむきむ》（新羅第五代の婆娑尼師今《ばさにしきん》、実際は第

鎧染め伝説を伝える染井神社（前原市大門染井）

十六代・訖解《きつかい》尼師今であろう）は「戦戦慄慄《おぢわなな》きて厝身無所《せむすべなし》」の状態で、微叱己知《みしこち》（第十七代・奈勿《なこつ》王の子の未斯欣《みしきん》であろう）を人質とした上で八十艘の貢献船を従わせたとし、高麗・百済の二国もこれに倣ったとする。一方『三国史記』新羅本紀の訖解尼師今紀は、倭軍は金城を包囲し激しく攻めたが門を閉じて兵を出さず、賊軍（倭軍）が退却しようとしたので追撃したとしている（神功皇后による三韓親征軍の大勝利の実態については、本章(3)「古代最大の内乱『筑紫君磐井の乱』」の「神功皇后のコンプレックス」の項で論ずる）。

神功皇后の三韓親征以降暫くの期間（十八年間）は特段の海外派兵は行われていないが（『書紀』神功五〔三五二〕年の微叱己知（許智）返還記事が架空のものであることは後に述べる）、皇太子・誉田別尊《ほむたわけのみこと》（応神天皇）が神功皇后から実質的な権限を受け継いだと思われる時期から朝鮮半島諸国の経営に関連する大規模な派兵が急増しているのである（『書紀』に見える神功十三〔三五九〕年の皇太子の角鹿《つぬが》の笥飯《けひ》大神への参拝及び帰参しての大殿《おおとの》での宴《とよのあかり》が、神功皇后から皇太子への実質的権力の継承であり、『三国史記』新羅本紀に見える奈勿《なこつ》王九〔三六四〕年以降の対外事績は皇太子が主導したものであろう）。

神功皇后の新羅親征から継体天皇の筑紫君磐井《ちくしのきみいわい》攻略までの大和朝廷における朝鮮半島諸国への派兵記事は、『書紀』『三国史記』が記録するだけでも以下の通り夥《おびただ》しいものがあり、いずれも前線基地となる大倭国の協力と犠牲の下に展開されたに違いない。大倭国が極端にまで疲弊したであろうことは容易に想像できよう。なお、冒頭は書紀和年号、末尾の［　］内は修正紀年とし、『書紀』と『三国史記』で同一の事績も含むものとする。

仲哀4　倭軍が金城を包囲し激しく攻める。〔三四六・新羅本紀〕
仲哀9　神功皇后、新羅を親征する。新羅戦わず降伏し、高麗・百済も降伏する。〔三四六・仲哀四〕
＊仲哀在位を『書紀』は九年とするが四年と推定される。よって、仲哀九年は仲哀四年である。
神功44　倭が大挙して侵入するも倭軍は大敗する。〔三六四・新羅本紀〕
神功47　百済の貢物を奪取した新羅の非を責める。〔三六七・神功二十一〕
神功49　新羅を撃破し七国を平定し忱弥多礼《とむたれ》を屠って百済に賜う。〔三六九・神功二十三〕
神功62　新羅が朝貢しないので討つ。〔三八二・神功三十六〕
応神4　倭軍が金城を包囲する。〔三九三・新羅本紀〕
応神16　新羅を討ち、弓月君と眷属を帰化させる。〔四〇五・応神十六〕
　倭兵が侵入して明活城を攻める。〔四〇五・新羅本紀〕
　倭王は百人の護衛をつけて腆支《てんし》（直支）を送り、腆支《てんし》王とする。〔四〇五・百済本紀〕
応神18　倭人が二度にわたって東部と南部辺境に侵入する。〔四〇七・新羅本紀〕
応神26　倭人と風島で戦う。〔四一五・新羅本紀〕
仁徳17　新羅が朝貢しないので責める。〔四三一・履中二〕
　倭兵が侵入して明活城を包囲する。〔四三一・新羅本紀〕
仁徳53　新羅が朝貢しないのでその理由を問い、新羅を討つ。〔四四〇・反正五〕
　倭人が二度にわたって南部と東部の辺境に侵入する。〔四四〇・新羅本紀〕
允恭3　倭兵が金城を包囲する。〔四四四・新羅本紀〕
雄略3　倭人が兵船百余艘で東海岸を襲撃し、月城を包囲する。〔四五九・新羅本紀〕
雄略6　倭人が襲来して活開城を陥れる。〔四六二・新羅本紀〕

雄略7　新羅が朝貢しないので討つ。〔四六三・雄略七〕
　倭人が歃良城を攻める。〔四六三・新羅本紀〕
雄略8　高麗に攻められた新羅が日本府に援助を求める。日本府は高麗を破る。〔四六四・雄略八〕
雄略9　新羅征伐軍を派遣するが、失敗する。〔四六五・雄略九〕
雄略19　高句麗が百済に侵入し王都・漢城を陥落させる。〔四七五・高句麗本紀・百済本紀〕
雄略20　高麗が百済を滅ぼすが、百済と日本との関係から、残兵の掃討はやめる。〔四七五・雄略十九〕
雄略21　百済の汶洲王《もんすおう》に久麻那利《こむなり》を賜り、再興させる。〔四七五・雄略十九〕
＊雄略十九年から雄略二十一年までの右の記事は同一事績関連であり、すべて雄略十九年の事績であろう。
雄略20　倭人が東部国境地帯を侵す。〔四七六・新羅本紀〕
雄略21　倭の軍隊が五道を通って侵入する。〔四七七・新羅本紀〕
雄略23　末多王《またおう》（東城王《とうせいおう》）に兵器を賜い筑紫の軍士五百人に護り送らせる。〔四七九・雄略二十三〕
　筑紫の安致臣《あちのおみ》・馬飼臣《うまかいのおみ》等、船師《ふないくさ》を率いて高麗《こま》を撃つ。〔四七九・雄略二十三〕
清寧3　倭人が辺境を侵す。〔四八二・新羅本紀〕
顕宗2　倭人が国境地帯を侵す。〔四八六・新羅本紀〕
仁賢10　倭人が辺地を侵す。〔四九七・新羅本紀〕
武烈2　倭人が長峯城を攻め落とす。〔五〇〇・新羅本紀〕
継体9　物部《もののべの》至至連《ちちのむらじ》、帯沙江《たさのえ》で伴跛《はへ》に攻められて逃げ、汶慕羅《もんもら》に停泊する。〔五一五・継体九〕
継体21　筑紫国造磐井が、新羅へ向かう近江毛野臣《おうみのけなのおみ》軍を遮断する。〔五二七・継体二十一〕
継体22　物部大連麁鹿火《あらかひ》、筑紫国造磐井《いわい》と交戦し磐井を斬る。〔五二八・継体二十二〕

宋に遣使する倭の五王

大倭国はこれらの事態に対処するに当たり、阿曇《あずみ》の海人《あま》の騒動など一部には反発する民衆の姿を見ることはできるが、総じて大和朝廷に恭順し、大和朝廷の対外政策を積極的に支援し推進するところに活路を見出している。大倭国は、大和朝廷が関わる朝鮮半島の紛争処理にも進んでその役割を果たしているが、讃《さん》・珍《ちん》・済《さい》・興《こう》・武《ぶ》の所謂「倭の五王」による遣宋使派遣にも積極的に関与したと思われる。(2)

『宋書』夷蠻伝倭国条（以下『宋書倭国伝』という）によれば、倭国は次の通り実に六回にわたって遣宋使を派遣している。宋皇帝または大和朝廷天皇の即位に合わせての儀礼的な遣使であろうが、倭国は常に宋からの除授を求めているのである。この場合、遣使を行う国はあくまでも「倭国」であり、九州筑紫にあった「大倭国」である。しかし、すでに大和朝廷の後塵を拝し支配下にあった大倭国が、自らのために宋の除授を執拗に求める理由は薄いと言わざるを得ず、遣宋使の派遣は大倭国が大和朝廷のために取り組んだ事業であったと考えられる。宋皇帝の除授は、大倭国が大和朝廷にもたらすことのできる最大の献上物であったろう。それ故に大和朝廷がこだわる百済の軍事権を含む除授を最後まで求め続けたのである。以下『宋書倭国伝』に見える六回にわたる遣宋使の性格について検討してみよう。

① 高祖の永初二年、詔して曰く、「倭讃、萬里貢を修む。遠誠宜しく甄《あらわ》すべく、除授を賜う可し」と。

高祖《こうそ》・武帝《ぶ》の永初二（四二一）年、讃《さん》（仁徳天皇）の修貢に対して武帝が除授している。武帝は南朝劉宋初代で永初元（四二〇）年を建国の年とするので、讃の遣使は宋建国と武帝即位に対する表敬であり、発遣は四二〇年または四二一年であろう。讃については、仁徳天皇説（吉田東伍・菅政友・久米邦武・那珂通世・坂本太郎など）(3)のほか、履中《りちゅう》天皇説（松下林見・志村楨幹・新井白石・白鳥清など）及び応神天皇説（前田直典）がある。

② 太祖の元嘉二年、讃、又司馬曹達《しばそうたつ》を遣わして表を奉《たてまつ》り方物を献ず。

太祖《たいそ》・文《ぶん》帝の元嘉二（四二五）年、讃が司馬曹達を派遣して上表し方物を献じている。遣使は文帝の即位（四二四年）に対する表敬であり、また『書紀』に「（応神）三十七（四二五・仁徳十三）年の春二月の戊午《つちのえうま》の朔《ついたち》に阿知使主・都加使主を呉《くれ》（宋）に遣して、縫工女《きぬぬいめ》を求めしむ」と見える阿知使主《あちおみ》・都加使主《つかおみ》の派遣記事と重なるものであろう。

③ 讃死して弟珍立つ。使を遣わして貢献し、自ら使持節都督倭《しじせつととくわ》・百済《くだら》・新羅《しらぎ》・任那《みまな》・秦韓《しんかん》・慕韓《ぼかん》六国諸軍事・安東《あんとう》大将軍・倭国王と称し、表して除正せられんことを求む。詔して安東将軍・倭国王に除す。

珍《ちん》（反正天皇）が宋・文帝に遣使して貢献し、「使持節都督」以下の除正を求め「安東将軍・倭国王」に除せられる。珍が遣使した年は明らかでないが、四二四年から四五一年までに宋皇帝の交代はないので、四三六年に即位した反正天皇の報告であろう。珍については、反正天皇説のほか、仁徳天皇説（前田直典）がある。

④ 二十年、倭国王済、使を遣わして奉献す。復以って安東将軍・倭国王と為す。二十八年、使持節都督倭・新羅・任那・加羅《から》・秦韓・慕韓六国諸軍事を加え、安東将軍は故《もと》の如く、并びに上《たてまつ》る所の二十三人を軍郡に除す。

太祖・文帝の元嘉二十（四四三）年、済《さい》（允恭天皇）が遣使して奉献し、「安東将軍・倭国王」に除せられる。宋皇帝の交代はないので、允恭天皇の即位報告であろう。文帝の元嘉二十八（四五一）年に至って、済は「使持節都督」以下を加除せられ、同時に申請された二十三人も「軍郡」に除せられている。

⑤　済死す。世子興、使を遣わして貢献す。世祖《せいそ》の大明六年、詔して曰く、「倭王世子興、奕世載《すなわ》ち忠、藩を外海に作《な》し、化を稟《う》け境を寧《やす》んじ、恭しく貢職を修め、新たに辺業を嗣《つ》ぐ。宜しく爵号を授くべく、安東将軍・倭国王とす可し」と。

世子・興（允恭《いんぎょう》天皇の皇太子・木梨軽皇子《きなしのかるのみこ》）が宋・孝武帝に遣使して貢献している。世子・興が遣使できる期間は、允恭天皇が崩御し安康天皇が即位するまでの十一カ月間に限られるので四五三年と推定できる。また世祖・孝武帝は四五三年に即位しているので表敬のために早急な遣使が求められたのであろう。なお、孝武帝は大明六（四六二）年になって世子・興を「安東将軍・倭国王」に除している。興については、安康天皇説がある。なお、木梨軽皇子は同母妹の軽大郎女《かるのおおいらつめ》と通じ、事が露見して軽大郎女は伊予（愛媛県）に流されている。皇子は皇太子であったため刑には処せられなかったが、天皇の死後、諸臣が服さず同母弟の穴穂皇子《あなほのみこ》（安康《あんこう》天皇）についたため、物部大前宿禰《もののべのおおまえのすくね》の家に逃げたところを捕えられ、伊予に流されて軽大郎女と共に命を断っている。

倭の五王の系譜

『宋書』

讃
珍
済 ― 興
　　 ― 武

『書紀』

⑯仁徳天皇（讃） ― ⑰履中天皇
　　　　　　　　 ― ⑱反正天皇（珍）
　　　　　　　　 ― ⑲允恭天皇（済） ― 木梨軽皇子（興）
　　　　　　　　　　　　　　　　　　 ― ⑳安康天皇
　　　　　　　　　　　　　　　　　　 ― ㉑雄略天皇（武）

⑥順帝の昇明二年、使を遣わして表を上《たてまつ》る。曰く、「封国《ほうこく》は偏遠《へんえん》にして、藩《はん》を外に作《な》す。昔より祖禰《そでい》躬《みずか》ら甲《かつ》冑《ちゅう》を擐《つらぬ》き、山川を跋渉《ばつしょう》し、寧処《ねいしょ》に遑《いとま》あらず。東は毛人《もうじん》を征すること五十五国、西は衆夷《しゅうい》を服すること六十六国、渡りて海北を平《たいら》ぐること九十五国。王道融泰《ゆうたい》にして、土を廓《ひら》き畿《みやこ》を遐《はるか》にす。累葉《るいよう》朝宗《ちょうそう》して歳《とし》に愆《あやま》らず。臣《しん》、下愚《げぐ》なりと雖《いえど》も、忝《かたじけ》なくも先緒《さきしょ》を胤《つ》ぎ、統《す》ぶる所を駆率《くそつ》し、天極《てんきょく》に帰崇《きしゅう》し、道百済《くだら》を遙《へ》て、船舫《せんぼう》を装治《そうち》す。而《しか》るに句驪《くり》（高句麗）無道《むどう》にして、圖《はか》りて見呑《けんどん》を欲《ほっ》し、邊隷《へんれい》を掠抄《りょうしょう》し、虔劉《けんりゅう》して已《や》まず。毎《つね》に稽《けい》滞《たい》を致し、以って良風《りょうふう》を失《うしな》い、路《みち》に進むと雖《いえど》も、或は通じ或は不《しか》らず。臣が亡考済《ぼうこうさい》、実に寇讐《こうしゅう》の天路《てんろ》を壅塞《ようそく》するを忿《いか》り、控弦《こうげん》百萬、義聲《ぎせい》に感激し、方《まさ》に大挙《たいきょ》せんと欲《ほっ》せしも、奄《にわ》かに父兄を喪《うしな》い、垂成《すいせい》の功《こう》をして一簣《いちき》を獲《え》ざらしむ。居《お》りて諒闇《りょうあん》に在り、兵甲《へいこう》を動かさず。是を以《も》って、偃息《えんそく》して未《いま》だ捷《か》たざりき。今に到りて、甲《こう》を練《ね》り兵《へい》を治《おさ》め、父兄の志《こころざし》を申《の》べんと欲《ほっ》す。義士《ぎし》虎賁文武《こほんぶんぶ》功《こう》を効《いた》し、白刃《はくじん》前に交わるとも亦顧《またかえり》みざる所なり。若《も》し帝徳の覆載《ふくさい》を以って、此の彊敵《きょうてき》を摧《くじ》き克《よ》く方難《ほうなん》を靖《やす》んぜば、前功《ぜんこう》を替《か》えること無《な》けん。竊《ひそ》かに自《みずか》ら開府儀同三司《かいふぎどうさんし》を仮《か》し、其の餘《よ》は咸《み》な仮授《かじゅ》して、以って忠節を勧《すす》む」と。詔して武《ぶ》を使持節都督倭・新羅・任那・加羅・秦韓・慕韓六国諸軍事・安東大将軍・倭王に除す。

昇明二（四七八）年、武《ぶ》（雄略天皇）は宋に遣使して順《じゅん》帝から「使持節都督」以下に除せられている。なかなか素晴らしい上表文であり、百済を擁護する立場の雄略天皇が高句麗の無道に困惑している状況が分かる。武の遣使は順帝の即位に対する表敬であったろう（同年、宋滅亡）。

遠く離れた宋への所謂「倭の五王」の遣使は、大倭国が海洋大国・外交大国の実力を大和朝廷に認識させ、大和朝廷から大倭国の独立性を担保することを目的として、積極的に推進した取り組みであったと理解できる。それらの中から九州と朝鮮半島を結ぶ新航路（海北道中）の開設や、これを守護する宗像《むなかた》（胸形・胸方・胸肩・宗形）三女神の台頭などの新しい動きを導いたのである。

なお、「倭の五王」は、右の①から⑥のとおり「讃」・「珍」・「済」・「興」・「武」がそれぞれ仁徳天皇・反正天皇・允恭天皇・木梨軽皇子・雄略天皇に相応するであろう。「讃」から「武」に至る中国式大王名は大倭国の外交官僚が当時実際に用いられていた天皇の諱《いみな》から一部を借用するなどして名付けたと思われるが[4]、今となっては不明と言わざるを得ない。

凋落する綿津見神と住吉神

応神三（三九二）年、綿津見三神（底津少童命《そこつわたつみのみこと》・中津少童命《なかつわたつみのみこと》・表津少童命《うわつわたつみのみこと》）を斎祀する阿曇連《あずみのむらじ》の祖・大浜宿禰が「海人《あま》の宰《みこともち》」に任じられている。これは処々の海人が騒いだための措置であり、その責任が明確にされたのであって、海人の騒ぎを収めたことに対する褒賞のみであったとは限らない。景行天皇の筑紫（九州）巡幸においては阿曇連百足《ももたり》が重用されて肥前北西海域で活躍し、神功皇后の新羅親征や東進では住吉神に一歩遅れるものの綿津見神の功績が賞されて播磨国明石郡に海《あま》神社が勧請されてもいるが、その後の綿津見神の活躍は捗々《はかばか》しいとは言えない。筑紫の海人の信任を失った阿曇氏は、このころ本宗を筑紫から淡路を経由して摂津の大海《おおあま》神社に移したのではないかとされており、履中《りちゅう》天皇の時代には阿曇連浜子《はまこ》（淡路野嶋の海人）が皇太子弟・住吉《すみのえの》仲皇子《なかのみこ》の反乱に連なり、死罪は免れたものの「国家を傾けた」として入墨の刑を受けているのである。凋落する綿津見神の焦りを見るようである。

また、仲哀天皇・神功皇后の筑紫（北部九州）巡幸に伴って突如として現れ、新羅親征や神功東進において目覚しい活躍をする住吉三神（表筒男命《うわつつのおのみこと》・中筒男命《なかつつのおのみこと》・底筒男命《そこつつのおのみこと》）については、皇后の凱旋後直ちに荒御魂《あらみたま》を長門（山口県下関市）に祭り、大和への凱旋後にその和御魂《にぎみたま》が墨江《すみのえ》（当初神戸市東灘区、後に大阪市住吉区）に祭られるのであるが、この後は『記紀』に全く見えなくなる。再び姿を現すのは天武天皇の朱鳥元（六八六）年秋七月五日の「幣《みてぐら》を紀伊国に居《いま》す国懸神《くにかかすかみ》・飛鳥《あすか》の四社（飛鳥神社。飛鳥坐神社四坐）・住吉大神《すみのえのおほかみ》に奉りたまふ」

荒御霊を祀る長門住吉神社（下関市一の宮住吉）

という『書紀』の記事で、天武天皇の病気平癒のために奉幣されているのである。持統《じとう》天皇以降は皇室の尊崇厚く奉幣が盛んになり、特に遣唐使船の安全祈願が執り行われるなど航海守護の神として仰がれ面目躍如として今日に至っているが、三四六年から六八六年までの三四〇年間は住吉神にとって長い不遇の時代であったようだ。

頭角を現す荒ぶる神・宗像神

綿津見神や住吉神が大和朝廷の崇敬を失う中にあって、北部九州で力をつけた宗像《むなかた》神が新時代を担う神として颯爽と登場する。

即ち日神《ひのかみ》（天照大神）の生《あ》れませる三《みはしら》の女神《ひめかみ》を以《も》ては、葦原《あしはらの》中国《なかつくに》の宇佐嶋《うさのしま》に降《あまくだ》り居《ま》さしむ。今、海《うみ》の北《きた》の道《みち》の中《なか》に在《ま》す。号《なづ》けて道主貴《ちぬしのむち》と曰《まう》す。此筑紫の水沼君《みぬまのきみ》等が祭《いつきまつ》る神、是《これ》なり。

（『書紀』神代第六段第三の一書）

『宋書倭国伝』には「太祖（文帝）の元嘉二（四二五）年、讃《さん》（仁徳天皇）、又司馬曹達《しばそうたつ》を遣わして表を奉り方物を献ず」とある。この宋書の記事は、『書紀』の干支を二運繰り下げることにより、応神三十七年春二月に倭《やまとの》漢直《あやのあたい》の祖・阿知使主《あちのおみ》とその子・都加使主《つかのおみ》を宋（呉）に派遣し、縫工女《きぬぬいめ》を求めさせたものに対応できるであろう。[5]阿知使主・都加使主父子は、四年後に宋太祖・文帝の与えた工女兄媛《ぬいめえひめ》・弟媛《おとひめ》、呉織《くれはとり》、穴織《あなはとり》という四人の婦女を伴って筑紫に至るのであるが、このとき胸形大神《むなかたのおおかみ》の求めに応じて工女兄媛《ぬいめえひめ》を宗像神に奉っている。四名の婦女は、勅命を受けて遙々《はるばる》宋（呉）から連れ帰った極めて貴重な技術者であり、本来なら単なる地方神の求めに簡単に応

宋から来日した工女兄媛の墓（田川郡香春町呉）

ずることができるはずもあるまい。遣宋使の派遣が主体的には大倭国の取り組みであるにしても、大和朝廷の外交使節であることに変りはないのである。しかし、すでに新しく開かれた海の道「海北道中《かいほくどうちゅう》」の守護神である宗像神は、航海の安全が得られた成功報酬としてこのような大きな要求を為しうる力量を備えており、「道主貴《ちぬしのむち》」という最高の称が号《なづ》けられていた（『書紀』神代第六段第三の一書）のである。大和朝廷による対外積極策の中で中国・朝鮮半島諸国と日本との往来が頻繁に行われるようになり、船舶運行の技術が飛躍的に向上した結果として九州と朝鮮半島を直接結ぶ航路「海北道中」が開かれ、それを支える宗像海人族の斎《いつきまつ》る宗像神が急激に台頭したのである。宗像神が大和朝廷の信頼を確保し登用される経緯は、『記紀』の天照大神《あまてらすおおみかみ》（天照大御神）と素戔嗚尊《すさのおのみこと》（須佐之男命）との誓約《うけい》の神話に垣間見ることができよう。

『古事記』によれば、伊耶那伎命《いざなぎのみこと》は竺紫《ちくし》の日向《ひむか》の橘《たちばな》の小門《おど》の阿波岐原《あはぎはら》での禊《みそ》ぎ祓《はら》への最後に天照大御神・月読命《つくよみのみこと》・須佐之男命の三貴子を生成する。天照大御神が高天原《たかまがはら》、月読命が夜之食国《よるのおすくに》の統治を命ぜられたのに対して須佐之男命は海原《うなばら》を統治するように命ぜられるのであるが、須佐之男命は命ぜられた国を統治することなく母のいる根之堅州国《ねのかたすくに》へ行きたいと泣き喚くのである。このことから須佐之男命は天上界から追放されることとなり、その暇乞《いとまご》いのために姉の天照大御神に会いに行くのである。山や川が鳴り轟《とどろ》き、国土が悉《ことごと》く揺れ動くといった須佐之男命の登場に、天照大御神は「弟が高天原に来るのは私に従う善良な心からではなく、私の治める高天原を奪うために違いない」と戦闘準備をして待つが、須佐之男命は「姉君に叛《そむ》く心はない」とするので、真偽を確かめるために誓約《うけひ》をすることになる。

故《かれ》、爾《ここ》に各《おのもおのも》天《あめ》の安河《やすのかは》を中に置きてうけう時、天照大御神《あまてらすおほみかみ》、先づ建速須佐之男命《たけはやすさのをのみこと》の佩《は》ける十拳剣《とつかのつるぎ》を乞ひ度《わた》して、三段《みきだ》に打ち折りて、ぬなとももゆらに天《あめ》の真名井《まない》に振り滌《すす》きて、さがみにかみて、吹き棄つる気吹《いぶき》の狭霧《さぎり》に成れる神の御名は、多紀理毘売命《たきりびめのみこと》、亦の御名は奥津島比売命《おきつしまひめのみこと》と謂《い》ふ。次に市寸島比売命《いちきしまひめのみこと》、亦の御名は狭依毘売命《さよりびめのみこと》と謂《い》ふ。次に多岐都比売命《たきつひめのみこと》（三柱）。（略）多紀理毘売命は胸形《むなかた》の奥津宮《おきつみや》に坐《ま》す。次に市寸島比売は胸形の中津宮《なかつみや》に坐す。次に田寸津比売命《たきつひめのみこと》は胸形の辺津宮《へつみや》に坐す。此の三柱の神は、胸形君《むなかたのきみ》等の以《も》ちいつく三前《みまえ》の大神なり。

（『古事記』上巻「二神の誓約」の段）

号《なづ》けて田心姫《たごりひめ》と曰す。次に湍津姫《たぎつひめ》。次に市杵嶋姫《いちきしまひめ》。凡て三の女《みはしらひめかみ》ます。（略）此則ち、筑紫の胸肩君《むなかたのきみ》等が祭《いつきまつ》る神、是なり。

（『書紀』神代第六段）

これらの神話には、宗像三神を生む須佐之男命（命《みこと》の佩《は》く十拳剣《とつかのつるぎ》が宗像三神に生成する）に擬《なぞら》えられる宗像氏が元々海原を治めることを約束された氏族であり、天照大御神に擬えられる大和朝廷の信頼を得る様子が織り込まれているであろう。なお、現在では沖津宮《おきつみや》に田心姫《たごりひめ》、中津宮《なかつみや》に湍津姫《たぎつひめ》、辺津宮《へつみや》に市杵島姫《いちきしまひめ》が祭られ、三宮を総称して宗像《むなかた》大社と称している。

また宗像神については、『書紀』履中五（四三四）年春三月の条に、「筑紫に居《ま》します三の神《みはしら》（宗像三神）、宮中に見えて言はく、『何ぞ我が民を奪ひたまふ。吾、今汝に慚《はぢ》みせむ』とのたまふ。是に、禱《いの》りて祠《まつ》らず」と車《くるま》持君《もちのきみ》の筑紫での振舞いに怒った三女神が宮中において抗議し呪詛する話があり、これは「車持君《くるまもちのきみ》、筑紫国に行《まか》りて、悉《ふつく》に車持部を校《かと》り、兼ねて充神者《かむべらのたみ》を取れり。必ず是の罪ならむ」として、天皇は車持君から車持部を悉く《ことごと》返上させたうえ、すべてを宗像神に奉納している（『書紀』履中五年冬十月）。宗像三神は、まさに荒ぶる神である素戔鳴尊の女《むすめ》であること面目躍如であろう。

さらに宗像神は政治的な託宣も行っている。新羅親征を行おうとする雄略天皇に胸方神《むなかたのかみ》を祀らせ、「な往《いま》しそ」と戒めている（『書紀』雄略九〔四六五〕年三月）。天皇は自らの出陣を止めたものの、紀小弓宿禰《きのおゆみのすくね》・蘇我韓子《そがのからこの》宿禰《すくね》・大伴談連《おおとものかたりのむらじ》・小鹿火宿禰《おかひのすくね》を大将として出兵させ、大伴談連は戦死、紀小弓宿禰は戦病死し、さらに父の死を聞いて新羅に渡った紀大磐宿禰《きのおいわのすくね》と他の将軍との間に内紛が生じ、胸方神の託宣のとおり新羅出兵は悉く不成功に終っているのである。

加えて宗像神の威光に係る逸話がある。宋皇帝が雄略天皇に献じた鵞鳥《がちょう》を宗像神との関係が深い水間君《みぬまのきみ》（筑後国）の犬が嚙み殺したが、水間君は極刑を免れている（『書紀』雄略十〔四六六〕年。別本には筑紫〔肥前国〕の嶺県主《みねのあがたぬし》・泥麻呂《ねまろ》の犬に嚙み殺されたとある）。身狭村主青《むさのすぐりあお》など天皇の外交使節が水間君《みずまのきみ》（または嶺県主）に鵞鳥《がちょう》を見せるためにわざわざ筑後川地域にまで足を運んでいることや天皇への献上品を失ったことに対する大和朝廷の対応の軟弱さは特異である。宗像三女神が「筑紫の胸肩君等が祭る神」（『書紀』神代六段本文）であると同時に「筑紫の水沼君《みぬまのきみ》等が祭る神」（『書紀』神代六段第三の一書）であることとの関係であろう。これらの事績から、「倭の五王」が登場する五世紀の前半から中葉にかけては、宗像神を介する宗像君（胸形など）と水沼君（水間など）を巡って筑前国宗像郡と筑後国三潴郡（あるいは肥前国南東部諸郡を含めて）が極めて強い相互補完協力関係を有しており、大和朝廷に対して強い影響力を保持していたことが窺える。

市杵島姫を祀る宗像大社辺津宮（宗像市田島）

宗像大社の沖津宮《おきつのみや》が鎮座する玄界灘の孤島・沖ノ島（福岡県宗像市の沖合い五七km）では、三角縁神獣鏡・鉄製武器・金指輪・龍頭・唐三彩

・馬具・織機・奈良三彩・朝鮮半島の影響が強い金銅製品など、古墳時代を通して国家的な祭祀の場であったことが確認できる夥《おびただ》しい貴重な遺物が大量（十二万点）に発見・発掘され、すべてが国宝・重要文化財に指定されている。沖ノ島が「海の正倉院《しょうそういん》」と呼ばれる所以である。

(2) 筑紫権力の再構築と筑紫王朝

応神三（三九二）年、百済・辰斯《しんし》王の八年秋七月、高句麗王・談徳《だんとく》（好太王《こうたいおう》）は四万の軍隊を率いて百済の北部辺境に侵入し石峴《せきけん》城など十余城を陥れるが、談徳の用兵が秀れていることを知る辰斯王は城を出て戦うことができず、漢江《かんこう》から北の諸部落を高句麗に奪われ、同年冬十月には関彌《かんび》城も攻め落とされるという大失態が起こった。事を重大視した大和朝廷は、紀角宿禰《きのつぬのすくね》・羽田八代宿禰《はたのやしろのすくね》・石川宿禰《いしかわのすくね》・木菟宿禰《つくのすくね》を将軍とする大軍を朝鮮半島に派遣して善後策を講じさせることになる。『書紀』応神三年是年条には百済が辰斯《しんし》王を殺して謝罪したので阿花《あか》王を立てて帰国したとのみ記されているが、朝鮮半島において大和朝廷による大軍事作戦が展開されたことを「高句麗《こうくり》好太王《こうたいおう》碑文」によって知り得るのである。

而して倭は辛卯《かのとう》の年（三九一）を以って来るに海を渡り、百残《くだら》・□□・新羅を破りて以って臣民とす。

（「高句麗好太王碑文」）

秋七月（百済辰斯王八（三九二）年）、高句麗《こうくり》王の談徳《だんとく》（好太王）は兵四万を帥《ひき》いて来りて北鄙《きたひな》（百済北部辺境）を攻め、石峴《せきけん》城等十余城を陥れた。王（辰斯《しんし》王）は談徳が能《よ》く兵を用いると聞き、城を出て戦うことができなかった。（そのため）漢水（漢江《はんがん》）以北の諸部落は多く（高句麗に）奪われた。

（『三国史記』百済本紀辰斯王八年）

処処の海人《あま》、訕哤《さばめ》きて命に従はず。訕哤、此をば佐麼売玖と云ふ。即ち阿曇連《あづみのむらじ》の祖大浜宿禰《おおはまのすくね》を遣して、其の訕哤きを平《たひら》ぐ。因りて海人《あま》の宰《みこともち》とす。故《かれ》、俗人《ときのひと》の諺《ことわざ》に曰《い》はく、「佐麼阿摩《さばあま》」といふは、其れ是の縁《ことのもと》なり。
（『書紀』応神三年十一月）

朝鮮半島での軍事行動には軍船と兵士と水夫が必要であり、朝鮮半島への出兵の度毎に筑紫（大倭国）の各地から必要な人材や物資が繰り返し調達されたことであろう。そして今回の大軍事作戦を契機として、これまでにも増して大きな負担を強いられた筑紫の海人《あま》が遂に立ち上がり騒ぎを起こしたのである（三九二年）。『書紀』には「処処《しょしょ》の海人《あま》」が命に従わないとして必ずしも筑紫の海人とはしていないが、前月の記事に「東の蝦夷《えみし》、悉《ふつく》に朝貢する」とあり、騒いだ海人を「佐麼阿摩《さばあま》」といっていることから、これらの海人は周防《すおう》以西の、主として筑紫の海人であることが示唆されている。筑紫の海人を束ねる阿曇連大浜宿禰は、一応海人の騒ぎを平定して大和朝廷（応神天皇）から「海人《あま》の宰《みこともち》」に任命されるものの、阿曇氏の筑紫海人に対する影響力は大きく低下し、六年後（応神九年）には大和朝廷の民情視察と慰撫とを受けるために、筑紫（大倭国）に武内宿禰《たけしうちのすくね》を受け入れざるを得ないところにまで至っている。結局これら一連の経過が阿曇氏本宗の筑紫から離れる切っ掛けとなり、さらに阿曇氏に代わって宗像氏が玄界灘を舞台に頭角を現す契機になったのである。

立ち上がる筑紫と新王朝への胎動

景行天皇は多くの筑紫関連の皇子を儲けているが、そのうち母を襲武媛《そのたけひめ》に持つ国乳別皇子《くにちわけのみこ》が水沼別《みぬまのわけ》の始祖、[6]同母末弟の豊戸別皇子《とよとわけのみこ》が火国別《ひのくにのわけ》の始祖とされる。水沼氏は筑後国の御井《みい》郡・三潴《みずま》郡を根拠とする在地豪族で、景行天皇の筑紫（九州）巡幸に当って水沼県主《みぬまのあがたぬし》・猿大海《さるおおみ》が筑後地域（及び肥前南東部地域）における先導役を務めており、火国《ひのくに》氏は肥後国の八代《やつしろ》郡・益城《ましき》郡を根拠とする在地豪族で、同じく景行天皇の筑紫（九州）巡幸で大和朝廷との関係が生じている。両氏共に景行天皇の筑紫（九州）巡幸に際して大和朝廷の傘下に加わり同天皇の皇子を得たものであり、なかでも筑後の水沼氏は五世紀初頭頃までには広範な権力を手中にし「筑紫の君」と呼ばれるまでになっていたと考えられる。『筑後国風土記』逸文に「昔、この（筑前国と筑後国）堺の上に麁《あら》猛ぶる神ありて、往来の人半《ひとなかば》は生き半《なかば》は死せにき。その数極多《いとさわ》なり。因りて人命尽《いのちつくし》の神と曰《い》ふ。時に筑紫の君・肥の君ら占《うら》ふるに、筑紫の君らが祖なる甕依姫《みかよりひめ》をして祝祭《まつ》らしめき。こゆ以降《のち》、路《みち》行く人、神に害《そこな》はるることなし。ここを以て筑紫《つくし》の神と曰《い》ふ」とあり、水沼・火（肥）両氏の協力・協調の姿を見ることができる。

また、『書紀』神代第六段本文によると田心《たこり》姫・湍津《たぎつ》姫・市杵嶋《いつきしま》姫の宗像三女神は筑紫の胸肩《むなかた》君等が祭る《いつきまつる》神としており、同段第三の一書には筑紫の水沼《みぬま》君等が祭る神であるともしている。『旧事紀』には水間《みずま》君の祖・物《もの》部阿遅古《のべのあじこ》が宗像神を奉祭したとしているし、『肥前国風土記』基肄《きい》郡姫社《ひめこそ》郷の条には、同地にあって行路《みちゆ》く人を多《さは》に殺す荒ぶる神であった織姫神《おりひめのかみ》を筑前国宗像郡の珂是古《かぜこ》が姫古曾《ひめこそ》神社として祭ることで鎮めたとする話もある。これらの説話は、後に筑前・筑後・肥前の三国の国境となる交通の要衝を押さえる姫古曾《ひめこそ》神社と宗像神社の摂社・織幡《おりはた》神社との関連を想起させるものであり、「海北道中《かいほくどうちゅう》」を押さえる筑前の新興勢力・宗像氏と大和朝廷に縁故を持つ筑後の古豪・水沼氏との協調関係として理解できる。

さらに、『旧事紀』国造本紀に見える筑紫米多国造《めたのくにのみやつこ》の都紀女加《つきめか》王は応神天皇の曾孫として肥前国神埼《かんざき》郡を中心に勢力を伸ばしており、筑紫の嶺県主も肥前国三根《みね》郡を中心に力をつけている。すでに述べたように、身狭《むさ》村主青《すぐりあお》などが宋《そう》から持ち帰った天皇への献上用の鵞鳥《がちょう》を水間君《みずまのきみ》の犬に嚙み殺される事件があり、別本の所伝では筑紫の嶺県主・泥麻呂《ねまろ》の犬に嚙み殺されたとされている。大和朝廷の外交使節が中国からの帰途にわざわざ筑後まで出向いて地方豪族に鵞鳥を披露したり、事件後に鵞鳥に代わる鳥を献ずることで容易に天皇の許しを得ていることなどは、大和朝廷に対する筑紫の力量を示唆する一件であるが、同一事件がわずかに筑後川を隔てる二地域のこととして『書紀』の本文と別伝に混載されていることは両地域の近親性・同一性を示すことでもあり、すでに筑後と肥前南東部を中心にした新しい政治権力「筑紫王朝」の萌芽が認められるのである。

筑紫・火・豊の連携で繁栄する筑紫王朝

北部九州地域を根拠にする人々は、大和朝廷の対外政策や度重なる海外出兵の人的・経済的負担増に大きく不満を募らせたであろうし、地域の指導層は相互に連携を図りながら大和朝廷に対抗すべく徐々に抵抗の輪を広げていったに違いない。水沼《みぬま》（水間）氏・米多《めた》氏・嶺《みね》氏など筑紫平野の指導者たちは、北は筑前の宗像《むなかた》（胸方・胸肩・宗形）氏、南は肥後の火国《ひのくに》（肥国）氏、東は宗像氏の出自の地でもある[7]豊前の宇佐《うさ》氏などと連携して九州独自の王「君《きみ》」を戴《いただ》く政治権力を形成したのであり、その盟主が筑紫君《ちくしのきみ》であったと考えられる。筑紫君が率いる政治権力は、倭・倭国・邪馬台国・大倭国と連綿として受け継がれてきた中国や朝鮮半島諸国との外交・通交経験を保持しており、言語などの技能を継承し、現に対外交渉の枢機を確保している[8]のであって、やや時代は下るものの独自の年号すら用いている[9]ことなどから、大和朝廷の傘下にあるものの紛れもなく国家としての要件を備えているのである。

五世紀初頭に興って九州の北半全域及び中国瀬戸内地域の一部を掌握し、北部九州に特徴的な「装飾古墳」「石人石馬」「神籠石」という驚異的な文化遺産を現在に伝えた「文化大国」は、六世紀の筑紫君磐井の時代に絶頂期を迎えた北部九州連合王国（以下「筑紫《ちくし》王朝」という）であった。

筑紫《ちくし》王朝の都は、その防衛上の立地から筑後国御井《みい》郡（福岡県久留米市）の高良山《こうらさん》付近に置かれたと推定されるが、筑後国上妻県《かみつまのあがた》（福岡県八女市付近）の人形原《にんぎようばる》台地上には西から石人山《せきじんざん》・弘化谷《こうかだに》・岩戸山・乗《のり》馬《ば》・善蔵塚・丸山塚・茶臼塚・丸山と筑紫君《ちくしのきみ》一族のものと見做《みな》される墳墓が営まれている。これら八基の八女《やめ》古墳群のなかで最も古い前方後円

都紀女加王墓・上のびゅう塚古墳（三養基郡上峰町）

墳が五世紀前半代に築造された石人山古墳で、筑紫君磐井《いわい》の祖父が被葬者であるとされており、同時代には筑紫米多国造・都紀女加王の陵墓とされる上《かみ》のびゅう塚《つか》古墳（佐賀県神埼市）も築造されている。

蒲原宏行によれば、上のびゅう塚古墳を含む目達原《めたばる》古墳群の被葬者層は嶺県主《みねのあがたぬし》一族で、やや時代の下がる六世紀中頃以降に志波屋《しわや》（佐賀県神埼市）の地で突然の興隆が認められる被葬者層が米多国造《めたのこくぞう》一族であるとしており、両者は本来同一氏族（米多君）と見なすべきとしている。(10)

筑紫王朝は五世紀初頭に水沼君を中核にして成立した王国であり、磐井の祖父である初代の筑紫君（王）は水沼君であったと考えられる。しかし蒲原宏行の見解に基づいて考察すれば、五世紀前半に米多・嶺両氏及び水沼君に迎えられた応神天皇の曾孫・都紀女加王《つきめかおう》が筑紫王朝の成立に伴って初代の筑紫君（王）に推戴され、後に石人山古墳の被葬者になったのではないかとの推測も十分に可能であろう。筑紫君磐井の乱の原因の一つに、継体天皇と筑紫君磐井とが互いに応神天皇の五世の孫という対抗意識があったとも考えられるからである。この場合、水沼君の系譜に繋がる子孫の陵墓は、御塚・権現塚（久留米市大善寺）などが考えられる。また、米多氏の志波《しわ》

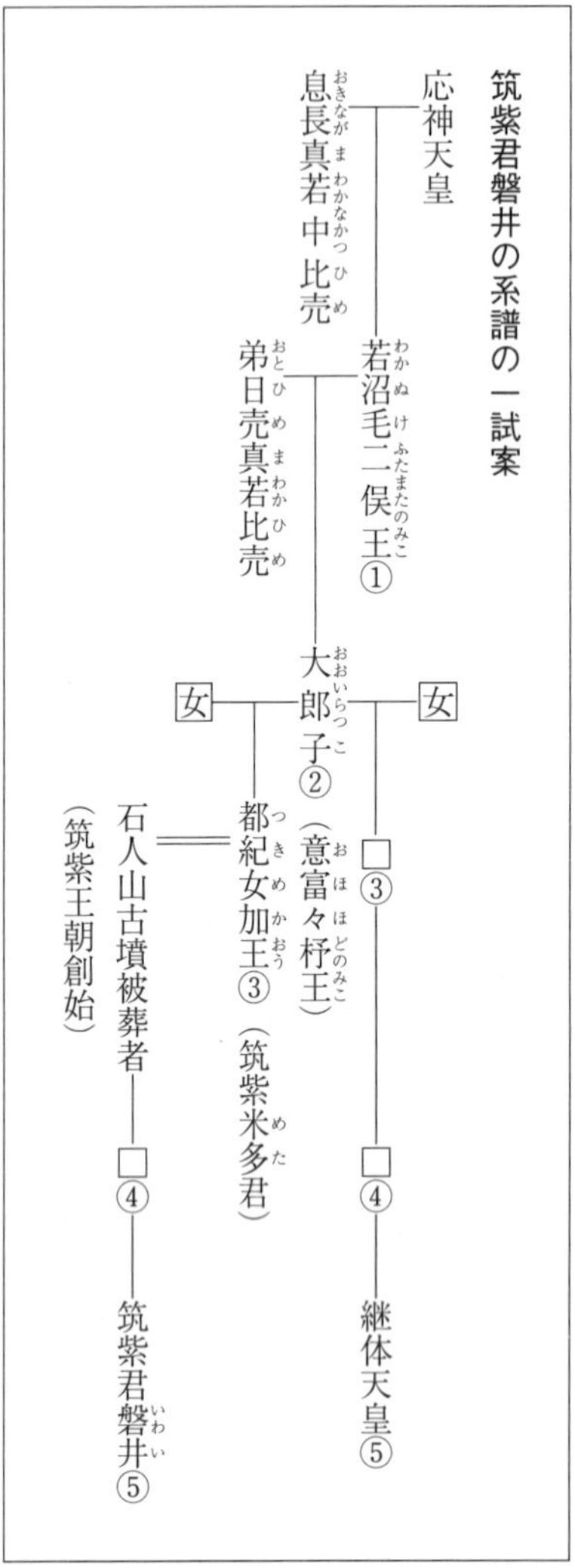

筑紫君磐井の系譜の一試案

屋《や》古墳群は筑紫君磐井の乱の後、一部の米多系有力者が三根郡米多郷の故郷に戻り営んだものとも考えられよう。

(3) 古代最大の内乱「筑紫君磐井の乱」

倭国・邪馬台国・大倭国と続いて筑紫王朝に至る一連の筑紫王権は、中国や朝鮮半島諸国との間の外交・通交において、紆余曲折はあるものの一貫して均衡を図りながら対処してきたように見受けられる。これら諸外国の国々、特に南朝鮮諸国と一衣帯水の関係にある筑紫王権としては、経済的な関係はもちろんであるが、安全保障の観点から均衡外交こそ最も重要な外交政策であると認識していたであろう。しかし、三韓親征以降の大和朝廷の外交方針は筑紫王朝のそれと大きく異なっていた。この外交方針の乖離は、大和朝廷と筑紫王朝の溝を広げ、遂にはわが国古代最大の戦争へと導くのである。

神功皇后のコンプレックス

神功皇后による三韓親征は、仲哀天皇が崩御した仲哀九（三四六）年冬十月三日に対馬の和珥津《わにつ》を発することから始まるが、「時に飛廉《かぜのかみ》は風を起こし、陽候《うみのかみ》は浪《なみ》を挙《あ》げて、海の中の大魚《おほいを》、悉《ふつく》に浮びて船《みふね》を扶《たす》く。則《すなは》ち大きなる風《おひかぜ》順に吹きて、帆舶波《ほつむなみ》に随《したが》ふ。檝楫《かじかい》を労《いたつ》かずして、便《すなは》ち新羅に到る」「新羅の王《こきし》、是《ここ》に、戦戦慄慄《おぢわなな》きて厝身無《せむすべな》所《し》」と『書紀』の記述は実に幸先が良い。

新羅の王《こきし》、遙《はるか》に望《おせ》りて以為《おも》へらく、非常《おもひのほか》の兵《つはもの》、将《まさ》に己《おの》が国を滅さむとすと。讋《お》ぢて志失《こころまど》ひぬ。乃今《いまし》醒《さ》めて曰《い》はく、「吾聞く、東《ひむがしのかた》に神国有り。日本《やまと》と謂《い》ふ。亦聖王《またひじりのきみ》有り。天皇《すめらみこと》と謂ふ。必ず其の国の神兵《みいくさ》ならむ。豈兵《あにいくさ》を挙《あ》げて距《ふせ》ぐべけむや」といひて、即《すなは》ち素旆《しろきはた》あげて自ら服《まつろ》ひぬ。素組《しろきくみ》して面縛《みづからとらは》る。図籍《しるしへふみた》を封《ゆひかた》めて、王船《みふね》の前に降《くだ》す。（略）遂《つひ》に其の国の中に入りまして、重宝《たから》の府庫《くら》を封《ゆひかた》め、図籍文書《しるしのふみ》を収《とりをさ》む。即《すなは》ち皇后の所杖《つ》ける矛《みほこ》を以て、新羅の王《こきし》の門《かど》に樹《た》て、後葉《のちのよ》の印としたまふ。故《かれ》、其の矛《みほこ》、今猶《なほ》新羅の王の門に樹てり。爰《ここ》に新羅の王波沙寐錦《はさむきむ》、即ち微叱己知波珍干岐《みしこちはとりかんき》を以て質《むかはり》として、仍《よ》りて金《こがね》・銀《しろかね》・彩色《うるはしきいろ》、及び綾《あやきぬ》・羅《うすはた》・縑絹《かとりのきぬ》を齎《もたら》して、八十艘《やそかはら》の船に載《のせい》れて、官軍《みいくさ》に従はしむ。

(『書紀』神功皇后摂政前紀)

(訖解尼師今《きつかいにしきん》)三十七(三四六)年、倭軍が突然風島を襲い、辺境地帯を掠め犯した。(倭軍は)さらに進んで金城を包囲し、激しく攻めた。王は城を出て戦おうとしたが、伊伐飡《いばつさん》の康世《こうせい》が、「賊軍は遠くからやってきて、その矛先は当たるべからざるものがあります。賊軍(の我が軍に対する当たり)を緩めさせるのがよく、その軍の疲れを待ちたい」といった。王はこれをよしとして、門を閉じて兵を出さなかった。賊軍は食糧がなくなり、退却しようとしたので、康世に命じて、精鋭な騎馬隊を率いて追撃し、これを敗走させた。

(『三国史記』新羅本紀・訖解尼師今紀)

『書紀』では、神功皇后の三韓親征軍は大勝利を収め、新羅が完全無条件降伏をしたかのように見える。しかし、『三国史記』の籠城の記事と突き合わせてみると、『書紀』の「皇后の所杖《つ》ける矛《みほこ》を以て、新羅の王《こきし》の門《かど》に樹《た》て、後葉《のちのよ》の印《しるし》としたまふ」の状況描写が疑わしい。いずれの国の史書も自国の歴史を粉飾するのは常套のことであろうが、『書紀』の三韓親征の表現は煌《きら》びやかに過ぎてかえって作為を感じる。大勝利で開城させたにもかかわらず、王城の門前に矛を立てて後世に勝利を伝える印とするとは、子供の陣取り合戦でもあるまいし現実味に欠ける行為であると思う。しかし、『三国史記』が伝えるように、新羅軍が籠城作戦を採り、神功軍が攻めあぐねた状況を考えれば、引き揚げに際しての「矛立て」は有り得るであろうし、寧《むし》ろ自然の行為ではなかろうか。また、神功皇后軍が降伏させたとする新羅王・波沙寐錦《はさむきん》は、三韓親征の仲哀九(三四六)年から干支四運ほど遡った時代の婆娑尼師今《ばさにしきん》(八〇―一一二年)であろうし、人質となった微叱己知波珍干岐《みしこちはとりかんき》は、逆に五十六年下った応神十三(四〇二)年に倭国の人質となった新羅王子・未斯欣《みしきん》であろう。いずれも相当離れた前後の事績を繋ぎ合わせて神功皇后の業績として脚色しているのである。
このような点から神功皇后の三韓親征は、『三国史記』に記された状況が史実に近いと理解せざるを得ない。つまり神功軍の三韓（新羅）親征は、負けはしなかったものの辺境を掠め犯したのみで、新羅の完全降伏とは程遠いものであったのである。

神功皇后の三韓親征以降十八年間、倭国と朝鮮半島諸国との接触の記事は一切見られない。そして神功四十四（三六四）年、久し振りに満を持して行った新羅派兵（実質的には後の応神天皇となる皇太子・誉田別《ほむたわけ》の指揮のもとに行われたのであろう）も大失敗に終わるのであるが、この派兵記事は『三国史記』新羅本紀に見えるものの『書紀』には全く触れられていないのである。

なお、『書紀』神功五（三五一）年に微叱許智《みしこち》（己知）返還及び葛城襲津彦による草羅城《さわらのさし》攻略の記事がある。しかし、この記事は未斯欣《みしきん》の返還とそれに関するものであるから、この時期の史実ではない。この微叱許智返還の記事は、『三国史記』巻四十五、列伝第五の朴堤上《ぼくていじょう》伝に見える五世紀初頭のものであり、『三国史記』新羅本紀訥祇《とつぎ》麻立干二（四一九）年の「王弟の未斯欣が倭国から逃げ帰って来た」に相応するものである。また、葛城襲津彦の活躍は神功五年から仁徳四十一年まで多岐にわたるが、『百済記』の分注を持つ神功六十二（三八二）年の記事が事実に基づくものであると考えられる。

折りしも新羅派兵失敗二年後の神功四十六（三六六）年、卓淳《とくじゅん》国に派遣した斯摩宿禰《しまのすくね》を通して耳寄りな情報が神功皇后と皇太子・誉田別にもたらされる。新興国・百済《くだら》の自発的朝貢の申し出である。

是に、卓淳《とくじゅん》の王《こきし》末錦旱岐《まきむかんき》、斯摩宿禰《しまのすくね》に告げて曰《い》はく、「甲子《きのえね》の年（三六四）の七月の中《なかのとをか》に、百済《くだら》人《ひと》久氐《てい》・弥州流《みつる》・莫古《まくこ》の三人、我が国に到りて曰はく、『百済の王《こきし》、東《ひむがし》の方《かた》に日本《やまと》の貴国《かしこきくに》有ることを聞きて、臣等《おのら》を遣《まだ》して、其の貴国に朝《まう》でしむ。故《かれ》、道路《みち》を求めて、斯《か》の土《くに》に至りぬ。若《も》し能《よ》く臣等に教へて、道路を通《かよ》はしめば、我が王必ず深く君王《きみ》を徳《おむがしみ》せむ』といふ」（略）爰《ここ》に斯摩宿禰、即ち傔人《したがへるひと》爾《に》波《は》移《や》と卓淳人過《わ》古《こ》と二人を以て、百済国に遣して、其の王《こきし》を慰労《ねぎら》へしむ。時に百済の肖古王《しょうこ》、深く歓喜《よろこ》びて、厚く遇《あ》ひたまふ。（略）便《たちまち》に復《また》宝の蔵を開きて、諸《もろもろ》の珍異《めづら》しきものを示《み》しめて曰《まう》さく、「吾が国に多に是の珍宝《たからもの》有り。貴国に貢《たてまつ》らむと欲《おも》ふとも、道路を知らず。志《こころざし》有りて従《かな》ふこと無し。然れども猶今使者《つかひ》に付けて、尋《つ》ぎて貢献《たてまつ》らくのみ」とまうす。

（『書紀』神功皇后摂政四十六年）

神功皇后と皇太子・誉田別の歓びはいかばかりであったろう。神功四十九（三六九）年には百済と協力して新羅を破り、卓淳など七カ国を平定し、忱弥多礼《とむたれ》（済州島）を降して百済に賜っており、神功五十（三七〇）年の百済の久氏の来訪には「海《わた》の西の諸の韓《もろもろからくに》を、既に汝が国に賜ひつ。今何事ありてか頻《しき》りに復来《またまうけ》る」と言いつつ、「天朝《みかど》の鴻沢《うるほひ》、遠く弊《いや》しき邑《くに》に及ぶ。吾《やつかれ》が王《こきし》、歓喜《よろこ》び踊躍《ほどはし》りて、心にえ任《しの》びず。故、還使《かへるつかひ》に因《よ》りて、至誠《ねむごろなること》を致す。万世《よろづよ》に逮《およ》ぶと雖《いふと》も、何《いづれ》の年にか朝《つかへまつ》らざらむ」という久氏の奏上に神功皇后は「善《よ》き哉汝《かないまし》が言《こと》。是朕《これわ》が懐《おもふこと》なり」と勅している。そして、久氏を遣わした神功五十一（三七一）年の百済の朝貢において、神功皇后は遂に皇太子及び武内宿禰に勅するのである。

是《ここ》に、皇太后《おほきさき》、太子《ひつぎのみこ》及び武内宿禰《たけしうちのすくね》に語りて曰《のたま》はく、「朕《わ》が交親《むつまし》みする百済国《くだらのくに》は、是天《これあめ》の致《たま》へる所なり。人に由《よ》りての故に非《あら》ず。玩好《もてあそびもの》、珍しき物、先より未《いま》だ有らざる所なり。歳時《とき》を闕《お》かず、常に来《まうき》て貢献《たてまつ》る。朕《われ》、此の款《まこと》を省《み》るに、毎《つね》に用《も》て喜ぶ。朕《わ》が存《い》けらむ時の如くに、敦《あつ》く恩恵《うつくしび》を加へよ」とのたまふ。

（『書紀』神功皇后摂政五十一年）

この神功皇后の遺詔とも取れる百済に極端に傾斜した詔勅は、縷々検討したように、三韓（新羅）親征の実質的な失敗による神功皇后の精神的コンプレックスが原点となっており、その対極から生じたものであろう。その結果、神功皇后の採った百済最優遇の対外方針が永く三百年弱にわたって大和朝廷の絶対的外交方針として呪縛し受け継がれ、そのバランスを欠いた外交の結末が白村江《はくすきのえ》における唐・新羅連合軍による大敗北となり、百済国の滅亡を導くのである。

原因は大和朝廷の腐敗

やや時代が下って継体天皇の朝廷では、極官たちの勝手な振る舞いが際立っている。継体三（五〇九）年に百済へ派遣された久羅麻致支弥《くらまちきみ》（車持君か）は、百済から任那に逃げてきた百姓《たみ》を三、四世代に遡って百済に強制送還させているし、継体六（五一二）年に任那の哆唎国守《たりのくにのみこともち》として派遣された穂積臣押山《ほづみのおみおしやま》は、百済が求める任那国の上哆唎《おこしたり》・下哆唎《あろしたり》・娑陀《さだ》・牟婁《むろ》の四県を百済に割譲すべきだと朝廷に奏し、大伴大連金村《おおとものおおむらじかなむら》も同調して天皇に奏上している。わが国に不利益を与える行為であると言わざるを得ない。この件につき百済の使節への勅許の伝言を命ぜられた物部大連麁鹿火《もののべのおおむらじあらかひ》は、妻の厳しい諫《いさ》めにより疾《やまい》と称して役目を辞退するが[11]、直ちに別の勅使（日鷹吉士《ひたかのきし》）が派遣されて任那の四県が百済に下賜されてしまうという事件も発生している。この件から外されていた大兄皇子《おおえのみこ》（次の安閑《あんかん》天皇）も驚いて撤回に奔走するもののすでに事は終わっていたという。これらの裏には大和朝廷内に、神功皇后の遺詔を利用した大規模な構造汚職が蔓延していることを物語っているのであり、『書紀』継体六年十二月条にも「是《ここ》に、或有流言《あるひとつてこと》して曰はく『大伴大連《おおとものおおむらじ》と哆唎国守《たりのくにのみこともち》穂積臣押山《ほづみのおみおしやま》と、百済の賂《まいない》を受けたり』といふ」と記されており、さらに追い銭を投げるように、継体七（五一三）年には百済が伴跛《はへ》に略奪されたと訴え返還を求める己汶《こもん》・滞沙《たさ》の二県をも百済に賜っているのである[12]。

これらの一方的な措置の被害を受ける伴跛《はへ》国は、直ちに使者を大和朝廷に派遣して珍宝を献じ、己汶《こもん》の地を元の通りにして欲しいと乞うものの終《つい》に朝廷の決定が覆《くつがえ》ることはない。怒った伴跛国は子呑《しとん》・帯沙《たさ》に城を築いてわが国に備えつつ、暴虐の限りを尽くし誅殺を繰り返すという報復事件をすら生起させているのである。このような事態を打開するため、大和朝廷は継体九（五一四）年に物部至至連《もののべのちちのむらじ》を任那に派遣して善後策を講じさせるものの全く効果を挙げることができない。継体天皇の朝廷が行う朝鮮半島に係る外交や地域経営は、このように最悪の状態が続いていたのである。

東西両雄が筑後御井で激突

筑紫王朝第三代の筑紫君磐井《ちくしのきみいわい》は、大和朝廷の朝鮮経営に不満を募らせ、深刻な危機感を持ったに違いない。大和朝廷は、任那を割いて惜しげもなく百済に賜うものの新羅には厳しい態度を取り続けている。筑紫君磐井の乱の直前に大和朝廷が六万という大軍を興したのも、新羅に奪われた南加羅などを新羅から取り戻そうとするためであり、戦火を交えて南加羅を得たとしても直ちに百済に下賜されるであろう。筑紫王朝は、長年にわたって中国や朝鮮半島諸国と対外折衝を繰り返しながら絶妙な外交眼をもって命脈を保ってきた倭国・邪馬台国・大倭国の系譜を引いており、伊都県主をはじめとして新羅系の有力者を数多く抱えている。[13] 朝鮮半島の情勢によって直接大きな影響を受ける筑紫王朝としては座視できない[15]事態であろう。筑紫君磐井が新羅から賄賂《まいない》を得ていたか[14]否かは別にしても、異常な程に百済にのみ肩入れする大和朝廷に対して、均衡外交を重視する筑紫王朝が新羅の側に傾いたとしても不思議はあるまい。

継体二十一（五二七）年夏六月、近江毛野臣《おおみのけなのおみ》は六万の軍を率いて西下するが、火国《ひのくに》・豊国《とよのくに》と連合軍を組む筑紫君磐井の軍によって途中に足止めを余儀なくさせられる。そこで同年秋八月、継体天皇は大和朝廷最強の武将である大将軍・物部大連《もののべのおおむらじ》麁鹿火《あらかひ》に筑紫君磐井の征討を命ずることとなるのである。この時に当っての詔《みことのり》に「社稷《しゃしょく》の存亡、是《ここ》に在り」（『書紀』継体二十一年八月）とし、戦勝の暁には「長門《ながと》より東をば朕制《ちんかと》らむ。筑紫より西をば汝制《いましかと》れ。専賞罰《たくめたまひものつみ》を行へ。頻《しきり》に奏《まう》すこと勿煩《なわづら》ひそ」（『書紀』同）とあり、継体天皇の並々ならぬ決意と物部麁鹿火に対する絶大な信頼を見て取ることができる。同時にこの詔からは、筑紫王朝が大和朝廷から相当程度に独立した存在として九州一円を実効支配しており、筑紫王朝は大和朝廷の大軍をしても勝敗の予断を許さないほどの軍事力を保持していたことが理解できる。

継体二十二（五二八）年冬十一月、遂に物部大連麁鹿火と筑紫君磐井との決戦の火ぶたが筑紫の御井郡において切って落とされる。物部大連麁鹿火軍は大和朝廷が繰り出す最後の切り札であり、筑紫の君磐井軍は筑紫王朝の都（筑後国御井郡高羅）を背にしての国家存亡の戦闘である。『書紀』は戦の状況を「旗鼓《はたつづみ》相望《あいのぞ》み、埃塵《ちり》相接《あいつ》げり。機《はかりこと》を両つの陣《いくさ》の間に決《さだ》めて、万死《みをす》つる地《ところ》を避《さ》らず」（継体二十二年冬十一月）と両軍共に生死を尽くした激戦であったことを伝えている。激戦を制したのは物部軍で、「遂に磐井を斬りて、果して彊場《さかい》を定めた」のである。

(4) 黄昏の筑紫王朝

「大宰」の設置

筑紫君磐井の乱（五二八年）以降は、大和朝廷の権力統治機関が筑紫（九州）にも次々と設置されることになる。朝鮮半島諸国への派兵や外交も、筑紫王朝を介することなく大和朝廷が直接関与する程度が高まったであろう。安閑二（五三五）年には朝廷の直轄領とされる屯倉《みやけ》が筑紫王朝の領域内や任那に設置され（九州や任那のほか、播磨・備後・阿波・紀・丹波・近江・尾張・上毛野・駿河の各国にも設置される）、翌年宣化元（五三六）年には「那《な》の津《つ》」の官家《みやけ》が置かれるのである。屯倉と官家は、いずれも「ミヤケ」と訓じるが、官家の用例のほとんどは百済や任那諸国において使用されているので、官家には兵站《へいたん》基地・軍事基地としての役割が与えられていたと考えられる。さらに新羅によって任那《みまな》の官家が滅ぼされた欽明二十三（五六二）年以降は、那の津の官家の重要性が一層増大し、「大　宰《おおみこともち》」という大きな権限と機能を持つ機構へと整備改変されている。大和朝廷の統治機関である「大宰」の権能が増大するに従い、大和朝廷の対外政策の中に占めてきた筑紫王朝の役割が反比例して減少することは当然であろう。「大宰」は天智二（六六三）年の白村江《はくすきのえ》の敗戦を機に大野城（四王寺山）の南麓（太宰府市観世音寺）に移され大きな軍事防衛機能を備えた「大　宰　府《おおみこともちのつかさ》」へと発展する。

安閑2（五三五）　筑紫に穂波《ほなみ》（旧穂波郡）・鎌《かま》（旧嘉麻郡）の屯倉《みやけ》を、豊国に膟碕《みさき》（不詳）・桑原《くははら》（田川郡大任町桑原か）・肝等《かと》（京都郡苅田町か）・大抜《おほぬく》（北九州市小倉南区貫か）・我鹿《あか》（田川郡赤村）の屯倉を、火国に春日部《かすかべ》（熊本市国府付近か）の屯倉を設置する。また、朝鮮半島任那の婀娜《あな》国（咸安）にも胆殖《いにえ》（不詳）・胆年部《いとしべ》（不詳）の屯倉を設置する。

宣化1（五三六）　臣・連に命じて諸国の穀物を筑紫に運ばせ、那の津に官家《みやけ》を造らせる。

宣化2（五三七）　新羅に侵略される任那救助のため大伴大連金村の子・磐《いわ》と狭手彦《さでひこ》を派遣し、磐は筑紫に留めて「其の国の政」を執らせる。

欽明23（五六二）　新羅が任那の官家を滅ぼす。

大化5（六四九）　蘇我臣日向《ひむか》を筑紫大宰帥に任ずる。

天智8（六六九）　蘇我臣赤兄《あかえ》を筑紫率に任ずる。

天智10（六七一）　栗隈《くりくま》王を筑紫率に任ずる。

存続する筑紫王朝

筑後国御井郡の大攻防戦で大和朝廷軍に敗れた筑紫王朝は、強大な権力を瓦解させはしたものの、王朝そのものを消滅させたのではなかった。大和朝廷に取り込まれ、大和朝廷軍への従軍を余儀なくされながらも毅然とした態度を貫く筑紫王朝将士の姿を文献の処々に見ることができる。

『書紀』によれば、磐井の子・筑紫君葛子《くずこ》は磐井の乱の翌月には糟屋屯倉《かすやのみやけ》を献上して死罪を免れた[16]ようだし、欽明《きんめい》十五（五五四）年五月に発遣される内臣《うちつおみ》の百済派遣軍に加わった筑紫国造鞍橋《くらじの》君は、従卒であろう火箭《ひのや》の名射手である竹斯物部莫奇委沙奇《ちくしのもののべのまがわさか》と共に活躍し、百済と新羅との大激戦の中で百済の余昌《よしょう》（聖王の嫡男・威徳《いとく》王）を救援して万死の中に一生を与えている。筑紫国造鞍橋君その人も剛勇で、『書紀』は「進みて弓を彎《ひ》き、占擬《さしまかな》ひて（狙いを定める）新羅の騎卒の最も勇《うまいくさ》み壮《ほこ》れる者を射落す。発《はな》つ箭《や》の利《と》きこと、乗れる鞍の前後橋《まへつくらぼねしりつくらぼね》を通《いとほ》して、其の被甲《よろひ》の領会《くび》に及ぶ。復続《またつ》ぎて発つ箭、雨の如く、弥厲《いよいよはげ》しくして懈《おこた》らず。囲める軍《いくさ》を射去《いしりぞ》く」と表現している。

このときの戦闘の様子は『三国史記』新羅本紀にも見え、「真興《しんこう》王十五（五五四）年秋七月、百済王明禯《めいじょう》（聖王）は加良《から》（加羅諸国）と連合して管山城（忠清北道沃川郡沃川邑）を攻撃してきたので迎え撃ったが戦に破れた。そこで金武力《きんぶりょく》が州兵を率いて救援に向かい奇襲攻撃で百済王を殺した」とし、『三国史記』百済本紀は「聖《せい》王三十二（五五四）年秋七月、王は新羅を襲撃しようとして、夜、狗川《くせん》（忠清北道沃川郡沃川邑付近）についたが、待ち伏せた新羅の伏兵と戦い、賊兵（新羅軍）に殺害されて薨去《こうきょ》した」としている。また、『書紀』の欽明天皇十七（五五六）年の条には『百済本記』の伝として筑紫君の児・火中君《ひのなか》の弟が見え、白村江《はくすきのえ》敗戦後の天智天皇十（六七一）年の条には戦闘の中で唐軍の捕虜になっていた筑紫君薩野馬《さちやま》及びその同胞であろう韓嶋勝娑婆《からしまのすぐりさば》を含む四名が、戦後処理のために来日する唐使・郭務悰《かくむそう》などの前触れ役として帰国を果す記事が見える。筑紫王朝の命脈は、「筑紫君」という王者の名前と共に保たれているのである。

筑紫王朝最後の都

『隋書』東夷伝俀国条（以下『隋書俀国伝』という）に隋・煬帝《ようだい》の遣使である裴清《はいせい》が俀《たい》国（倭国）に来朝する記事がある。あたかも魏使の邪馬台国訪問と類似の方法で俀国（倭国）への経路を記しているのである。

明年（隋大業四・六〇八年）、上（煬帝《ようだい》）、文林郎裴清《ぶんりんろうはいせい》を遣わして俀《たい》国（倭国）に使せしむ。百済を度《わた》り、行きて竹島に至り、南に躭羅《たんら》国を望み、都斯麻《つしま》国を経、迥《はる》かに大海の中に在り。又東して一支《いき》国に至り、又竹斯《ちくし》国に至り、又東して秦《しん》王国に至る。其の人華夏《かか》に同じ、以って夷洲《いしゅう》と為すも、疑うらくは、明らかにする能わざるなり。又十餘国を経て海岸に達す。竹斯国より以東は、皆な倭に附庸す。倭王、小徳阿輩台を遣

筑紫王朝最後の都が置かれた豊日別神社（行橋市草場）

わし、数百人を従え、儀仗を設け、鼓角を鳴らして来り迎えしむ。後十日、又大礼可多毘を遣わし、二百餘騎を従え郊労《こうろう》せしむ。既に彼の都に至る。　（『隋書俀国伝』）

『隋書俀国伝』に従えば、俀国（倭国）の王都は竹斯《ちくし》（筑紫）国から陸路で東の秦《しん》王国に至り、さらに十余国を経て海岸に達した地域にあり、ここに俀王（倭王）の使者が裴清《はいせい》を迎えて「都」に案内したという。『隋書』の撰者・魏徴《ぎちょう》も当然のことながら『魏志倭人伝』を読んでおり、『隋書』を撰するに当って参考にしたに違いない。竹斯《ちくし》（筑紫）国がかつての邪馬台国が君臨した博多湾岸地域であれば、その東の秦王国は現在の筑豊地域に相当しよう。飯塚・嘉穂地域は、十面の前漢鏡を副葬した甕棺墓を含む百基を超える甕棺墓群を中心に、石庖丁製作遺跡・祭祀遺跡・住居遺跡・古墳遺跡などが取り巻く立岩《たていわ》遺跡（出土品は国重文・飯塚市立岩）や六世紀築造の王塚古墳（装飾古墳・国特別史跡・嘉穂郡桂川町寿命）に見られるように弥生時代以来の文化的先進地であり、また田川・香春《かわら》地域は、四世紀初頭には景行天皇に恭順した麻剝《あさはぎ》が居住した地域であり（高羽《たかは》の川上）、遅くとも七世紀までには金属鋳造や製陶の技術を持った新羅系秦《はた》氏が式内社である香春神社を斎祭《いつきまつ》っていたであろうことが大宝二（七〇二）年の戸籍からも推測できるのである。そして両地域の中間に位置する烏尾《からすお》峠の北麓丘陵に、一七〇〇個余の切石を約二・二kmにわたって並べた鹿毛馬神籠石《かげのうまこうごいし》（飯塚市頴田《かいた》町鹿毛馬）の存在も注目されるべきであろう。

秦王国から東に進み、海岸に達した地域がすでに俀国（倭国）の王都の領域だという。周防灘へ注ぐ長峡川、今川、祓川という三本の川が織り成す京都《みやこ》平野は、かつて景行天皇が行宮を営み「京《みやこ》」と呼ばれた地域で、鳥から餅、餅から芋へと化生する、『豊後国風土記』に見える豊国直《とよくにのあたい》等の祖・菟名手《うなで》の説話からもその豊かさを知ることができる。俀王（倭王）の使者は京都《みやこ》平野の北西部・椿市《つばきいち》まで出迎え[17]、更に十日の日程を要して「王宮」に案内している。この十日は、行程に要する日程ではなく、隋使・裴清を迎えるために道を清め館を飾っていたのだという。

なお、京都平野の中心地は仲津郡中臣郷であると考えられ、豊国の古名を神社名とする豊日別《とよひわけ》神社（行橋市南泉）の鎮座する場所こそ筑紫王朝（俀国・倭国）最後の王宮の所在地であったと看做される。これは豊日別神社から西へ五kmの御所ケ岳の中腹に、水門跡・列石・土塁が約三kmにわたって続く御所ケ谷神籠石（行橋市津積）を付属させていることからも推測できよう。

神籠石築造の謎

わが国は周囲を海に囲まれているので、陸続きで他国と国境を接する国々に比べて対外的な緊張感はさほど感じることはなかったであろう。それでも何度かの国運を賭ける大きな対外的脅威を経験しているのである。古代では白村江《はくすきのえ》の敗戦、中世では元寇《げんこう》の役、近世では黒船の来航、現代では第二次世界大戦がそれであろう。

天智二（六六三）年の白村江の敗戦に至るまでの大和朝廷の対外政策は、前節の「神功皇后のコンプレックス」や本章の注15でも触れた通り「朕《わ》が交親《むつましみ》する百済国は、是天《これあめ》の致《たま》へる所なり。（略）朕《わ》が存《い》けらむ時の如くに、敦《あつ》く恩恵《うつくしび》を加へよ」（神功皇后摂政紀五十一年）との遺詔にも似た神功皇后の言葉によってすべてが動かされていたのである。神功皇后の新羅親征（三韓征伐）の後に新しく大和朝廷に朝貢することとなった新興国・百済との関係が重視され、倭国・邪馬台国・大倭国へと続く永い新羅との交流関係は軽視されたのである。百済と新羅の両国に対して均衡ある外交を展開しなかった大和朝廷の外交方針の結果が、唐と新羅との連合軍を結成させ、白村江の敗戦によって百済を滅亡させることになったことはすでに述べた通りである。

大和朝廷の外交姿勢は、近隣諸国の状況を正確に踏まえ透徹した国際認識に基づいて行われていたとは言い難く、近隣諸国がわが国に対して誠意ある態度を示したか否かによって色分けして対応していた傾向がある。これに対して、新羅の国際感覚とその外交姿勢は大和朝廷の遠く及ばないものであった。新羅は金春秋《きむしゅんじゅう》を、善徳《ぜんとく》王十一（六四二）年に高句麗国へ、真徳《しんとく》王元（六四七）年に日本国へ、同二（六四八）年に唐帝国へと派遣しており、金春秋はその実見聞を基に、新羅は東アジアで圧倒的な国力を擁する唐帝国と組んでライバル諸国を退けるべきであるとの方針を立て、実際に百済（六六〇年）と高句麗（六六八年）を滅亡させ、わが国を日本列島内に封じ込めた（六六三年）のである。更なる新羅の強《したた》かさは、その後唐朝に叛逆し、朝鮮半島の統一と自立を自ら達成したことであろう。実に見事な国家戦略の展開である。

白村江の大敗戦（六六三年）を喫した大和朝廷は、唐・新羅の連合軍が百済討滅の余勢を駆って海を渡りわが国にまで及ぶことを心底恐れたであろう。天智三（六六四）年、天皇は対馬・壱岐・筑紫などに防《さきもり》（辺境守備隊）と烽《すすみ》（狼煙台《のろし》）を置くとともに筑紫に水城《みずき》（太宰府市・大野城市）を築き、以後、大野城（太宰府市・糟屋郡宇美町）や基《き》肄《い》城（佐賀県基山町）を始めとして瀬戸内海沿岸から畿内に至る各地に朝鮮式山城といわれる城砦を築かせて防衛体制を固めたのである。

ただ、わが国に幸いしたのは、唐・新羅連合軍の侵攻が行われなかったこと、及び、白村江の敗戦を契機に大和朝廷が遣唐使や遣新羅使を数次にわたって派遣するなどの施策を実施することにより、律令制度を始めとする先進文明を猛烈な勢いで吸収し、高い水準の自立した国家へと大変革を遂げたことであろう。

天智三（六六四）　対馬嶋・壱岐嶋・筑紫国などに防と烽とを置き、水城を築く。（『書紀』）

天智四（六六五）　長門国に城を築かせ、筑紫国に大野及び椽《き》の二城を築かせる。（『書紀』）

天智六（六六七）　倭国に高安城《たかやすのき》、讃吉《さぬき》国に屋嶋城、対馬国に金田城を築く。（『書紀』）

天智九（六七〇）　高安城を修めて穀《もみ》と塩とを積む。長門城一つ、筑紫城二つを築く。（『書紀』）

文武二（六九八）　大宰府に大野・基肄《きい》・鞠智《きくち》三城（五月）、三野・稲積二城（十二月）を修繕させる。
　　　　　　　　　また、高安城を修理する。（『続日本紀』）
大宝一（七〇一）　高安城を廃す。（『続日本紀』）
養老三（七一九）　備後国の茨城、常城を停める。（『続日本紀』）

朝鮮式山城とほぼ同時代の建造物であるものの、これとは一線を画す遺跡に神籠石《こうごいし》と呼ばれるものがある。神籠石は、整然と連なる切石によって一定の範囲が区画されていることから、ある種の霊域であるという考えが提起されたが、その後の研究成果によって現在では山城であるという説が定説となっている。その分布は北部九州の福岡県・佐賀県域を中心に山口県にまで見ることができる（詳細は第一部七章(3)「謎の古城・神籠石」を参照のこと）。

神籠石は誰によっていつ、どのような目的で造られたのか。城の目的は敵の攻撃から自らを防衛し効果的に敵を攻撃することであろうが、神籠石に関する記事は『記紀』に全く見えないので、この建設は大和朝廷の事業ではなく筑紫王朝の事業であったと考えられる。白村江《はくすきのえ》の敗戦による緊迫した国際情勢の中にあって、わが国への唐・新羅連合軍の攻撃により最も大きな被害を受け壊滅的な状態になるであろう筑紫王朝の人々は、逃げる余地のある大和朝廷の人々に比して背水の陣で臨まねばならない。唐・新羅連合軍の実力を熟知する筑紫王朝の指導者たちは、悲壮感にも似た危機感を持ったに違いない。敵の攻撃に対して多くの一般人民をも救わねばならないのである。神籠石は、筑紫王朝が自らの支配する地域に急造させた、防衛を主目的とする避難民受け入れ型城砦であったと考えられるのである。それ故に神籠石の分布は、七世紀後半における筑紫王朝の支配地域を示していると言えよう。つまり筑紫王朝終末期の支配領域は、筑前・筑後・肥前・豊前の各国全域、長門・周防両国の瀬戸内側の地域、そして対馬・壱岐の両島であったと考えられる。

わが国を攻撃する唐・新羅連合軍は、この時代にあっては攻撃目標を畿内の大和朝廷として正確に認識していたであろう。攻撃軍が通過する可能性の高い玄界灘や周防灘北部沿岸地域における防衛施設の築造は当然必要な措置であろうが、その可能性が低い肥前南部・筑後・筑豊・豊前の各地域にまで強固な防衛施設を造る緊急性があったのだろうか。雷山《らいざん》（玄界灘沿岸）と石城山《いわきさん》（周防灘北部沿岸）の他に多くの神籠石が実際に築造されていることから、神籠石は筑紫王朝の大和朝廷に対する城砦でもあったとする更に一つの築造目的を想起せざるを得ない。第一の目的のみであるならば大和朝廷と共同戦線を張る筑紫王朝の大事業を『書紀』が拒否する必要はないであろう。『書紀』が筑紫王朝の存在を認めないとしても、十一施設にも上る大事業を大和朝廷の功績として取り込まないはずはないのである。大和朝廷は筑紫王朝が神籠石を築造する本来の目論見《もくろみ》を知りつつも、唐・新羅連合軍に対抗する施設だとする筑紫王朝側の主張を否定できず、黙認せざるを得なかったのであろう。神籠石が大和朝廷の正史である『書紀』に登場しない所以《ゆえん》である。

　このように考えると神籠石の築造時期も特定できよう。大和朝廷の朝鮮式山城築造と並行する形で、七世紀の後半に筑紫王朝の最後の大事業として築造されたのである。この築造時期は、女山《ぞやま》神籠石の列石線が後期古墳（六世紀以降）の墳丘の裾を切っていること、列石の外側に並ぶ柱穴がわが国では大化改新以降に使われた唐尺の七尺であること、整然とした切石の技術は終末期古墳（七世紀以降）の時代を遡らないであろうなどとする先学の諸見解をすべて満たすのである。

　なお、戦後処理の状況を見る限り、大和朝廷は白村江の戦いを、唐・新羅連合軍と倭（筑紫王朝）・百済連合軍との戦闘であり、大和朝廷は無関係であるとの立場で、唐・新羅との戦後処理の折衝にあたったのではないかとも思われる。大和朝廷は唐・新羅の来襲に備えつつ、唐・新羅に対し、白村江の戦いでの敗戦の当事者は筑紫王朝と百済であり、両国ともすでに同戦で滅亡したと主張したのではなかろうか。

(5) 中国が見たわが国最大の王朝交代劇

『隋書俀国伝』に続く中国の正史に『舊《く》(旧)唐書《とうしょ》』東夷伝倭国日本伝』という)及び『新唐書』東夷伝日本条(以下『新唐書日本伝』という)がある。『旧唐書倭国日本伝』は前半が倭国条(以下『旧唐書倭国条』という)、後半が日本条(以下『旧唐書日本条』という)である。「日本条」が中国正史に現れるのは『舊唐書』が初めてであり、倭国条と日本条とが併記されているところに特徴がある。『隋書俀国伝』、『旧唐書倭国日本伝』、『新唐書日本伝』を対比すると、わが国を対外的に代表する国が倭国(筑紫王朝)から日本国(大和朝廷)へと変遷する状況を確認することができる。(18)

「俀国」は筑紫王朝

『隋書俀国伝』が対象とする「俀国」は、その記述内容から筑紫(北部九州)に所在する国であることが明らかである。『隋書俀国伝』に記される百済から俀国までの路程記事から俀国が北部九州以外の地域に存在したとする所説もあるが、「竹斯国《ちくし》より以東は、皆俀《たい》に附庸す」とある路程記事最後の部分からだけでも、前節の「筑紫王朝最後の都」の項で触れたとおり、俀国の都は北部九州の周防灘に開けた京都《みやこ》平野に所在したことが明らかである。「俀国」とは邪馬台国を継承する筑紫王朝を指しているのであって大和朝廷を指しているのではなく、ましてや日本列島に所在するそれ以外の国を指しているのでもない。筑紫王朝は、徐々に迫り来る大和朝廷(大宰府)の重圧から逃れるため、その終盤に至って都を筑後国御井郡高羅から豊前国仲津郡へと遷したのであろう。

『隋書俀国伝』に従って、四点について検討してみよう。

① 俀国《たいこく》は百済・新羅の東南に在り。(略)大海の中に於いて、山島に依って居る。(略)邪摩堆《やまたい》に都す、則ち

魏志の邪馬臺《やまだい》なる者なり。（略）魏より斉《せい》・梁《りょう》に至り、代々中国と相通ず。

邪馬台国（倭国）の所在を「倭人は帯方の東南大海の中に在り、山島に依りて国邑《こくゆう》を為す」とする『魏志倭人伝』の表現と同じであり、『隋書』に於ける「俀国《たいこく》」の所在も「山島に依って居る」ことから邪馬台国と同様に九州島内である。これは、『隋書』よりおよそ三百年後に撰された『旧唐書《くとうじょ》』の記録が証明している。『旧唐書倭国条』では、倭国の所在を「新羅東南の大海の中に在り、山嶋に依って居る」と『魏志』や『隋書』と同様の表現を採るのに対し、『旧唐書日本条』では、日本国の所在を「西界南界は咸《み》な大海に至り、東界北界は大山有りて限りを為し、山外は即ち毛人《もうじん》の国なり」としているのである。日本国（大和朝廷）が所在する本州島について、『旧唐書』が撰された十世紀にあっても中国では島であるという認識がなされていないのである。また、「俀国」は代々中国と通じており、都は「邪馬臺」であるとして、『隋書』の撰者は「俀国」を邪馬台国の継承国であると認識している。これらのことから『隋書』の「俀国」は、中国が『魏志倭人伝』から『旧唐書倭国条』まで中国正史に連綿として記録される「倭国」であることは疑えず、その所在は「山島」である九州島内であることが明らかであろう。

② 男女多く臂《うで》に黥《いれずみ》し、面に黥《ちょぼ》し、身に文《いれずみ》し、水に没して魚を捕う。

生活風俗は「男子は大小と無く、皆鯨面文身《げいめんぶんしん》す。（略）好んで沈没して魚蛤を捕え」る邪馬台国のそれと同じであり、海人《あま》の多い九州島の風俗であろう。

③ 死者を斂《おさ》むるに棺槨《かんかく》を以ってし、（略）葬に及んで屍《しかばね》を船上に置き、陸地之を牽《ひ》くに、或は小轝《しょうよ》（小さな車）を以ってす。

邪馬台国の時代には「其の死には棺《かん》有るも槨《かく》無く」としているので葬送方法に時代的な変化が生じているものの、基本的には同様であろう。また、屍《しかばね》を小車の付いた舟に乗せて陸地を引き回すという習俗は、「東洋の火祭り」といわれる長崎の盂蘭盆《うらぼん》名物「精霊流《しょうろうなが》し」の光景に重なる。精霊船の始まりは、享保《きょうほ》年間（一七一六―三六年）に物好きな男が供え物を積んだ小船を作り流した（「長崎古今集覧名勝図会」）とするが、その由来は定かではなく、存外、筑紫王朝からわずかに伝わった葬送儀式であるとも考えられよう。

④　阿蘇山《あそさん》有り。其の石、故無くして火起り天に接する者、俗以って異と為し、因って禱祭を行う。

現在に伝わる固有名詞が明確に記されている。阿蘇山が九州島内にある世界最大のカルデラ活火山であることは誰しも知るところであろう。

阿毎の多利思北狐と日出る処の天子

次に『隋書俀国伝』に見える倭国の記事がすべて筑紫王朝のものであるのか。三点について検討してみよう。

①　開皇《かいこう》二十年、倭王あり、姓は阿毎《あめ》、字《あざな》は多利思北狐《たりしほこ》、阿輩鶏彌《あふきみ》と号す。使を遣わして闕に詣る。（略）王の妻は鶏彌《きみ》と号す。後宮に女六・七百人有り。

俀（倭）王・多利思北《たりしほ》（比《ひ》）孤《こ》が隋に遣使した開皇二十（六〇〇）年は大和朝廷では推古《すいこ》天皇の八年に当たるが、『書紀』には遣隋使派遣の記事が見えず、また、倭王は妻や後宮を持つ男性として描写されており女帝である推古天皇には重ならない。阿毎《あめ》は「天《あめ》」であろうが、『記紀』に見える日本神話の天（天上界）の舞台の多くは筑紫を指している(19)ことから、「天《あめ》」は筑紫の王者が名乗る姓として最も相応しいと言える。多利思北《たりしほ》（比《ひ》）狐《こ》は「足矛《たりしほこ》」で、考古学的な知見から九州は矛の国であるので「矛を十分持っている」ことを意味し軍事権の掌握者を指す称号であろうと考えられ、また「垂彦《たらしひこ》」「足彦《たらしひこ》」であって「タリシ」は鼻垂《はなたり》・耳垂《みみたり》（『書紀』景行紀）・垂耳《たりみみ》（『肥前国風土記』松浦郡）など筑紫の土蜘蛛の名前にも見える一種の美称で、「王者の印である装飾品を沢山所有している」という意味とも考えられる。

景行天皇以下筑紫に関係が深い天皇の和風諡号を創出するに当って『記紀』の編纂者が筑紫（九州）との関連を考慮して「タラシ」を案出したのであろうことは第一部二章(1)「旅の案内人は景行天皇」で述べた通りである。

阿輩鶏彌《あふきみ》は「大君《おおきみ》」であろう。筑紫王朝の王は「君《きみ》」と敬称されており、筑紫君として磐井《いわい》・葛子《くずこ》・鞍橋《くらじ》・火《ひ》中《なか》・薩野馬《さちやま》などの名前を見ることができる。筑紫王朝では次第に王の妻など一部の貴種にも「君」が使われるようになり、これに伴い王を「大君」と敬称したのであろう。

② 内官に十二等有り、一を大徳と曰い、次は小徳、次は大仁、次は小仁、次は大義、次は小義、次は大礼、次は小礼、次は大智、次は小智、次は大信、次は小信、員に定数なし。

『隋書俀国伝』に見える「小徳」（阿輩臺）、「大礼」（可多毘）などの官職は明らかに筑紫王朝のものである。聖徳太子が制定したとされる「冠位十二階」は、筑紫王朝の「徳・仁・義・礼・智・信」の大小十二等の内官を模倣し、「徳・仁・礼・信・義・智」の大小十二階（推古紀十一年）へと置き換えたものであろう。「内官十二等」は、開皇二十（六〇〇）年の遣隋使が高祖・文帝による筑紫王朝の風俗に係る質問に答えたものの一つであり、推古天皇十一（六〇三）年十二月に制定され、翌年の正月に初めて諸臣に賜った冠位十二階との前後関係は明らかであろう。

③　大業《たいぎょう》三年、其の王多利思北狐《たりしほこ》、使を遣わして朝貢す。（略）其の国書に曰く「日出る《ひいづ》處《ところ》の天子《てんし》、書を日没《ひぼっ》する處《ところ》の天子《てんし》に致《いた》す、恙無《つつがな》きや、云云」と。帝、之を覧《み》て悦《よろこ》ばず、鴻臚卿《こうろきょう》に謂《い》って曰く、「蠻夷《ばんい》の書、無礼なる者あり、復《ま》た以って聞する勿《なか》れ」と。

わが国の自立を高らかに宣言したとして有名な聖徳太子の対隋国書は、やはり筑紫王朝の国書であろうか。否、筑紫王朝の国書では有り得ない。通説の通り聖徳太子の起草による大和朝廷の国書であろう。永い対外交渉の歴史を持ち、中華思想を掲げる中国の各王朝とは特に注意深く対処してきたであろう筑紫王朝にあって、このような国書を大国・隋の皇帝に奉呈する可能性は皆無であると考えるからである。

俀国（筑紫王朝）の多利思北孤《たりしほこ》が隋に遣使した大業三（六〇七）年には、大和朝廷も大礼・小野妹子《おののいもこ》を通事鞍《くら》作福利《つくりのふくり》とともに隋（『書紀』では「大唐」とする）に派遣している。小野妹子など大和朝廷の使節は、筑紫王朝の使節と同一使節団として筑紫王朝が仕立てた遣隋船に乗ったと考えられ、大和朝廷の使節が同席する中にあって、大和朝廷の属国である筑紫王朝の使節は逡巡しつつも大和朝廷が作成した当該国書を隋朝に奉呈せざるを得なかったに違いない。しかし、隋朝は遣隋使が奉呈した国書を当然ながら俀国（筑紫王朝）王・多利思北狐の国書であると理解し、「復た以って聞する勿れ」と隋の皇帝・煬帝の怒りは筑紫王朝へ向かったのである。

なお、当時のわが国には未だ「天皇」や「天子」の呼称は存在しないものの中国王朝の最高権力者を「皇帝」「天子」と称することは承知しており、対隋国書を起草した聖徳太子は国書の中での彼我の最高権力者を対等に「天子」と称したものであろう。

翌年（六〇八年）の隋使・裴清の答礼は筑紫王朝に対するものであって大和朝廷に対するものではなく、それ故に煬帝の詔書も大和朝廷に奉呈するものではなかった。しかし、大和朝廷は難波吉士雄成《なにはのきしをなり》をして筑紫に到った裴清を招致し、難波《なにわ》に隋使のために新しい館を建設して迎えたのであり、小野妹子は急遽「隋帝の詔書は百済人に盗まれた」（『書紀』推古十六年）と大芝居を打ち大和朝廷と推古天皇の面目を保たねばならなかったのである。

倭国（筑紫王朝）と日本国（大和朝廷）の双方を訪問した隋使・裴清は、すでに大和朝廷がわが国を代表する政権であると明確に認めたに違いない。このような裴清の実際に見聞した報告に基づき、隋は筑紫王朝に見切りをつけて新興日本国との外交に目を向けようとしたのである。先の煬帝の怒りも影響したのであろうが、ここに至って「此の後遂に絶つ」と隋は筑紫王朝を外交関係の対象国から外すのである。[20] なお、隋は六一八年に滅亡し新しく唐が興っている。

「倭国」から「日本国」へ

『旧唐書倭国条』が扱う倭国は、隋書までの中国正史が連綿として扱ってきた「倭国」であり、同倭国条には貞観五（六三一）年の倭国（筑紫王朝）による遣唐使派遣と刺史《しし》・高表仁《こうひょうじん》による倭国（筑紫王朝）への答礼記事及びこれに関連する貞観二十二（六四八）年の新羅を通じての答礼記事が掲載されている。これに対して、『旧唐書日本条』では、「日本国は倭国の別種なり」とし所在地域も全く異なることを示しつつ、長安三（七〇三）年の大臣・粟田朝臣真人《あわたあそみまひと》による遣唐使から開成四（八三九）年の遣唐使まで、日本国が派遣した合計五回にわたる遣唐使派遣記事を掲載している。

『旧唐書倭国条』によれば、貞観五（六三一）年に倭国（筑紫王朝）は唐に遣使し方物を献じているが、『書紀』によれば、これと並行して大和朝廷も舒明《じょめい》二（六三〇）年に大仁・犬上三田耜《いぬかみのみたすき》と大仁・薬師恵日《くすしえにち》を遣唐使として派遣している。この遣唐使は小野妹子が始めて遣隋使として派遣された場合と同じく、大和朝廷と筑紫王朝の使節が同一の使節団として派遣されたものと思われる。この答礼使として唐朝は貞観六（六三二）年に新州の刺史《しし》・高表仁《こうひょうじん》を倭国（筑紫王朝）に派遣するのであるが、「表仁綏遠《すいえん》の才無く、王子（『旧唐書倭国条』の「王子」は『新唐書日本伝』では「王」となっている）と礼を争い、朝命を宣《の》べずして還る」事態となる。隋使・裴清の場合と同様に唐使・高表仁にあっても唐使の答礼対象が筑紫王朝であるにもかかわらず、筑紫王朝の余りにも大きな斜陽の姿を目の当たりにしたからではなかろうか。

これに引き換え、『書紀』舒明四（六三二）年冬十月条によると、高表仁《こうひようじん》は大和朝廷の難波津まで到っており、天皇の奉迎使に対して「風寒《かぜすさま》じき日《ころ》に、船艘《ふね》を飾整《よそ》ひて、迎え賜ふこと、歓び愧《かしこま》る」と極めて友好的に対応している。わが国の代表政権についての中国側の認識が、倭国（筑紫王朝）から日本国（大和朝廷）へと明確な変動を起こしているのである。

このように、中国や朝鮮半島諸国にとってのわが国の外交主体が、倭国（筑紫王朝）と日本国（大和朝廷）とで並立し混乱した時代が七世紀の初頭から六十年程続き、この間にこれら諸外国はわが国に対する外交交渉の相手を倭国（筑紫王朝）から日本国（大和朝廷）へと切り換えていったのである。

甲辰《きのえたつのひ》に、東宮《ひつぎのみこ》太皇弟奉宣《みことのり》して、或本《あるふみ》に云はく、大友皇子宣命《みことのり》す。冠位《かうぶりのくらゐ》・法度《のり》の事を施行《のたまひおこな》ひたまふ。天《あめの》下《した》に大赦《おほきにつみゆる》す。法度・冠位の名は、具《つぶさ》に新しき律令《のりふみ》に載せたり。（『書紀』天智十年春正月）

わが国が派遣した百済救援軍が唐・新羅連合軍に大敗を喫した天智二（六六三）年の白村江の戦いから七年が経過し、戦後処理もほぼ終わり、唐・新羅連合軍による侵略の脅威も殆んど払拭された天智十（六七一）年春正月、東宮《とうぐう》皇太弟・大海人皇子《おおあまのおうじ》の奉宣により冠位・法度が施行され、大赦が行われて「日本国」の出発が高らかに宣言された。(21) これは『新唐書日本伝』の唐・高宗の咸亨元（六七〇）年に「倭名を悪みて、更日本と号す」とする記事及び『三国史記』新羅本紀の文武王十（六七〇）年十二月条の「倭国が国号を日本と改めた」とする記事に符合するものである。ここに倭国・邪馬台国・大倭国・筑紫王朝と概ね七百年にわたって北部九州に君臨した古代海洋国家は、存立の最後の拠り所であった「外交」という分野での活躍の場すら失い、遂に姿を消したのである。

[倭国の時代]

六〇〇　倭王・姓は阿毎、字は多利思北孤、阿輩雞彌と号す、隋に遣使する。(『隋書俀国伝』文帝・開皇二十)

六〇七　倭王・多利思北孤、隋に遣使朝貢する。倭王の国書「日出ずる処の天子、書を日没する処の天子に致す、恙無きや」に対して隋煬帝は「蛮夷の書、無礼なる者有り、復た以って聞かす勿れ」とする。(『隋書俀国伝』煬帝・大業三)

小野妹子を隋に遣使する。(『書紀』推古十五)

[倭国と日本国が並立の時代]

六〇八　隋、文林郎・裴清を倭国に遣使する。此の後遂に絶つ。(『隋書俀国伝』煬帝・大業四)

隋の使者・文林郎が倭国に行くのに、わが国の南路を通った。(『三国史記』百済本紀・武王九)

小野妹子、隋より裴(世)清らを伴い、筑紫に至る。(『書紀』推古十六)

難波吉士雄成を遣わして裴(世)清らを召し、難波津に新館を造る。(『書紀』推古十六)

裴(世)清の帰国につき、小野妹子などを随行させる。(『書紀』推古十六)

六〇九　小野妹子らが隋より帰国する。(『書紀』推古十七)

六一四　犬上君御田鍬などを隋に派遣する。(『書紀』推古二十二)

六一五　犬上君御田鍬などが帰国する。(『書紀』推古二十三)

六一八　隋(恭帝侗)が滅亡し、唐(高祖)が興る。

六三〇　犬上三田耜及び薬師恵日を唐に派遣する。(『書紀』舒明二)

六三一　倭国、唐に遣使して方物を献ずる。また、唐は新州の刺史高表仁を倭国に遣使するが、王子と礼を争い朝命を果さず帰る。(『旧唐書倭国条』太宗・貞観五)

六三一　日本国、使を遣わして入朝する。新州刺史高表仁を遣わし往いて諭すが、王と礼を争いて天子の命を果さず帰る。久しくして新羅の使者に附して書を上まつる。（『新唐書日本伝』太宗・貞観五）

六三二　唐、高表仁を遣わして犬上三田耜を送らせ、対馬に着く。霊雲・僧旻・勝鳥飼及び新羅の送使らも従う。十月、高表仁らが難波津に着く。（『書紀』舒明四）

六三三　唐使・高表仁らが帰国する。（『書紀』舒明五）

六四八　唐、新羅に附して（倭国に）表を奉じ、以って起居を通ずる。（『旧唐書倭国条』太宗・貞観二十二）

六六一　斉明天皇、征西に出発し、筑紫の朝倉橘広庭宮に遷る。斉明天皇崩御する。（『書紀』斉明七）

六六三　日本の軍船、唐の軍船と白村江で会戦し敗退する。（『書紀』天智二）

百済が滅亡する。

六六五　唐、劉徳高《りゅうとくこう》・百済禰軍《くだらのねぐん》・郭務悰《かくむそう》等二五四人を派遣し、筑紫で表函を進る。（『書紀』天智四）

唐使・劉徳高を送り、守君大石《もりのきみおおいわ》らを唐に派遣する。（『書紀』天智四）

六六八　高句麗が滅亡する。

六六九　唐、郭務悰等二千余人を派遣する。（『書紀』天智八）

六七〇　倭国は国号を日本と改めた。（『新唐書日本条』高宗・咸亨一、『三国史記』新羅本紀・文武王十）

［日本国の時代］

六七一　東宮皇太弟（大海人皇子）、冠位・法度を施行する。（『書紀』天智十）

七〇一　大宝律令が制定される。「日本天皇」と記す詔書式を含む公式令書式が成立する。（大宝一）

七〇三　日本国、粟田朝臣真人を遣唐執節使とする遣唐使を派遣する。（『旧唐書日本条』則天武后・長安三、『続日本紀』大宝三）

七〇四　江南における唐人の問いに粟田朝臣真人は「日本国の使」と答える。（『続日本紀』慶運一）

七一七　日本国、多治比真人縣守を遣唐押使とする遣唐使を派遣し、経の授受を請う。阿部仲麻呂、姓名を朝衡と改めて唐朝に仕える。（『旧唐書日本条』玄宗・開元五、『続日本紀』養老一）

七二〇　『日本書紀』が成立する。（養老四）

七五三　日本国、藤原清河を大使とする遣唐使を派遣する。（『旧唐書日本条』玄宗・天宝十二、『続日本紀』天平勝宝五）

八〇四　日本国、藤原葛野麻呂を大使とする遣唐使を派遣し、橘逸勢と空海を唐に留める。（『旧唐書日本条』徳宗・貞元二十）

八〇六　日本国使判官・高階真人は、橘逸勢及び空海を共に帰国させることを願う。（『旧唐書日本条』憲宗・元和一）

八三九　日本国、藤原常嗣を大使とする遣唐使を派遣する。（『旧唐書日本条』文宗・開成四、『日本紀略』承和六）

（1）古代大和王朝の交替を「三王朝交替説」として最初に体系づけた水野祐は、九州へ遠征した大和の王である仲哀天皇が九州の王である応神天皇に敗れ、大和王朝もこれにより一旦滅びたのであり、さらに、応神天皇の子の仁徳天皇の代になって九州から大和への東征を行い、このときの事跡が神武東遷伝承の背景になっているとする。

（2）田村圓澄は倭の五王の宋への遣使について、ヤマト王権が朝鮮半島南部の軍事権掌握の保障を得るために自ら行ったものであるとし、五世紀の倭王（ヤマト王権）が執拗に新羅侵攻をくりかえしたのは、新羅が加羅侵攻をつづける中にあって、一世紀以来つづく加羅の地における鉄採取の権利を確保するためであったとする。

また、宋が倭国の求めつづけた「都督百済諸軍事」を除正しなかったのは、百済がすでに宋の冊封体制下にあり、「都督百済諸軍事」の権限が早くから百済王に付与されていたからであり、倭王の軍号に「新羅」が入っているのは、新羅が宋の冊封体制下になく、宋にとって新羅は「化外の国」であったからだとしている（田村圓澄『東アジアのなかの日本古代史』吉川弘文館、平成十八年）。
（3）『宋書倭国伝』と『書紀』の系図比較では、讃は履中天皇であると示唆するが、『南史』夷貊《いばく》伝は「倭王讃は晋安帝の時、使を遣わして朝貢す」とし、『晋書』安帝紀には「是の歳（晋安帝の義熙九（四一三）年）高句麗・倭国及び西南夷銅頭大師並びに方物を献ず」とあり、『梁書』諸夷伝も「晋安帝の時、倭王賛（讃）有り」としているので、讃は最短でも四一三年から『宋書倭国伝』の讃による二度目の遣使となる四二五年まで十三年間の在位を要するが、履中天皇の『書紀』在位は六年であり、讃の履中天皇説は成立しない。なお、『梁書』諸夷伝は「賛死して弟彌立ち、彌死して子済立ち、済死して子興立ち、興死して弟武立つ」とし、彌（珍）は賛（讃）の弟、済は彌（珍）の子としている。

（4）讃（仁徳天皇）　大鷦鷯《おおさざき》のサの音を移したとする。

珍（反正天皇）　瑞歯別《みずはわけ》の瑞が珍に転訛したとする。

済（允恭天皇）　雄朝津間稚子宿禰《おあさつまわくごのすくね》の津が済に転訛したとする。

興　木梨軽《きなしかる》皇子のカルの音を移したのであろう。ただし、通説は安康天皇とし、穴穂《あなほ》の穂が転訛したとするが納得し難い。

武（雄略天皇）　大泊瀬幼武《おほはつせのわかたけ》の武を採ったとする。

（5）巻末の修正年表では、四二五年を仁徳天皇十三年としている。

（6）『書紀』。国乳別皇子は『古事記』にみえず、『旧事紀』天皇本紀には伊予宇和別の祖とある。『旧事紀』天皇本紀には同じく『古事記』にみえない次弟・国背別皇子を水間君の祖としている。

（7）『書紀』神代第六段第三の一書は、天照大神《あまてらすおおみかみ》と素戔鳴尊《すさのおのみこと》との誓約《うけい》から生まれた宗像三女神について「即ち日神の生《あ》れませる三《みはしら》の女神《ひめかみ》を以ては、葦原中国《あしはらのなかつくに》の宇佐嶋《うさのしま》に降《あまくだ》り居《ま》さしむ。今、海の北の道の中に在《ま》す。号《なづ》けて道主貴《ちぬしのむち》と曰《もう》す。此《これ》筑紫の水沼君等が祭《いつきまつ》る神、是なり」とあり、当初豊前国宇佐に天降ったとする。諸書は豊前国宇佐郡と解しているが、『地名辞書』は前後の文脈から筑前国宗像郡の沖ノ島であるとし、岩波文庫『日本書紀』の脚注もこの考えを採る。

（8）筑紫人と思われる斯摩宿禰《しまのすくね》が卓淳国《とくじゅんこく》に派遣されて百済《くだら》が朝貢する足懸りを作り（神功紀）、百済にいる火葦北国《ひのあしきたのくにの》造《みやつこ》阿利斯登《ありしと》の子・達率日羅《にちら》を召還して任那の事情を聞く（敏達紀）など、筑紫王朝は有能な外交官を輩出している。記録に残されていない多くの有能な外交史をも保持していたであろう。

（9）李氏朝鮮の学者・申叔舟《しんしゅくしゅう》が撰した史書の『海東諸国記《かいとうしょこくき》』に、継体天皇十六（五二二）年を「善化」元年とし、以下文武天皇五（七〇一）年の大宝元年の前年の「大長」三年まで、三十二の元号が継続して記されている。鶴峯戊申《つるみねしげのぶ》（本居宣長の弟子）が『襲国偽僭考《そのくにぎせんこう》』において「九州年号」とするもので、応永八（一四〇一）年成立の『麗気記私抄』、元亀元（一五七〇）年頃成立の『如是院年代記』などの日本の史料にも収められている。

（10）蒲原宏行「古墳と豪族――佐賀平野の首長墓」、小田富士雄編『風土記の考古学5』（同成社、平成七年）所収。

（11）物部大連麁鹿火《もののべのおおむらじあらかひ》の妻は、「夫《そ》れ住吉大神、初めて海表《わたのほか》の金銀《こがねしろかね》の国、高麗《こま》・百済・新羅・任那等を以て、胎中《はらのうちにましま》す誉田天皇《ほむたのすめらみこと》に授記《さづ》けまつれり。故《かれ》、大后息長足姫尊《おおきさきおきながたらしひめのみこと》、大臣武内宿禰《おおみたけしうちのすくね》と、国毎に初めて官家《みやけ》を置きて、海表の蕃屏《わたのほかまがき》として、其の来《ありく》ること尚《ひさ》し。抑由有《はたゆえあ》り。縦《も》し削《さ》きて他《ひとくに》に賜《たま》はば、本《もと》の区域《さかい》に違《たが》ひなむ。綿世《ながきよ》の刺《そしり》、詎《いずくに》か口《くち》に離《さか》りなむ」と諫言している。

（12）伴跛《はへ》は任那北部の代表的勢力。伴跛は百済に反抗して己汶《こもん》を襲い、百済はこれを口実として、日本に己汶《こもん》・帯沙《たさ》の割譲を要求したのであろう。これにより、前の四県割譲と合わせて全羅南道地域はすべて百済領となり、任那諸国は慶尚南道内のみに狭められた。

（13）『釈日本紀』所収の『筑前国風土記』逸文は、伊都県主・五十迹手が仲哀天皇を穴門の引嶋に迎えた時、五十迹手は自らを「高麗《こま》の国の意呂山《おろさん》に天ゆ降り来し日桙《ひぼこ》の苗裔なる五十跡手、是なり」と名乗ったとしている。天之日矛（『古事記』）・天日槍（『書紀』）は『記紀』共に新羅の王の子であるとしていることから、伊都県主・五十迹手も新羅系である。『筑前国風土記』逸文の「高麗」は朝鮮半島の総称として用いたものであろう。

また、朝鮮半島との長期にわたる交流の結果当然ではあろうが、筑紫王朝は百済に比べて遙かに古い歴史を有する新羅と相応の外交関係を築いていたであろう。特に豊前地域を中心に新羅系氏族が広範囲に生活基盤を確立していたことはすでに述べた通りである。

（14）継体紀二十一年条に「是に、筑紫国造磐井、陰《ひそか》に叛逆《そむ》くことを謨《はか》りて、猶預《うらもい》して年を経。事の成り難きことを恐りて、恒に間隙《ひま》を伺ふ。新羅、是を知りて、密《ひそか》に貨賂《まいない》を磐井が所《もと》に行《おく》りて、勧むらく、毛野臣《けなのおみ》の軍《いくさ》を防遏《た》へよと」とある。

（15）大和朝廷の百済国に対する贔屓《ひいき》は、神功皇后の「朕《わ》が交親《むつましみ》する百済国は、是天《これあめ》の致《たま》へる所なり。人に由《よ》りての故《ゆえ》に非《あら》ず。（略）朕《わ》が存《い》けらむ時の如くに、敦《あつ》く恩恵《うつくしび》を加へよ」（『書紀』神功五十一年条）という、皇太子（応神天皇）と武内宿禰に与えた遺詔とも思われる言葉から始まっている。併せて、崇神天皇の王朝（イリ王朝）が新羅出身であることはすでに述べたが、景行天皇の系譜に繋がる王朝（タラシ王朝）は崇神王朝に反旗を翻して成立した王朝であることから、隣国であるが故に抗争が絶えず、殊更に反新羅路線を採る百済王朝に親近感を感じていたのであろう。

（16）筑紫君葛子が献上した「糟屋屯倉」は、大和朝廷が畿外に設置した後期屯倉の初見である。これら後期屯倉は、大王によって開発された直轄領的性格を持つ土地支配機構としての前期屯倉と異なり、政治的な拠点支配機構であるとの見解がある。「糟屋屯倉」の献上は、単にある一定の領地を献上したに止まらず、外交の窓口としての港湾とその機構の放棄であり、外交権の移管を伴ったものであろう。

（17）『書紀』推古十六（六〇八）年秋八月の条は「唐の客《まろうど》、京《みやこ》に入る。是の日に、飾騎《かざりうま》七十五匹を遣して、唐（隋）の客を海石榴市《つばきち》の術《ちまた》に迎ふ。額田部連《ぬかたべのむらじ》比羅夫《ひらふ》、以って礼《ゐや》の辞《こと》を告《もう》す」とし、続いて隋使・裴清が煬帝の親書を言上したとしている。しかし、同年六月の条によれば隋使はすでに二カ月前に難波津に着いており、隋帝の親書を百済で紛失したとする小野妹子の処分が論議され、天皇の裁定で赦された経緯を記している。この『書紀』秋八月条は、隋使・裴清が筑紫王朝に参じた時の状況描写であろう。隋使・裴清が携えた煬帝の親書は当然一本のみであり、これは筑紫王朝に奉呈せられたのである。筑紫王朝の奉迎使は隋使・裴清を京都平野の椿市（行橋市椿市）で迎えたのであり、隋使一行は田川郡香春から味見《あじみ》峠を越えて（現在の県道六四号線）京都郡に入ったと推測される。なお、『隋書俀国伝』では「倭王、小徳阿輩臺を遣わし、数百人を従え、儀仗を設け、鼓角を鳴らして来り迎えしむ。後十日、又大礼可多毘を遣わし、二百餘騎を従え郊労せしむ。既に彼の都に至る」とあるので、隋使・裴清を椿市で最初に奉迎したのは可多毘（額田部連《ぬかたべのむらじ》のヌカタべか）ではなく阿輩臺（安倍鳥臣《あへのとりのおみ》のアヘトリか）であったろう。

（18）『旧唐書日本条』には、日本の改名についての説明があり、その淵源にはあえて三説を併記している。

①「其の国日邊に在るを以って、故に日本を以って名と為す」

②「倭国自ら其の名の雅ならざるを悪《にく》み、改めて日本と為す」

このように倭国が自ら日本と為したのであれば日本は倭国から連続する王朝だと考えられる。

③「日本は舊《もと》小国、倭国の地を併せたり」

このように日本が倭国を併合したのであれば倭国と日本とは不連続の王朝だと考えられる。

また、『新唐書日本伝』には「或は云う、日本は乃ち小国、倭の并《あわ》す所と為る、故に其の号を冒《おか》せり」とあり、倭国が日本国を吸収し、その国名を奪って倭国を日本国と改名したとされる。この説は『旧唐書日本条』の「日本は舊《もと》小国、倭国の地を併《あわ》せたり」とは逆の立場を主張する。倭国が日本国を吸収したのか、日本国が倭国を吸収したのかは、景行天皇や神功皇后の時代まで遡り立場を変えて見ればいずれとも言い難い。景行天皇や神功皇后は確かに畿内から来て大倭国を大和朝廷の傘下に置いたが、一方、大倭国の兵力を取り込んだ神功皇后は大倭国勢力の支援の下に近畿の抵抗勢力を振り切って大和還幸を果しているからである。しかし、その時代から以降も大和朝廷と筑紫王朝が併存し、その後倭国（筑紫王朝）が滅び日本国（大和朝廷）が栄えた歴史を振り返れば、倭国が日本国に併合され吸収されたと考えるべきであろう。

（19）『魏志倭人伝』に見える邪馬台国以南の二十一の旁国のうち斯馬国・已百支国・伊邪国は海洋漁労小国家群に含まれる可能性が高いと考えるが、伊邪国には三方を山丘に囲まれ一方が海に開ける福岡市西区今宿の小空間が充てられると思う。縄文時代から今山の石斧製造で豊かな伊邪国が筑紫神話の一つの舞台である。

『古事記』の伊邪那岐命《いざなぎのみこと》・伊邪那美命《いざなみのみこと》、『書紀』の伊奘諾尊《いざなぎのみこと》・伊奘冉尊《いざなみのみこと》は国生みの神である。この二神の故地が伊邪国ではなかったか。今津湾の「凪」と「波」に擬《なぞら》えられる二神は、優しい男神と場合によっては荒れ狂う激しい女神である。国生み神話では積極的な女神が忌みられ、男神を立てる従順な女神が尊ばれるのであるが、縄文から弥生へと社会構造が進む中で女系社会から男系社会への移り変わりを示したものであろう。故に伊邪国の起源は古く、弥生前半期の紀元前の時代に生起したものであろう。なお、古田武彦は二神が国生みを行った磤馭慮嶋《おのごろしま》、『古事記』の淤能碁呂島は、冒頭の「お」が接頭語、末尾の「ろ」が接尾語で、中間の「のこ」が本来の島名であり、当該島は博多湾に浮かぶ能古島であるとし、接頭・接尾語の「お」「ろ」も小呂島となって玄界灘にあるとする（「なお」以下、古田武彦『盗まれた神話』角川書店、昭和五十四年）。

（20）『隋書俀国伝』では、大業四（六〇八）年の裴清による倭国遣使及びその送使の記事を最後に「此の後遂に絶つ」として、隋と倭国との外交は途絶えている。しかし、『旧唐書倭国条』に、唐太宗貞観五（六三一）年に倭国が唐へ遣使する記事が見え、また同二十二（六四八）年に関連記事が見えるので、「此の後遂に絶つ」をもって倭国（筑紫王朝）の消滅に直結させることはできない。

（21）古田武彦『失われた九州王朝』（角川書店、昭和五十四年）から多くの教示及び示唆を得た。

五、倭国と日本国のはざまで

これまで見てきたように、倭国・邪馬台国・大倭国と三百年以上にわたって筑紫（北部九州）に覇を誇った政治権力は、三四六年に敢行された神功皇后の筑紫（北部九州）巡幸によって大和朝廷に併合され、以後は大倭国から筑紫王朝へと、大和朝廷の傘下にある半独立国として命脈を保ってきた。特に、中国や朝鮮半島諸国との外交に関わる分野では、大和朝廷も筑紫王朝の持つ豊かな経験と人的資源に頼るほかなかったようだ。筑紫王朝はその後も「外交」を拠り所にしつつ三百年以上にわたって筑紫（北部九州）に君臨するのであるが、大和朝廷が自ら外交の表に立てる能力を備えるに従って次第に衰微し、対外的脅威も殆んど払拭された六七〇年に至って歴史の舞台から完全に消滅するのである。

最後に、わが国が中国や朝鮮半島諸国との外交・通交を行うにあたり、諸外国はわが国の代表者をどのように捉えていたのか、わが国内の現実と諸外国の捉えるわが国とに齟齬はなかったかについて触れておこう。わが国の政治権力は、天智十（六七一）年の東宮皇太弟《とうぐうこうたいてい》・大海人皇子《おおあまのおうじ》による冠位・法度の施行を機会に、大和朝廷が名実ともに完全な形で全権掌握するのであるが、それ以前の状況変化は諸外国から見れば概ね次の二段階で理解されていたのではないかと考えられ、これをわが国内から見れば四段階を経て変化したと考えられる。

① 倭国がわが国を名実共に代表した段階

② 大和朝廷がわが国の実質政権でありながら、対外的には倭国（筑紫王朝）がわが国を代表した段階

第一段階（ー三四六年）

紀元前後に中国の正史に「倭人」「倭国」として登場して以降、神功皇后の新羅親征が行われるまでの段階である。この段階では、五七年に倭の奴国王が後漢の光武帝から「漢委奴国王《かんのわのなのこくおう》」の金印を受け、二四〇年に邪馬台国の女王・卑弥呼が魏の少帝から「親魏倭王《しんぎわおう》」の金印を拝受することに代表されるように、わが国の外交・通交は名実共に九州の筑紫に拠る政権が行っていた。「倭国」や「邪馬台国」として中国正史に記録される国々である。もちろん、山陰から北陸にかけての日本海沿岸地域や瀬戸内海地域、或は南九州地域への外国人の渡来も頻繁にあり、多くの地方小国家と諸外国との通行も行われたであろうが、これらはわが国を代表する組織的な外交であるとは言えないであろう。

第二段階その一（三四七ー五二八年）

神功皇后摂政から筑紫君磐井の乱までの段階である。大和朝廷の代表者が明確な意図を持って海外に目を向けたのは神功皇后が最初であろう。仲哀天皇晩年の橿日宮《かしひのみや》（福岡市東区香椎）における仲哀天皇と神功皇后との意見の対立は、まさに海外を政治の対象にするか否かの問題であった。特に大和朝廷では、応神天皇が成人し政治の実権を掌握したであろう時代（三六〇年代中頃）から対外政策を積極的に展開するようになる。

しかし、この時代の対外交渉の具体的な担い手は「筑紫」であったと考えられる。大和朝廷が大倭国を併合したとはいえ、伊都国を始めとする大倭国の大部分の勢力は進んで大和朝廷の傘下に入り、新羅親征や神功東進に協力したのであって、それ故に大倭国は半独立国として継続維持されたのである。更に、大倭国にあっては、大和朝廷に対する恭順と反発という対立軸に揺れ動きながら、半世紀を超える権力構成の変遷を経て、国家連合としての「大倭国」から統一の王（君）を戴く「筑紫王朝」へと拡大発展することとなる。筑紫王朝の成立は五世紀初頭から前半頃と考えられるが、筑紫王朝は大倭国と同様に大和朝廷の対外政策に積極的に関わり、先頭に立って外交の実質を担ったのである。

大倭国及び筑紫王朝は、引き続き諸外国からわが国を代表する唯一の国として認証されており、大倭国及び筑紫王朝自身もまたそのように振舞っている。中でも注目すべきは、四二一年から四七八年にかけての「倭の五王」の遣宋使の派遣である。大和朝廷に対して外交実績を示したい筑紫王朝は、朝鮮半島にのみ政治的興味を示す大和朝廷に代わって皇帝や天皇の践祚《せんそ》などの節目に宋朝に使節を派遣し、大和朝廷の天皇に宋朝の除綬をもたらそうとしたのである。

　しかし、大和朝廷が百済にのみ恩恵的な施策を採り続けることに危機感を持った筑紫王朝は、朝鮮半島での外交方針を巡って遂に大和朝廷と決定的な対立を余儀なくされ、筑紫君磐井の乱へと発展する。そして大和朝廷に破れた筑紫王朝は凋落の一途を辿るが、それでも外交を軸に海洋国家としての命脈は保ち続けるのである。

第二段階その二（五二九−六〇六年）

　筑紫君磐井の乱後から遣隋使派遣までの段階である。筑紫君磐井の乱後にあっても百済重視の外交方針に大きな変化のない大和朝廷は、これまでのように筑紫王朝に外交の実質的な部分を任せることが不可能となり、筑紫（九州）を直接掌握する必要が生じた。安閑《あんかん》二（五三五）年には筑紫国《つくしのくに》、豊国《とよのくに》、火国《ひのくに》に屯倉《みやけ》を置き、翌宣化《せんか》元（五三六）年には官家《みやけ》を筑紫の那津《なのつ》に設け、大和朝廷の臣《おみ》・連《むらじ》など高官（豪族）に命じて全国各地の穀物を筑紫に運ばせて非常に備えている。これまで筑紫王朝の全面的な協力で行われてきた大和朝廷の海外派兵に係る兵站を大和朝廷自らの責務とし、九州域内は素より全国から糧食を筑紫の官家に集約することにしたのであり、これが筑紫の大宰府《おおみこともちのつかさ》の起源となる。さらに那津の官家の重要性は任那《みまな》の官家が新羅に滅ぼされた欽明二十三（五六二）年以降増大し、筑紫大宰《つくしのおおもこともち》へと拡大発展する。

　しかし、これら一連の大和朝廷の施策が、わが国内では極めて大きな政策転換であったとしても、中国や朝鮮半島諸国にはこの変化が正確に見えていたとは限らず、また、大和朝廷が自らの存在を対外的に主張し始めるのも次の段階になるのである。

第二段階その三（六〇七―六七〇）

遣隋使の派遣から筑紫王朝消滅までの段階であり、大和朝廷が積極的に外交の舞台に登場するのである。大和朝廷は推古十五（六〇七）年に大礼・小野妹子《おののいもこ》を隋へ、舒明二（六三〇）年に大仁・犬上三田耜《いぬかみのみたすき》を唐へそれぞれ派遣するが、この場合は筑紫王朝が派遣する遣隋・遣唐使船に同乗したものであろうと考えられる。これらの遣使に対する隋の答礼使が裴清《はいせい》であり唐の答礼使が高表仁《こうひょうじん》であるが、両者はいずれも筑紫王朝と大和朝廷の双方を訪問し、わが国においてはすでに筑紫王朝に代わって大和朝廷が全権を掌握している状況を見聞したのであり、両者は実際に見聞した事実に基づき隋及び唐の朝廷に報告をしたであろう。隋朝は、これを限りとして「此の後遂に絶つ」と筑紫王朝との外交を閉ざしており（ただし、隋は六一八年に滅亡する）、唐朝も、答礼使・高《こう》表仁《ひょうじん》の筑紫王朝での振る舞いの処理に若干の時間を要するものの、筑紫王朝から大和朝廷へと外交対象の軸足を確実に移していったと考えられる。

以後、わが国と百済との連合軍が白村江《はくすきのえ》の戦いで唐・新羅連合軍に大敗して百済を滅亡させ（六六三年。実態としての百済は六六〇年に滅んでいる）、また唐・新羅連合軍が高句麗を滅ぼす（六六八年）などの大波濤の中において、大和朝廷はこれまで以上に遣唐使船や遣新羅船による近隣外交を重要視し、中国や新羅から確かな認知を確保するのである。このような大和朝廷の外交努力は、大宝三（七〇三）年に大和朝廷が派遣した大臣・粟《あわ》田朝臣真人《たのあそみまひと》を大使とする遣唐使の受け容れに当って、当時の則天武后《そくてんぶこう》が直接饗宴し官職を授与するなど、最高の歓迎を受けるという成果に結実したと言える。

結局、この段階の外交は、筑紫王朝が隋朝や唐朝からの信頼を失い、相対的に大和朝廷の対外認知度が高まった六十年間であったと云えよう。そして、対外関係も落ち着きを見せる天智十（六七一）年正月、大和朝廷が営々と公布してきた冠位・法度を東宮皇太弟大海人皇子《とうぐうこうたいていおおあまのおうじ》の詔勅により一気に施行し、国の内外に新しい統一国家としての「日本国」の誕生を高らかに宣言したのである。

主要史料・参考文献

主要史料

『魏志倭人伝・後漢書倭伝・宋書倭国伝・隋書倭国伝』和田清・石原道博編訳、岩波書店、昭和二十六年
『三国史記』一－四、井上秀雄訳注、平凡社、昭和五十五－六十三年
『古事記　上代歌謡』荻原浅男・鴻巣隼雄校注・訳、小学館、昭和四十八年
『日本書紀』一－五、坂本太郎・家永三郎ほか校注、岩波書店、平成六－七年
『風土記』植垣節也校注・訳、小学館、平成九年
『万葉集』佐竹昭広・木下正俊・小島憲之著、塙書房、昭和四十七年

参考史料

『旧唐書倭国日本伝』和田清・石原道博編訳、岩波書店、昭和三十一年
『翰苑』竹内理三校訂・解説、吉川弘文館、昭和五十二年
『日本書紀新講』上・中・下、飯田季治著、明文社、昭和十一年
『国史大系続日本紀』前編・後編、黒板勝美編、吉川弘文館、昭和四十一年
『風土記』吉野裕訳、平凡社、平成十二年
『万葉集地名歌総覧』樋口和也著、近代文芸社、平成八年

参考文献（書籍名による五十音順）

『海人と天皇』上・下、梅原猛著、朝日新聞社、平成三年
『伊都国を掘る』柳田康雄著、大和書房、平成十二年
『怡土志摩地理全誌』一・二、由比章祐著、糸島新聞社、平成元－二年
『失われた九州王朝』古田武彦著、角川書店、昭和五十四年
『埋もれた邪馬台国の謎』上田正昭・田辺昭三編、旺文社、昭和五十六年
『エッセイで楽しむ日本の歴史』上、文芸春秋編集部編、文芸春秋社、平成五年
『神々と天皇の間』鳥越憲三郎著、朝日新聞社、昭和四十五年
『神々の流竄』梅原猛著、集英社、昭和六十年
『紀年を解読する』高橋修三著、ミネルヴァ書房、平成十二年
『九州を制覇した大王』河村哲夫著、海鳥社、平成十八年

『九州王朝の歴史学』古田武彦著、駸々堂、平成三年
『九州考古学散歩』柴田勝彦著、学生社、昭和四十五年
『九州考古学散歩』小田富士雄編著、学生社、平成十二年
『九州古代王朝の謎』荒金卓也著、海鳥社、平成十四年
『九州の古代文化十二講』小田富士雄著、文栄出版、昭和六十二年
『消された邪馬台国』安藤輝国著、香匠庵、昭和六十年
『研究史戦後の邪馬台国』佐伯有清著、吉川弘文館、昭和四十七年
『ここに古代王朝ありき』古田武彦著、朝日新聞社、昭和五十四年
『「古事記」「日本書紀」総覧』歴史読本編集部、人物往来社、平成元年
『古事記への旅』荻原浅男著、日本放送出版協会、昭和五十四年
『古代九州』小田富士雄監修、平凡社、平成十七年
『古代史を行く』朝日新聞西部本社編、葦書房、昭和五十九年
『古代は輝いていた』一・二、古田武彦著、朝日新聞社、昭和五十九年−六十年
『古墳の話』小林行雄著、岩波書店、昭和三十四年
『三角縁神獣鏡と邪馬台国』王仲殊・樋口隆康・西谷正著、梓書院、平成九年
『実在した神話（新装版）』原田大六著、学生社、平成十年
『女王卑弥呼の「都する所」』上野武著、ＮＨＫ出版、平成十六年
『図説韓国の歴史』金両基監修、姜徳相・鄭早苗・中山清隆編、河出書房新社、昭和六十三年
『図説歴史散歩事典』井上光貞編、山川出版社、昭和五十四年
『清張通史（一）邪馬台国』松本清張著、講談社、昭和五十一年
『清張通史（二）空白の世紀』松本清張著、講談社、昭和五十二年
『装飾古墳の秘密』日下八光著、講談社、昭和五十三年
『大宰府の歴史』一、古都大宰府を守る会編、西日本新聞社、昭和五十九年
『中国と日本の歴史地図』武光誠著、ベストセラーズ、平成十五年
『天皇家の〝ふるさと〟日向をゆく』梅原猛著、新潮社、平成十七年
『「天皇陵」総覧』歴史読本編集部、人物往来社、平成五年
『天文考古学入門』桜井邦朋著、講談社、昭和五十七年
『西日本古代紀行』河村哲夫著、西日本新聞社、平成十三年
『日本史広辞典』日本史広辞典編集委員会編、山川出版社、平成九年

『日本史小百科「神社」』岡田米夫著、近藤出版社、昭和五十二年
『日本史探訪（二）古代王国の謎』角川書店編、角川書店、昭和五十八年
『日本神社総覧』歴史読本編集部、人物往来社、平成三年
『日本神話事典』大林太良・吉田敦彦監修、大和書房、平成九年
『日本二千年の人口史』鬼頭宏著、ＰＨＰ研究所、昭和五十八年
『日本の古代一　倭人の登場』森浩一編、中央公論社、昭和六十年
『日本の中の朝鮮文化』十、金達寿著、講談社、昭和六十三年
『盗まれた神話』古田武彦著、角川書店、昭和五十四年
『東アジアのなかの日本古代史』田村圓澄著、吉川弘文館、平成十三年
『風土記を学ぶ人のために』植垣節也・橋本雅之編、世界思想社、平成十三年
『風土記の考古学』四・五、小田富士雄編、同成社、平成七年
『邪馬壱（台）国発見記』いき一郎著、創世記、昭和五十九年
『邪馬一国の証明』古田武彦著、角川書店、昭和五十五年
『邪馬一国の挑戦』古田武彦著、徳間書房、昭和五十八年
『邪馬台国』榎一雄著、至文堂、昭和五十三年
『邪馬台国』朝日新聞学芸部編、朝日新聞社、昭和五十一年
『邪馬台国が見える』坪井清足監修、日本放送出版会、平成元年
『邪馬台国基本論文集』一－三、佐伯有清編、創元社、昭和五十六－五十七年
『邪馬台国研究総覧』三品彰英編著、創元社、昭和四十五年
『邪馬台国辞典』武光誠編、同成社、昭和六十一年
『邪馬台国発掘』奥野正男著、ＰＨＰ研究所、昭和五十八年
『「邪馬台国」はなかった』古田武彦著、角川書店、昭和五十二年
『邪馬台国ハンドブック』安本美典著、講談社、昭和六十二年
『吉野ケ里の秘密』古田武彦著、光文社、平成元年

あとがき

本書を著すについては、「はじめに」で述べた通り、若い人々が歴史を興味の対象から遠ざけつつあるのではないか、歴史を学ぶことは私たち一人ひとりの生き方にも示唆を与えるに違いない、などの思いがあり、また、歴史は単に語られたものを学習するというものではなく、自らが考え、遙かに時空を超えたそれぞれの時代に自らを置きながら考察することが重要であるとの思いがあった。そのため、本書はできるだけ簡明を心がけ、いちいち他に原典を用意する手間を省くため、理解に必要な最少限の資料を掲載するなど、読者が手軽に歴史散歩を楽しめる工夫をしたつもりである。加えて、読者と共に考えるため、あえて通説から離れた見解や新しい独自の着想なども取り入れたが、これらは筆者が市井の素人であるからこそ可能となったのかもしれない。

また、本文でも述べた通り、日本歴史の古典である『古事記』『日本書紀』『風土記』は、わが国が世界に誇りうる極めて貴重な第一級の歴史文献である。かつては皇国史観の形成や国粋主義の発揚に利用され、第二次世界大戦後はその反動から全く無視されたり偽書扱いまでされたのであるが、『古事記』には稗田阿礼《ひえだのあれ》や太安万侶《おおのやすまろ》が渾身の力を注いだのであり、『日本書紀』にあっても舎人親王《とねりしんのう》を中心とする選ばれた撰者たちがおよそ四十年の歳月をかけ幾多の困難を乗り越えて編纂したのである。もちろん、創作や脚色が随所に含まれていることは承知しているが、それをもって全てを否定すべきではなかろう。本書はこれらの史料を用いるにあたり、十分な注意を払いながらも積極的に活用したつもりである。

第一部「景行天皇と巡る西海道歴史紀行――わが国の起源を求めて九州を歩こう」は、景行天皇が筑紫（九州

＝西海道）を巡幸した順路に沿って、主として『日本書紀』『風土記』を手掛かりに旅を進めてみた。この過程で、①武力行使を含めて行動は極めて用心深く慎重である、②武力行使に当たり当該地方を熟知する豪族を登用し先鋒としている、③恭順するものは赦して自らの支配に服させ、抗戦するものは徹底的に壊滅させている、④戦闘を主導した豪族をもって占領地域を経営させているなど景行天皇の地方経営戦略及び大和朝廷における組織形成過程の一端を窺うことができたと思う。

また、現地踏査を行うことにより、『日本書紀』の記述が極めて正確であることが実証され、景行天皇の筑紫（九州）巡幸が史実であると確信できたことは大きな成果であったと考える。

第二部「大和王権に先行する筑紫王権――その曙光から終焉まで」は、筑紫（北部九州）に発生した「クニ」がわが国初の国家である「倭国」となり、それが「邪馬台国」「大倭国」「筑紫王朝」として変遷し、やがて畿内に発生した「大和朝廷」に吸収されるまでの筑紫王権の通史を試みた。筑紫王権の通史を語るに当たり、大和王権の存在にも踏み込むことになったが、大和朝廷の創始者たる崇神天皇の出自を尋ねることにより、崇神王朝と新羅王朝の近親性が明らかになり、崇神王朝を簒奪し継承した景行天皇による応神王朝確立へのプロセスを垣間見ることができた。さらに、大和朝廷を呪縛する百済偏重政策が神功皇后による一遍の詔勅に起因しており、結果として白村江の大敗戦を惹起し、百済を滅亡させたことを知り得たが、これも望外の成果であったと思う。

また、執筆に当たって最も苦労したのは通史の前提ともなる『日本書紀』の編年を通常の西暦年表に修正する作業であった。『漢書』『後漢書』『三国志』『宋書』などの中国正史や朝鮮の『三国史記』などの紀年を指標にしながら『日本書紀』の紀年の修正を行い、何とか理解しやすい年表になったと思っている。若い人を中心に多くの人が本書を手にし、歴史、とりわけわが国の歴史に幾許《いくばく》かでも興味を示していただけたなら幸いである。

末尾ながら、出版に当たり力強く背中を押してくれた河村哲夫アクロス福岡副館長、お忙しい中にあって「発刊に寄せて」で巻頭を飾っていただいた光安常喜九州国立博物館副館長、執筆の機会を与えていただいた海鳥社の西俊明社長及び出版までの全般にわたり丁寧に指導いただいた田島卓同社編集担当に厚くお礼を申し上げる。

最後に、本書は定年を迎え還暦を機会に初めて取り組んだ筆者の処女出版である。常に現地踏査に同行し、途中筆者が癌（咽頭癌）を患い闘病生活を強いられたときには病床で優しく励まし、快癒しての現地踏査にも細心の注意を払いながら同行してくれた最愛の妻・静子に本書の最初の一冊を贈り心からの感謝の気持ちとしたい。

平成十八年八月

福岡県前原市の自宅書斎にて　榊原　英夫

榊原 英夫（さかきばら・ひでお）
昭和18（1943）年生まれ。大分県出身。九州大学文学部史学科卒業。福岡県職員として環境保全施設計画室長，地域政策課長，国際交流課長，企画振興部次長，秘書室長（理事），教育次長，（財）福岡県国際交流センター専務理事などを歴任し，平成18（2006）年離職。

景行天皇《けいこうてんのう》と巡《めぐ》る西海道《さいかいどう》歴史《れきし》紀行《きこう》
わが国《くに》の起源《きげん》を求《もと》めて九州《きゆうしゆう》を歩《ある》こう

■

2006年12月20日　第１刷発行

■

著者　榊原 英夫
発行者　西　俊明
発行所　有限会社海鳥社
〒810-0074　福岡市中央区大手門３丁目６番13号
電話092(771)0132　FAX092(771)2546
印刷　有限会社九州コンピュータ印刷
製本　日宝綜合製本株式会社
ISBN 4-87415-604-5
http://www.kaichosha-f.co.jp
［定価は表紙カバーに表示］

筑紫王権関連年表

この『日本書紀』修正年表を作成するに当たっては，次の方法に拠ることとした。
①外国史料にあらわれた紀年及び事績を尊重して骨格とする。
②外国史料と日本書紀の整合は，これまでの研究成果を基に新たな関連付けを行う。
③重複あるいは前後して掲げる『日本書紀』の同一事績は，合理的な方向に整理する。

また，本年表の活用に当たっては，次の事項に留意されたい。
①各項冒頭の西暦紀年は修正紀年を用いており，崇神天皇以降に記される冒頭（ ）の和年号も修正を加えたものである。
②各項末尾の（ ）内は，出典及び当該出典が記す修正前の紀年である。ただし，末尾の（ ）に修正前の紀年が記されていない項目については，原則として特段の修正を施していない。
③＊は，補足すべきこと，修正年表の作成で留意したことなど，本年表を理解するに当たっての利便に供する事項である。
④干支は十干と十二支の組み合わせで構成される紀年法で，六十年で一巡（「運《うん》」という）する。干支紀年法では，一運以内の事象であれば正確に記述されるが，それを超える年代については前後関係が不明瞭となる欠点がある。古代中国の讖緯《しんい》説によれば，辛酉の年に革命があり，二十一運（「蔀《ぼう》」という）の辛酉の年には大革命があるとする。

B.C.
100頃　倭人《わじん》分れて百余国となる。（漢書）
A.D.
8　**前漢滅亡，新建国**（－25）
この頃　倭人が新羅の海岸地方に侵入する。（三国史記）
25　**新滅亡，後漢建国**（－220）
57　奴《な》国王，後漢光武《こうぶ》帝より「漢委奴国王《かんのわのなのこくおう》」の印綬を賜う。（後漢書）
59　倭国と新羅が国交を結び使者を交換する。**［倭国の初見］**（三国史記）
73　倭人が新羅の木出島に侵入する。（三国史記）
107　倭国王帥升《すいしょう》，後漢に生口《せいこう》を献じ，請見を願う。（後漢書）
121　倭人が新羅の東部辺境に侵入する。（三国史記）
123　倭国と新羅が講和する。（三国史記）
147－188　倭国乱れ，歴年相攻伐する。（魏志，後漢書）
＊『梁書』では「霊帝の光和年間（178－184）」に倭国（邪馬台国）乱れ，歴年相攻伐

したとする。

この頃　倭国（邪馬台国《やまだいこく》）卑弥呼を王とし，攻伐収まる。**［邪馬台国の創始］**（魏志）

193　倭国が大飢饉にみまわれ，倭人千余人食料を求めて新羅に渡る。（三国史記）

208　倭人が新羅の国境を侵す。（三国史記）

220　**後漢滅亡，魏建国**（－265）

232　倭人が突然新羅に侵入して金城《きんじょう》を包囲する。（三国史記）

233　倭軍が新羅東部の国境を侵す。（三国史記）

同　卑弥呼，新羅に使者を送る。（三国史記173・干支１運下げ）

同　新羅の于老《うろう》が沙道《さどう》で倭軍と戦う。（三国史記）

239　卑弥呼，大夫難升米《なんしようまい》らを魏に遣使し朝貢する。魏の明《めい》帝，卑弥呼を「親魏倭王《しんぎわおう》」とし，金印紫綬・銅鏡100枚などを与える。（魏志）

＊この年の魏の紀年（景初３年）銘を持つ銅鏡が大阪府黄金塚古墳・島根県神原古墳から出土する。

240　魏，倭に建中校尉梯儁《けんちゆうこういていしゆん》らを派遣し，詔書・印綬を卑弥呼に伝える。（魏志）

243　倭の女王卑弥呼，魏に遣使する。（魏志）

＊『魏志倭人伝』には「倭王」が遣使したとするが，『魏志』少帝紀の正始４（243）年冬12月の条に，「倭国女王卑弥呼，使を遣して奉献す」とあり，両条は対応するものであろう。

この頃　邪馬台国と狗奴《くぬ》国相攻伐する。（魏志）

245　魏，邪馬台国の難升米《なんしようまい》に黄幢《こうとう》を仮授する。（魏志）

この頃　邪馬台国と狗奴国《くぬこく》が引き続き相攻伐する。（魏志）

247　魏の帯方郡に太守王頎《たいしゆおうき》が赴任する。倭，載斯烏越《さいしうえつ》らを魏の帯方郡に遣使し，倭女王卑弥呼と狗奴国王卑弥弓呼《ひみくこ》とが相攻撃する状を説く。魏，倭に遣使し，詔書・黄幢を難升米に拝仮し，檄《げき》を為《つく》り告喩する。（魏志）

248　卑弥呼死す。径百歩の冢を作り，奴婢百余人を殉葬する。（魏志，北史）

＊『北史』に「正始中（240－248），卑弥呼死す」とある。卑弥呼の死は，前年247の可能性もある。

この頃　邪馬台国は男王に服せず相誅殺し，千余人を殺す。（魏志）

249　倭人が新羅の于老を殺す。（三国史記）

この頃　台与《とよ》が邪馬台国女王となり国中遂に定まる。台与，魏に遣使する。(魏志)

262　新羅の味鄒《みすう》王（金氏）が即位する。(三国史記)

同　新羅の王子・天日槍《あめのひほこ》が来朝する。(書紀前27・垂仁３)

＊天日槍《あめのひほこ》は，新羅を弟・知古《ちこ》に授けて来日（書紀垂仁３年一云）していることから新羅13代味鄒《みすう》王（262－284。金氏，別称に味照・未古など。父は葛文王仇道《きゅうどう》）の光明《こうみょう》夫人の同母兄にあたる乞淑《こつしゅく》（昔氏，新羅15代基臨王の父）であると考えられ，昔《せき》氏から金《きむ》氏への政権移転期における新羅での王位抗争に関連して日本に亡命したものであろう。新羅における金氏の統治は13代味鄒王に始まり，14代から16代まで昔氏が復権するものの，再び17代奈勿《なこつ》王以降は長く金氏の統治が続くこととなる。

天日槍は，後に垂仁《すいにん》天皇となる活目入彦五十茅命《いくめいりびこいさちのみこと》（『書紀』では，崇神《すじん》天皇の第３子）の協力のもと，但馬《たじま》を中心に播磨《はりま》・淡路《あわじ》・近江《おうみ》・若狭《わかさ》・出雲《いずも》などを根拠にし，邪馬台国を構成する一部の国（伊邪国・投馬国）の支援も受けつつ，15年の歳月をかけて畿内大和に新王朝（三輪《みわ》王朝・イリ王朝）を確立した崇神天皇・御間城入彦五十瓊殖命《みまきいりびこいにゑのみこと》に比定できる。

新羅15代基臨《きりん》王（昔氏。298－310）は，当時の南韓における日本軍（鹽乗津彦《しおのりつびこ》軍）の活躍を背景に，崇神天皇（新羅昔氏乞淑）の第４子・彦五十狭茅命《ひこいさちのみこと》（古事記では伊邪《いさ》能真若命《のまわかのみこと》）が日本国（崇神朝）の影響下で擁立されたものであろう。新羅は基臨王３(300）年には倭国と国使を交換して友好関係を樹立するものの，倭国により惨殺された于老《うろう》を父に持ち基臨王との血縁も遙かに遠い第16代訖解《きつかい》王（昔氏）や第17代奈勿王（金氏）以降には，新羅と倭国との間に再び緊張関係が生起する。

265　**魏滅亡，西晋建国（－317）**

266　倭女王（台与），訳を重ねて晋に貢献する。(書紀266・神功66，晋書・起居注)

＊同じ記事は，『晋書』武帝紀に「泰始２（266）年11月己卯，倭人来りて方物を献ず」とあり，同・四夷伝倭人条に「泰始，初めて使を遣わし訳を重ねて入貢す」とある。晋建国及び武帝即位に対する倭国の表敬であろう。

＊この頃，畿内大和において御間城入彦五十瓊殖命（崇神天皇）が新王権を確立したと考えられる。崇神天皇の即位年は，新羅儒礼《じゅれい》王４（287）年の「倭人が1000人を連れ去る」とする『三国史記』新羅本紀の記事と崇神11年の「多くの人が帰化する」とする『書紀』の記事が同一の事績と考えられることから，崇神11年を西暦287年とし，順次遡ると崇神元年は西暦277年となる。

277（崇神１）　⑩**崇神天皇即位**（在位14，書紀在位68）**［大和朝廷の創始］**（書紀前97・崇神１）

281（崇神５）　国内に疫病が流行し，天皇は神祇を祭る。(書紀前93・崇神５)

284（崇神８）　新羅の儒礼《じゅれい》王（昔氏）が即位する。（三国史記）
285（崇神９）　盾矛を以って墨坂《すみさか》神・大坂《おおさか》神を祭る。（書紀前89・崇神９）
286（崇神10）　武埴安彦《たけはにやすびこ》の謀反を討伐する。（書紀前88・崇神10）
同　四道将軍を北陸・東海・西道・丹波に派遣する。（書紀同）
この頃　任那《みまな》国から将軍派遣の要請を受け，鹽乗津彦《しおのりつびこ》を派遣する。（姓氏録）
この頃　邪馬台国と狗奴国の攻伐収まり，大同団結する。**［大倭国の創始］**
287（崇神11）　倭人が新羅の一礼部を襲い，1000人を連れ去る。（三国史記）
同　異俗（海外）の人が多く帰化する。（書紀前87・崇神11）
同　任那国が蘇那曷叱知《そなかしち》を遣わし朝貢する。（書紀前33・崇神65）

＊蘇那曷叱知は天日槍であり崇神天皇であると考えられるが，任那から国王級の有力者が来日し，崇神天皇に表敬したのであろう。この時点で崇神王朝はようやく安定期を迎えたと言える。

＊『三国史記』新羅本紀によれば，287年から294年まで倭国による新羅への攻撃が集中的に行われている。『書紀』崇神11年に「是歳，異俗《あたしくにのひと》多く帰《まうき》て，国内安寧《やすらか》なり」とあり，翌崇神12年の詔に「異俗も訳《をさ》を重ねて来《まう》く。海外《わたのほか》までも既に帰化《もうおもぶ》きぬ」と見えるが，これは崇神７年の「亦海外の国有りて，自《おの》づからに帰伏《まうしたが》ひなむ」とする大物主神の霊夢に密接に関連するものである。このことは，『新撰姓氏録』吉田連の譜に「崇神天皇の御代に任那国より奏《まを》して曰《まをさ》く，『臣が国の東北・三己汶《こもん》の地（基汶川《きもんがわ》，即ち蟾津江《せんしんこう》の流域）は，地方300里，土地人民亦た富饒《ふじょう》なれども，新羅と相争ひ，彼此を摂治《をさ》むる能《あた》はず。兵戈相尋《つ》ぎ，民・聊《しばら》くも生《やす》まず。臣，将軍を請ひて此地を治め令《し》め，即ち貴国の部と為さむ』と。（略）天皇，鹽乗津彦《しおのりつびこ》命に令《おほ》せて，遣して鎮守と為たまふ。彼の俗《くにびと》，宰と称し吉《きし》と為《い》ふ。（略）」と見える記事に対応するものであろう。このことから，崇神11年の是歳を新羅儒礼王４（287）年の倭人が新羅の一礼部を襲った年に充てるのが相当である。また，任那国・蘇那曷叱知《そなかしち》の来朝も崇神12（288）年の詔に取り込まれていると考えられることから287年であったと推定し，帰国は任那王への賜物を新羅が奪う記事が見える５年後で，倭軍が新羅の沙道城を攻撃した292（書紀前28・垂仁２）年であろうと考える。

崇神12（288）年の詔の「異俗《あたしくにのひと》も訳《をさ》を重ねて来《まう》く。海外《わたのほか》までも既に帰化《まうおもぶ》きぬ」について，岩波書店『日本書紀』の脚注は「これまで外国人の来朝や帰化の記事はない。或いは四道将軍による畿外服属の記事をさすか」とするが，鹽乗津彦の任那派遣（倭人の新羅襲撃）と朝鮮半島からの多数の来日・帰化は密接不可分に関連するものであり，『書紀』の記事相互の不整合（前後）があるものの，同詔の記事はこれらの外交事実を反映したものであると考える。

288（崇神12）　崇神天皇を「御肇国天皇《はつくにしらすすめらみこと》」と奉る。（書紀前86・崇神12）

289（崇神13） 倭兵攻撃の情報に，新羅は船や兵器を修理する。（三国史記）
290（崇神14） 崇神天皇，崩御する。（書紀前30・崇神68）

＊崇神11（287）年に任那から来朝した国王級の有力者（『書紀』は蘇那曷叱知とする）が帰国するが，この年（『書紀』垂仁２年）は任那王への賜物を新羅に奪われたことから，その報復として倭軍が新羅の沙道城を攻撃した新羅儒礼王９（292）年に相当する。よって垂仁天皇の即位は291年となり，崇神崩御は290年となる。このため崇神天皇の修正治世年数は14年となるが，『書紀』による崇神天皇の治世年数は68年である。この間において54年の治世延長が図られている。『書紀』垂仁25年一云に，崇神天皇は神祇を祭祀するとは雖もその根源を探らず主要でない枝葉に留まっていたので「天皇（崇神）命短し」と倭大国魂神《やまとのおおくにたまのかみ》が託宣している。『書紀』では崇神天皇を120歳の長寿としている（書紀崇神68年）が，当時において崇神天皇が短命であったことは広く周知されていたと思われる。仮に20歳代で来日したとすれば，雌伏15年，即位後14年で50歳代の崩御となろう。また，この倭大国魂神の託宣は，崇神天皇がそれまでに培った既存勢力の経緯を十分尊重しないことへの不満であり，旧勢力から新規渡来勢力への警鐘であったろう。

291（垂仁１） **⑪垂仁《すいにん》天皇即位**（在位20，書紀在位99）（書紀前29・垂仁１）
292（垂仁２） 任那の蘇那曷叱知《そなかしち》（都怒我阿羅斯等《つぬがあらしと》・于斯岐阿利叱智干岐《うしきありしちかんき》）帰国し，賜物を新羅に奪われる。（書紀前28・垂仁２）
同 倭兵が新羅の沙道《さどう》城を攻める。（三国史記）
293（垂仁３） 新羅が沙道城を改築し，八十余家を移す。（三国史記）

＊『書紀』垂仁３年条に天日槍来朝の記事がある。この記事は，『古事記』の応神天皇段に掲載される新羅の王子・天之日矛の来日と同じ内容であり，また，逃げた女人を追って来日する天之日矛の説話（応神記）は，崇神朝に来朝したとする意富加羅国《おほからくに》の王子・都怒我阿羅斯等《つぬがあらしと》（垂仁２年是歳第２の一云，崇神65年に来朝した任那国の蘇那曷叱知が垂仁２年に帰国するもの）の説話に酷似する。さらに，『三国遺事』の巻１には，新羅の王子・延烏郎《えんうろう》が東海（日本海）から日本に渡って王となり，その妻・細烏女《さいうめ》がこれを追い至って貴妃となる説話がある。これらの記事は，一の事績が複数の説話に分化し渾然と伝えられたものと思われる。天日槍（天之日矛）や都怒我阿羅斯等について，『書紀』は崇神天皇（垂仁天皇）と関連付け，『古事記』は応神天皇と関連付けているが，これらは『記紀』の編纂者に両天皇が渡来者であるとする意識があったからであろうと思われる。本書はこれらの渡来説話を総合し，本文（第２部３章⑴「畿内大和における新政権の勃興」）及び本年表262年の注（＊）で論じた通り，崇神天皇が天日槍来日の15年後の姿であると捉えている。なお，『古事記』応神天皇段の天之日矛伝説は神功皇后の出自を説明することに主眼が置かれたものである。

294（垂仁４） 倭兵が新羅の長峯城を攻める。（三国史記）

295（垂仁５）　新羅が倭兵対策を協議する。（三国史記）

同　　　　　　狭穂《さほ》彦《びこ》王《のみこ》の謀反を討伐する。（書紀前25・垂仁５）

297（垂仁７）　出雲の野見宿禰《のみのすくね》が当麻の当麻蹶早《たぎまのくゑはや》を殺す。（書紀前23）

298（垂仁８）　新羅の基臨《きりん》王（昔氏）が即位する。（三国史記）

＊本文（第２部３章⑴「畿内大和における新政権の勃興」）及び本年表262年の注（＊）で論じた通り，新羅の基臨王は崇神天皇の第４子・彦《ひこ》五十《い》狭茅命《さちのみこと》（伊邪能真《いざのま》若命《わかのみこと》）が擁立されたものであろう。

300（垂仁10）　倭国と新羅は国使を交換する。（三国史記）

この頃　　　　出雲の神宝を献上させる。（書紀前38・崇神60，書紀前４・垂仁26，書紀58・垂仁87）

この頃　　　　但馬の神宝を献上させる。（書紀59・垂仁88）

この頃　　　　灌漑池を造り農業用池溝を掘らせる。（書紀前36・崇神62，書紀６・垂仁35）

310（垂仁20）　垂仁天皇，纏向宮《まきむくのみや》にて崩御する。（書紀70・垂仁99）

＊垂仁天皇の事績は，崇神天皇の事績と類似し重なるものが多い（次表）。崇神天皇と垂仁天皇とは，協力して同時進行の形で国作りを行ったものであり，両天皇の治世は本来重複し渾然一体化していると考えられるが，敢えて両天皇の治世を区分するとすれば本年表のとおりとなろう。なお，『書紀』垂仁25年本文によれば，垂仁天皇は阿倍・和《わ》珥《に》・中臣・物部・大伴の遠祖となる五大夫に対して，崇神天皇の敬神の遺徳を継ぐ決意の詔を発している。これは崇神14（290）年の注（＊）で述べた倭国魂神による崇神天皇短命の託宣と表裏をなすものである。つまり，垂仁24年に崇神天皇が崩御し，垂仁25年から垂仁天皇の単独政権となったのではないかとも考えられる。この点に立脚すれば，崇神・垂仁両王朝の34年間は，前半の24年間が崇神天皇中心の双頭王朝，後半の10年間が垂仁天皇の単独王朝であったことになる。この場合，本年表の崇神崩御及び垂仁天皇即位が，それぞれ10年下ることになる。

崇神天皇		垂仁天皇	
7	天神地祇を祭り神地・神戸を定める	27	天神地祇を祭り神地・神戸を定める
9	赤黒の盾矛を以って墨坂神・大坂神を祭る	27	兵器を以って神祇を祭る
10	武埴安彦・吾田媛が謀反する	5	狭穂彦王・狭穂姫が謀反する
12	天下太平の世をみちびく	35	天下太平の世をみちびく
48	各皇子の夢を占い皇太子を選ぶ	30	各皇子の希望により皇太子を選ぶ
60	出雲の神宝を献上させる	88	但馬の神宝を献上させる
62	河内の狭山に農業用池溝を開く	35	諸国に農業用池溝を開く
62	依網・苅坂・反折の灌漑池を造る	35	高石・茅淳・狭城・迹見の灌漑池を造る
65	任那の王子・蘇那曷叱知が来朝する	3	新羅の王子・天日槍が来朝する

*垂仁天皇の修正治世年数は20年となるが，『書紀』による垂仁天皇の治世年数は99年である。この間において79年の治世延長が図られている。

311（景行１）　⑫**景行《けいこう》天皇**（⑬成務《せいむ》天皇）**即位**（在位31，書紀在位60）（書紀71・書紀131）

*景行天皇と成務天皇は，崩御年齢・在位期間が同じで，即位太歳干支も同じである。また，成務天皇は60年の在位中，景行天皇の事績を集成したのみで特段の事績がない。しかも『書紀』の記事は極めて短く妻子の記載もなく，『古事記』には妻子の記事はあるものの景行紀51年の日本武尊の妻子（弟橘媛と稚武彦王）の伝が紛れた可能性があり記事全体も極めて乏しい。成務天皇の和風諡号・稚足彦《わかたらしひこ》は景行の和風諡号・大足彦忍《おおたらしひこお》代別《しろわけ》に類似し，しかも軽々しい。このようなことから，成務天皇は実在せず，成務天皇の事績は景行天皇のそれを分割したものであると考えられるが，崇神朝と景行朝は二頭政治（崇神天皇と垂仁天皇，景行天皇と成務天皇）体制であり，『記紀』編纂に当ってこれを前後の天皇として組み替えたと考えることがより妥当であるように思われる。

*『書紀』編纂にあたって，景行天皇の即位年を干支４運（240年），成務天皇の即位年を干支３運（180年）繰り上げたと考えられる（いずれも辛未）。景行天皇の治世には外国史料と直接比較できる材料はないが，312年に新羅の訖解《きつかい》王が倭国王の求めに応じて花嫁を送ったことは，前年に皇位を継承した新天皇（景行）に対する忠誠の証（人質）であったと考えられ，これは次の14代仲哀天皇が即位にあたって同様に花嫁を新羅に求めたことからも裏付けられる。また，『書紀』に見える景行天皇の具体的な事績が31年にわたるので，これが景行天皇の在位期間とも考えられる。

312（景行２）　新羅は倭国の求めに応じ，阿飡急利《あさんきゅうり》の娘を倭国に送る。（三国史記）

315（景行５）　熊襲《くまそ》親征のため筑紫《つくし》に行幸する。周芳《すは》国・豊前国・豊後国を経て日向《ひむか》国の高屋宮《たかやのみや》（321まで）に坐す。（書紀82・景行12）

316（景行６）　襲《そ》国（大隅《おおすみ》国贈於《そお》郡）を平定する。（書紀83・景行13）

317　**西晋滅亡，東晋建国**（－419）

320（景行10）　子湯県《こゆのあがた》（日向国児湯《こゆ》郡）に行幸する。（書紀87・景行17）

321（景行11）　高屋宮を発し熊県（肥後国球磨《くま》郡）から肥後国・筑後国・肥前国を巡狩して豊前国宇佐に到る。（書紀88・景行18）

322（景行12）　筑紫行幸を終え纏向日代宮に坐す。（書紀89・景行19）

*網掛けは景行天皇による筑紫（九州）巡幸（熊襲親征）の８年間を示す。

324（景行14）　武内宿禰《たけしうちのすくね》に北陸・東国を巡察させる（326まで）。（書紀95・景行25）

326（景行16）　日本武尊《やまとたけるのみこと》に熊襲を撃たせる（327まで）。（書紀97・景行27）

328（景行18）　日本武尊に東夷を撃たせる（330まで）。（書紀110・景行40）

334（景行24）　景行天皇，東国を巡幸する。（書紀123・景行53）
この頃　国郡に造長《みやつこおさ》を，県邑《あがたむら》に稲置《いなき》を置く。（書紀135・成務５）
341（景行31）　景行天皇，高穴穂宮にて崩御する。（書紀130・景行60）

＊景行天皇及び成務天皇の修正治世年数は31年となるが，『書紀』による両天皇の治世年数は合わせて120年である。この間において89年の治世延長が図られている。

343（仲哀１）　⑭**仲哀《ちゅうあい》天皇即位**（在位4，書紀在位９）（書紀192・仲哀１）

＊即位前１年空位。

344（仲哀２）　仲哀天皇は紀伊・徳勒津宮《ところつのみや》から，神功皇后は角鹿《つぬが》・笥飯宮《けひのみや》から，それぞれ穴門豊浦宮《あなとのとゆらのみや》に行幸する。（書紀193・仲哀２）
同　倭国が求めた花嫁を新羅は拒否する。（三国史記）
345（仲哀３）　倭王が国書を送って新羅との国交を断絶する。（三国史記）
同　筑紫（橿日宮《かしひのみや》）に行幸する。（書紀199・仲哀８）

＊熊襲（この場合「大倭国」が征討対象であろう）が叛いたにせよ新羅との関係が緊迫したにせよ，いずれにしても速やかに筑紫に赴いたであろう。仲哀天皇の皇位継承にあたり，景行天皇の場合と同様に忠誠の証（人質）としての花嫁を新羅に求めたが拒否されたため，熊襲討伐から新羅親征へと急遽施策方針が大きく変更されたものと考えられる。大倭国の盟主である伊都国王が逸早く恭順し，大倭国（熊襲）を誅滅させる名目が失われたことも新羅親征へ向かう一因となったであろう。

346（仲哀４）　仲哀天皇，崩御する。（書紀200・仲哀９）
同　吉備臣の祖鴨別に熊襲国（大倭国）を撃たせる。**［大和朝廷による大倭国の併合］**（書紀同）
同　神功皇后，筑紫の羽白熊鷲《はじろくまわし》を撃滅する。**［邪馬台国滅亡］**（書紀同）

＊羽白熊鷲は邪馬台国の系譜を引く「邪馬国」の王であると考えられ，邪馬台国は完全に滅亡した。なお，熊襲（大倭国）の恭順及び羽白熊鷲（邪馬国）の滅亡を以って畿内大和朝廷による大倭国（北部九州政権）の併合が完結したことを意味し，以後の北部九州政権は大和朝廷の権力内で許容された政権（属国）である。

同　百済・近肖古王《きんしようこ》が即位する。（三国史記）
同　倭軍が新羅の風島を襲い，辺境地帯を侵し金城を包囲し攻めた。（三国史記）
同　神功皇后，新羅を親征し，訖解《きつかい》王戦わずして降伏する。（書紀200・仲哀９）

＊『三国史記』新羅本紀では，4世紀を中心にした倭の新羅への侵攻記事が346年・364年・393年に見える。『書紀』における神功皇后摂政前紀の新羅親征記事は，その記載内容の類似性（倭軍の発遣時季は『書紀』の冬10月に対し，新羅本紀の346年は無記載，

364年は夏４月，393年は夏５月である。新羅本紀に見える346年の侵攻は，倭軍が辺境地帯を急襲し首都金城を攻めており，新羅軍は特段の戦闘をしておらず倭軍も大敗を喫していない）から346年のものであろうと考えられる。倭と新羅とは，300（新羅・基臨《きりん》王３）年以来国使を交換していたが，344年の倭国の花嫁派遣要請に対する新羅の拒否に発したと思われる両国の不和が，345年の国交断絶を経て，346（新羅・訖解王37）年の神功皇后による新羅親征となったと考えられる。『三国史記』新羅本紀では，倭軍は新羅の首都・金城を包囲し激しく攻めたが，新羅の籠城を破ることができず退却したとしている。『書紀』はこれを脚色するため，新羅王子・未斯欣《みしきん》（微叱己知《みしこち》）の人質（402年）を346（書紀200）年とし，その逃亡（418年）を350（書紀205）年としたものであろう。また，「朕《われ》，神の験《あらは》したまへる所に従ひて，始めて道路《みち》を開く。海《わた》の西を平定《ことむ》けて，百済に賜ふ。今復《また》厚く好《よしび》を結びて，永《ひたぶる》に寵《あが》め賞《たまひもの》す（神功51）」に見えるような百済に対する神功皇后の極端な傾倒も新羅親征の実質的な失敗に対する反動であったと考えられる。

＊仲哀天皇の修正治世年数は４年となるが，『書紀』による仲哀天皇の治世年数は９年である。この間において５年の治世期間の延長が図られている。

347（神功１）　**神功《じんぐう》皇后摂政即位**（在位43，書紀在位69）（書紀201・神功１）
同　神功皇后，東進し麛坂《かごさか》王・忍熊《おしくま》王を誅す。（書紀201・神功１）
349（神功３）　誉田別《ほむたわけ》皇子（応神）を皇太子とする。（書紀203・神功３）
356（神功10）　新羅の奈勿《なこつ》王（金氏）が即位する。（三国史記）
359（神功13）　皇太子，角鹿《つぬが》の笥飯《けひ》大神に参拝し，大殿《おほとの》に宴《とよのあかり》す。（書紀213・神功13）

＊『書紀』は神功39（書紀紀年239）年が太歳己未であるとして，『魏志倭人伝』から卑弥呼の魏への朝献記事を分注記している。天皇即位を含む重要紀年に太歳干支を用いており，特に天皇即位を除くものは『書紀』編纂上の観点から重要である。神功39年の太歳己未は邪馬台国女王・卑弥呼が魏に朝献した明帝の景初３（239）年と同干支であり，『書紀』は神功皇后が卑弥呼であるとの設定から，書紀紀年構成上の１つの基点にしたと考えられる。ただし，修正紀年における神功皇后治世下の己未は，卑弥呼の時代から干支２運（120年）繰り下がった359年となり，特段の意味を有しない。

364（神功18）　倭兵が大挙して新羅に侵入するも倭軍は大敗する。（三国史記）

＊『書紀』は，366（書紀246・神功46）年以下385（書紀265・神功65）年条まで約20年間の対朝鮮交渉記事について，『書紀』中に逸史を留める『百済記』を史料として叙述されている。『百済記』は干支で年次を示しており，書紀紀年が西暦紀年より干支２運（120年）繰り上げられている（岩波文庫『日本書紀』脚注及び補注）。以後，応神天皇の治世まで干支２運（120年）の繰り上げが行われていると考えられる。

366（神功20）　斯摩宿禰《しまのすくね》を卓淳《とくじゅん》国に派遣する。（書紀246・神功46）

367（神功21）　百済，初めて朝貢する。新羅も共に参る。百済の貢物を奪ったとの件で千熊長彦《ちくまながひこ》を新羅に派遣し責める。（書紀247・神功47・百済記）

369（神功23）　荒田別《あらたわけ》・鹿我別《かがわけ》，新羅を破る。卓淳など七カ国を平定し，忱弥多《とむた》礼《れ》を屠って百済に賜う。（書紀249・神功49）

同　百済，七　枝刀《ななつさやのたち》を作る。（石　上《いそのかみ》神宮七枝刀銘）

＊奈良県・石上神宮にある「泰和４年（東晋の年号「太和」・369年）」の紀年銘を持つ七枝刀がこれにあたる。369年の七カ国平定が記念されたものか（岩波文庫『日本書紀』補注）。銘文中「百済王世子奇生聖音，故為倭王旨造」の百済王は近肖古王であり，倭王「旨」は応神天皇であると考えられる。なお，359（書紀213・神功13）年，神功皇后は太子（応神）をして角鹿《つぬが》の笥飯《けひ》大神に拝せしめ，角鹿より帰った日の「皇太后，太子に大殿《おほとの》に宴《とよのあかり》したまふ。皇太后，觴《みさかずき》を挙《ささ》げて太子に寿《さかほかひ》したまふ」は事実上の皇位継承儀式であろう。364年以降の対朝鮮交渉も実質的には応神天皇の事績と考えられるものであり，369年において百済王が応神天皇を倭王としたことに何ら疑義はない。

370（神功24）　百済が朝貢し，多沙城《たさのさし》を賜う。（書紀250・神功50）

371（神功25）　百済が朝貢し，二心のないことを誓う。（書紀251・神功51）

＊『書紀』の神功51（書紀紀年251）年，神功皇后は皇太子（応神）と武内宿禰に「朕《わ》が交親《むつましみ》する百済国は，是天《これあめ》の致《たま》へる所なり。人に由《よ》りての故《ゆえ》に非《あら》ず。玩　好《もてあそびもの》，珍しき物，先より未だ有らざる所なり。歳時《とき》を闕《お》かず，常に来《まうき》て貢献《たてまつ》る。朕《われ》，此の款《まこと》を省《み》るに，毎《つね》に用《も》て喜ぶ。朕が存《い》けらむ時の如くに，敦《あつ》く恩恵《うつくしび》を加へよ」と遺詔とも思われる言葉を与えており，同年・修正紀年371年に神功皇后は薨去したのではないかとも思われる節がある。この場合，神功皇后の在位年数は43年が25年となり，応神天皇の即位は修正紀年372（書紀270）年で在位年数は21年が39年となる。結果として，神功皇后の治世が18年短縮され，応神天皇の治世が18年延長されることとなる。

372（神功26）　百済の近肖古王が久氏《くてい》らを倭に送り，七　枝刀《ななつさやのたち》・七　子鏡《ななつこのかがみ》などを献ずる。（書紀252・神功52）

375（神功29）　百済の近肖古王薨ずる。（三国史記，書紀255・神功55）

同　百済の王子・貴須《きす》，近仇　首《きんきゅうしゅ》王となる。（三国史記，書紀256・神功56）

382（神功36）　葛城襲津彦《かつらぎそつびこ》（沙至比跪）に新羅を撃たせる。（書紀262・神功62・百済記）

＊『書紀』における葛城襲津彦にかかる所伝は，神功５年，同62年，応神14年，同16年，仁徳41年条に見えるが，『百済記』の分注を持つ神功62年条が事実に基づくものであろう。

384（神功38）　百済の近仇首王薨じ，沈流《ちんる》王即位する。（三国史記，書紀264・神

功64）

385（神功39）　百済の沈流王薨じ，辰斯《しんし》王即位する。（三国史記，書紀265・神功65）

389（神功43）　神功皇后，稚桜宮にて崩御する。（書紀269・神功69）

＊神功皇后の修正治世年数は43年となるが，『書紀』による神功皇后の治世年数は69年である。この間において26年の治世延長が図られている。

390（応神１）　**⑮応神《おうじん》天皇即位**（在位21，書紀在位41）（書紀270・応神１）

392（応神３）　高句麗・広開土《こうかいど》王即位する。（三国史記，広開土王碑391）

同　倭，百済・□□・新羅を征す。（広開土王碑391）

同　高句麗，百済の十余城を攻略する。（三国史記）

同　倭，百済の責任（高句麗との敗戦）を問い，辰斯王を殺し，阿花《あか》王を即位させる。（三国史記，書紀272・応神３）

同　処々の海人《あま》の騒ぎを阿曇連《あずみのむらじ》の祖・大浜宿禰が平定し，「海人の宰《みこともち》」となる。（書紀同）

393（応神４）　倭軍が新羅に侵入し金城を包囲する。（三国史記）

395（応神６）　高句麗，百済の58城700村を収取する。（三国史記，広開土王碑396）

396（応神７）　高麗・百済・任那・新羅の人々が来朝する。（書紀276・応神７）

397（応神８）　倭，百済の責任（高句麗との敗戦）を問い，済州島（枕弥多礼）及び東韓の地を奪う。百済は太子・腆支《てんし》（直支）を人質として倭国と修好する。（三国史記，書紀277・応神８・百済記）

398（応神９）　武内宿禰を筑紫に派遣し百姓を監察させる。（書紀278・応神９）

402（応神13）　新羅の奈勿《なこつ》王薨じ，実聖《じつせい》王即位する。（三国史記）

同　新羅と修好し，王子・未斯欣《みしきん》を人質とする。（三国史記，書紀200・仲哀９）

同　百済，使者を倭国に派遣し大珠を求める。（三国史記）

403（応神14）　倭国の使者が百済に赴く。（三国史記）

同　百済，倭国に縫衣工女《きぬぬいをみな》・真毛津《まけつ》を貢ずる。（書紀283・応神14）

同　百済から弓月君《ゆづきのきみ》が来朝し，新羅の帰化妨害を訴える。（書紀同）

404（応神15）　倭，高句麗と戦い敗退する。（広開土王碑）

同　百済から阿直伎《あちき》が来朝する。（書紀284・応神15）

405（応神16）　百済から王仁《わに》が来朝する。（書紀285・応神16）

同　倭兵が新羅の明活城を攻める。（三国史記）

同　百済の阿莘《あしん》（阿花《あか》）王薨ず。腆支《てんし》（直支《とき》）王を帰国させ即位させる。（三国史記，書紀285・応神16）

同　平群木菟宿禰《へぐりのつくのすくね》・的戸田宿禰《いくはのとだのすくね》，加羅より弓月《ゆづき》の人夫を率いて帰る。（書紀同）

407（応神18）　倭人が新羅の辺境を２度にわたり侵した。（三国史記）

408（応神19）　新羅が倭兵対策を協議する。（三国史記）

409（応神20）　倭国の使者が百済に夜明珠を届ける。（三国史記）

同　阿知使主《あちのおみ》・都加使主《つかのおみ》らが帰化する。（書紀289・応神20）

410（応神21）　応神天皇，明宮にて崩御する。（書紀310・応神41）

＊応神天皇の修正治世年数は21年であるが，『書紀』による応神天皇の治世年数は41年である。この間において20年の治世延長が図られている。

＊仁徳天皇紀では，書紀紀年が西暦紀年より100年ないし120年（干支２運）繰り上げられている。

413（仁徳１）　**⑯仁徳《にんとく》天皇即位**（在位17，書紀在位87）（書紀313・仁徳１）

＊東晋安帝の義熙９（413）年倭国より東晋に方物を献じたと『晋書』に見え，この時の倭王は「讃」であったことが『梁書』に見える。倭王「讃」に比定される仁徳天皇は即位後速やかに東晋へ遣使したものと考えられる。即位前２年空位。

同　倭王讃《さん》（仁徳）東晋へ遣使する。（晋書，梁書）

415（仁徳３）　倭人と新羅が新羅の風島で戦う。（三国史記）

417（仁徳５）　新羅の実聖《じつせい》王薨じ，訥祇《とつぎ》王即位する。（三国史記）

418（仁徳６）　新羅の人質・未斯欣《みしきん》（訥祇王弟・微叱許智《みしこち》）が逃げ帰る。（三国史記，書紀205・神功５）

＊同一の事績が『三国史記』新羅本紀及び列伝と『書紀』に見え，両者に213年の時間差がある。『書紀』の編者は，402年の新羅王子・未斯欣人質を神功皇后の朝鮮半島親征（書紀紀年200・神功摂政前紀）の結果として捉えており，未斯欣逃亡については葛城襲津彦の伝説などから引用したものと考えられる。

同　百済，使者を倭国に派遣し白綿10匹を送る。（三国史記）

420（仁徳８）　百済の腆支《てんし》（直支）王薨じ，久爾辛《くにしん》王即位する。（三国史記，書紀294・応神25）

420　**東晋滅亡，宋建国**（－479）

421（仁徳９）　倭王讃，宋へ修貢し除授を賜う。（宋書）

＊倭王讃は仁徳天皇に比定されており，宋建国及び武帝即位（420）に対する表敬であると考えられる。

425（仁徳13）　倭王讃，宋（呉）へ遣使し，縫工女《きぬぬいめ》を求めさせる。宋・文帝は，工女４人を与える。（宋書，書紀306・応神37）

＊宋朝第３代文帝の即位（424）に対する表敬であると考えられる。なお，倭王讃が宋に派遣したと『宋書』に見える司馬曹達《しばそうたつ》は，応神天皇が呉（宋）に派遣したと『書紀』

に見える阿知使主《あちのおみ》または都加使主《つかのおみ》に当たり，宋・文帝が与えた兄媛《えひめ》・弟媛《おとひめ》・呂織《くれはとり》・穴《あな》織《はとり》の縫工女《きぬぬいめ》４人は，430（履中１，書紀310・応神41）年に来朝している。また，縫工女の来朝は応神天皇の崩御（410，書紀310・応神41）に間に合わなかったと『書紀』に見えるが，この場合も仁徳天皇の崩御（429，書紀399・仁徳87）に間に合わなかったとの含みが感じられる。

428（仁徳16）　倭国，百済に使者を派遣する。（三国史記）

同　百済，新斉都媛《しせつひめ》を派遣する。（書紀308・応神39）

429（仁徳17）　仁徳天皇，崩御する。（書紀399・仁徳87）

同　太子弟住吉仲皇子が反し，誅せられる。（書紀同）

＊仁徳天皇の修正治世年数は17年となるが，『書紀』による仁徳天皇の治世年数は87年である。この間において70年の治世延長が図られている。また，応神天皇の在位は21年であり，仁徳天皇即位まで空位が２年あるので，仁徳天皇元年は応神天皇24年に当たる。このため，応神天皇の『書紀』崩御年41年と仁徳天皇の修正崩御年17年が同一年となる。応神天皇と仁徳天皇が一定期間双頭体制であったものを，『書紀』編纂時に前後の関係として配置したのではないかと推測される。

＊履中・反正・允恭天皇紀では，書紀紀年が西暦紀年より0.5運繰り上げられている。

430（履中１）　⑰**履中《りちゅう》天皇即位**（在位６年）（書紀400・履中１）

＊履中天皇の在位は『古事記』５年，『書紀』６年であり，反正天皇の在位は『記紀』ともに５年である。両書の記載年数がほぼ一致することから信憑性が高いと考えられる。『書紀』の在位を採ると履中天皇即位は430年となる。

同　宋・文帝が与えた４人の縫工女《きぬぬいめ》が来朝する。（書紀310・応神41）

同　阿曇連浜子，住吉仲皇子の謀反に連座，入墨の刑を受ける。（書紀400・履中１）

431（履中２）　倭兵が新羅の辺境を侵し明活城を包囲する。（三国史記）

同　新羅が朝貢しないので責める。新羅，調の絹など80艘を朝貢する。（書紀329・仁徳17）

433（履中４）　諸国に国史《ふみひと》を置き，四方《よも》の志《ふみ》を届けさせる。（書紀403・履中４）

434（履中５）　宗像神，宮中で抗議する。天皇，宗像神を奉る。（書紀44・履中５）

この頃　宗像神が台頭し，筑紫の新興政治勢力が顕在化する。**[筑紫王朝の創始]**

＊海人の騒ぎ（応神３）以来影響力を減退させた阿曇氏が住吉仲皇子の謀反（履中即位前紀）に加担して更に力を減ずると，徐々に力を蓄えていた宗像神と宗像神を奉ずる筑紫勢力（宗像・水沼・米多氏など）が急速に台頭する。筑紫君磐井の祖父を盟主にする「筑紫王朝」が創始されたと考える。

436（反正１）　⑱反正《はんぜい》天皇即位（在位５年）（書紀406・反正１）

＊倭王珍は反正天皇に比定されており，即位報告のため即位後速やかに宋に遣使したものと考えられる。よって遣使年を反正天皇が即位した436年と考える。

同　倭王珍《ちん》（反正），宋へ貢献し「安東将軍・倭国王」を賜う。（宋書）

440（反正５）　倭人が新羅の辺境を２度にわたって侵した。（三国史記）

同　新羅が朝貢しないのでその理由を問い，新羅を討つ。（書紀365・仁徳53）

442　（允恭１）　⑲允恭《いんぎょう》天皇即位（在位12年，書紀在位42年）（書紀412・允恭１）

同　倭王済《せい》（允恭），宋へ奉献し「安東将軍・倭国王」を賜う。（宋書）

＊倭王済は允恭天皇に比定されており，即位報告のため即位後速やかに遣使したものと考えられる。よって允恭即位を倭王済が遣使した宋・太祖文帝の元嘉20（442）年とする。即位前１年空位。允恭天皇の修正治世年数は12年となるが，『書紀』による允恭天皇の治世年数は42年である。この間に『書紀』において30年の治世延長が図られており（『書紀』に全く記録しない期間が28年あり，『古事記』では允恭天皇崩御後とされる木梨軽皇子と同母妹軽大娘皇女との近親相姦の記事を『書紀』は允恭23・24年の２年とする。なお，允恭23・24年の記事は同記事のみ），これに伴い履中・反正両天皇の即位年も30年繰り上げられたと考えられる。

444（允恭３）　天皇の病気治療のため，医者が新羅から来朝し，病気快癒の後帰国する。（書紀414・允恭３）

同　倭兵が新羅の金城を包囲した。（三国史記）

451（允恭10）　倭王済（允恭），宋から「使持節都督倭・新羅・任那・加羅・秦韓・慕韓六国諸軍事安東将軍に叙せらる。（宋書）

453（允恭12）　倭王世子興《こう》（木梨軽皇子），宋へ貢献する。（宋書，書紀453年・允恭42）

＊允恭天皇の皇太子は木梨軽皇子。『宋書』に「済死す。世子興，使を遣わして貢献する」とあり，安康天皇（穴穂皇子，木梨軽皇子は自殺）即位までの間（11カ月）に遣使したと考えられる。この返使は雄略６（462）年に孝武帝の詔をもたらし，倭王世子興を「安東将軍・倭国王」に叙している。宋では北魏の侵入など「元嘉の治」後の混乱期にあり，455年に朝貢した高句麗に対する冊封も463年に行っている。

＊⑳安康天皇以降は，書紀紀年が概ね西暦紀年と一致しており，各天皇の即位年・在位期間も一致する。このため，安康天皇以降の天皇の在位年数・書紀紀年などについては特筆しない。

454（安康１）　⑳安康《あんこう》天皇即位

同　天皇，根使主の讒言を以って大草香皇子を殺す。（書紀）

456（安康３）　大草香皇子の子眉輪王《まゆわのおおきみ》，安康天皇を殺す。（書紀）

457（雄略１）　**㉑雄略《ゆうりやく》天皇即位**

459（雄略３）　倭人が新羅の東海岸を襲撃し月城を包囲する。（三国史記）

461（雄略５）　百済の蓋鹵《こうろ》王が弟昆支《こんき》を朝廷に奉遣する。（書紀）

462（雄略６）　宋使が来朝し，倭王世子興《こう》（木梨軽皇子）を「安東将軍・倭国王」とする孝武帝の詔を伝える。時すでに興は死に武（雄略天皇）が即位しており，武は自ら「使持節都督倭・百済・新羅・任那・加羅・秦韓・慕韓七国諸軍事安東大将　軍倭国王」を称す。（宋書，書紀）

同　倭人が新羅の活開城を陥れる。（三国史記）

463（雄略７）　倭人が新羅の歃良《そうりよう》城を攻める。（三国史記）

同　任那国司・吉備上道臣《きびのかみつみちのおみ》田狭《たさ》が謀反，吉備海部直《きびのあまべのあたい》赤尾《あかお》に新羅を討たせる。（三国史記，書紀）

464（雄略８）　身狭村主青《むさのすぐりあお》・檜隈民　使《ひのくまのたみのつかい》博徳《はかとこ》を宋に派遣する。（書紀）

同　高麗に攻められた新羅が日本府に援助を求め，日本府は高麗を破る。（書紀）

465（雄略９）　新羅征伐軍を派遣するが，失敗する。（書紀）

466（雄略10）　宋が２羽の鵞鳥を献上する。（書紀）

470（雄略14）　宋献上の２人の手末才伎《たなすえのてひと》，2人の衣縫女《きぬぬいめ》らが来朝する。（書紀）

＊「辛亥年（471年とされる）」の紀年銘とともに「獲加多支鹵大王（わかたけるのおおきみ）」と判読される鉄剣が埼玉県埼玉稲荷山古墳から出土する。

474（雄略18）　物部目連《めのむらじ》，筑紫の聞《きく》物部大斧手《おおおのて》を率いて伊勢の朝日郎《あさけのいらつこ》を斬る。（書紀）

475（雄略19）　高句麗，蓋鹵《がいろ》王を殺し百済を滅ぼす。（三国史記，書紀476・雄略20）

同　文周《ぶんしゅう》（汶洲《もんす》）王，百済を再興し都を熊津《ゆうしん》に移す。（三国史記，書紀477・雄略21）

476（雄略20）　倭人が新羅の東部国境地帯を侵す。（三国史記）

477（雄略21）　百済文周王が兵官佐平の解仇に殺され，三斤王が即位する。（三国史記）

同　倭人が五道を通って新羅に侵入する。（三国史記）

478（雄略22）　倭王武，宋へ遣使し上表する。宋の順帝，武を「使持節都督倭・新羅・任那・加羅・辰韓・慕韓六国諸軍事安東大将軍倭王」に叙す。（宋書）

479（雄略23）　百済の文周王（文斤《もんこん》王）薨じ，東城《とうせい》王即位する。（三国史記，書紀）

同　筑紫の安致臣・馬飼臣など，船師を率いて高麗を撃つ。（書紀）

479　**宋滅亡，斉建国（－502）**

480（清寧１）　**㉒清寧《せいねい》天皇即位**

482（清寧３）　倭人が新羅の辺境を侵す。（三国史記）

同　海外の国々が使者を遣《つか》わし，調《みつぎ》を奉る。（書紀）

485（顕宗１）　**㉓顕宗《けんぞう》天皇即位**

486（顕宗２）　倭人が新羅の国境地帯を侵した。（三国史記）

487（顕宗３）　阿閉臣事代《あへのおみことしろ》を任那に派遣する。（書紀）

同　紀生磐宿禰《きのいくわのすくね》が任那を股にかけ高麗と通交。三韓の王たらんと神聖《かみ》と称す。（書紀）

488（仁賢１）　**㉔仁賢《にんけん》天皇即位**

493（仁賢６）　日鷹吉士《ひたかのきし》を高麗に派遣し，巧手者《てひと》（須流枳《するき》・奴流枳《ぬるき》）を召す。（書紀）

497（仁賢10）　倭人が新羅の辺境を侵した。（三国史記）

499（武烈１）　**㉕武烈《ぶれつ》天皇即位**

500（武烈２）　倭人が新羅の長峯城を攻め落とした。（三国史記）

501（武烈３）　百済の東城《とうせい》王廃され，武寧《ぶねい》王（嶋王《せまきし》）即位する。（三国史記，書紀502・武烈４）

504（武烈６）　百済王，麻那君《まなきし》を遣わし，調《みつき》を進上する。（書紀）

505（武烈７）　百済，斯我君《しがきし》を遣わし，調《みつき》を進上する。（書紀）

502　**斉滅亡，梁建国（－557）**

507（継体１）　**㉖継体《けいたい》天皇即位**

509（継体３）　百済に使（久羅麻致支彌《くらまちきみ》，車持君《くらもちきみ》か）を派遣し，任那の日本の県《あがた》邑《のむら》に住む百済の人々の中で，浮浪・逃亡者を３，４世に遡って探し，百済に遷《うつ》して戸籍につける。（書紀）

512（継体６）　穂積臣押山《ほづみのおみおしやま》を百済に派遣し，筑紫の馬40匹を賜う。（書紀）

同　百済，使を遣《まだ》して調《みつき》貢る。天皇，百済の請いに従い任那の４県（上哆唎《おこしたり》・下哆唎《あろしたり》・娑陀《さだ》・牟婁《むろ》）を賜う。（書紀）

＊哆唎国主《たりのくにのみこともち》　穂積臣押山と大伴大連金村《おおとものおおむらじかなむら》の陰謀であろう。継体天皇とその王朝は皇位推戴の功績がある大伴大連金村に牛耳られていたのではないか。この件の勅宣使を命ぜられた物部大連麁鹿火《もののべのおおむらじあらかひ》は妻に諫められ疾《やまい》と称して従っていない。朝廷は直ちに別使を立て，賜物《たまいもの》と共に制旨《みことのむね》を付《さづ》けて４県を百済に賜う。この件から外されていた大兄皇子《おおえのみこ》（次の安閑《あんかん》天皇）も驚いて，日鷹吉士《ひたかのきし》を使者として撤回の宣《みことのり》を発するが，逆に百済

の使節から「父《かぞ》の天皇《すめらみこと》，便宜《たよりよろ》しきことを図計《はか》りて，勅《みことの》り賜うこと既に畢《をは》れり。子とある皇子，豈《あに》帝の勅に違ひて，妄《みだり》に改めて令《のたま》はむや」と居直られている（この件に関しては，本文第２部４章〔３〕「古代最大の内乱『筑紫君磐井の乱』」及び同章の注〔11〕に詳しい)。

513（継体７）　百済，使を遣わし，五経博士段楊爾《だんように》を奉る。(書紀)

同　百済，上表して伴跛《はへ》国に略奪された己汶《こもん》の地を返させるよう請う。(書紀)

同　百済に己汶・帯沙《たさ》を賜う。(書紀)

同　伴跛国，珍宝を献じて己汶の地を乞うが賜らず。(書紀)

514（継体８）　伴跛国は城（子呑《しとん》・帯沙・爾列比《にれひ》・麻須比《ますひ》）を築き，日本に備える。(書紀)

515（継体９）　物部至至連《もののべのちちのむらじ》を百済に派遣するが，伴跛国の暴虐を聞き，舟師《ふないくさ》500で帯沙江《たさのえ》に詣《いた》る。しかし，伴跛軍の勢いに「怖《お》ぢ畏《おそ》りて逃遁《のが》れ」命からがら慕羅《もんもら》（島）に泊る。(書紀)

516（継体10）　百済，使者を遣《まだ》して物部連等を己汶に労《ねぎら》い，百済に迎える。(書紀)

同　百済，物部連に副えて使を遣し，五経博士段楊爾《だんように》に代えて漢高安《あやのこうあん》茂《も》を奉る。(書紀)

523（継体17）　百済の武寧《ぶねい》王薨じ，翌年，聖明《せいめい》王即位する。(三国史記，書紀)

527（継体21）　夏６月，近江毛野臣《おうみのけなのおみ》，６万の軍を率いて任那に往き，新羅に破られた地（南加羅など金官国とその周辺，ただし新羅が南加羅を奪ったのは毛野の渡海以後のことである）を再興し，任那に併合しようとした際，筑紫国造磐井《いわい》が新羅の賄賂を受け，火・豊の勢力と共に海路を遮断して高麗・百済・新羅・任那からの朝貢船を奪い，毛野軍の渡海を妨げる。(書紀)

528（継体22）　冬11月，物部麁鹿火《もののべのあらかひ》，筑紫国造磐井と筑紫（筑後）の御井郡に交戦し磐井を斬る。**[筑紫君磐井の乱]**（書紀)

同　筑紫君葛子《くずこ》（磐井の子)，糟屋屯倉《かすやのみやけ》を献上して，死罪の免除を乞う。(書紀)

529（継体23）　百済が多沙津《たさのつ》を求めたので賜う。加羅は怒り新羅と結ぶ。(書紀)

同　任那の王が来朝し新羅の侵略を訴える。任那にいる近江毛野臣に詔《みことのり》して２国の和解を命ずるが失敗する。(書紀)

530（継体24）　任那が近江毛野臣の懈怠を訴え，召還の途次対馬で病死する。(書紀)

532（継体26）　金官《きんかん》国が新羅の支配下に入る。(三国史記)

534（継体28）　継体天皇，崩御する。（書紀531・継体25）

＊『書紀』本文の継体崩年・辛亥（531年）は『百済本記』に拠るものとされ，『書紀』或本では甲寅（534年）に崩じたとしている。また，継体天皇は安閑天皇に譲位した当日に崩じ，安閑即位は甲寅（534年・安閑紀）であるとしている。『百済本記』の「是の月に，高麗，其の王安《あん》を弑す」は「是の月」に重点が置かれ，高句麗安蔵《あんぞう》王薨去の時期（531年）を示しているが，「又聞く，日本の天皇及び太子・皇子，倶に崩薨《かむさ》りましぬ」は「又聞く」と伝聞型であり，高句麗王弑殺に引きずられて天皇家（大和朝廷では該当する事件がなく，528年に筑紫君磐井が敗戦する筑紫王朝の事件であったと考えられる）の不思議な同時死にこそ重点を置いたものである。よって，『書紀』の編者は日本関連記事も辛亥（531年）であると捉えたものの，継体崩年は或本にいう甲寅（534年）であったと考えられる。

534（安閑１）　**㉗安閑《あんかん》天皇即位**

535（安閑２）　筑紫国・豊国・火国・婀娜《あな》国など全国に屯倉《みやけ》を置く。（書紀）

536（宣化１）　**㉘宣化《せんか》天皇即位**

同　　　　　　筑紫の那津《なのつ》に官家《みやけ》を建て，非常に備える。（書紀）

537（宣化２）　大伴金村の子・狭手彦《さでひこ》を遣わして任那を鎮め百済を救う。（書紀）

538（宣化３）　百済の聖明《せいめい》王，仏像・経論を献ずる。（上宮聖徳法王帝説）

540（欽明１）　**㉙欽明《きんめい》天皇即位**

541（欽明２）　百済の聖明王に詔《みことのり》し，任那を復興させる。（書紀）

552（欽明13）　百済の聖明王，仏像・仏具・経論を奉る。（書紀）

554（欽明15）　百済の聖明王，使を遣わして援軍を請い，僧侶・五経・易・暦・医の博士，採薬師《くすりかりはかせ》，楽人《うたまいのひと》を奉る。（書紀）

同　　　　　　百済の新羅攻撃に援軍するも，百済の聖明王戦死し，倭・百済の連合軍敗退する。（三国史記，書紀）

557　　　　　**梁滅亡，陳建国（－589）**

562（欽明23）　新羅が任那《みまな》の官家《みやけ》（加耶）を滅ぼす。（三国史記，書紀）

571（欽明32）　天皇，任那の再建を皇太子に遺詔する。（書紀）

572（敏達１）　**㉚敏達《びたつ》天皇即位**

583（敏達12）　百済にいる火葦北国造《ひのあしきたのくにのみやつこ》阿利斯登《ありしと》の子日羅《にちら》を召すが殺害される（書紀）

581　　　　　**隋《ずい》建国（－618）**

586　　　　　**㉛用明《ようめい》天皇即位**

588（崇峻１）　**㉜崇峻《すしゅん》天皇即位**

同　　　　　　百済が使を遣わし，調《みつき》を進め，仏舎利・僧侶・寺工《てらたくみ》・鑪盤《ろばん》博士・瓦博士・画工《えかき》を献上する。法興寺《ほうこうじ》を飛鳥真神原《まかみはら》に造る。（書紀）

589　**隋文帝，天下を統一する**

591（崇峻４）　紀男麻呂宿禰《きのおまろのすくね》・巨勢猿臣《こせのさるのおみ》・大伴囓連《おおとものくいのむらじ》・葛城烏奈良臣《かつらぎのおならのおみ》を大将軍とし，２万余の軍兵を筑紫に向かわせる。そして吉士金《きしのかね》を新羅に，吉士木蓮子《きしのいたび》を任那に派遣し，任那のことを問いただす。（書紀）

593（推古１）　**㉝推古《すいこ》天皇即位**

同　聖徳太子を皇太子とし，国政執行を任せる。（書紀）

600（推古８）　倭王・阿毎多利思比孤《あめのたりしひこ》，隋に遣使する。（隋書）

同　新羅と任那が争い，任那救援のため境部臣《さかいべのおみ》・穂積臣《ほつみのおみ》を派遣し，新羅の五城を攻略する。新羅は６城を割譲して降服し，新羅・任那は使を遣して朝貢する。（書紀）

601（推古９）　辛酉年。聖徳太子，斑鳩《いかるが》に宮室を建てる。新羅に侵される任那を救うため，大伴連囓《おおとものむらじくい》を高麗に，坂本臣糠手《さかもとのおみあらて》を百済に派遣する。（書紀）

＊古代中国で行われた陰陽五行思想に基づく予言説に讖緯《しんい》説がある。干支の組み合わせによる紀年法で，60年を１運《うん》，21運を１蔀《ぼう》とよぶ。辛酉年には政治的大改革があり，しかも１蔀には極めて大きな改革があるとする。『書紀』編纂者は讖緯説を採用し，推古天皇９年から１蔀（1260年）遡った辛酉年を神武天皇の即位年にしたとされる。極めて大きな政治改革という点では，601年の任那救援（新羅征討初年。征新羅将軍・来目《くめ》皇子の病死，同将軍当摩《たぎま》皇子の妻の死により，603年までに断念する）よりも，661年の百済救援（新羅征討初年の征新羅船団出発。663年の「白村江《はくすきのえ》の会戦」で唐・新羅連合軍に大敗して失敗する。日本のその後の対外政策を根本的に決定づけることとなる）であろうが，『書紀』編纂者は601年の辛酉年を神武天皇即位年設定の基点とした。この背景に聖徳太子の考え方があったことは，本文第１部１章の注（７）で述べた通りである。

602（推古10）　来目皇子《くめのみこ》を新羅攻撃の将軍とするが，病を得て翌年筑紫で薨ず。（書紀）

603（推古11）　当摩皇子《たぎまのみこ》を新羅攻撃の将軍とするが，妻が薨じ征討を果せず。（書紀）

604（推古12）　初めて12階の冠位を諸臣に賜い，憲法17条を作る。（書紀）

605　**隋・煬帝《ようだい》即位**

607（推古15）　倭王・多利思北孤《たりしほこ》，隋に遣使する。小野妹子《おののいもこ》・鞍作福利《くらつくりのふくり》らも派遣する。（隋書，書紀）

608（推古16）　隋使・裴清《はいせい》が倭国へ行くため，百済の南路を通る。（三国史記）

同　隋使・裴清，倭都及び難波津《なにわつ》に到る。裴清の帰国に当たり，小野妹子・吉子雄成《きしのをなり》・鞍作福利《くらつくりのふくり》らを随行させる。（隋書，書紀）

609（推古17）　小野妹子，隋より帰国する。（書紀）

614（推古22）	犬上御田鍬《いぬかみのみたすき》らを隋に派遣し，翌年帰国する。（書紀）
618	**隋滅亡，唐建国（－906）**
620（推古28）	聖徳太子，蘇我馬子《そがのうまこ》と議し天皇記《すめらみことのふみ》・国記《くにつふみ》などを録す。（書紀）
621（推古29）	聖徳太子が斑鳩宮《いかるがのみや》で薨ず。（書紀）
629	**㉞舒明天皇即位**
630（舒明２）	犬上御田鍬・薬師慧日《えにち》を唐に遣使する。（書紀）
631（舒明３）	倭国，唐に使を遣わして方物を献ず。（舊唐書）
632（舒明４）	唐は高表仁《こうひようじん》を遣わし倭都及び難波津に到る。（書紀）
633（舒明５）	高表仁ら帰国する。（書紀）
642（皇極１）	**㉟皇極天皇即位**
643（皇極２）	筑紫大宰《つくしのおおみこともち》が百済王子の到着を奏上する。（書紀）
同	筑紫大宰，高麗の朝貢を奏上する。（書紀）
645（大化１）	**㊱孝徳天皇即位**
同	蘇我入鹿《そがのいるか》・蝦夷《えみし》誅せらる。［**大化改新**］（書紀）
同	高麗・新羅・百済・任那が使を遣《まだ》して調《みつき》を奉り，以後，継続する。（書紀）
649（大化５）	蘇我臣日向《そがのおみひむか》を筑紫大宰帥《つくしのおおみこともちのかみ》とする。（書紀）
655（斉明１）	**㊲斉明天皇即位**
658（斉明４）	安倍比羅夫《あべのひらふ》，蝦夷を征し粛慎《みしはせ》を討つ（660まで）。（書紀）
660（斉明６）	新羅，唐と結び百済を滅ぼさんとする。（書紀）
661（斉明７）	天皇，新羅を討つため，筑紫の朝倉橘広庭宮《あさくらのたちばなのひろにわのみや》に遷る。（書紀）
同	天皇，朝倉宮で崩御する。（書紀）
同	**天智天皇称制**
662（天智１）	唐，新羅と結び高句麗を討つ。（書紀）
同	大将軍阿曇比邏夫連《あずみのひらぶのむらじ》らは，余豊璋《よほうしよう》を百済に送り国王を継がせる。（書紀）
663（天智２）	日本軍，唐軍と白村江に戦って敗れる。［**白村江の戦**］（書紀）
同	**百済，唐・新羅に滅ぼされる。**
664（天智３）	対馬・壱岐・筑紫などに防人《さきもり》と烽《すすみ》を置き，水城《みずき》を設ける。（書紀）
665（天智４）	長門及び筑紫に城を築かせる。（書紀）
同	唐が劉徳高《りゆうとくこう》らを遣わす。（書紀）
667（天智６）	倭の高安城《たかやすのき》・讃吉《さぬき》の屋嶋城《やしまのき》・対馬の金田城《かなたのき》を築く。（書紀）
668（天智７）	**㊳天智天皇即位**
同	皇弟大海人皇子《おおあまのおうじ》を大皇弟《ひつぎのみこ》とする。（書紀）

同	栗前王《くるくまのおおきみ》を筑紫率《つくしのかみ》とする。（書紀）
668	**高句麗，唐・新羅に滅ぼされる。**
669（天智８）	蘇我赤兄臣《そがのあかえのおみ》を筑紫率とする。（書紀）
同	大織冠《だいしきかん》・内大臣《うちつおおきみ》・藤原鎌足《ふじわらのかまたり》死す。（書紀）
同	唐が郭務悰《かくむそう》ら2000人を遣わす。（書紀）
同	高安城を修築する。（書紀）
670（天智９）	長門及び筑紫に築城する。（書紀）
同	法隆寺炎上する。（書紀）
同	12月，国号を日本と改めた。**［筑紫王朝（倭国）の消滅］**（新唐書，三国史記）
671（天智10）	大友皇子《おおとものみこ》を太政大臣《おおまつりごとのおおまえつきみ》，蘇我赤兄臣《そがのあかえのおみ》を左大臣《ひだりのおおまえつきみ》，中臣金《なかとみのかねの》連《むらじ》を右大臣《みぎのおおまえつきみ》とする。（書紀）
同	正月に冠位・法度を施行し大赦する。**［統一「日本」の誕生］**（書紀）
同	栗隈王《くりくまのおおきみ》を筑紫率とする。（書紀）
同	天智天皇，近江宮で崩御する。（書紀）
672	**㊴弘文天皇即位**
同（天武１）	大海人皇子，吉野に兵を挙げる。**［壬申《じんしん》の乱］**（書紀）
673	**㊵天武天皇即位**